权威·前沿·原创

皮书系列为
"十二五""十三五""十四五"时期国家重点出版物出版专项规划项目

中国社会科学院创新工程学术出版资助项目

社会蓝皮书
BLUE BOOK OF CHINA'S SOCIETY

2025年中国社会形势分析与预测

SOCIETY OF CHINA ANALYSIS AND
FORECAST (2025)

主　编／李培林　陈光金　王春光
副主编／李　炜　邹宇春　朱　迪

社会科学文献出版社
SOCIAL SCIENCES ACADEMIC PRESS (CHINA)

图书在版编目（CIP）数据

2025年中国社会形势分析与预测 / 李培林，陈光金，王春光主编；李炜，邹宇春，朱迪副主编 .-- 北京：社会科学文献出版社，2024.12.--（社会蓝皮书）.
ISBN 978-7-5228-4868-6

Ⅰ．D668

中国国家版本馆 CIP 数据核字第 20242YC082 号

社会蓝皮书
2025年中国社会形势分析与预测

主　　编 /	李培林　陈光金　王春光
副 主 编 /	李　炜　邹宇春　朱　迪

出 版 人 /	冀祥德
组稿编辑 /	姚冬梅
责任编辑 /	桂　芳　张　媛
责任印制 /	王京美

出　　版 /	社会科学文献出版社·皮书分社（010）59367127
	地址：北京市北三环中路甲29号院华龙大厦　邮编：100029
	网址：www.ssap.com.cn
发　　行 /	社会科学文献出版社（010）59367028
印　　装 /	三河市东方印刷有限公司
规　　格 /	开　本：787mm×1092mm　1/16
	印　张：27　字　数：409千字
版　　次 /	2024年12月第1版　2024年12月第1次印刷
书　　号 /	ISBN 978-7-5228-4868-6
定　　价 /	128.00元

读者服务电话：4008918866

▲ 版权所有 翻印必究

社会蓝皮书编委会

主　　　编　李培林　陈光金　王春光
副　主　编　李　炜　邹宇春　朱　迪
课题核心组成员　李培林　陈光金　王春光　李　炜　邹宇春
　　　　　　　　　朱　迪　崔　岩　任莉颖　傅学军　林　红
　　　　　　　　　田志鹏
本 书 作 者（以文序排列）
　　　　　　　　　李培林　陈光金　崔　岩　陈　云　丁雯雯
　　　　　　　　　李佳航　李春玲　李　涛　陈泓宇　谭　卓
　　　　　　　　　刘　蔚　袁蓓蓓　任莉颖　吴金林　刘保中
　　　　　　　　　陈炜新　赵文涵　高文珺　朱　迪　龚　顺
　　　　　　　　　张　衍　李　闯　黄燕华　云　庆　欧阳跃明
　　　　　　　　　马墨琳　张　扬　汤　哲　李　炜　米　兰
　　　　　　　　　兰　雨　赵常杰　张　宾　杨标致　祝华新
　　　　　　　　　廖灿亮　叶德恒　乔　健　杜　锐　田　明
　　　　　　　　　冯　军　黄种滨　王　晶　李文慧　吴惠芳
　　　　　　　　　李建栋

主要编撰者简介

李培林 博士，研究员，十三届全国人民代表大会社会建设委员会副主任委员，中国社会科学院原副院长、学部委员，俄罗斯科学院外籍院士。主要研究领域：发展社会学、组织社会学、工业社会学。主要研究成果：《村落的终结——羊城村的故事》（专著）、《中国社会结构转型——经济体制改革的社会学分析》（专著）、《和谐社会十讲》（专著）、《另一只看不见的手——社会结构转型》（专著）、《转型中的中国企业——国有企业组织创新论》（合著）、《新社会结构的生长点——乡镇企业社会交换论》（合著）、《社会冲突与阶级意识——当代中国社会矛盾问题研究》（合著）、《国有企业社会成本分析》（合著）、《中国社会发展报告》（主编）、《中国新时期阶级阶层报告》（主编）等。

陈光金 博士，研究员，中国社会科学院社会学研究所所长，《社会学研究》主编。主要研究领域：农村社会学、社会分层与流动、私营企业主阶层。主要研究成果：《中国乡村现代化的回顾与前瞻》（专著）、《新经济学领域的拓疆者——贝克尔评传》（合著）、《当代中国社会阶层研究报告》（合著）、《当代英国瑞典社会保障》（合著）、《内发的村庄》（合著）、《中国小康社会》（合著）、《当代中国社会流动》（合著）、《多维视角下的农民问题》（合著）、《当代中国社会结构》（合著）、《改革开放与中国民生发展（1978~2018）》（合著）等。

王春光　博士，研究员，中国社会科学院社会学研究所副所长，中国社会学会农村社会学专业委员会理事长。主要研究领域：农村社会学、社会政策、移民和流动人口、社会流动和贫困问题等。主要研究成果：《社会流动和社会重构——京城"浙江村"研究》（专著）、《中国农村社会变迁》（专著）、《中国城市化之路》（合著）、《巴黎的温州人：一个移民群体的跨社会建构行动》（专著）、《超越城乡：资源、机会一体化配置》（专著）、《移民空间的建构——巴黎温州人跟踪研究》（专著）。

李　炜　博士，研究员，中国社会科学院国情调查与大数据研究中心主任。主要研究领域：发展社会学、社会分层、社会研究方法。主要研究成果：《社会福利建设研究的民意视角》（专著）、《提升社会质量的社会政策建设》（著作/合著）、《农民工在中国转型中的经济地位和社会态度》（论文/合著）、《与时俱进：社会学恢复重建以来调查研究的发展》（论文）、《社会公平感：结构与变动趋势（2006—2017年）》（论文）。

邹宇春　博士，研究员，中国社会科学院社会学研究所发展社会学研究室主任。主要研究领域：社会发展与社会治理、社会资本与信任、志愿服务研究、社会调查方法、反贫困研究。主要研究成果：《共同富裕：衡量指标与实现路径》（专著）、《中国城镇居民的社会资本与信任》（专著）、《当代中国社会质量报告》（著作/合著）、《中国城市居民的信任格局及社会资本影响——以广州为例》（论文/合著）、《自雇者与受雇者的社会资本差异研究》（论文/合著）、《城镇居民普遍信任的区域间及区域内差异分析——基于"资源因素论"视角》（论文/合著）、《时代之力：我国中等收入群体阶层认同偏差的趋势分析》（论文）。

朱　迪　博士，研究员，中国社会科学院社会学研究所消费与文化社会学研究室主任。主要研究领域：消费社会学、青年与青少年、社会分层、新业态与新经济。主要研究成果：《"宏观结构"的隐身与重塑：一个消费分析框架》(论文)、《宏观供给、社会经济地位与居民消费——基于全国调查数据的实证分析》(论文)、《市场竞争、集体消费与环境质量——城镇居民生活满意度及其影响因素分析》(论文)、《混合研究方法的方法论、研究策略及应用——以消费模式研究为例》(论文)、《新中产与新消费——互联网发展背景下的阶层结构转型与生活方式变迁》(专著)、《骑手的世界:对新职业群体的社会调查》(合著)、《品味与物质欲望:当代中产阶层的消费模式》(专著)。

序　社会治理的重心是基层治理

2024年即将过去，"十四五"规划将进入最后一年，迈向2030年的新征程规划已经启动。进入21世纪20年代以来，我国虽经历了国际形势不确定性剧增、新冠疫情冲击、经济增速放缓、人口结构巨变等一系列挑战，但社会持续保持稳定。其中一个重要原因，是基层治理发挥了特殊的作用，已成为整个社会治理的重心，起到对社会和谐稳定强本固基的压舱石作用。

一　基层社会发生的新变化

随着我国工业化、城镇化的快速推进，特别是随着我国人口结构的深刻变化，我国的基层社会也发生一系列新变化。从全国来看，我国已从传统的乡土社会转变为城市社会，2024年城镇化水平达到67%，但在疆域广阔的县域社会，仍然保留着诸多乡土社会特征。由于总人口的减少、农村劳动力的转移，农村人口向城市集中，县域社会的常住人口出现"收缩"的趋势。县域人口在全国总人口中的比重，从1990年的81.4%下降至2020年的51.5%。由于这一深刻变化，再加上近年来乡村工业日渐式微和基层财政紧缩，我国的一些省份进行了一定规模的撤乡并村，全国的行政村从2020年的60多万个减少到目前的50多万个，有的地方一个行政村包含了十几个甚至几十个自然村。在乡村基层社会，治理工作出现"小马拉大车"的情况，乡村基层社会的末梢也正在快速地收缩和"空心化"。随着我国加速推进以县城为载体的新型城镇化，基层社会也在重组，需要我们从"县域社会"的

视角重新理解和认识基层。史话说"郡县治，天下安"，我们也需要从推进国家治理体系和治理能力现代化的高度重新思考基层治理的定位。

二 基层治理在社会治理中的重心位置

根据我国社会发生的深刻变化，早在2017年，党的十九大报告就提出，要"推动社会治理重心向基层下移"。在此后发生的国际性重大疫情风险时期，我国的基层治理发挥了把问题和矛盾解决在基层的独特作用，经受住了考验。在过去的经济高速增长时期，快速的发展会化解甚至掩盖一些社会矛盾，同时也会积累一些社会矛盾。在经济增速大大放缓的现阶段，一些过去积累的社会矛盾有可能首先在社会治理薄弱的基层凸显，这就使得加强和创新基层治理格外重要。

2022年党的二十大报告把"完善社会治理体系"纳入"推进国家安全体系和能力现代化"部分进行阐述和部署，并重点强调了基层治理。党的二十届三中全会通过的《中共中央关于进一步全面深化改革　推进中国式现代化的决定》（以下简称《决定》），再次强调要"坚持和发展新时代'枫桥经验'，健全党组织领导的自治、法治、德治相结合的城乡基层治理体系，完善共建共治共享的社会治理制度"。这些关于基层治理的重要论述和战略部署，都意味着推进国家治理体系和治理能力现代化，需要大力提高"社会治理特别是基层社会治理"的水平，也意味着我国基层治理在未来加强和创新社会治理中具有特殊的重要位置，基层治理已成为整个社会治理的重心。

三 扎实落实加强和创新基层治理的举措

加强和创新基层治理，涉及诸多方面的工作。根据近年来基层社会发生的变化，以下几个方面需要高度关注。

一是加强和巩固基层财政。基层财政是基层治理的支撑，近些年来，基层财政相对薄弱，绝大部分乡村基层需要依赖转移支付，多年累积的基层债务也较重，这些问题极易成为社会大众的关注点。要根据党的二十届三中全会的部署，增加地方自主财力，拓展地方税源，完善财政转移支付体系，提升基层财力同事权相匹配程度。

二是重新审视基层治理的机构设置和人员配置。根据《决定》关于"稳妥推进人口小县机构优化"的部署，我国在2024年进行了重塑基层行政架构的全国"人口小县改革"，旨在以大幅精简压缩机构和人员编制为突破口，提升县域社会治理效能，现已完成97个人口小县（10万人以下）的机构改革，未来还将在更大范围推进机构改革。根据"七普"数据，全国有246个县域的常住人口少于10万人，95个县人口不足5万人。这项改革将会深刻影响基层治理的机构设置，需要从县域社会治理的总体视角，理顺基层治理的机构设置和人员配置。

三是进一步提高基层治理人才队伍的素质。长期以来，我国乡村基层治理依赖于享受工作津贴的村干部，近年来这方面已经进行了很多改进，村干部的素质得到显著提高，但仍然需要在此方面加大力度。基层治理的人才队伍建设亟待加强，要逐步打破身份固化的藩篱，强化基层治理工作的激励机制，进一步推动社会治理重心向基层下移，向基层放权赋能，将部门人员向基层充实。

四是进一步明确基层治理的工作任务。基层治理工作应以解决人民群众的"急难愁盼"问题为重点，克服各种形式主义、官僚主义，突出治理"小马拉大车"的现象。要全面依法实施基层治理，不得将社区组织作为行政执法、拆迁拆违、环境整治、城市管理、安全生产等事项的责任主体，明确基层治理工作的任务清单。

总之，基层治理体系和治理能力的现代化，是国家治理体系和治理能力现代化的主要组成部分，基础不牢、地动山摇，社会治理要把基层治理放在重心位置。

2024年11月24日

前 言

中国社会科学院"社会形势分析与预测"课题组自1992年成立以来，已持续开展研究30多年，本书是第33本分析和预测社会形势的年度社会蓝皮书。

2024年是中华人民共和国成立75周年，也是进一步全面深化改革、推进中国式现代化的起始之年。在以习近平同志为核心的党中央坚强领导下，中国有效应对国际政治经济形势的各种不确定性因素的影响，充分发挥自身优势，推动中国经济社会发展稳中有进、稳中向好。党的二十届三中全会胜利召开，审议通过了《中共中央关于进一步全面深化改革 推进中国式现代化的决定》（以下简称《决定》），对全面深化改革、推进中国式现代化做出了系统的战略部署，为中国经济社会发展和中国式现代化的推进提供了强劲的改革动力和政治保障。经过全国上下的共同努力，2024年中国国民经济发展实现稳中有增，产业结构继续优化；社会领域发展稳中向好，就业形势总体稳定，城乡居民收入和消费继续增长，各项社会事业继续向前发展，生态文明建设取得显著成效。中国社会现代化作为中国式现代化的重要组成部分取得新的进展。

国民经济稳中有增，结构继续优化。前三季度，中国国内生产总值949746亿元，同比实际增长4.8%，其中，第二产业增长最快，增长率达到5.4%。产业结构继续调整升级。从工业部门来看，装备制造业增加值同比增长7.5%，高技术制造业增加值增长9.1%，明显快于其他行业的增速。国际贸易形势稳中向好，2024年1~10月，全国货物进出口总额360219亿

元,同比增长5.2%。全国粮食生产形势稳定,夏季粮食再获丰收。就业形势总体稳定,劳动保护状况向好。1~9月,全国城镇新增就业1049万人,比2023年同期新增就业人数增加27万人,体现了中国就业形势稳中向好的总体格局。同期,全国失业保险参保人数24549万人,全国工伤保险参保人数30262万人,全国督促补签劳动合同16.5万人,追发工资等待遇61.9亿元,与上年同期相比均呈现较好的增长态势。居民收入和消费保持增长,城乡收入差距继续缩小。前三季度,全国居民人均可支配收入30941元,按可比价计算实际同比增长4.9%。按常住地分,城镇居民人均可支配收入实际同比增长4.2%,农村居民人均可支配收入实际同比增长6.3%。城乡居民收入差距继续缩小,可支配收入之比为2.46(农村居民收入=1),比上年同期降低0.05。另外,前三季度,全国居民、城镇居民、农村居民的人均可支配收入中位数分别相当于其平均数的84.0%(比上年同期高0.6个百分点)、89.4%(与上年同期持平)和85.5%(比上年同期高0.2个百分点),可以预期,2024年全国居民收入差距总体水平将略有下降,农村居民内部收入差距也将有所收缩。民生事业继续发展,社会保障体系进一步完善。国家对教育事业继续予以高度重视,党的二十届三中全会通过的《决定》把教育强国战略提到前所未有的高度,制定了一揽子推进高质量现代化教育的战略部署和举措。2024年,在国家财政收入负增长的形势下,对教育的支出仍保持增长。卫生健康事业取得新进展,目前全国已经有3.56万所乡镇卫生院和社区卫生服务中心达到了服务能力的标准。社会保障覆盖面不断扩大,待遇水平有所提高。前三季度,与上年同期相比,全国城镇职工基本养老保险参保人数增长3.32%,基金收入增长5.65%,基金支出增长6.48%;城乡居民基本养老保险参保人数增长4.99%,基金收入增长11.1%,基金支出增长13.6%。2024年,中国医疗保险事业发展的重点是推进职工医保个人账户省内共济,到10月,全国所有省份已实现省内共济,1~10月共济金额达369亿元。生态文明建设事业进一步发展,水和空气质量继续改善。中国式现代化是人与自然和谐共生的现代化。新时代以来,中国生态文明建设取得了较为明显的成效。启动全世界最大的国家公园体系建设,布局49个国家公园

前　言

候选区，对9000多处自然保护地进行整合优化。扎实推进碳达峰碳中和战略实施，全国林草年碳汇量超过12亿吨二氧化碳当量。截至2023年底，中国森林覆盖率超过25%，人工林面积居世界首位，成为全球增绿最多的国家。2024年前三季度，在全国3641个国家地表水考核断面中水质优良断面比例达到88.5%，比上年同期提高1.4个百分点；全国339个地级及以上城市的平均空气质量优良天数比例为85.8%，同比上升1.6个百分点。

当前，全球格局经历着深刻而复杂的变化，全球经济走向复苏，但仍面临诸多风险和不确定性因素，供应链中断、通货膨胀压力以及债务水平高企等问题依然严重，美国等西方国家的贸易保护主义继续加剧，地缘政治冲突引发的全球政治割裂有所深化。在国内，以数字化和人工智能快速发展为驱动的第四次科技革命既引领着经济结构的深度调整，也引发了社会结构的深刻变化。面对复杂的国际政治经济形势和国内经济社会形势新变化，2024年中国经济社会发展还面临着若干重大的难题和挑战，国民经济增长的基础需要进一步稳固，民间投资亟待进一步激活。人口结构深刻变化，青年劳动力就业压力不容忽视。居民收入差距收缩难度增大，生活消费增长回落且支出结构升级趋势出现波动。社会流动趋缓，中间阶层规模扩张速度受限。和谐劳动关系建设尚需加强，社会安全治理形势依然严峻，重大恶性伤人事件多发，复杂的网络舆情凸显平和理性的社会心态建设亟待进一步加强。

2025年，要坚持以习近平新时代中国特色社会主义思想为指导，全面贯彻落实党的二十大和二十届三中全会精神，完整、准确、全面贯彻新发展理念，加快构建新发展格局，强化存量政策和增量政策协同发力，推进各项政策加快落地见效，巩固和增强经济社会发展回升向好的总体态势，推动中国社会现代化迈入新阶段。

本年度"社会蓝皮书"的作者来自专业的研究和调查机构、大学以及政府有关研究部门，除总报告外，各位作者的观点，只属于作者本人，既不代表总课题组，也不代表作者所属的单位。

本年度"社会蓝皮书"涉及的大量统计和调查数据，由于来源不同、口径不同、调查时点不同，所以可能存在不尽一致的情况，请在引用时认真进

行核对。

　　本课题的研究受到中国社会科学院的重点资助，本课题研究活动的组织、协调以及总报告的撰写，均由中国社会科学院社会学研究所负责。

　　本年度"社会蓝皮书"由陈光金、王春光、李炜、邹宇春、朱迪、任莉颖、崔岩负责统稿，李培林撰写了序言并审定了总报告。傅学军负责课题的事务协调和资料工作。

编　者

2024年12月5日

摘 要

本报告是中国社会科学院"社会形势分析与预测"课题组的2024年度分析报告（社会蓝皮书），由中国社会科学院社会学研究所组织研究机构专家、高校学者以及政府机构研究人员撰写。

本报告认为，2024年，在以习近平同志为核心的党中央坚强领导下，中国有效应对国际政治经济形势的各种不确定性因素的影响，充分发挥自身优势，推动中国经济社会发展稳中有进、稳中向好。党的二十届三中全会审议通过的《中共中央关于进一步全面深化改革 推进中国式现代化的决定》，为中国经济社会发展和中国式现代化的推进提供了强劲的改革动力和政治保障。

本报告指出，2024年，经过全国上下的共同努力，经济发展实现稳中有增，社会领域发展稳中向好，就业形势总体稳定，城乡居民收入和消费继续增长，各项社会事业继续向前发展，生态文明建设事业进一步发展，生态环境继续改善。中国社会现代化作为中国式现代化的重要组成部分取得新的进展。

本报告也强调，2024年，国际政治经济形势继续呈现复杂多变态势，风险和不确定性因素有所增加，国内经济社会发展形势也出现若干新的变化。人口负增长和老龄化均呈加速态势，青年劳动就业压力不容忽视。居民收入差距收缩难度增大，生活消费增长回落且支出结构升级趋势出现波动。社会流动趋缓，中间阶层规模扩张速度受限。和谐劳动关系建设尚需持续推进，社会安全治理形势面临挑战，复杂的网络舆情凸显平和理性的社会心态

建设亟待进一步加强。

应该看到,近期中国经济社会发展主要指标出现了不少积极变化,积累了一些积极因素。2025年,要坚持以习近平新时代中国特色社会主义思想为指导,全面贯彻落实党的二十大和二十届三中全会精神。要积极应对人口负增长和老龄化双重加速的趋势,加快构建系统性的制度和政策体系;多措并举,致力于化解就业压力和青年就业困难;加快改革完善收入分配体制机制,确保城乡居民收入增长,更加有效地缩小收入分配差距;深化社会流动相关体制机制改革,加速推动中等收入群体的壮大成长;不断改革创新完善社会治理,促进社会安全形势持续好转。

本报告以翔实的统计数据和实地调查资料为依据,分四大板块,用1篇总报告和18篇分报告,分析讨论2024年中国经济社会运行发展的总体状况和未来形势。总报告分析了2024年中国经济社会发展的主要成就和问题,以及2025年和今后一个时期的经济社会发展趋势和需要,提出了应对挑战和难题的若干对策建议。第二板块为发展篇,由6篇报告组成,比较全面地分析了2024年我国居民收入和消费、劳动就业、社会保障事业、教育改革、社会治安形势以及公共卫生事业等领域的发展和挑战。第三板块为调查篇,包括7篇调查报告,这些报告分别以翔实的调查数据,比较全面地分析了当前中国社会发展质量状况、居民数字素养状况、居民文化发展满意度、消费维权状况,也考察了当代中国青年的灵活就业状况、低碳消费状况以及大学生的心理健康状况,许多发现值得高度重视。第四板块为专题篇,由5篇专题报告组成,分别考察了2024年中国互联网舆论场动态、中国新质生产力发展进程中的劳动者状况、食品药品安全形势、城乡融合发展进展以及积极应对老龄化发展状况。在所有这些议题上,各篇分报告都提出了具有针对性的对策建议。

目 录

Ⅰ 总报告

B.1 全面深化社会领域改革，推动中国社会现代化跨入新阶段
——2024~2025年中国社会形势分析与预测
………… 中国社会科学院"社会形势分析与预测"课题组
陈光金 执笔 / 001

Ⅱ 发展篇

B.2 2024年中国城乡居民收入和消费报告 …………… 崔 岩 / 019
B.3 2024年中国就业形势分析报告 ………………… 陈 云 / 041
B.4 2024年中国社会保障事业发展报告
………………………………… 丁雯雯 李佳航 / 054
B.5 2024年中国教育改革和发展报告
………… 李春玲 李 涛 陈泓宇 谭 卓 / 075

001

B.6　2024年中国社会安全形势分析报告 ………… 刘　蔚 / 093
B.7　2024年中国公共卫生事业发展报告 ………… 袁蓓蓓 / 108

Ⅲ　调查篇

B.8　中国居民数字素养与数字活动调查报告
……………………………………… 任莉颖　吴金林 / 131
B.9　中国大学生心理健康状况调查报告
……………………………… 刘保中　陈炜新　赵文涵 / 157
B.10　中国居民文化发展满意度调查报告
………………………… 高文珺　朱　迪　龚　顺　张　衍
李　闯　黄燕华　云　庆 / 175
B.11　城市青年绿色低碳消费调查报告
………………… 朱　迪　高文珺　龚　顺　欧阳跃明
马墨琳　张　扬 / 202
B.12　中国居民消费投诉统计分析及维权形势展望
——基于全国消协组织2024年前三季度受理投诉情况
………………………………………………… 汤　哲 / 224
B.13　中国社会发展质量调查报告
………………………… 李　炜　米　兰　兰　雨　赵常杰 / 241
B.14　中国灵活就业青年发展状况调查报告
……………………………………………… 张　宾　杨标致 / 266

Ⅳ　专题篇

B.15　2024年中国互联网舆情分析报告
………………………………… 祝华新　廖灿亮　叶德恒 / 286

目　录

B.16 2024~2025年：发展新质生产力背景下的中国劳动者现状
　　………………………………………………………乔　健 / 302

B.17 2024年食品药品安全形势分析
　　……………………………………杜　锐　田　明　冯　军 / 316

B.18 2024年中国积极应对老龄化发展报告
　　……………………………………………黄种滨　王　晶 / 332

B.19 新时代城乡融合发展报告 …………………李文慧　吴惠芳 / 349

附　录

中国社会发展统计概览（2024） …………………………李建栋 / 369

Abstract ……………………………………………………………… / 385
Contents ……………………………………………………………… / 388

皮书数据库阅读使用指南

003

总 报 告

B.1
全面深化社会领域改革，推动中国社会现代化跨入新阶段

——2024~2025年中国社会形势分析与预测

中国社会科学院"社会形势分析与预测"课题组　陈光金 执笔[*]

摘　要： 2024年，中国经济社会发展稳中有进、稳中向好。国民经济稳中有增，产业结构继续调整升级。就业形势总体稳定，劳动保护状况向好。居民收入和消费保持增长态势，城乡居民收入差距继续缩小。民生事业继续发展，社会保障体系进一步完善。生态文明建设事业进一步发展，生态环境继续改善。面对复杂的国际政治经济形势和国内经济社会形势新变化，中国经济社会发展还面临着若干重大的难题和挑战，需要全面深化社会领域改革，推动中国社会现代化迈入新阶段。

---

[*] 陈光金，博士，研究员，中国社会科学院社会学研究所所长，中国社会科学院大学社会与民族学院院长，主要研究方向为农村社会学、社会分层与流动、私营企业主阶层。

关键词： 社会领域改革　民生事业　社会流动　人口结构　生态文明建设

2024年，在以习近平同志为核心的党中央坚强领导下，中国有效应对国际政治经济形势的各种不确定性因素的影响，充分发挥自身优势，推动中国经济社会发展稳中有进、稳中向好。党的二十届三中全会胜利召开，会议重点研究进一步全面深化改革、推进中国式现代化的重大战略议题，审议通过了《中共中央关于进一步全面深化改革　推进中国式现代化的决定》（以下简称《决定》），对当前和今后一个时期中国全面深化改革进行战略部署。《决定》是我们党在以中国式现代化全面推进强国建设、民族复兴伟业的关键时期制定的具有新的划时代意义的纲领性文件，为中国经济社会发展和中国式现代化的推进提供了强劲的改革动力和政治保障。

一　2024年中国经济社会发展总体形势

2024年是中国摆脱疫情影响进入新的调整和启动全面深化改革关键时期的起始之年，经过全国上下的共同努力，经济发展实现稳中有增，社会领域发展稳中向好，就业形势总体稳定，城乡居民收入和消费继续增长，各项社会事业继续向前发展，社会现代化作为中国式现代化的重要组成部分取得新的进展。

（一）国民经济稳中有增，产业结构继续调整升级

2024年，中国高质量发展扎实推进，新质生产力稳步发展，国民经济实现稳中有增。据统计，前三季度中国国内生产总值949746亿元，同比实际增长4.8%，其中，第二产业增长最快，增长率达到5.4%。产业结构继续调整升级。从工业部门来看，装备制造业增加值同比增长7.5%，高技术制造业增加值增长9.1%，增速分别快于全部规模以上工业1.7个和3.3个百分点；特别值得注意的是，新能源汽车、集成电路、3D打印设备产品产量同比分别增

长33.8%、26.0%、25.4%。第三产业的增长速度在前三季度为4.7%，略低于第二产业的5.4%；进入10月，服务业发展明显加快，现代服务业发展趋势较好，全国服务业生产指数同比增长6.3%，其中，金融业，信息传输、软件和信息技术服务业，租赁和商务服务业生产指数同比分别增长10.2%、9.5%、8.8%。全国粮食生产形势继续保持增长势头，夏粮总产量同比增长2.5%。

2024年，全国固定资产投资实现平稳增长。据统计，1~10月，全国固定资产投资（不含农户）423222亿元，按可比口径计算同比增长3.4%，比2023年1~10月全国固定资产投资（不含农户）的同比增速2.9%提高了0.5个百分点。民间投资下降速度有所减缓，从2023年1~10月的0.5%减少为2024年同期的0.3%；如果不考虑房地产投资下滑，2024年1~10月全国民间固定资产投资增长6.3%。固定资产投资的分布结构同样呈现产业结构调整升级的总体趋势，高技术制造业和高技术服务业投资分别增长8.8%、10.6%。国际贸易形势稳中向好，2024年1~10月，全国货物进出口总额360219亿元，同比增长5.2%。全国市场销售形势逐步回暖，1~10月，全国社会消费品零售总额398960亿元，同比增长3.5%；实物商品网上零售额同比增长8.3%，仅比2023年同期增长率8.4%低0.1个百分点。

（二）就业形势总体稳定，劳动保护状况向好

2024年，国家继续坚持就业优先战略，总体就业形势稳定。据人力资源和社会保障部的统计，1~9月，全国城镇新增就业1049万人，比2023年同期新增就业人数1022万人多出27万人，在近年来全国劳动年龄人口趋于减少的情况下，新增就业人口的增长体现了中国就业形势稳中向好的总体格局。同期，全国城镇失业人员再就业388万人，就业困难人员实现就业122万人。全国外出务工农村劳动力继续增加，到三季度末总量达到19014万人，同比增长1.3%。就业形势总体稳定还表现为城镇调查失业率的变化。据国家统计局发布的数据，1~10月，全国城镇调查失业率平均值为5.1%，同比下降0.2个百分点；其中外来农业户籍劳动力调查失业率为4.6%，比上年同期调查失业率4.7%略有下降。

2024年，中国劳动保护状况总体向好。据人力资源和社会保障部统计，1~9月，全国失业保险参保人数24549万人，比上年同期的24165万人增加384万人；全国工伤保险参保人数30262万人，比上年同期的29885万人增加377万人。全国督促补签劳动合同16.5万人；追发工资等待遇61.9亿元，比上年同期的55.9亿元增加6亿元。全国各省份均出台最低工资标准，截至10月1日，各省份第一档最低小时工资平均21.2元，比上年同期的20.3元增加0.9元。从工作时长来看，2024年前三季度全国企业就业人员平均每周工作时间为48.8小时，比上年全年平均周工作49小时缩短0.2小时。另据北京腾景大数据应用科技研究院、蚂蚁集团研究院发布的《灵活就业群体调查暨2024年三季度灵活就业景气指数报告》，灵活就业人员第三季度的周工作时长也比上年末有所缩短。

（三）居民收入和消费保持增长态势，城乡收入差距继续缩小

总体上看，2024年中国城乡居民收入和消费继续保持增长态势。据统计，1~9月，全国居民人均可支配收入30941元，按可比价计算实际同比增长4.9%。从收入来源看，全国居民人均工资性收入、经营净收入、财产净收入、转移净收入分别名义增长5.7%、6.4%、1.2%、4.9%。按常住地分，城镇居民人均可支配收入41183元，按可比价计算实际同比增长4.2%；农村居民人均可支配收入16740元，按可比价计算实际同比增长6.3%，继续快于国民经济增长速度。可以看到，城乡居民收入差距继续缩小，可支配收入之比为2.46（农村居民收入=1），比上年同期的2.51降低0.05。另外，前三季度，全国居民人均可支配收入中位数是平均数的84.0%；其中，城镇居民人均可支配收入中位数是平均数的89.4%；农村居民人均可支配收入中位数是平均数的85.5%；2023年同期，这三个数值分别为83.4%、89.4%和85.3%。可以预期，2024年全国居民收入差距总体水平将略有下降，农村居民内部收入差距也将有所收缩。

2024年居民消费继续增长。前三季度，全国居民人均消费支出20631元，按可比价计算同比实际增长5.3%。其中，城镇居民人均消费支出25530

元，按可比价计算同比实际增长 4.8%；农村居民人均消费支出 13839 元，按可比价计算同比实际增长 6.2%。农村居民消费支出增长仍然是全国居民消费支出增长的主要来源。从消费支出主要项目的增长和结构来看，基本生活消费支出增长较为强劲。2024 年前三季度，全国居民人均食品烟酒消费支出增长 7.1%，占人均消费支出的比重为 30.1%；人均衣着消费支出增长 5.1%，占比为 5.4%；人均居住消费支出增长 1.0%，占比为 22.1%；人均生活用品及服务消费支出下降 0.3%，占比为 5.4%；人均交通通信消费支出增长 10.0%，占比为 13.9%；人均教育文化娱乐消费支出增长 10.1%，占比为 11.1%；人均医疗保健消费支出增长 3.5%，占比为 9.2%；人均其他用品及服务消费支出增长 10.9%，占比为 2.8%。与 2023 年同期消费支出增长和结构相比，2024 年前三季度城乡居民食品烟酒消费支出增速更快，占比有所提高。

（四）民生事业继续发展，社会保障体系进一步完善

当前，中国已经建成世界规模最大的高质量教育体系。全国学前教育的毛入园率在 2023 年达到 91.1%；在基础教育方面，全国 2895 个县域完全实现义务教育基本均衡；高等教育毛入学率在 2023 年达到 60.2%，进入世界公认的普及化阶段。教育综合改革走向深入，基础教育生态发生重大变革，分类考试、综合评价、多元录取考试招生模式基本形成，促进了学生成长、国家选才和社会公平。国家对教育事业继续予以高度重视，党的二十届三中全会通过的《决定》把教育强国战略提到前所未有的高度，制定了一揽子推进高质量现代化教育的战略部署和举措。2024 年，在国家财政收入负增长的形势下，对教育的支出仍保持增长（前三季度支出同比增长 1.1%）。

卫生健康事业取得新进展，2024 年以来国家卫生健康部门的主要工作是"大抓基层"。目前，全国已经有 3.56 万所乡镇卫生院和社区卫生服务中心服务能力达到了标准，全国 80% 的乡镇卫生院和社区卫生服务中心都可以提供儿科服务，在村医队伍中执业医师和执业助理医师比例已经超过 45%，全国村（居）民委员会的公共卫生委员会覆盖面已经达到 98% 以上。中国基层

医疗卫生机构以占全国将近 1/3 的卫生人力资源提供了全国一半以上的诊疗服务以及绝大多数的基本公共卫生服务，为城乡居民的健康提供了基础性的保障。

社会保障和救助体系进一步完善，覆盖面不断扩大、待遇水平有所提高。2024 年前三季度，全国城镇职工基本养老保险参保人数 53310 万人，比上年同期增长 3.32%；基金收入 54002.2 亿元，比上年同期增长 5.65%；基金支出 50229.4 亿元，比上年同期增长 6.48%。城乡居民基本养老保险参保人数 54171 万人，比上年同期增长 4.99%；基金收入 4985.1 亿元，比上年同期增长 11.1%；基金支出 3810.8 亿元，比上年同期增长 13.6%。两种养老保险的基金收入和支出增长率都显著高于参保人数增长率，表明两种养老保险的收支平衡状况有所改善，待遇水平有所提高。全国基本医疗保险参保人数到 2023 年底达到 133389 万人，覆盖率超过 95%。2024 年，中国医疗保险事业的重点是推进职工医保个人账户省内共济，到 10 月，全国所有省份已实现省内共济,1~10 月共济金额达 369 亿元。社会救助事业取得一定进展，救助水平继续有所提高。2024 年前三季度，全国城镇和农村居民最低生活保障平均标准分别为每人每月 791.0 元和 585.9 元；城乡特困人员救助供养人数 477.4 万人，比上年同期增长 1.7%；享受困难残疾人生活补贴和重度残疾人护理补贴的人数分别为 1187.3 万人和 1620.4 万人，分别比上年同期增长 1.89% 和 3.38%。

（五）生态文明建设事业进一步发展，水和空气质量继续改善

中国式现代化是人与自然和谐共生的现代化。党的二十届三中全会通过的《决定》要求："必须完善生态文明制度体系，协同推进降碳、减污、扩绿、增长，积极应对气候变化，加快完善落实绿水青山就是金山银山理念的体制机制。"据自然资源部统计，新时代以来，中国生态文明建设取得了较为明显的成效。启动全世界最大的国家公园体系建设，布局 49 个国家公园候选区，对 9000 多处自然保护地进行整合优化。全国 90 % 以上的典型生态系统、300 多种珍稀濒危野生动植物得到有效保护。实施 52 个山水林田湖草沙一体

化保护和修复工程并完成修复治理面积6.7万平方公里。整治修复海岸线约1680公里、滨海湿地约500平方公里。全国历史遗留废弃矿山生态修复治理累计完成面积超过3200平方公里。落实乡村振兴战略，开展全域土地综合整治，完成土地整治2520平方公里，优化了乡村生产、生活、生态空间格局。扎实推进碳达峰碳中和战略实施，全国林草年碳汇量超过12亿吨二氧化碳当量。另据统计，截至2023年底，中国森林覆盖率超过25%，人工林面积居世界首位，成为全球增绿最多的国家。

生态文明建设成效突出表现为中国的水质和空气质量的改善。据生态环境部统计，2024年前三季度，在全国3641个国家地表水考核断面中，水质优良断面比例达到88.5%，比上年同期提高1.4个百分点。其中，长江、黄河、珠江、松花江、淮河、海河、辽河等七大流域以及西北诸河、西南诸河和浙闽片河流水质优良断面比例为90.0%，同比上升0.8个百分点；劣质断面比例为0.4%，同比下降0.1个百分点。在空气质量方面，统计数据显示，2024年前三季度，全国339个地级及以上城市的平均空气质量优良天数比例为85.8%，同比上升1.6个百分点；平均重度及以上污染天数比例为1.1%，同比下降0.7个百分点。具体而言，PM2.5平均浓度同比下降3.6%，PM10平均浓度同比下降7.8%，臭氧平均浓度同比下降0.7%，二氧化碳平均浓度同比下降10.0%。

二 2024年中国经济社会发展面临的难题与挑战

当前，全球格局经历着深刻而复杂的变化，全球经济走向复苏，但仍面临诸多挑战，供应链中断、通货膨胀压力以及债务水平高企等问题依然严重，美国等西方国家的贸易保护主义继续加剧，地缘政治冲突引发的全球政治割裂有所深化，这些因素继续对全球化进程构成挑战。在国内，以数字化和人工智能快速发展为驱动的第四次科技革命既引领着经济结构的深度调整，也引发了社会结构的深刻变化；另外，三年疫情的影响尚未完全消除。面对复杂的国际政治经济形势和国内经济社会

形势新变化，2024 年，中国经济社会发展还面临着若干重大的难题和挑战。

（一）国内有效需求偏弱，经济持续回升基础尚不稳固

2024 年前三季度，国民经济增速呈现回落态势。据统计，2024 年一季度国内生产总值同比增长 5.3%，二季度增长 4.7%，三季度增长 4.6%，呈现增速回落态势。

导致国民经济增速回落的一个主要因素是全社会固定资产投资增长不足，并且同样呈现增速回落态势。据统计，2024 年 1~3 月全国固定资产投资（不含农户）累计增长 4.5%，1~6 月累计增长 3.9%，1~9 月累计增长 3.4%。尽管 2024 年前三季度全社会固定资产投资增速快于 2023 年同期增速（2.9%），但延续了逐季度回落的趋势。另外，与 2022 年同期相比，2024 年前三季度全社会固定资产投资累计增速低 2.4 个百分点。而且，2022 年前三季度，除了 1~3 月的固定资产投资累计增速明显低于 1~2 月的增速外，其余逐月累计增速基本稳定并且维持在 5.7% 以上。房地产市场投资不景气是导致 2024 年前三季度全社会固定资产投资增速回落的重要原因。据统计，1~9 月全国房地产开发投资增速为 -10.1%。

社会消费品零售总额的增长也是反映有效需求的重要指标。根据国家统计局的数据，2023 年和 2024 年的 1~10 月，中国社会消费品零售总额的增长率分别为 6.9% 与 3.5%，后者比前者低 3.4 个百分点（或 49.3%），显示出国内有效需求偏弱的态势。

（二）人口结构深刻变化，青年劳动就业压力不容忽视

人口问题是影响深刻而长远的基础性社会问题。从出生人口数量方面看，总的变动趋势是逐年减少。作为应对人口发展问题的重大措施，国家于 2013 年出台"单独二孩"政策，2016 年全面放开"二孩"政策，2021 年实施"三孩"政策。相应地，2014 年全国出生人口 1687 万人，比 2013 年增加 47 万人；2016 年全国出生人口 1786 万人，比 2015 年增加 131 万人。此后，人口

政策调整的效应持续弱化，出生人口数量连年减少，到 2023 年，全国出生人口仅为 902 万人，比 2016 年少出生 884 万人。2022 年全国人口出现负增长，自然增长率为 -0.60‰；2023 年负增长加剧，自然增长率降至 -1.48‰。与此同时，老龄化也在加速。2000 年，中国 65 岁及以上人口占比上升到 7.0%，2013 年达到 9.7%，13 年里我国人口老龄化率年均增加 0.2 个百分点。2014 年该比重突破 10% 达到 10.1%，到 2023 年更是达到 15.4%，意味着约 10 年间我国人口老龄化率年均增加 0.53 个百分点，老龄化速度提高了 1.65 倍。老龄化加速，我国社会保障事业尤其是养老和医疗事业的压力也随之加大。

2012 年以来，中国 16~59 岁劳动年龄人口数量开始逐年减少，到 2023 年底，全国劳动年龄人口为 86481 万人，比上年减少 1075 万人。尽管如此，中国当前的劳动力总量仍然很大，就业压力仍然较大，突出表现为青年劳动力的调查失业率持续走高。据国家统计局在其门户网站公布的数据，2023 年 12 月，全国城镇不包含在校生的 16~24 岁劳动力失业率为 14.9%；2024 年 1 月微幅下降为 14.6%，此后在波动中上升，到 8 月提高到 18.8%，9 月又有所下降，到 10 月降至 17.1%，但始终远高于城镇平均调查失业率。同期，全国城镇不包含在校生的 25~29 岁劳动力调查失业率从 2023 年 12 月的 6.1% 上升到 2024 年 10 月的 6.7%（峰值为 3 月，达到 7.2%），同样明显高于城镇平均调查失业率。高校毕业生的就业压力问题仍然值得高度重视。2024 年，全国高校毕业生总量达到 1179 万人，比 2023 年的 1158 万人增加 21 万人，但出于各种原因适合高校毕业生的就业岗位并未明显增加。根据智联招聘在 2024 年 3~4 月进行的相关调查，到 4 月中旬，高校求职毕业生获得录用通知者所占比例为 47.8%，比 2022 年同期的 46.7% 提升了 1.1 个百分点，但比 2023 年同期的 50.4% 下降了 2.6 个百分点。

（三）城乡居民收入差距收缩难度加大，生活消费支出增长回落

与 2023 年同期相比，2024 年前三季度城乡居民收入增速下调。据统计，2023 年前三季度，全国居民人均可支配收入实际增长 5.9%，其中，城镇居民

人均可支配收入实际增长4.7%，农村居民人均可支配收入实际增长7.3%；相比之下，2024年前三季度全国居民人均可支配收入、城镇居民人均可支配收入和农村居民人均可支配收入的实际增长率分别下降了1个、0.5个和1个百分点（或16.9%、10.6%和13.7%）。更值得注意的是，城乡居民收入差距缩小的幅度在回落。同期全国居民人均可支配收入中位数相当于平均数的百分比，从2022年的84.2%下降到2023年的83.4%，再上升到2024年的84.0%；同期城镇居民人均可支配收入中位数相当于平均数的百分比，从2022年的90.2%缩小到2023年的89.4%，2024年与2023年持平；同期农村居民人均可支配收入中位数相当于平均数的百分比，则从2022年的86.8%缩小到2023年的85.3%，再上升到2024年的85.5%。这些变化趋势都说明，中国居民人均可支配收入差距收缩难度加大。

2023年前三季度，全国居民人均消费支出同比实际增长8.8%；其中，城镇居民人均消费支出同比实际增长8.1%，农村居民人均消费支出同比实际增长9.0%。与之相比，2024年前三季度三者的同比实际增长率分别降低了39.8%、40.7%和31.1%。这也从一个方面印证了2024年中国有效需求偏弱的状况。从生活消费支出结构的变化来看，全国居民人均食品烟酒消费支出占人均生活消费支出的30.1%，比上年同期占比提高了0.4个百分点，这意味着恩格尔系数出现小幅反弹；占比上升的生活消费支出项目还有人均交通通信消费支出（提高0.6个百分点）、人均教育文化娱乐消费支出（提高0.4个百分点）和人均生活用品及服务消费支出（提高0.4个百分点）。反过来，人均居住消费支出占比为22.1%，比上年同期占比下降1个百分点；占比下降的生活消费支出项目还有人均医疗保健消费支出（下降0.2个百分点）等。这些变化在一定程度上影响了中国居民生活消费支出结构升级的趋势。

（四）社会流动趋缓，中间阶层规模扩张速度受限

近年来，随着我国经济增速放缓，改革开放进入深水区，社会阶层的纵向构成基本稳定，社会中间阶层规模扩张速度受限，全社会的向上流动总

体趋缓。具体而言，当前，我国代际职业流动率和代际教育流动率有所下降，家庭出身背景对青年人的教育机会和职业发展机会的影响作用有所增强。这些趋势不仅影响着中国中间阶层规模扩大的速度，还会导致部分青年人对"勤劳致富"的预期下降，"躺平"、博彩、爽剧等亚文化在部分人群中间蔓延。

社会流动趋缓主要表现在三个方面。一是代际阶层传递效应增强。在改革开放初中期，社会阶层流动呈现长距离、大范围快速流动等特征。根据中国社会科学院社会学研究所开展的社会状况综合调查数据计算，中国教育获得的代际相关系数从2012年的0.433提高到2021年的0.501。二是代内阶层流动减少。对体制外人群而言，随着国民经济各行业、职业体系日益成形，体制、行业、职业体系的进入门槛提高，行业、职业更换的成本加大，基于学历、性别、年龄等因素的歧视现象增多，职业发展前景不明，代内流动可能性减少。体制内就业群体的事业发展隐形天花板显性化，专业技术人才的分类评价工作进展较为缓慢。三是先赋因素对社会流动的影响仍然较强。一部分社会群体的阶层传递主要是通过继承或较为封闭的、不规范的内部机制来实现的，家庭背景发挥的作用明显。此外，由于缺乏完善的财产税和遗产税制度，财富的代际传递性较强，这也是影响社会结构的开放性和流动性的重要因素。

（五）和谐劳动关系建设尚需加强，社会安全治理形势面临挑战

中国和谐劳动关系建设已经取得了重要进展，但受到国际政治经济形势复杂变化和新技术革命不断深化的影响，中国经济社会结构也在发生变化，和谐劳动关系建设面临新的挑战，劳动人事争议案件的发生率继续处于高位。据人力资源和社会保障部的统计，2024年1~9月，全国人社部门立案受理劳动人事争议仲裁案件127.7万件，比上年同期的122.9万件增加4.8万件（增长率为3.9%）。争议的焦点问题仍然以欠薪纠纷、社会保障纠纷、劳动合同纠纷等为主。

与此同时，社会矛盾也多有发生。根据最高人民法院的统计，2024年上

半年，全国各级人民法院受理各类案件总计2317.6万件，其中，全国诉至法院的民事行政纠纷1541.7万件。另据公安部统计，自夏季治安突出问题防范打击整治工作（"夏季行动"）开展以来，全国各地公安机关共破获刑事案件53.5万起，查处治安案件142.6万起，排查化解矛盾纠纷192.2万起。特别值得提起的是，故意伤人恶性事件，引发全国上下高度关注。

三 2025年中国社会发展态势和政策建议

2024年前三季度，中国经济社会发展总体平稳、稳中有进，政策效应不断显现，主要经济社会发展指标近期出现积极变化，积累了一些积极因素。2025年，要坚持以习近平新时代中国特色社会主义思想为指导，全面贯彻落实党的二十大和二十届三中全会精神，认真落实党中央、国务院决策部署，完整、准确、全面贯彻新发展理念，加快构建新发展格局，实现存量政策和增量政策协同发力，推进各项政策加快落地见效，巩固和增强经济社会发展回升向好的总体态势，推动中国社会现代化迈入新阶段。

（一）积极应对人口负增长和老龄化双重加速的趋势，构建系统性制度和政策体系

就应对低生育率问题来说，主要有三组对策可以考虑，重点是增强民众的生育意愿。一是要有效降低生育养育的物质成本。要努力减轻生育负担，逐步实现生育费用大部分或全部由国家和社会承担。要推进降低养育成本，可以选择的制度安排或政策包括逐步降低各年龄段教育成本，通过财政补助和社会筹资逐步实现学前教育普及化和低费用，实施高中阶段教育义务化，取消中考，将普通教育与职业教育分流延后到大学本科阶段，加大本科教育财政补助和社会资助力度，减轻家庭的相应教育负担和竞争压力。二是要正视不婚现象的客观存在和加剧趋势，关注不婚但有生育意愿的女性的生育权利，放宽非婚生子女登记条件要求，加大力度关怀和帮助单亲家庭。三是要加大力度减轻妇女的养育负担，包括时间成本和机会成本，提升育龄妇女的

生育意愿。进一步完善劳动就业政策，帮助用人单位降低女性员工因休产假等需要而造成的用工成本。建立男性产假制度，让夫妻双方共同分担养育子女的时间成本和机会成本。

应对老龄化加速趋势，主要应从三个方面着手。一是进一步完善养老保障体系。尤其是要加快扩大灵活就业人员的社会保障覆盖面。二是根据经济社会发展水平合理提高养老金待遇水平。同时，还要考虑根据经济社会发展水平提高社会救助水平。三是加快完善养老服务体系和发展相关老年产业，在不断推进养老服务社会化的同时，动员有能力的老年人群积极参与养老事业和产业的发展。

（二）多措并举，积极应对，化解就业压力和青年就业困难

要继续坚持就业优先战略，继续深化市场化改革，提高国家治理体系和能力现代化水平，加大力度营造良好的创新创业氛围，加大扶持中小微企业发展力度，持续推进经济高质量增长，积极应对新一轮科技革命带来的就业结构转型发展要求，及早筹谋应对人工智能发展带来的就业替代效应可能造成的新的就业挑战。

要加快推进市场法治化、制度化，保持各行业经济政策的稳定性、连续性，提升个人和企业投资创业信心和社会预期，不断激活经济发展的"源头活水"。鼓励企业扩大用工需求，降低市场实际用人成本。继续加强对于拓展市场与致力于创新的企业，予以部分税收减免、定向金融贷款等实质性支持以鼓励产业发展与用人招录。推进部分体制内单位人员流动和待遇的市场化。对标国家公务员考试，推进地方公务员、事业单位、国有企事业单位人员招录的规范化、公开化、透明化，强化体制内人员招聘的公平性。建立国有企业、部分事业单位等体制内单位人员的市场化退出机制，形成可进可出的人员流动体系。加快构筑人工智能与就业协同体系，精准实施人才培养，加强弱势群体保障，缓冲人工智能可能引发的负面效应，加强风险防范。推动学校企业长期合作，定向培育企业急需的高素质人才。学校与企业建立合作关系，共同制定学生培养课程大纲，根据所需岗位技能设置所教课程内容，引

导学生积极参与课外实践和企业实习，培育企业或工厂所需的技能型高素质人才，有效解决劳动力市场需求与供给的结构性矛盾。倡导青年树立积极就业观念，帮助青年群体实现多业态发展；加强就业形势教育，帮助青年树立"先就业，再择业"的积极就业观念。

（三）改革完善收入分配体制机制，确保城乡居民收入增长，有效缩小收入分配差距

收入分配差距大且收缩难度大，不利于我国促进共同富裕，并且影响着民众的收入分配公平感。中国社会科学院社会学研究所2023年中国社会状况综合调查数据显示，在全部被访者中，接近1/4的人认为我国社会目前收入差距较大。收入分配差距及其公平性问题，是今后一个时期内都会存在的重大社会风险。应对和化解这一风险，需要从多个方面发力。

要以规范收入分配秩序和财富积累机制为最大抓手，加快构建初次分配、再分配和第三次分配协调配套的基础性分配制度体系。要加快规范初次分配进程，为形成更加公平的全社会收入分配总体格局奠定基础。要继续稳定居民收入增长与经济增长基本同步的总体格局，随着经济发展完善最低工资制度和工资协商机制，不断提高低收入群体收入水平，合理规范和调节高收入，取缔非法收入。要不断提高劳动者素质和技能技术水平，促进就业高质量发展，为劳动者工薪收入水平随着经济发展而合理增长奠定基础。改革和创新社会保障制度，加快扩大灵活就业人员社会保险覆盖面，加快推进社会保障全国统筹。要扎实推进城乡基本公共服务一体化，巩固拓展脱贫攻坚成果，实现其与乡村振兴的有机衔接，不断增强农村社会发展韧性和能力，确保农村居民收入更快增长。

（四）深化社会流动相关体制机制改革，推动中等收入群体的壮大成长

通过促进社会流动优化我国社会结构，需要在经济发展、劳动就业、收入分配、教育公平、技能培育等方面，继续深化体制机制改革，消除可

能制约社会阶层流动的体制机制障碍。要深化劳动就业体制机制改革创新，关于这方面的对策思考，本报告在上文已经做了比较全面的阐述。要继续推进普惠性学前教育高质量发展，加快实现学前教育全面普及。探索实施十二年义务教育制度，为教育强国战略的实施奠定更加坚实的基础。加大高等教育改革力度，大力扶持城乡中低收入家庭的学生，提高高等教育公平水平；提升高等教育供给与劳动力市场需求匹配程度。要进一步规范职业教育体系，强化对职业教育的资金、师资、制度支持，鼓励企业兴办职业技能教育。

要建立完善各就业群体的职业技能资格认定和晋升体系。着力提升职业教育体系的生源质量和教学质量，对标普通学历教育体系，完善技校、中职、高职、大专培养接续配套体系，打通职业教育学历提升路径。建立普职双向融通的教育体系，推动普高中职、本科高职学生双向流通。要尝试建立"黄领"劳动者工龄、基本技能培训和资格认定的标准化体系，打通其职业上升渠道。完善较高技能工作人员的技能资格评价体系，扩大技能晋升渠道覆盖范围，为"蓝领"劳动者实现职业技能等级晋升提供机会和条件。建立"白领"群体工龄、管理经验、技能等级的标准化认定、晋升体系。要探索破除体制内外职业资格标准的藩篱，推动体制内外单位通用的职业标准体系建立，在合理范围内打破"天花板"，转动"玻璃门"。

（五）不断改革创新完善社会治理，促进社会安全形势持续好转

面对错综复杂的社会安全形势，从防范化解相关风险的需要出发，运用系统性思维，贯彻总体国家安全观，借鉴推广新时代"枫桥经验"，要见微知著、敏锐洞察，整体把握国内国际形势变化引起的社会矛盾纠纷风险走势特点，不断改革创新完善社会治理，抓早抓小、掌握先机，整合力量及时化解矛盾纠纷，营造更加积极、良好的社会生态。

在推动经济提振复苏的同时，需要更加重视防范贪污、受贿、挪用公款、滥用职权、违法发放贷款、违规出具金融票证、利用未公开信息交易等经济金融系统的腐败问题所引发的经济金融风险、社会市场震动以及国内外舆论

风暴。伴随经济复苏，要注意防范打击对普通民众和市场多元主体实施的贷款诈骗、信用卡诈骗、非法经营高利放贷、基于虚假助贷服务的套路诈骗等各类信贷领域的违法犯罪、非法集资与传销犯罪、涉税违法犯罪，以及合同诈骗、职务侵占、商业贿赂中侵犯企业合法权益等突出犯罪。此外，经济金融领域的市场信心风险、裁员降薪风险也同样值得重视。

要正视现实生活压力、群体焦虑情绪、社会信任危机等个体与社会问题仍然较为广泛存在的现实，防范其导致婚姻家庭、邻里关系、住房建设、城市管理、道路交通、环境保护、劳动争议、文教卫生、市场监管、农业农村以及企业经营等领域矛盾纠纷风险隐患叠加放大。重视不同领域社会矛盾纠纷可能相互催化，防范社会安全问题被"再解读""再重构""再叙事""再认识"，以免引发社会矛盾纠纷蔓延滋生、升级裂变，导致不确定、难预料的重大社会安全风险。

要继续加强互联网平台治理，严格落实政府监管责任和平台主体责任。要加强对新型线上线下平台经济行为尤其是消费行为的规制和治理，避免新型消费矛盾引发新的社会矛盾。要加快推进未成年人线上线下一体化保护，为他们打造健康活泼的线上线下成长环境。继续加强网络舆情引导，不仅要加强对网络谣言的治理，也要加强因各种社会思潮以及各种"内卷""躺平"心态所引发的网络舆情管理，防范化解网上"民意"撕裂并蔓延到线下影响社会生活的和谐稳定和社会心态的理性平和。要加强社会心理服务体系建设，确保无论是在线上还是线下，都能建设一个积极向上的健康的社会心理世界，为凝聚社会共识、构建服务中国式现代化的精神文明奠定社会基础。

参考文献

董丝雨、庞革平:《中国森林覆盖率超25% 成为全球增绿最多的国家》，《人民日报海外版》2024年11月26日。

公安部：《公安部新闻发布会》，2024年9月27日，https://www.mps.gov.cn/n2254536/n2254544/n2254552/n9783813/index.html。

人力资源和社会保障部：《2023年人力资源和社会保障主要统计数据（1~9月）》，https://www.mohrss.gov.cn/SYrlzyhshbzb/zwgk/szrs/tjsj/202311/W020231129367691572990.pdf。

人力资源和社会保障部：《2024年人力资源和社会保障主要统计数据（1~6月）》，https://www.mohrss.gov.cn/SYrlzyhshbzb/zwgk/szrs/tjsj/202407/W020240729522051377839.pdf。

人力资源和社会保障部：《2024年人力资源和社会保障主要统计数据（1~9月）》，https://www.mohrss.gov.cn/xxgk2020/fdzdgknr/ghtj/tj/dttj/202410/W020241030397022686171.pdf。

《生态环境部公布2024年第三季度和1~9月全国地表水环境质量状况》，https://www.mee.gov.cn/ywdt/xwfb/202410/t20241022_1089881.shtml。

《生态环境部公布2024年9月和1~9月全国环境空气质量状况》，https://www.mee.gov.cn/ywdt/xwfb/202410/t20241022_1089901.shtml。

国家统计局：《前三季度国民经济运行稳中有进 向好因素累积增多》，https://www.stats.gov.cn/sj/zxfb/202410/t20241018_1957044.html。

国家统计局：《2024年1~10月份全国固定资产投资增长3.4%》，https://www.stats.gov.cn/sj/zxfb/202411/t20241115_1957429.html。

国家统计局：《2023年1~9月份全国固定资产投资增长3.1%》，https://www.stats.gov.cn/sj/zxfb/202310/t20231018_1943657.html。

国家统计局：《2022年1~10月份全国固定资产投资（不含农户）增长5.8%》，https://www.stats.gov.cn/sj/zxfb/202302/t20230203_1901653.html。

国家统计局：《2024年1~10月份全国房地产市场基本情况》，https://www.stats.gov.cn/sj/zxfb/202411/t20241115_1957428.html。

国家统计局：《2024年10月份社会消费品零售总额增长4.8%》，https://www.stats.gov.cn/sj/zxfb/202411/t20241115_1957427.html。

国家统计局：《2023年10月份社会消费品零售总额增长7.6%》，https://www.stats.gov.cn/sj/zxfb/202311/t20231115_1944530.html。

国家统计局：《2022年前三季度居民收入和消费支出情况》，https://www.stats.gov.cn/sj/zxfb/202302/t20230203_1901621.html。

国家统计局:《2023年前三季度居民收入和消费支出情况》,https://www.stats.gov.cn/sj/zxfb/202310/t20231018_1943659.html。

国家统计局:《2024年前三季度居民收入和消费支出情况》,https://www.stats.gov.cn/sj/zxfb/202410/t20241018_1957037.html。

国家统计局编《中国统计年鉴2024》,中国统计出版社,2024。

国家医疗保障局:《2023年全国医疗保障事业发展统计公报》,2024年7月25日。

自然资源部:《国家生态保护修复公报2024》,https://gi.mnr.gov.cn/202411/P020241106674232719694.pdf。

《前三季度国内生产总值(GDP)同比增长5.2%——前三季度国民经济持续恢复向好》,《人民日报》2023年10月19日。

王萍萍:《人口总量有所下降 人口高质量发展取得成效》,https://www.stats.gov.cn/sj/sjjd/202401/t20240118_1946701.html。

王萍萍:《人口总量略有下降 城镇化水平继续提高》,https://www.stats.gov.cn/sj/sjjd/2023 02/t20230202_1896742.html。

智联招聘:《2024大学生就业力调研报告》,https://news.koolearn.com/20241118/1266420.html。

《最高人民法院公布2024年上半年司法审判工作主要数据》,https://www.court.gov.cn/zixun/xiangqing/438521.html。

发 展 篇

B.2
2024年中国城乡居民收入和消费报告[*]

崔 岩[**]

摘　要： 2024年我国城乡居民收入持续增长，城乡居民收入结构不断优化。在工资性收入和经营净收入实现稳步增长的同时，人均可支配收入中位数保持较快增速。城乡居民内部的收入差距仍然显著，不同行业间仍存在较大的收入差距。在消费方面，城乡居民消费支出稳步上升，居民消费能力有所提升，展现蓬勃的活力和巨大的潜力。尤其是在居民消费结构持续优化升级的同时，新型消费不断壮大，新消费增长点不断涌现，以旧换新政策推动耐用消费品市场提质升级，绿色消费正成为新时尚。为了实现国内消费需求的可持续释放，需要加快深化收入分配制度改革，提高低收入群体的收入水平，扩大中等收入群体规模。推动城乡协同发展，加快农村消费市场建设，进一步优化消费环境，释放城乡居民消费潜力，从而为

---

[*] 本文为国家社会科学基金一般项目"数智时代下青年群体新就业形态的结构变迁分析和规模推演研究"（24BSH064）阶段性成果。
[**] 崔岩，中国社会科学院社会学研究所副研究员，中国社会科学院国情调查与大数据研究中心研究员，主要研究方向为发展社会学。

经济的持续健康发展提供有力支撑。

关键词： 城乡居民收入　城乡居民消费　收入结构　新消费增长点

2024年，我国站在全面推进中国式现代化的新起点。中国式现代化不仅是社会主义现代化建设的崭新探索，更是实现中华民族伟大复兴的根本道路。2024年以来，外部环境变化带来的不确定性增加，国内经济运行过程中的新旧动能转换仍处于磨合期。在日益复杂多变的国内外形势下，中国经济保持了总体平稳且稳中有升的运行态势，新质生产力持续稳步发展，民生保障水平不断提升，重点领域风险防范与化解取得了积极成果，高质量发展的步伐稳步推进，社会整体保持稳定和谐。从城乡居民收入与消费情况来看，随着共同富裕的持续推进，我国进一步优化收入分配结构，逐步缩小地区差距、城乡差距。在探索高质量发展中促进公平与效率的平衡，让改革发展成果更多更公平惠及全体人民。

一　城乡居民收入持续增长，城乡居民收入结构不断优化

（一）我国城乡居民收入实现持续稳步增长

"十四五"以来，我国城乡居民收入保持持续增长，全国居民人均可支配收入由2021年的35128元增加到2023年的39218元。较之2021年，2023年名义增速为11.6%，两年平均名义增长5.8%，扣除价格因素，两年平均实际增长4.5%。

2024年前三季度，虽然外部因素和国内经济社会发展存在一定的不确定性，在以习近平同志为核心的党中央坚强领导下，在党中央、国务院总体布局和决策部署下，宏观调控持续发力，各项改革开放举措稳步深化，政策合力在扩大国内需求、优化经济结构上成效显著。国民经济运行总体平稳、稳

中有进，市场预期逐步改善，推动经济回升向好的积极因素明显增加，城乡居民收入实现持续稳步增长。2024年前三季度，全国居民人均可支配收入30941元，比上年同期名义增长5.2%，扣除价格因素，实际增长4.9%。全国居民人均可支配收入中位数25978元，比上年增长5.9%，中位数是平均数的84.0%。

分城乡数据显示，2024年前三季度城镇居民人均可支配收入41183元，同比名义增长4.5%，扣除价格因素，实际增长4.2%；城镇居民人均可支配收入中位数36801元，增长4.4%，中位数是平均数的89.4%。农村居民人均可支配收入16740元，同比名义增长6.6%，扣除价格因素，实际增长6.3%，名义增速和实际增速均比城镇居民高2.1个百分点，增速明显高于城镇居民；农村居民人均可支配收入中位数14310元，增长6.8%，中位数是平均数的85.5%（见表1）。[1]

表1 2012年至2024年前三季度居民人均可支配收入及增长情况

单位：元，%

时间	全国居民 可支配收入	全国居民 同比实际增长	城镇居民 可支配收入	城镇居民 同比实际增长	农村居民 可支配收入	农村居民 同比实际增长	城乡收入比 以农村居民收入为1
2012年	16510	10.6	24127	9.6	8389	10.7	2.88
2013年	18311	8.1	26467	7.0	9430	9.3	2.81
2014年	20167	8.0	28844	6.8	10489	9.2	2.75
2015年	21966	7.4	31195	6.6	11422	7.5	2.73
2016年	23821	6.3	33616	5.6	12363	6.2	2.72
2017年	25974	7.3	36396	6.5	13432	7.3	2.71
2018年	28228	6.5	39251	5.6	14617	6.6	2.69
2019年	30733	5.8	42359	5.0	16021	6.2	2.64
2020年	32189	2.1	43834	1.2	17131	3.8	2.56
2021年	35128	8.1	47412	7.1	18931	9.7	2.50

[1] 《2024年前三季度居民收入和消费支出情况》，国家统计局网站，2024年10月18日，https://www.stats.gov.cn/sj/zxfb/202410/t20241018_1957037.html。

续表

时间	全国居民 可支配收入	全国居民 同比实际增长	城镇居民 可支配收入	城镇居民 同比实际增长	农村居民 可支配收入	农村居民 同比实际增长	城乡收入比 以农村居民收入为1
2022年	36883	2.9	49283	1.9	20133	4.2	2.45
2023年	39218	6.1	51821	4.8	21691	7.6	2.39
2019年前三季度	22882	6.1	31939	5.4	11622	6.4	2.75
2020年前三季度	23781	−0.6	32821	−0.3	12297	1.6	2.67
2021年前三季度	26265	9.7	35946	8.7	13726	11.2	2.62
2022年前三季度	27650	3.2	37482	2.3	14600	4.3	2.57
2023年前三季度	29398	5.9	39428	4.7	15705	7.3	2.51
2024年前三季度	30941	4.9	41183	4.2	16740	6.3	2.46

资料来源：年度数据来源于历年《中国统计年鉴》；前三季度数据来源于国家统计局历年发布数据。

统计数据进一步显示，近年来农村居民收入增速持续高于城镇居民收入增速，对城乡居民收入差距情况进行分析可知，城乡居民收入比持续下降，2023年城乡居民收入较2022年的2.45进一步下降到2.39（见图1）。根据国家统计局最新发布的2024年前三季度数据测算可得城乡居民收入比为2.46，较上一年同期的2.51进一步下降0.05。

图1 2000~2023年城乡居民人均可支配收入比

资料来源：由历年《中国统计年鉴》数据计算获得。

（二）城乡居民收入结构不断优化，工资性收入和经营净收入实现稳步增长

2024年前三季度，城乡居民工资性收入和经营净收入实现稳步增长，有力支撑了城乡居民收入结构的不断优化。宏观经济数据显示，2024年前三季度经济运行和居民就业形势总体稳定，在工业制造业实现稳定增长的同时，服务业也在一系列政策刺激下显著恢复。全国居民人均工资性收入17696元，比上年同期增长5.7%。其中，城镇居民人均工资性收入为24869元，同比增长4.9%；农村居民人均工资性收入为7750元，同比增长6.8%。城乡居民工资性收入持续增长，主要得益于我国经济在内外部环境不确定性下体现出的强大韧性。

从经营净收入来看，2024年前三季度全国居民人均经营净收入为4939元，同比增长6.4%。其中，城镇居民人均经营净收入5009元，同比增长6.6%；农村居民人均经营净收入4843元，同比增长6.0%。特别值得注意的是，2024年前三季度居民旅游出行、文化娱乐活动需求旺盛，极大促进了住宿餐饮业、文化体育娱乐业等行业经营的稳步发展。受乡村旅游市场持续升温等因素的有力拉动，农村居民第三产业人均经营净收入增长11.4%。[①]

2024年前三季度，全国居民人均财产净收入2585元，比上年同期增长1.2%。其中，城镇居民人均财产净收入4132元，同比增长0.2%；农村居民人均财产净收入439元，同比增长6.4%。

2024年前三季度，各项民生政策持续发力，全国居民人均转移净收入5721元，同比增长4.9%。其中，城镇居民和农村居民人均转移净收入分别为7173元和3708元，比上年同期分别增长3.8%和6.9%。受养老金领取人数增加和基础养老金标准上调带动，养老金或离退休金收入比上年同期增长8.1%。

从国家统计局数据可以发现，2014年以来的十年间，城乡居民在收入不断提升的同时，保障水平稳步提高，收入结构持续优化。以2010年至2024年

---

① 《张毅：前三季度居民收入和消费支出稳定增长》，国家统计局网站，2024年10月18日，https://www.stats.gov.cn/sj/sjjd/202410/t20241018_1957052.html。

前三季度为例，城乡居民转移净收入占可支配收入的比例从16.1%上升到18.5%；财产净收入占可支配收入的比例从6.2%上升到8.4%（见图2）。转移净收入对于城乡中低收入人口起到了重要的保障作用。近年来，随着国家在民生领域的持续大力投入，城乡居民保障水平不断提升，转移净收入为城乡居民收入稳步提升筑牢基本底线。另外，2010~2023年，城乡居民财产净收入占可支配收入的比例显著提升，也反映了城乡居民投资渠道日益拓宽，利息收入、投资收益、理财红利、房屋和土地经营权租金均成为城乡居民财产净收入增长的持续动力。

图2 2010年至2024年前三季度全国城乡居民人均可支配收入来源结构

资料来源：历年《中国统计年鉴》。

（三）人均可支配收入中位数保持增长，城乡居民内部收入差距仍然显著

1. 城乡居民收入中位数持续增长

2014~2023年，人均可支配收入中位数由17570元增加到33036元，按

可比价格计算，实际年均增长7.79%。2023年全国居民收入中位数增速降至5.3%，而居民人均可支配收入增速为6.1%，高于收入中位数增速（见图3）。不过值得注意的是，2024年前三季度全国居民人均可支配收入中位数增长率回升到5.9%，高于同期人均可支配收入增长率[①]。中位数作为衡量居民收入分布中心位置的指标，其增长率的超越，意味着中间收入群体收入增速较快，收入分配结构正在逐步优化。2024年以来，一系列政策有效提高城乡居民的就业质量、增加中低收入群体的收入来源，推动整体收入分配的均衡化，在缩小收入差距的同时，进一步促进了社会公平。

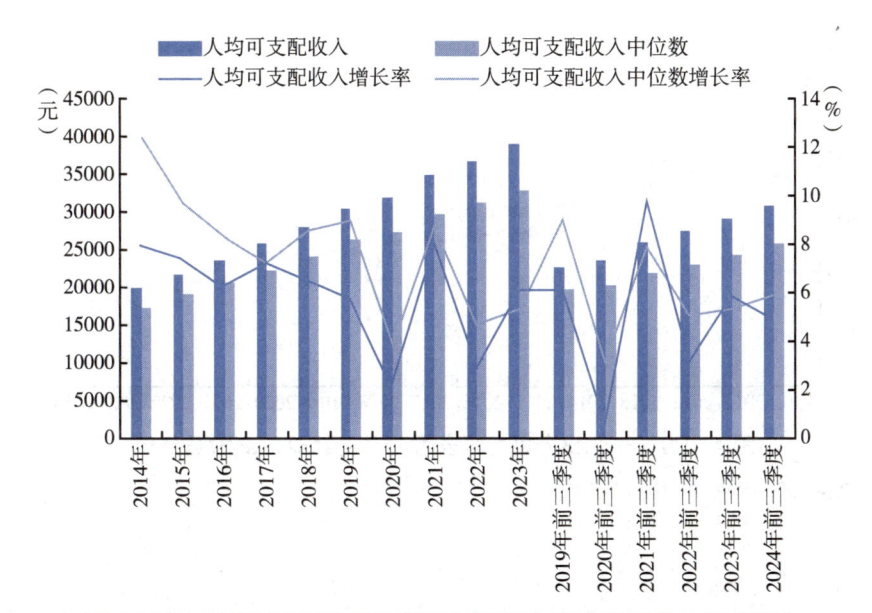

图3　2014年至2024年前三季度全国居民人均可支配收入和中位数

资料来源：历年《中国统计年鉴》。

2. 不同地区间收入差距持续缩小

近年来，我国不同地区间收入差距持续缩小，特别是2018~2023年，不

---

① 在国家统计局发布的数据中，人均可支配收入增速为扣除价格因素的实际增速，其余增速为名义增速。

同地区间居民人均可支配收入的差异系数显著降低，从2018年的0.400降低至2023年的0.373（见图4）。我国不同地区收入差距显著缩小，这一积极变化得益于近年来国家实施的一系列区域协调发展战略和精准扶贫政策的稳步推进。尤其是在党和国家各项政策的有力推动下，中西部地区通过加强基础设施建设、承接产业转移，经济发展速度明显加快，经济发展质量显著提高，居民收入水平也随之得到大幅提升。同时，中西部地区新型城镇化建设和乡村全面振兴的快速推进，更是有效带动了农村居民就近就业和非农收入增加。

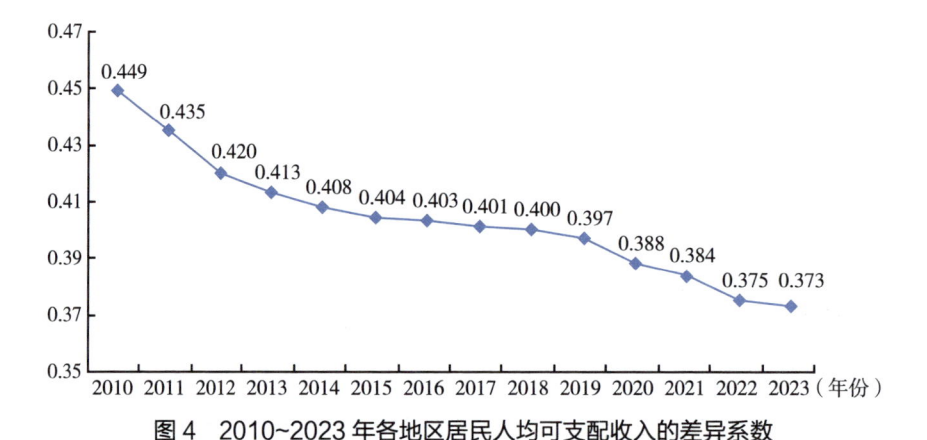

图4 2010~2023年各地区居民人均可支配收入的差异系数

资料来源：历年《中国统计年鉴》。

3. 城乡居民内部收入差距仍然显著

统计数据显示，农村居民可支配收入增速持续高于城镇居民，城乡居民收入差距显著缩小。与此同时，分城乡数据则显示农村居民内部的收入差距有所扩大。首先，在2023年全国居民五等份收入分组中，高收入组家庭人均可支配收入为95055元，低收入组家庭人均可支配收入仅为9215元，比值为10.32。城镇居民中高收入组家庭人均可支配收入为110639元，低收入组家庭人均可支配收入为17478元，两者比值为6.33。农村居民中高收入组家庭人均可支配收入为50136元，低收入组家庭人均可支配收入为5264元，两者比值高达9.52。历年数据分析发现，城镇居民内部收入差距虽然有所扩大，但最高收入组和最低收入组比值近年来基本在6.3左右。与之相对应，农村居民内部收入差距自2020年以来则显著扩大：该比值从2020年的8.23上升到2023年的9.52（见图5）。其中的原因之一是农村居民中最高收入组收入增速近年来持续高于最低收入组的收入增速，导致两者差距持续扩大。统计数据显示，农村居民低收入组收入在2021年仅名义增长3.7%，显著低于其他各收入组的增长率，特别是高收入组收入在2021年名义增长率达到11.8%。2022年和2023年农村居民低收入组收入名义增长率分别为3.5%和4.8%，而同期高收入组收入名义增长率则分别达到6.9%和8.8%。

图5 2014~2023年全国和城乡居民五等份收入组最高组和最低组比值情况

资料来源：历年《中国统计年鉴》。

（四）不同行业间仍存在显著的收入差距

对不同行业城镇单位就业人员平均工资进行分析发现，农林牧渔业就业人员平均收入到2020年为止一直处于各行业最低水平；2021年和2022年，住宿和餐饮业城镇单位就业人员平均工资则处于各行业最低水平。就最高平均收入行业来看，信息传输、计算机服务和软件业城镇单位就业人员平均工资在2003~2008年处于最高水平，2009~2015年金融业城镇就业人员平均工资则处于最高水平，2016~2022年信息传输、计算机服务和软件业城镇单位就业人员平均工资再次处于最高水平。

从最高行业平均收入和最低行业平均收入的比值来看，该比值从2005年的4.73逐渐降低至2015年的3.59，2018年和2019年小幅回升至4.05和4.10，2020年和2021年则再次回落至3.66、3.76，2022年该比值再次上升到4.08（见图6）。

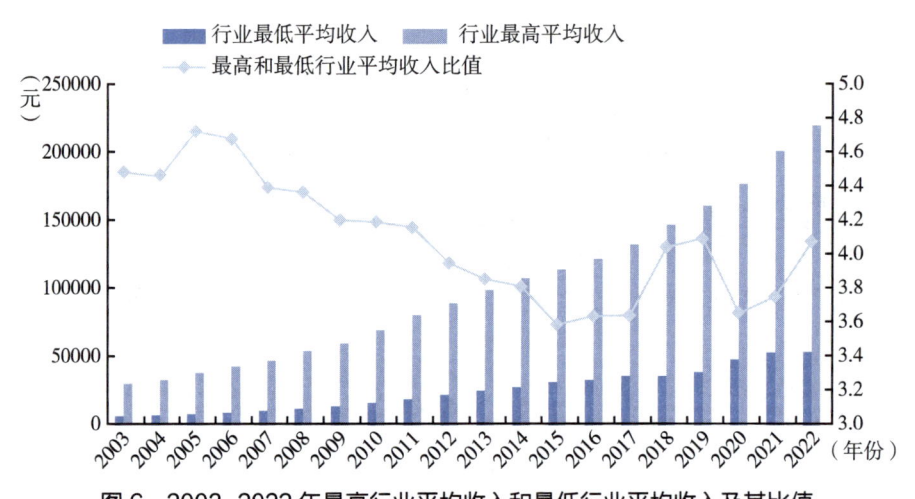

图6　2003~2022年最高行业平均收入和最低行业平均收入及其比值

资料来源：由历年《中国统计年鉴》数据计算获得。

二　城乡居民消费支出稳步增长，城乡居民消费能力和消费意愿有所提升

（一）城乡居民消费信心和消费能力得到进一步增强，展现出蓬勃的活力和巨大的潜力

"十四五"以来，扩大内需已经成为推动经济高质量增长的重要引擎。全

国居民人均消费支出由2021年的24100元增加到2023年的26796元，名义增长11.2%；按可比价格计算，累计增长8.8%，年均增长4.4%。

商务部确定2024年为"消费促进年"。国家培育壮大新型消费、稳定和扩大传统消费、推动扩大服务消费、持续优化消费环境等方面的相关政策持续发力，强有力地激发了国内消费活力。统计数据显示，2024年前三季度全国居民消费支出为20631元，较之2023年前三季度的19530元名义增长5.6%，扣除价格因素实际增长5.3%。分城乡数据显示，2024年前三季度城镇居民消费支出为25530元，较之2023年前三季度的24315元，扣除价格因素实际增长4.8%；农村居民消费支出为13839元，较之2023年前三季度的12998元，扣除价格因素实际增长6.2%（见表2）。

表2 2010年至2024年前三季度城乡居民人均消费支出和增长率

单位：元，%

时间	居民人均消费支出 全国居民	农村居民	城镇居民	城乡消费支出比	同比实际增长率 全国居民	农村居民	城镇居民
2010年	9378	4945	13821	2.79	8.4	6.9	6.6
2011年	10820	5892	15554	2.64	9.5	12.6	6.8
2012年	12054	6667	17107	2.57	8.6	10.4	7.1
2013年	13220	7485	18488	2.47	6.9	9.2	5.3
2014年	14491	8383	19968	2.38	7.5	10.0	5.8
2015年	15712	9223	21392	2.32	6.9	8.6	5.5
2016年	17111	10130	23079	2.28	6.8	7.8	5.7
2017年	18322	10955	24445	2.23	5.4	6.8	4.1
2018年	19853	12124	26112	2.15	6.2	8.4	4.6
2019年	21559	13328	28063	2.11	5.5	6.5	4.6
2020年	21210	13713	27007	1.97	-4.0	-0.1	-6.0
2021年	24100	15916	30307	1.90	12.6	15.3	11.1
2022年	24538	16632	30391	1.83	-0.2	2.5	-1.7
2023年	26796	18175	32994	1.82	9.0	9.2	8.3
2019年前三季度	15464	9353	20379	2.18	5.7	6.7	4.7
2020年前三季度	14923	9430	19247	2.04	-6.6	-3.2	-8.4

续表

时间	居民人均消费支出			城乡消费支出比	同比实际增长率		
	全国居民	农村居民	城镇居民		全国居民	农村居民	城镇居民
2021年前三季度	17275	11179	21981	1.97	15.1	18.1	13.4
2022年前三季度	17878	11896	22385	1.88	1.5	4.3	-0.2
2023年前三季度	19530	12998	24315	1.87	8.8	9.0	8.1
2024年前三季度	20631	13839	25530	1.84	5.3	6.2	4.8

资料来源：年度数据来源于历年《中国统计年鉴》，前三季度数据来源于国家统计局发布数据。

2023年城乡居民消费支出比为1.82，该比值近年来持续下降。同时，2024年前三季度城乡居民消费支出比为1.84，低于2023年前三季度的城乡居民消费支出比。农村居民消费支出名义增长率持续高于城镇居民的现象，不仅体现了农村消费市场的巨大增长潜力和消费升级的明显趋势，也为我国经济的持续健康发展提供了广阔的内需空间。未来，随着农村居民消费结构逐渐从生产型、生存型向发展型、享受型、服务型升级，农村消费市场有望成为拉动我国经济增长的重要引擎。

统计数据进一步显示，县域消费市场中农村居民的消费能力持续增强，凸显出县域经济在拉动内需、扩大消费上的巨大潜力。国家统计局数据表明，2024年上半年，我国城镇消费品零售额达到204559亿元，同比增长3.6%；乡村消费品零售额达到31410亿元，同比增长4.5%。乡村市场的销售增速高于城镇市场，农村市场消费潜力加速释放。[1]这一方面得益于农民收入的持续增加和农村消费环境的不断改善，另一方面电商平台下沉也为县域消费注入了新的活力。特别是随着农村数字信息基础设施的持续完善，电商平台在县域的普及率越来越高，物流配送越来越便利，为广大农村居民提供了更加丰富的消费选择。

---

[1] 斯丽娟：《激活县域消费潜能：发展趋势与路径探析》，2024年10月7日，http://www.rmlt.com.cn/2024/1007/713754.shtm。

（二）城乡居民消费结构持续优化升级

在中国式现代化进程中，在城乡居民收入水平持续提高的同时，我国居民消费结构也发生了显著变化。从统计数据可以看出，我国城乡居民的消费导向已经实现从基本生存型消费向发展型消费的转型升级。国家统计局数据显示，广大农村居民的恩格尔系数逐年下降，在食品等基本消费上的支出比例逐渐降低，而教育、文化、娱乐等发展型消费支出显著增加。其主要消费需求已经不再局限于传统的食品、衣物等基本生活必需品，而是将更多消费投入全面提升生活质量、实现个人发展中。统计数据显示，城乡居民用于食品烟酒和衣着支出合计占比从2013年的39%降低到2023年的35.3%，而在交通通信、教育文化娱乐、医疗保健等方面的支出占比则有明显上升（见图7）。

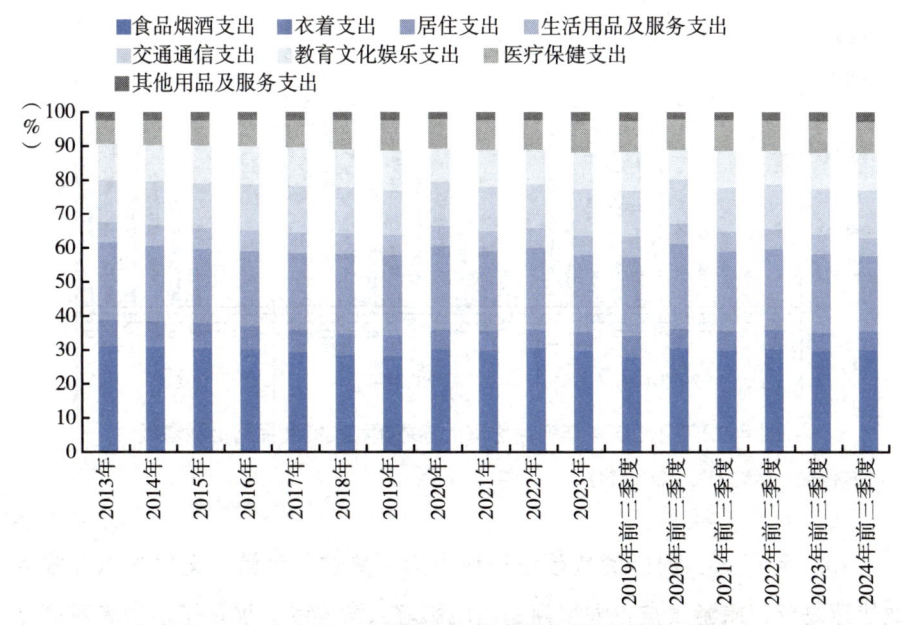

图7 2013年至2024年前三季度城乡居民消费结构变化

资料来源：历年《中国统计年鉴》。

统计数据也显示，服务消费在城乡居民消费中的比重不断上升。旅游消费、教育消费、文娱消费、健康消费等在居民消费中的比重提高，既反映了城乡居民的消费需求日益多样化，也体现了中国式现代化进程中，消费供给正在和人民群众日益增长的美好生活需要相匹配。

近年来，我国网上零售额持续提升，随着直播带货等电商新模式的快速发展，人民群众线上消费需求得到较快释放。国家统计局数据显示，至2024年9月网上零售额累计达到108927.9亿元，累计增长8.6%（见图8）。1~9月，实物商品网上零售额增长7.9%，同期社会消费品零售总额增长3.3%，实物商品网上零售额增速快于社会消费品零售总额4.6个百分点；占社会消费品零售总额的比重为25.6%。

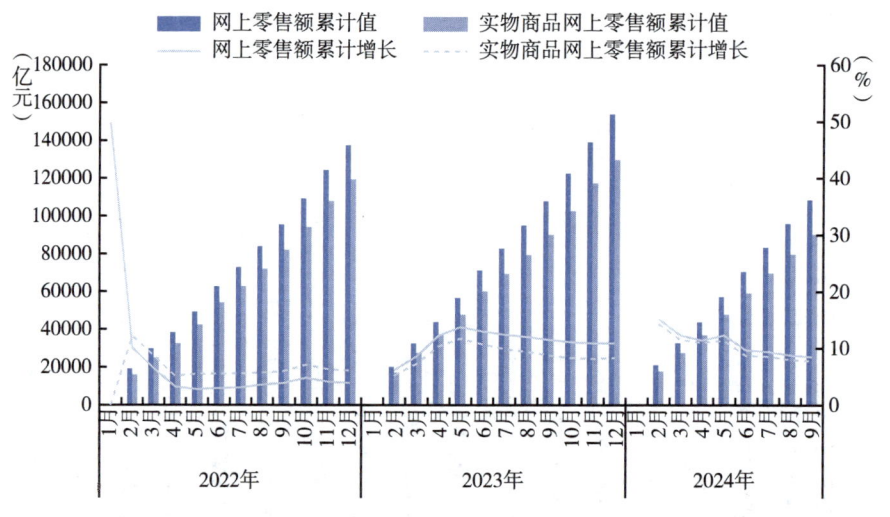

图8 2022~2024年各月份网上零售额和实物商品网上零售额

资料来源：历年《中国统计年鉴》。

2024年以来，促进消费政策持续发力，餐饮、旅游、文化娱乐等服务业快速复苏，旅游景点、大型商超、电影院人潮涌动，展现了消费者对高品质生活的强烈需求。2023年全国居民人均服务性消费支出12114元，比上年增长14.4%。分城乡数据显示，2023年城镇居民人均服务性消费支出15673

元，比上年增长14.2%；农村居民人均服务性消费支出7164元，比上年增长12.7%（见图9）。国家统计局发布的服务零售额数据显示，2024年1~9月服务零售额同比增长6.7%。随着居民服务消费潜力的持续释放，服务消费快速增长，对国内消费形成了有力的拉动，服务零售额保持较快增长。

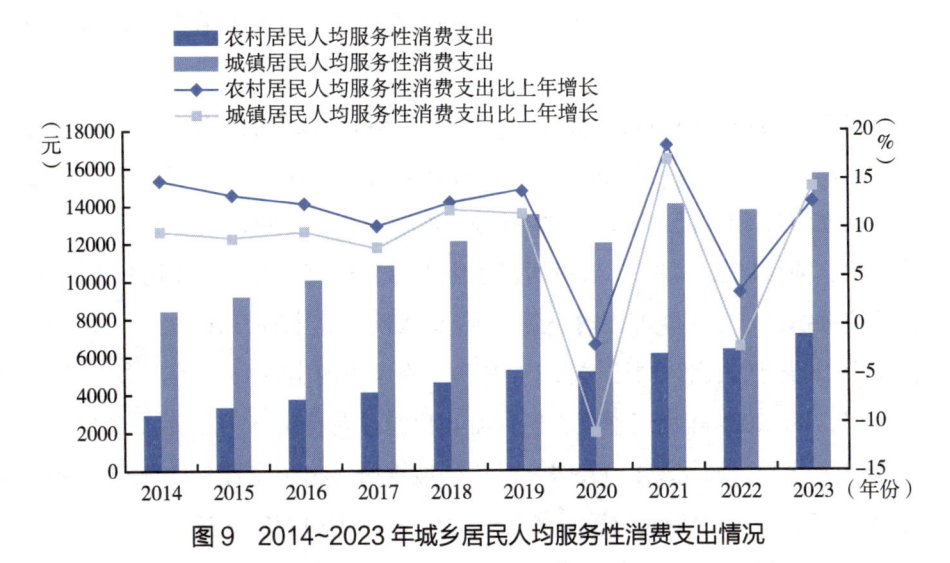

图9 2014~2023年城乡居民人均服务性消费支出情况

资料来源：历年《中国统计年鉴》。

（三）新型消费不断壮大，新消费增长点不断涌现

2024年政府工作报告明确提出："培育壮大新型消费，实施数字消费、绿色消费、健康消费促进政策，积极培育智能家居、文娱旅游、体育赛事、国货'潮品'等新的消费增长点。"[1] 随着新产品、新场景的不断丰富，新型消费已成为新经济形态下社会生产生活方式进步的重要方向。特别是在数字化浪潮的推动下，线上消费、直播带货、社区团购等新型消费模式不断涌现，为消费者提供了更加便捷、高效的购物和消费体验。根据第54次《中国互联

---

[1] 《政府工作报告——2024年3月5日在第十四届全国人民代表大会第二次会议上》，中国政府网，2024年3月12日，https://www.gov.cn/yaowen/liebiao/202403/content_6939153.htm。

网络发展状况统计报告》的数据，2024年上半年通过线上预订消费演唱会/音乐节等演出活动、电影及KTV等休闲娱乐服务的用户，分别占网民的6.6%和17.3%；购买过网上外卖服务、到店餐饮团购服务的用户，分别占网民的50.3%和20.7%；购买过共享服务、跑腿代办、在线家政维修等生活服务的用户，分别占网民的27.7%、10.8%和7.9%，2024年上半年使用过"同城达"等即时配送的用户，占网购用户的26.4%，显示出数字消费在整体消费中的重要地位。①

随着旅游市场的回暖，我国旅游消费市场继续保持快速发展的势头。文化和旅游部发布的数据显示，2024年前三季度，国内出游42.37亿人次，比上年同期增加5.63亿人次，同比增长15.3%。其中，城镇居民国内出游32.70亿人次，同比增长14.9%；农村居民国内出游9.67亿人次，同比增长16.8%。分季度数据显示，一季度国内出游14.19亿人次，同比增长16.7%；二季度国内出游13.06亿人次，同比增长11.8%；三季度国内出游15.12亿人次，同比增长17.2%。2024年前三季度，国内游客出游总花费4.35万亿元，比上年增加0.66万亿元，同比增长17.9%。其中，城镇居民出游花费3.71万亿元，同比增长17.1%；农村居民出游花费0.64万亿元，同比增长22.5%。②

除了文旅消费有着不俗的表现外，2024年多部门实现政策协同，多措并举有力扩大了汽车消费。特别是汽车以旧换新、车购税和车船税优惠等促消费政策、新能源汽车下乡活动、研究制定新能源汽车换电模式指导意见等举措，营造了良好的汽车消费环境。统计数据显示，前三季度汽车产销分别完成2147万辆和2157.1万辆，同比分别增长1.9%和2.4%。特别值得注意的是，前三季度新能源汽车产销分别完成831.6万辆和832万辆，同比分别增长31.7%和32.5%，近3个月新能源乘用车销售占比均在50%以上，实现了新的突破。③ 由

---

① 中国互联网络信息中心（CNNIC）：第54次《中国互联网络发展状况统计报告》，2024年8月29日，https://www.cnnic.cn/n4/2024/0829/c88-11065.html。
② 《2024年前三季度国内旅游数据情况》，2024年10月21日，https://zwgk.mct.gov.cn/zfxxgkml/tjxx/202410/t20241021_955808.html。
③ 《前三季度新能源汽车产销同比分别增长31.7%和32.5%》，中国网，2024年10月23日，http://news.china.com.cn/2024-10/23/content_117503056.html。

此可见，新能源汽车市场在2024年仍保持强劲的增长势头，也彰显了消费者对新能源汽车消费预期的提升。

（四）以旧换新政策推动耐用消费品市场提质升级，绿色消费正成为新时尚

近年来，随着我国经济总量持续增长和居民收入水平持续提高，以家用电器、汽车等为代表的耐用消费品人均保有量不断提高，耐用消费品市场正在进入增量与存量并重的新发展阶段。为进一步激发居民消费潜力，2024年政府工作报告提出，推动各类生产设备、服务设备更新和技术改造，鼓励和推动消费品以旧换新。国务院常务会议审议通过的《推动大规模设备更新和消费品以旧换新行动方案》，将重点实施设备更新、消费品以旧换新、回收循环利用、标准提升四大行动，推动消费品循环经济发展。各地支持大规模设备更新和消费品以旧换新的具体措施也陆续启动。其中，北京、天津、上海等地区出台了个人消费者汽车置换更新政策；江苏、浙江、湖北等地区已实施新的家电以旧换新补贴政策。相关数据显示，国庆假期前三天，有104.55万名消费者购买以旧换新八大类家电产品154.61万台，销售额达到73.57亿元。其中，排名前三的家电品类为空调、电冰箱、电脑。[1] 商务部全国家电以旧换新数据平台显示，截至10月15日，已有2066.7万名消费者申请，1013.4万名消费者购买八大类家电产品1462.4万台，享受131.7亿元中央补贴，带动销售690.9亿元。[2]

以旧换新政策的实施，不仅激发了消费者的换新需求，还带动了相关产业的快速发展。与此同时，绿色消费也正在引领消费新时尚，绿色消费理念渐入人心。2023年中国社会状况综合调查数据显示，15%的被访者非常同意"为了整个社会能够有更好的自然环境，我愿意支付更高的价格购买利于环保

---

[1] 《换"智"换"能"，买买买！假日消费呈现新色彩 低碳"绿"成香饽饽》，中国财经，2024年10月4日，http://finance.china.com.cn/news/20241004/6171445.shtml。

[2] 贾丽：《全国家电以旧换新购买人数突破1000万人 数千亿元产业空间待挖掘》，《证券日报》2024年10月18日，第A01版。

的产品"这一表述，38.9%的被访者表示比较同意，合计超过50%。

总的来说，2024年我国居民消费呈现显著的转型升级特征，城乡居民消费结构进一步优化。与此同时，在政府各项刺激政策和市场的共同作用下，消费模式不断创新，消费需求日益多元。在城乡居民收入持续增加和消费环境持续改善的背景下，我国居民消费市场将继续保持稳健发展势头，为经济增长提供强劲动力。

三 进一步提高城乡居民收入、促进城乡居民消费的政策思考和相关建议

在当前中国经济社会发展保持积极向上的同时，仍然存在若干制约居民收入增长与消费升级的重要因素。因此应当进一步深化改革，通过制度创新突破瓶颈性问题，在大力推进中国式现代化的进程中，激发市场活力和社会活力，促进经济社会全面协调发展。笔者提出以下几个方面的政策思考和建议。

（一）进一步拓宽城乡居民收入来源，完善城乡居民收入结构

要进一步深化收入分配制度改革，切实破解制约城乡居民收入可持续增长的限制性因素。统计数据显示，当前在我国城乡居民收入稳步增长的同时，城乡之间、区域之间、行业之间仍然存在较为显著的收入差距。因此，应当进一步完善劳动者报酬与劳动生产率同步提高机制，加快建立企业职工工资正常增长机制；同时，应当加大对低收入群体的扶持力度，通过提高财产净收入和转移净收入等方式，缩小收入差距，提高收入分配的公平性。还应当进一步拓宽居民增收渠道，激发创新创业活力。

"十四五"规划和2035年远景目标纲要明确提出"居民人均可支配收入增长与国内生产总值增长基本同步"。统计数据显示，在当前我国城乡居民收入结构中，收入来源以工资性收入、经营净收入、财产净收入和转移净收入为主。对于大部分城镇劳动者，工资性收入仍是其最主要的收入来源。因

此，要切实实现"居民人均可支配收入增长与国内生产总值增长基本同步"，应当进一步提高普通劳动者的就业质量，增加中高收入工作岗位数量。应当在经济转型升级进程中，大力发展现代服务业、高新技术产业、数字经济和绿色经济，通过创造更多高质量就业岗位、提高普通劳动者就业质量，实现城乡居民收入的持续提升。特别是面对数字经济浪潮，应当通过技术赋能、加强职业技能培训，提升中低技能劳动者的技能水平，提高其适应劳动力市场和岗位技能需求变化的能力，为居民稳定持续增收奠定坚实的人力资本基础。

近年来，随着青年群体创新创业热情持续高涨，经营净收入在城乡居民收入中的占比有所提升。对于创新创业群体而言，市场环境、营商环境对于增加其经营净收入有着重要的影响效应。要进一步提高城乡居民经营净收入，应当进一步构建对中小企业和青年创业者更为友好的市场环境，实现营商环境的持续优化，提高市场主体经营的便利度，拓宽城乡居民创业渠道，破除创新创业过程中的各种不合理限制。只有通过优化营商环境，为创业者提供创业指导和就业服务，才能有效激发市场主体创新创业活力，通过创新创业实现城乡居民经营净收入的增加。

总之，当前我国城乡居民财产净收入和经营净收入占比较低，且近年来这两类收入增速较慢。特别是对于部分农村居民而言，城乡分割、户籍差异等制度性因素在一定程度上阻碍了农村居民收入的持续稳定增长。要通过深化农村土地制度改革，让农民从土地中获得更多财产净收入，使广大农村居民中的低收入群体财产净收入实现更快增长。同时，应当加速乡村振兴战略的推进，进一步引导和支持农村产业结构的优化升级，在有条件的农村地区加快发展高附加值的现代农业和现代服务业，通过政策支持农村地区有机农业、生态旅游、文化创意产业的发展，实现农民收入水平的持续提升。

（二）进一步建立劳动者报酬合理可持续增长机制，实现经济发展成果公平、公正地惠及广大劳动者

《中共中央 国务院关于实施就业优先战略促进高质量充分就业的意见》

明确提出：促进劳动报酬合理增长；健全劳动、知识、技术等要素按贡献参与分配的初次分配机制，提高劳动报酬在初次分配中的比重；加强对企业工资收入分配的宏观指导，完善劳动者工资决定、合理增长、支付保障机制。统计数据显示，2022年国内劳动者报酬共计63.42万亿元，劳动者报酬在初次分配总收入中的比重为53.1%，处于近年来的较高水平。

首先，应当进一步建立劳动者报酬合理可持续增长机制，实现经济发展成果公平、公正地惠及广大劳动者，实现经济增长与劳动者收入之间的均衡关系。在这一过程中，要进一步完善工资决定和合理增长机制，在政府对劳动力市场的有效监管下，持续推动形成由市场供求关系决定工资水平的机制。特别是在规模日益扩大的灵活就业群体和新职业新业态就业群体中，完善工资指导线和最低工资标准制度，确保劳动者的工资水平能够随着经济发展而逐步提高，建立更为科学、更为人性化的绩效工资制度，激发劳动者的积极性和创造力。

其次，要健全劳动、知识、技术等要素按贡献参与分配的初次分配机制。提高劳动报酬在初次分配中的比重，重点在于全面提高劳动者素质，建立通过提高高素质技能劳动者比例实现整体就业质量提升的长效机制。特别是近年来，在经济社会发展和科技进步的背景下，劳动力市场对劳动者技能的需求也在不断变化。随着技术快速进步，劳动力市场的用工需求更偏向于技能型、复合型人才。同时，针对人工智能技术进步给劳动力市场带来的机遇和挑战，就业政策在顶层设计上应该考虑如何放大技术进步形成的"就业创造"效应，结合不同技术对不同就业岗位、不同就业形态的差异化影响机制，通过多元化的制度和政策设计，最大限度扩大就业容量、提升就业质量。

（三）进一步优化消费环境，释放城乡居民消费潜力

基于我国经济转型升级进程中面临的不确定因素，应当高度重视消费对于拉动经济高质量增长的重要意义。首先，应从政策层面充分研判国内消费升级趋势，大力发展以数字消费、绿色消费为代表的新型消费业态和新消费模式，加强与消费转型升级相匹配的基础设施建设。同时，不断优化消费环

境，丰富高质量消费产品的供给，提升消费服务质量，完善消费者权益保护机制，从而进一步释放消费潜力，增强消费信心和消费意愿，满足人民群众多元化、个性化的消费需求。

其次，应该以提升居民消费能力为基础，进一步促进新型消费快速发展、培育壮大消费新模式，为我国经济高质量发展提供不竭动力。具体来说，在提升居民消费能力的若干举措中，应当高度重视县域经济对内需的拉动作用，同时进一步依托乡村振兴战略实现政策持续发力，充分释放农村消费潜力，促进广大农村居民在新消费浪潮中实现消费提质扩容。通过发展现代农业、乡村旅游、农村电商等多元产业，增加农村居民的就业机会，拓宽农村居民的收入来源，从而提高其消费能力。此外，加快新型城镇化建设进程，建立全国统一大市场，进一步畅通生产、流通和消费的各个环节，实现供需更为精准的匹配。

总之，要进一步推动城乡居民收入稳步提升，释放城乡居民消费潜力，应当从制度、政策等方面破解各类制约居民收入和消费提升的消极因素。一方面，通过深化收入分配制度改革，优化城乡居民收入结构，拓宽居民增收渠道；另一方面，进一步优化消费环境，推动居民消费的高质量增长，为经济社会的全面协调发展注入强劲动力。

（四）建设良好的消费环境和投资环境，提高居民消费和投资意愿

当前内外部不确定因素在一定程度上限制了城乡居民的消费意愿。统计数据显示，城乡居民消费倾向呈现小幅波动，2023年为68.3%，2024年前三季度全国居民消费倾向为66.7%。其中，城镇居民消费倾向显著低于农村居民，2024年前三季度城镇居民消费倾向为62.0%。与之相对应，同期农村居民消费倾向为82.7%，反映出农村消费市场的巨大潜力。

与此同时，居民投资意愿仍处于低位，而储蓄意愿则仍较高。中国人民银行发布的城镇储户问卷调查数据显示，当前城镇储户储蓄意愿较高，而与之相对应，投资意愿则较低。特别是2024年以来，倾向于"更多储蓄"的城镇储户占比持续在60%以上，2024年第二季度该比例为61.5%。2024年第

二季度倾向于"更多消费"的城镇储户也仅占25.1%，而倾向于"更多投资"的城镇储户则仅占13.4%，处于最近十余年以来的较低水平。[①] 为了有效促进居民投资意愿，相关部门应当采取一系列措施，例如完善投资环境，加强市场监管，保护投资者合法权益，为普通投资者提供丰富的投资渠道和产品，满足居民多元化的投资需求。同时，应当加强投资教育和宣传，提高居民的投资意识和风险意识等。通过这些措施的实施，进一步激发居民的投资热情，为实现经济增长目标创造良好的投资环境。

参考文献

国家统计局编《中国统计年鉴2024》，中国统计出版社，2024。

李培林、陈光金、王春光主编《社会蓝皮书：2024年中国社会形势分析与预测》，社会科学文献出版社，2023。

[①] 中国人民银行：《2024年第二季度城镇储户问卷调查报告》，2024年8月9日，http://www.pbc.gov.cn/diaochatongjisi/116219/116227/5427648/index.html。

B.3
2024年中国就业形势分析报告

陈 云*

摘 要： 面对复杂的经济形势和外部环境，党中央、国务院持续深化改革开放，出台一系列稳经济、稳就业、稳物价的政策措施，扎实推进实施就业优先战略、完善就业体制机制，强化就业优先政策，在外部环境不确定性增加的背景下，实现14亿人口大国就业局势总体稳定，就业增长持续，失业水平回落，主要群体就业稳定，就业新动能逐步增强，劳动力市场出现积极变化。同时，就业结构矛盾更加突出，青年等群体就业压力持续，企业用工需求偏弱，实现就业质的有效提升和量的合理增长面临新的困难和挑战。促进实现高质量充分就业，要不断提高理论和实践自觉，将党的最新理论创新成果武装应用到就业工作的方方面面，切实加强就业工作的组织领导、经济拉动力、政策协同合力，激发经营主体用工活力，提高市场匹配和就业服务效力，提升劳动者就业创业能力，强化劳动权益的保障力度。

关键词： 就业形势 高质量充分就业 就业优先 就业友好型发展 青年就业

2024年，面对复杂严峻的环境和艰巨繁重的任务，在以习近平同志为核心的党中央坚强领导下，坚持稳中求进工作总基调，完整、准确、全面贯彻

---

* 陈云，中国劳动和社会保障科学研究院就业创业研究室主任、研究员，主要研究方向为就业创业和社会政策。

新发展理念，加快构建新发展格局，加大宏观调控力度，面对复杂的经济形势和外部环境，党中央、国务院持续深化改革开放，推出一系列稳经济、稳就业、稳物价的政策措施，着力扩内需、优结构、稳预期、提信心、防风险，我国经济社会发展在逐步恢复常态运行基础上进一步改善，在稳中向好中推进经济结构调整和转型升级，加力培育新质生产力和发展新动能，经济增速稳中有进，经济规模持续扩大，为稳定就业提供坚实基础。国家统计局初步核算数据显示，2024年前三季度国内生产总值增长总体稳定，一季度国内生产总值同比增长5.3%，二季度增长4.7%，三季度增长4.6%。前三季度国内生产总值949746亿元，按不变价格计算同比增长4.8%。分产业看，第一产业增加值57733亿元，同比增长3.4%；第二产业增加值361362亿元，同比增长5.4%；第三产业增加值530651亿元，同比增长4.7%。前三季度，服务业增加值同比增长4.7%。其中，信息传输、软件和信息技术服务业，租赁和商务服务业增加值分别增长11.3%和10.1%，交通运输、仓储和邮政业，住宿和餐饮业，批发和零售业增加值分别增长6.8%、6.3%和5.4%。高技术产业投资同比增长10.0%，其中高技术制造业和高技术服务业投资分别增长9.4%和11.4%。特别是航空、航天器及设备制造业，电子及通信设备制造业投资增长率分别达到34.1%和10.3%。[①]说明以新质生产力为主体的新兴产业发展势头良好。同时，我国经济发展的外部环境依然复杂严峻，国际地缘政治经济关系仍趋紧张多变，部分地区冲突动荡加剧，世界经贸秩序遭遇全球化逆风，"小院高墙""脱钩断链"等持续扰乱冲击产业链、供应链，世界经济发展中的不确定性、不安全性有增无减；国内经济向好态势仍不稳固，经济增长新动能仍不强劲，部分宏观经济指标偏弱且波动加大；市场结构和运行秩序仍处深度调整期，各行各业发展不均衡，一些行业持续走弱，部分企业经营遇到各种困难。

在国内外经济环境复杂多变背景下，我国就业形势受到周期性、结构性

---

① 数据来源：《2024年三季度国内生产总值初步核算结果》，国家统计局网站，https://www.stats.gov.cn/sj/zxfb/202410/t20241019_1957083.html；《前三季度国民经济运行稳中有进 向好因素累积增多》，https://www.stats.gov.cn/sj/zxfb/202410/t20241018_1957044.html。

和摩擦性等多维多重因素叠加影响，既有诸多积极因素推动劳动力市场持续改善，也有诸多因素冲击劳动力市场稳定。面对复杂局势，党中央高度重视就业问题，2024年5月27日，中共中央政治局举行第14次集体学习，习近平总书记就"促进高质量充分就业"发表重要讲话；9月，中共中央、国务院出台《关于实施就业优先战略促进高质量充分就业的意见》，提出一系列稳就业、促就业政策措施。各地各部门积极落实党中央决策部署，坚持把就业作为民生工作的头等大事来抓。在宏观不确定性背景下，就业形势总体上呈稳步复苏、稳中有变、变中向好的发展态势。就业主要指标逐步改善，劳动力市场进入新的动态平衡期，新的就业增长点不断涌现，主要群体就业稳定，失业水平稳步回落至常态；但同时也要看到，经济发展拉动就业的动力仍不强劲，劳动力市场需求的复苏缓慢，就业结构调整变化加剧，结构性矛盾更加突出，部分企业投资和用工趋于谨慎，稳岗压力加大，群体性、区域性、行业性失业风险仍然存在，就业提质扩容仍面临一些困难。

一 2024年就业形势分析

（一）就业增长呈现稳步向好态势

在经济发展稳中向好基础上，就业增长表现出积极向好的势头。2024年前三季度累计全国城镇新增就业1049万人，为近五年来同期最高，与2023年同期比多增27万人，增幅2.6%。前三季度城镇新增就业占全年目标任务1200万人的比例为87.4%。[①] 从各月走势看，2024年各月城镇新增就业人数大多高于上年同期，表明就业增长保持了相对稳定态势（见图1）。从区域看，东部、中部、西部和东北部总体上都实现同比增长，东部地区增长势头要好于其他地区，东北地区虽然同比保持增长，但其增长规模在全国的比重有所下降，显示东北地区就业增长动能仍然偏弱。从省份看，全国八成省份前三季度城镇新增就业实现同比增长，只有少数几个省份城镇新增就业在前三季度同比下滑。

---

① 城镇新增就业数据根据人社部发布的数据整理。

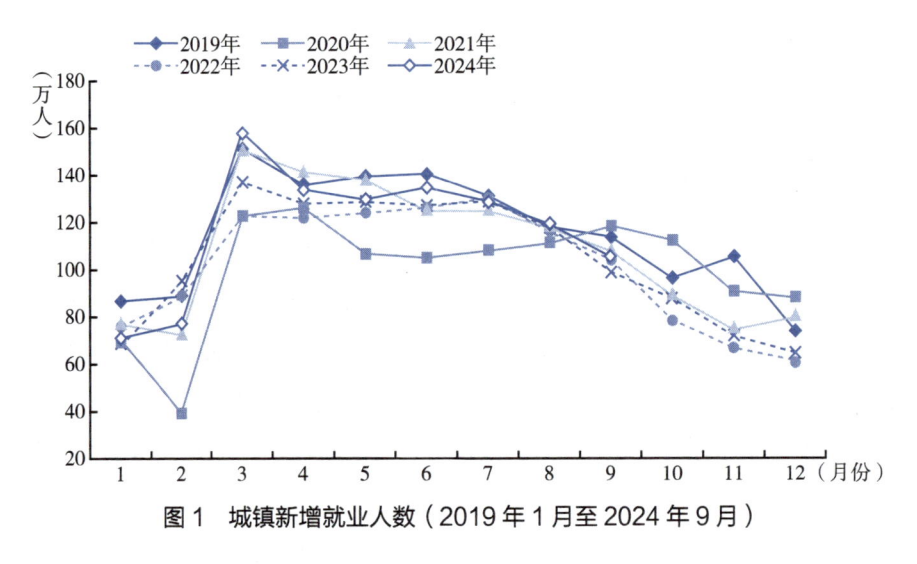

图 1　城镇新增就业人数（2019 年 1 月至 2024 年 9 月）

（二）总体失业水平回落低位运行

从总体失业水平看，2024 年全国城镇调查失业率同比下行，1~9 月，全国城镇调查失业率平均值为 5.1%，比 2023 年同期下降 0.2 个百分点。[1] 从走势看，与疫情前 2019 年走势大体一致。2024 年前三季度各月城镇调查失业率保持在相对低位平稳运行，呈比较规律的季节性波动，且波动幅度相对较小，最大波幅较上年同期低 0.3 个百分点（见图 2）。从大城市失业状况看，31 个大城市城镇调查失业率 1~9 月平均值为 5.1%，与全国城镇整体水平相同，比上年同期下降 0.4 个百分点。从走势来看，上半年 31 个大城市调查失业率延续了 2023 年四季度以来低于全国城镇调查失业率的走势，7~8 月受应届高校毕业生离校求职影响季节性反弹高于全国面上水平。总体上看，31 个大城市调查失业率已改变疫情期间高于全国城镇调查失业率水平的状况，逐步恢复到疫情前低于面上水平的状况（见图 3）。这说明大城市吸纳就业功能已逐步得到恢复。

---

[1]　城镇调查失业率数据来源于国家统计局发布的月度数据。

图2 城镇调查失业率（2019年1月至2024年9月）

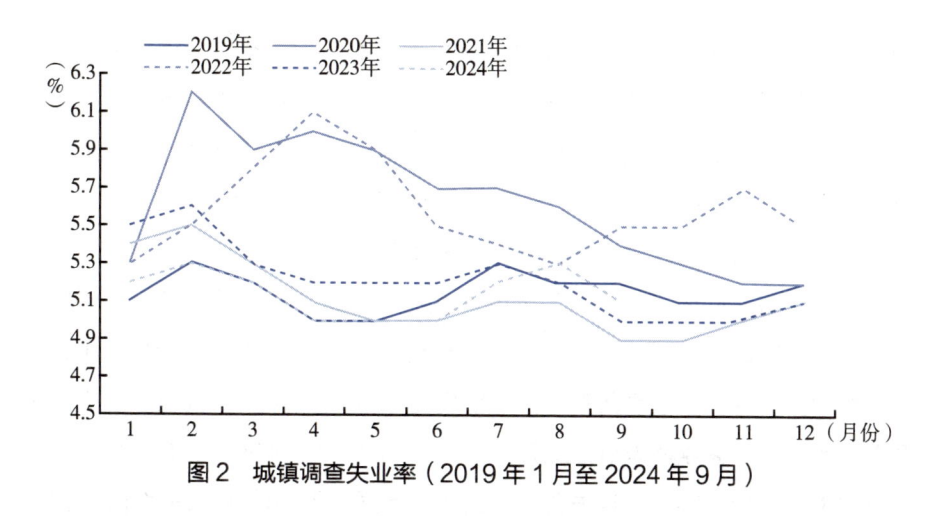

图3 全国城镇及31个大城市调查失业率（2018年1月至2024年9月）

（三）主要群体就业形势基本稳定，但青年等群体就业压力持续

从群体状况看，占从业人员九成以上的25岁及以上劳动者城镇调查失业率持续保持在较低位置。其中，25~29岁劳动者城镇调查失业率保持在6%左右，波动幅度不大，30岁及以上劳动者城镇调查失业率则保持在4%左右的较低水平运行。2024年，农民工就业规模保持稳定，三季度城镇外来农业户籍劳动力规模环比、同比均有所增加，特别是农民工就业相对集中的服务业相关行业就业人数明显增加，带动农民工就业向好。前三季度外来人员的失业率也总体保持在较低水平，1~9月，城镇外来农业户籍劳动力失业率平均值为4.7%，同比下降0.4个百分点。表明外来务工人员特别是农民工就业形势基本稳定。与此同时，青年等部分群体就业形势虽然保持基本稳定，但压力仍然较大。2024年全国应届高校毕业生规模达到1179万人。上半年，不含在校生的16~24岁青年城镇调查失业率平均为14.5%，7~8月，高校毕业生集中离校求职，青年失业率季节性上升，分别为17.1%和18.8%；9月，随着应届毕业生工作逐步落实，青年失业率环比有所下降，仍保持在较高水平。此外，从有关部门统计数据看，前三季度就业困难人员就业122万人，登记失业人员再就业388万人，同比均出现小幅下降，说明劳动力市场上部分劳动者就业难的问题仍然突出。

（四）企业用工依然谨慎，灵活就业蓄水池功能凸显

从国家统计局发布的制造业采购经理指数与非制造业商务活动指数及其从业人员指数情况看，2024年制造业和非制造业的从业人员指数大多处于荣枯线（50%）以下，说明企业用工总体上仍然延续了往年的收缩态势，企业稳岗压力持续存在。从走势看，2024年制造业从业人员指数运行相对平稳，波动幅度较小，且较2023年下半年略微呈上升态势；非制造业从业人员指数则在2024年一季度后呈现下行趋势，9月降至44.7%，为2021年9月以来第二低位。非制造业从业人员指数与其总的经营指数之间的差距较2023年下半年呈扩大趋势[①]，说明非制造业企业用工与经营状况的改善并不同步（见图4）。当然值得注意的是非制造业包括建筑业在内，受其影响较大。总体看，经济活动的波动在劳动力市场上的投射仍然有所显现。同时还需要关注的是从国家统计局发布的企业员工周工作时间看，2023年

---

① 制造业采购经理指数、非制造业商务活动指数及其从业人员指数，根据国家统计局月度发布数据整理。

以来，平均周工作时间超过 48.6 个小时，较疫情前两年高出 2.5 个小时左右[①]。这反映了企业用工总体上仍然保持了相对谨慎的取向，一些企业延续了疫情期间"最少用工模式"，叠加考虑企业经营预期不稳、信心不足、用工成本较高等因素，一些企业即便在订单或客流增加的情况下，也会采取"多加班，少招工"策略，出现"增单不增人"的现象。在企业用工需求偏弱的同时，以平台经济为依托的新就业形态和零工就业等灵活就业作为稳就业的蓄水池功能更加突出。据网约车平台企业滴滴公司反映，2024 年前三季度，平台上活跃的网约车司机数量增长 19%，其中约四成为纯新增司机。[②]

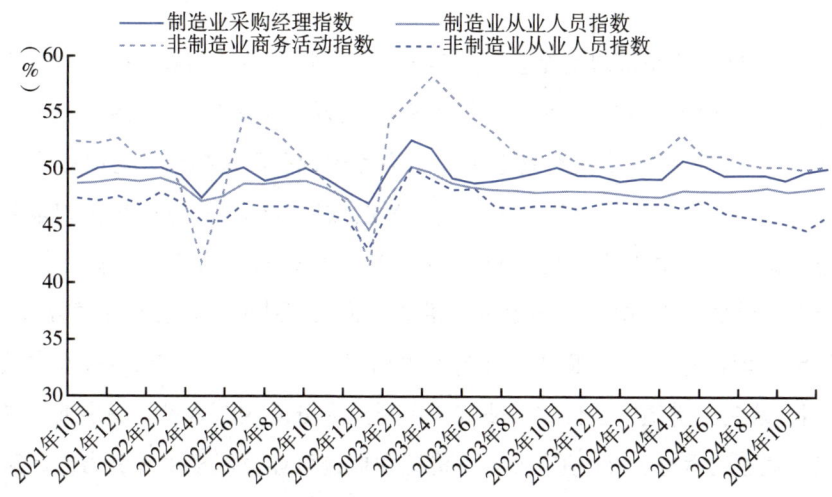

图 4 制造业与非制造业主要经济活动指数（2021 年 10 月至 2024 年 10 月）

（五）市场结构深度调整，市场需求"向新而动"

劳动力市场结构深度调整，劳动力市场需求新动能逐步加强。在新冠疫情"疤痕效应"影响持续、国内外经济环境不确定性增加、产业结构持续

---

① 企业职工平均周工作时间数据，根据国家统计局发布的月度数据整理。
② 滴滴平台活跃司机数据参考由滴滴公司提供的有关材料。

深度调整背景下，劳动力市场结构也持续发生深刻变化，市场需求"向新而动"。一些传统行业劳动力市场需求减少；新能源、AI、高端装备、低空经济、新消费、绿色环保、银发经济、服务外包等行业发展势头较好；一些行业用工需求增长明显，新一代信息技术人员、新能源车维修维护人员、无人机飞手、老人照护员等用工缺口扩大，有关部门机构测算，缺口均在100万人以上。据商务部统计，截至2024年7月，我国服务外包产业累计吸纳就业1634万人，其中大学及以上学历的就业人数为1067万人。[1] 总体看，新质生产力相关行业对就业的吸纳能力正逐步加强。

二 2024年就业政策与服务进展

在2024年经济环境复杂多变形势下，就业增长持续向好，失业水平稳步回落，就业新增长点不断涌现，我国就业局势保持总体稳定。这得益于以习近平同志为核心的党中央对就业工作的高度重视和高位推进，这既是经济发展保持回升向好、转型升级加力推进带来的效应，也是各方面积极因素共同作用、政策服务同向发力的结果。2024年5月27日习近平总书记在第二十届中央政治局第14次集体学习时的讲话，为做好就业工作提供了基本遵循，为稳定和促进就业发展提供了方向引领和强大动力。2024年9月，《中共中央 国务院关于实施就业优先战略促进高质量充分就业的意见》提出促进高质量充分就业的六方面24项措施，为稳定和促进就业发展提供了有力的政策支撑和有效的机制保障。同时，人社等相关部门实施一系列针对性的专项政策和服务行动，为稳定局势发挥了重要作用。

一是加强政策支持。深入实施先进制造业促就业行动，强化支持举措，助力银发经济发展壮大，在推动产业发展中促进就业提质扩容。大力推行"直补快办""政策计算器"等服务方式，提高就业政策落实率。据人社部门统计，2024年1~9月，延续实施阶段性降低失业保险费率政策，为企业减少

---

[1] 《商务部：截至今年7月，我国服务外包产业累计吸纳就业人员1634万人》，http://tradeinservices.mofcom.gov.cn/article/lingyu/fwwbao/202409/167798.html。

成本 1309 亿元。① 发放稳岗返还资金 204 亿元，惠及职工 5605 万人。

二是突出抓好高校毕业生等青年就业。落实新一轮就业创业支持政策，实施就业服务攻坚行动，统筹推进重点群体就业工作。对 2024 届未就业毕业生提供"1131"服务（至少 1 次政策宣介、1 次职业指导、3 次岗位推荐、1 次技能培训或就业见习机会）。重启失业保险一次性扩岗补助政策，向 17 万户企业发放 9 亿元，惠及 62 万名高校毕业生等青年群体。加强基层项目作用，引领毕业生去基层就业，前三季度，选派 4.3 万名高校毕业生到基层从事支教、支农、支医和帮扶乡村振兴等。

三是加强职业技能培训，助力劳动者就业。聚焦先进制造、现代服务、数字经济、绿色经济、银发经济等重点领域，指导各地开展针对性职业技能培训。加大职业技能培训资金支持力度，2024 年 1~9 月，向符合条件的失业保险参保职工和领取失业保险金人员发放技能提升补贴 36 亿元，支持 219 万人次参加培训。

四是不断优化政策环境，发挥创业带动和促进就业作用。在全国范围内组织开展"源来好创业"资源对接服务季活动，为创业者搭建对接平台和渠道，持续实施创业担保贷款等支持政策，加大营商环境优化力度，加大创业孵化载体建设力度，培育创业生态环境，鼓励支持劳动者开展"微创业"。

五是着力提升就业服务水平。持续实施就业服务能力提升示范项目，在北京、上海分别设立国家公共就业服务区域中心，带动提升公共就业服务效率和服务质量。推进数字赋能就业服务行动，建设全国就业数据"一库一平台"，打造"大数据+铁脚板"的服务模式。积极开展招聘服务活动，有效促进供需对接。组织实施百日千万招聘专项行动，开展线上线下招聘活动 4.6 万场，发布岗位需求 1720 万人次。

六是进一步规范人力资源服务业发展，为劳动者求职就业提供有序高效的市场服务。有关部门进一步加强人力资源市场规范管理，开展清理整顿人力资源市场秩序专项行动。聚焦当前人力资源市场存在的虚假招聘、泄露个

---

① 本部分所引用政策数据均来自 2024 年第三季度人社部新闻发布会公布的相关材料，参见 https://www.mohrss.gov.cn/wap/xw/rsxw/202410/t20241025_528349.html。

人信息、违规收费等问题，提出针对性管理措施。开展人力资源服务机构稳就业促就业行动，聚焦重点群体，大规模开展求职招聘、就业指导、政策咨询等服务。

三 未来就业发展趋势与政策建议

当前和今后一个时期，我国经济社会进入高质量发展的新的历史阶段，中国式现代化加速实现的历史进程和世界百年未有之大变局深度交融、相互激荡。我国就业发展也进入新阶段，从实现14亿人口大国"社会比较充分就业"目标向促进高质量充分就业目标迈进。就业发展从"有没有"向"好不好"转变，从"比较充分"向"高质量充分"提档升级，从主要解决就业量的问题向同步实现就业质的有效提升和量的合理增长转变。我国就业发展面临内部条件和外部环境的重大变革、当前形势和长期因素的综合影响，就业发展的战略机遇和风险挑战并存。为适应就业功能的新定位、就业目标的新使命、就业形势任务的新变化，需要在就业工作的方略、思路和具体政策举措上进行创新和调整。

当前，促进高质量充分就业有诸多有利因素。党中央、国务院高度重视就业问题，为就业工作提供了坚强的组织保障和体制机制优势。国内经济运行回升向好态势持续，我国经济稳中向好、长期向好的基本面没有变。经济增长保持在合理区间，经济规模进一步扩大，经济结构进一步优化，市场空间广阔，发展韧性强劲。我国经济社会进入高质量发展新阶段，全面准确贯彻新发展理念、构建新发展格局、发展新质生产力、培育发展新动能，经济转型升级进入"化蛹蝶变"的关键期，这些为就业提供了坚实的经济基础和拓展了新的就业机会增长空间。

国内外经济环境变局和重要因素变化也必然给就业带来各种可以预料和难以预料的风险挑战，实现高质量充分就业仍需解决一些突出矛盾和问题。一方面，当前国内经济发展面临有效需求不足、部分行业周期性调整、社会预期偏弱、风险隐患仍然较多等突出问题。另一方面，外部环境的复杂性、严峻性、不确定性上升。受当前国际政经矛盾突出、地缘冲突多发，世界市场商品价格波动、部分国家通货膨胀高企、金融系统和国际债务风险外溢等影响，国际经济复苏步履维艰，影响经济形势的"灰犀牛"和"黑天鹅"事件发生的概率上升。特别是新一届美国政府试图利用关税大棒等工具重新调整经贸规则秩序，可能给世界经济带来巨大挑战，由此引发的直接和间接影响对我国经济和就业造成冲击的潜在风险不容忽视。而从长期因素看，人口老龄化、城乡一体化、新型工业化、产业数智化、发展绿色化、用工多元化等持续深化，特别是随着以人工智能为核心的科技革命和产业变革的加速，新质生产力培育壮大，劳动力市场岗位需求将深度调整，就业结构矛盾更加突出，且常态常新，在给我国就业发展带来机遇的同时，也必将带来诸多挑战。受此影响，我国劳动力市场的复杂性更加突出，各种可预见和不可预见的挑战风险增多，实现就业扩容提质仍面临诸多困难，行业性、区域性、群体性的就业压力和失业风险短期内难以消解。特别是2025年，应届高校毕业生规模将达到1220万人，再创历史新高，以高校毕业生为主体的青年就业或将持续承压。在经济增速趋缓、行业结构调整和技术进步等影响下，部分大龄低技能劳动者就业难现象或有所凸显。

面对复杂多变形势，要将习近平总书记关于就业工作的新论断、新观点、新思路和新要求具体落实到各项实践工作中，坚持以人民为中心的发展思想，提升促进高质量充分就业的理论与实践自觉，全面贯彻就业方针，落实《中共中央 国务院关于实施就业优先战略促进高质量充分就业的意见》有关政策举措，重点从几个方面提升促进就业提质扩容的支撑保障能力。

一是切实加强就业工作的组织领导力。坚持党对就业工作的全面领导，以新时代党的思想建设的最新成果武装和动员全社会力量关心关注就业问题。切实把党的领导贯彻到促进高质量充分就业工作的各领域全过程，将就业工作放在治国理政的突出位置，更加自觉地将就业作为经济社会发展的优先目标。在组织上落实将就业工作作为县以上党政领导班子绩效考核重要内容，以及各地区各有关部门和单位要把就业当作民生头等大事，建立绩效考核的机制和具体实施办法。加强组织实施，健全制度机制，增强工作合力，确保

党中央、国务院决策部署在基层落地见效。

二是大力增强经济发展的就业拉动力。着力推动经济高质量发展方式转变，在发展目标、发展规划、发展路径、发展布局等方面突出就业优先，构建就业友好型发展方式。特别是要提高产业发展的就业拉动能力，因地制宜发展新质生产力，在新兴制造业、新型消费、数字经济、绿色经济、银发经济、低空经济等领域扩大就业机会，积极应对人工智能等新兴技术快速发展对就业的影响。

三是大力激发经营主体稳岗扩工的活力。着力解决企业生产经营与稳岗扩员、提高就业质量方面遇到的突出问题，特别是要形成中小微企业降本增效扩员的长效机制，加大对就业基本盘的支持保障力度。

四是切实提升劳动者就业创业能力。以加快塑造素质优良、总量充裕、结构优化、分布合理的现代化人力资源为统领，加强顶层制度设计，统筹教育、培训、就业，构建现代化人力资源开发利用的整体性政策体系。推进职普融通、产教融合、科教融汇，培养更多高素质技术技能人才。坚持以促进就业、服务产业为方向，研究改进现有人才培训机制，形成以市场化培训为主导、行业企业自主培训为主体的职业技能培训供给体系，提升劳动者适应现代技术和产业变革的劳动素质和技能。

五是着力提升市场配置的效力。从供需两端和市场匹配机制等方面系统分析和理清"有活没人干"和"有人没活干"的现状、原因，着力化解"招工难""就业难"并存的结构矛盾。开展企业岗位需求调查，完善紧缺人才目录发布制度，搭建供需信息沟通匹配机制和渠道，建立规范统一的人力资源市场，发挥好人力资源服务业作用。要进一步完善覆盖全民的就业公共服务制度，统筹城乡就业服务体系建设，组织实施新一轮公共就业服务能力提升示范项目，推动公共就业服务常住人口广覆盖、用人主体广惠及，全面提升公共就业服务效能。

六是强化部门政策的合力。围绕形成就业优先政策合力和工作协同机制，重点协同有关部门建立就业优先的政策一致性评价机制；开展重大项目、重大规划和重大生产力布局的就业影响评估工作；加快研究高质量充分就业评价体系，适时实施就业评价制度；进一步改进就业资金保障和使用办法，加大政策资金支持力度，加强对大龄、残疾、较长时间失业等就业困难群体的帮扶，强化对重点群体就业的保障兜底作用。

七是加强对劳动权益的保障。重点健全灵活就业人员、农民工、新就业形态人员社会保障制度，推动失业保险、工伤保险、住房公积金向职业劳动者广覆盖。消除地域、身份、性别、年龄等影响平等就业的不合理限制和就业歧视，健全就业歧视救济机制。

B.4
2024年中国社会保障事业发展报告

丁雯雯　李佳航*

摘　要： 2024年以来，我国民生保障扎实有力，社保制度继续发挥着稳定社会大局的作用。当前我国社会保障体系建设进入快车道，制度更加健全完善，覆盖范围持续扩大，保障水平稳步提高，保障能力不断增强，服务水平不断提升。同时，社会保障事业发展也面临可持续性、可及性、安全性、便捷性和规范性等五个方面主要挑战，包括社会保险覆盖面存在短板、人口老龄化背景下基金收支平衡压力加大、基金监管效能有待提升、经办服务机制需要优化、法律体系亟待完善。未来，我国需继续扩大社会保险覆盖面、增强制度可持续性、健全基金安全监管、优化经办服务体系、加强法治建设，以推进社会保障制度长期稳定与公平发展，推动实现中国式现代化。

关键词： 社会保障　养老保障　失业保障　职业伤害保障　医疗保障

目前，我国已成功建成世界上规模最大的社会保障体系，充分彰显新时代中国特色社会主义事业的蓬勃生机和旺盛活力。[①] 党的二十届三中全会审议通过的《中共中央关于进一步全面深化改革　推进中国式现代化的决定》（以下简称《决定》）指出，在发展中保障和改善民生是中国式现代化的重大

---

* 丁雯雯，中国政法大学民商经济法学院讲师，主要研究方向为劳动法、社会保障法；李佳航，中国政法大学民商经济法学院硕士研究生，主要研究方向为劳动法、社会保障法。
① 齐鹏飞、李岩岩：《习近平关于新时代社会保障事业的重要论述探析》，《中国高校社会科学》2024年第5期。

任务。展望未来，社会保障事业应以党的二十大报告提出的目标为指引，遵循《决定》提出的不断增强社会保障可持续性、可及性、安全性、便捷性、规范性的要求，着力构建更加充分、更加可靠、更加公平的社会保障体系，不断满足人民对美好生活的向往。[1]

一 2024年我国社会保障事业总体发展概况

（一）社会保障体系的覆盖范围持续扩大

2024年，我国社会保险参保人数进一步增加，社会保障体系的覆盖范围持续扩大。截至2024年9月底，全国基本养老、失业、工伤保险参保人数分别为10.75亿人、2.45亿人、3.03亿人，同比分别增加1401万人、384万人、377万人。[2] 企业职工基本养老保险全国统筹稳步推进，新就业形态从业人员职业伤害保障试点进展顺利，进一步提升了社会保障体系的普惠性和可及性。

（二）社会保障制度改革从广覆盖迈向统筹发展

随着社会保障制度覆盖面不断扩大，区域发展不平衡带来的结构性矛盾日益凸显。为有效应对这一挑战，2022年1月起，我国启动实施企业职工基本养老保险全国统筹改革，这是社会保障制度发展的重要里程碑。该改革建立起统一的养老保险政策标准和基金管理体系，在全国范围内统一调剂使用基金。

全国统筹制度实施以来取得显著成效。首先，有效调节了不同地区基金的当期结余，促进了基金的优化配置；其次，缩小了区域间养老保障水平差距，推动各地养老保险待遇均衡发展；最后，通过统一部署、统筹调剂，增强了养老保险制度的可持续性。改革不仅扩大了养老保险的覆盖范围，完善了基金收支平衡机制，更标志着我国社会保障制度从注重广覆盖向追求高质

---

[1] 王晓萍：《扎实推进中国特色社会保障体系建设》，《中国人力资源社会保障》2024年第5期。
[2] 《人力资源社会保障部举行2024年三季度新闻发布会》，人社部网站，2024年10月25日，https://www.mohrss.gov.cn/SYrlzyhshbzb/dongtaixinwen/fbh/202410/t20241025_528349.html。

量统筹发展迈出了关键一步，为构建更加公平、更可持续的社会保障体系奠定了基础。

（三）社会保障基金保障能力持续增强

社会保障基金的安全运行和保值增值是提升社会保障能力的重要基础。2024年前三季度，我国社会保障基金继续保持稳健运行态势，收支平衡有序推进。具体来看，养老、失业、工伤三项社会保险基金总收入6.1万亿元，相比上年同期增长0.3万亿元；总支出5.6万亿元，相比上年同期增长0.4万亿元；截至2024年9月底累计结余8.8万亿元，相比上年同期增长0.8万亿元，基金运行总体平稳。[①]

全国社会保障基金理事会通过直接投资与委托投资相结合的方式开展投资运作。2023年，基金投资收益额250.11亿元，投资收益率0.96%（扣除非经常性损益后为1.02%），其中已实现收益额794.61亿元，已实现收益率达3.13%。[②] 与此同时，财政持续加大对社保基金的支持力度。2023年，财政性净拨入资金507.98亿元，使得累计财政性拨入资金和股票总额达到11440.71亿元，为基金安全运行提供了有力保障。[③]

为应对人口老龄化挑战，支持渐进式延迟法定退休年龄改革和个人养老金制度的全面实施，我国不断优化基本养老保险基金的投资运营模式。截至2024年9月底，基本养老保险基金委托投资规模已达1.9万亿元。各省份正在积极落实基本养老保险基金年度委托投资计划，进一步扩大基金委托投资规模，提升基金运营效益。[④]

[①] 《人力资源社会保障部举行2024年三季度新闻发布会》，人社部网站，2024年10月25日，https://www.mohrss.gov.cn/SYrlzyhshbzb/dongtaixinwen/fbh/202410/t20241025_528349.html。

[②] 《全国社会保障基金理事会全国社会保障基金2023年度报告》，全国社会保障基金理事会网站，2024年10月12日，https://www.ssf.gov.cn/portal/xxgk/fdzdgknr/cwbg/sbjjndbg/webinfo/2024/10/1730355860076084.htm。

[③] 《全国社会保障基金理事会全国社会保障基金2023年度报告》，全国社会保障基金理事会网站，2024年10月12日，https://www.ssf.gov.cn/portal/xxgk/fdzdgknr/cwbg/sbjjndbg/webinfo/2024/10/1730355860076084.htm。

[④] 《人力资源社会保障部举行2024年三季度新闻发布会》，人社部网站，2024年10月25日，https://www.mohrss.gov.cn/SYrlzyhshbzb/dongtaixinwen/fbh/202410/t20241025_528349.html。

（四）社会保障服务数字化和便捷化转型升级

党的二十届三中全会强调，要健全社会保障体系，增强基本公共服务的均衡性和可及性。为落实这一要求，2024年初，国务院部署开展"高效办成一件事"专项行动，将社会保障卡居民服务"一件事"作为重点任务，标志着社会保障服务进入数字化转型的新阶段。①

各地人社部门通过构建多层次社会保障体系数字全景图，建立"一卡通"服务管理模式，持续推进服务创新。一方面，通过优化简化社保经办流程、强化待遇补贴发放监管，实现社保卡在参保登记、关系转移、待遇资格认证和待遇申领发放等环节的全流程服务应用。另一方面，不断完善本地和跨省异地就医购药结算功能衔接，丰富养老、工伤、失业等传统场景应用，同时拓展职业伤害保障、个人养老金等新兴场景应用。目前，"退休一件事"、就医"一卡通"、养老服务"一卡通"等便民服务已在全国推行。②2024年前三季度，全国社保卡持卡人数达13.86亿人，覆盖98.3%的人口；其中，电子社保卡领用人数达10.34亿人，覆盖73.4%的人口，实现了社保服务"掌上办"的普及。③

为进一步提升"一卡通"的服务效果和便捷性，社会保障经办服务标准体系正逐步形成。该体系涵盖经办服务流程标准、各项业务具体经办标准、信息采集标准、查询服务标准、服务质量标准、服务满意度评价标准等多个维度。④通过标准化建设推动社会保障经办服务更加规范化、便捷化，不断提升服务质量和群众获得感。

---

① 《【中国组织人事报】以社会保障卡为载体，加速推进居民服务"一卡通"》，人社部网站，2024年9月30日，https://www.mohrss.gov.cn/SYrlzyhshbzb/zhuanti/jinbaogongcheng/jbgcshehuibaozhangka/jbgcshbzkmeitijujiao/202409/t20240930_526751.html。
② 《以社会保障卡服务和保障民生 助力人口高质量发展——全国社会保障卡居民服务"一卡通"建设三周年工作综述》，人社部网站，2023年8月22日，https://www.mohrss.gov.cn/SYrlzyhshbzb/zhuanti/jinbaogongcheng/jbgcshehuibaozhangka/jbgcshbzkmeitijujiao/202309/t20230901_505630.html。
③ 《人力资源社会保障部举行2024年三季度新闻发布会》，人社部网站，2024年10月25日，https://www.mohrss.gov.cn/SYrlzyhshbzb/dongtaixinwen/fbh/202410/t20241025_528349.html。
④ 何文炯：《推动社会保障运行体系更加安全规范》，《人民论坛》2022年第24期。

（五）多层次社会保障体系建设成效显著

近年来，我国社会保障制度改革呈现系统集成、协同高效的特点，通过分类施保不断满足不同领域、不同群体的差异化保障需求。在养老保险领域，基本养老保险作为第一支柱持续增强保障能力，企业年金等作为第二支柱稳步发展，个人养老金作为第三支柱的制度功能不断强化，多层次养老保险体系逐步完善，有效满足了不同群体的养老保障需求。在医疗保险领域，医疗保险省级统筹正加速推进，通过统一规范的管理运行机制，逐步缩小职工医保与居民医保待遇差距，并通过优化医保基金监管制度有效提升了医保资金使用效率。在工伤保险领域，工伤保险制度的预防和康复功能逐渐增强，职业伤害保障范围不断扩大，差别费率和浮动费率的精细化改革为企业在工伤预防方面提供了激励，进一步提高了对职工的安全保障水平。在失业保险领域，将以灵活就业为主要生活来源的劳动者纳入保障范围，并根据其工作特点进行针对性调整；同时，积极发挥失业保险预防失业、促进就业的功能，推动失业保险与就业促进政策有效衔接。在社会救助领域，通过生活补贴、医疗救助、康复服务、就业援助、儿童福利等形式对特殊群体和弱势群体进行分类保障、精准救助帮扶，织密扎牢民生保障网。[1] 在社会福利领域，福利覆盖面不断扩大，使更多弱势群体享受到应有福利和服务；资金来源更加多元化，管理与监管机制不断加强，推动社会福利事业高质量发展。

二 就业与失业保障

（一）当前就业形势与就业质量

2023年以来，面对复杂多变的国内外环境，我国就业市场展现出较强韧性，就业形势持续改善。2023年全年城镇新增就业人数达到1244万人，超额完成全年目标任务，城镇调查失业率平均为5.2%，维持在合理区间。特别是

---

[1] 白维军：《从包容并蓄到统一规范：我国社会保障制度建设的路径演进》，《华中科技大学学报》（社会科学版）2024年第3期。

在乡村振兴战略推进过程中，脱贫人口务工规模突破3300万人，为巩固拓展脱贫攻坚成果、促进农民增收做出重要贡献。①

2024年以来，就业形势延续稳中向好态势，1~9月城镇新增就业人数达1049万人。其中，城镇失业人员再就业人数388万人，就业困难人员实现就业122万人。9月城镇调查失业率为5.1%，总体失业率呈下降趋势，就业形势进一步向好。②

（二）高质量充分就业政策体系不断完善

2024年9月，中共中央、国务院印发《关于实施就业优先战略促进高质量充分就业的意见》，为就业工作提供了顶层设计和政策指引。围绕政策落实，各项就业支持措施有序推进。2024年前三季度，通过延续实施阶段性降低失业保险费率政策，为企业减负1309亿元；发放稳岗返还资金204亿元，惠及职工5605万人，有效降低了企业用工成本。③

在重点群体就业帮扶方面形成全方位支持体系。对高校毕业生等青年群体实施"1131"帮扶行动，即为2024届未就业毕业生提供至少1次政策宣介、1次职业指导、3次岗位推荐、1次技能培训或就业见习机会。对脱贫人口强化就业帮扶力度，截至9月末，脱贫人口务工人数达3301.6万人。针对大龄、残疾、较长时间失业等就业困难群体，建立健全及时认定、优先服务、精准帮扶、动态管理的就业援助机制，提升帮扶工作的精准性和可及性。④

在就业服务优化方面多措并举提升质量。一是高质量开展职业技能培训，试点推行劳动者终身职业技能培训电子档案；二是优化创业促进环境，为创业者搭建对接平台和渠道；三是提升公共就业服务水平，在北京、上海分别

---

① 《十四届全国人大二次会议举行民生主题记者会》，2024年3月9日，http://www.china.com.cn/app/template/amucsite/web/webLive.html#3437。
② 《2024年1-8月人力资源和社会保障主要统计数据》，人社部网站，2024年9月29日，https://www.mohrss.gov.cn/SYrlzyhshbzb/zwgk/szrs/tjsj/202409/t20240929_526725.html。
③ 《人力资源社会保障部举行2024年三季度新闻发布会》，人社部网站，2024年10月25日，https://www.mohrss.gov.cn/SYrlzyhshbzb/dongtaixinwen/fbh/202410/t20241025_528349.html。
④ 《人力资源社会保障部举行2024年三季度新闻发布会》，人社部网站，2024年10月25日，https://www.mohrss.gov.cn/SYrlzyhshbzb/dongtaixinwen/fbh/202410/t20241025_528349.html。

设立国家公共就业服务区域中心，发挥示范带动作用；四是加强人力资源市场规范管理，组织人力资源服务机构开展稳就业促就业行动。[①] 同时，持续推进劳动力供给侧结构性改革，促进人才培养与产业发展深度融合，为实现更高质量就业夯实基础。

（三）失业保险制度持续完善

2024年前三季度，我国失业保险制度运行稳健，保障能力持续增强。参保人数达24549万人，较上年同期增加384万人，参保规模稳步扩大；失业保险基金收入1447.2亿元，支出1245.2亿元，收支保持平衡，展现良好运行态势。[②]2012~2023年，失业保险金月均标准从707元增长至1814元，涨幅达156.6%，[③] 有力地保障了失业人员的基本生活，彰显了制度的保障功能和社会保障水平的整体提高。

三 养老保障

（一）养老保险覆盖范围持续扩大，保障水平稳步提高

2024年，我国养老保险覆盖范围继续扩大。截至9月底，城镇职工基本养老保险与城镇居民基本养老保险参保人数总计10.75亿人，相比上年同期参保率进一步提高，保障范围进一步扩大。[④] 2024年7月1日起，全国统一提高城乡居民基本养老保险基础养老金最低标准，在原有基础上每月增加20元。2024年1~9月，各地积极落实城乡居民基本养老保险费代缴政策，为2034万低保对象、特困人员、返贫致贫人口、重度残疾人员等缴费困难群体

---

① 《人力资源社会保障部举行2024年三季度新闻发布会》，人社部网站，2024年10月25日，https://www.mohrss.gov.cn/SYrlzyhshbzb/dongtaixinwen/fbh/202410/t20241025_528349.html。
② 《2024年1-8月人力资源和社会保障主要统计数据》，人社部网站，2024年9月29日，https://www.mohrss.gov.cn/SYrlzyhshbzb/zwgk/szrs/tjsj/202409/t20240929_526725.html。
③ 荆文娜：《保障和改善民生：人民至上，从"心"出发》，《中国改革报》2024年9月22日。
④ 《2024年1-9月人力资源和社会保障主要统计数据》，人社部网站，2024年10月30日，https://www.mohrss.gov.cn/SYrlzyhshbzb/zwgk/szrs/tjsj/202410/t20241030_528699.html。

代缴养老保险费，切实解决了特殊群体的参保难题，彰显了制度的公平性和包容性。[1]

（二）基本养老保险全国统筹制度建设取得重要进展

基本养老保险全国统筹是实现社会保障全覆盖与保全民目标的重要制度保障，体现了社会保障制度团结互助、风险共担的基本理念。党的二十大将"完善基本养老保险全国统筹制度"列为"十四五"期间的重点工作，明确了制度建设方向。

全国统筹制度实施以来取得显著成效。在资金调剂方面，2022年和2023年两年间完成5156亿元资金调拨，有力支持了困难省份养老金的按时足额发放。在制度建设方面，2023年财政部会同有关部门加强顶层设计，建立了包括中央统一管理机制、地方财政补充养老保险基金的长效机制以及工作考核机制在内的"三个机制"，推动制度体系更加完善。[2]

制度运行质效不断提升。一是政策体系更趋统一，养老保险政策在全国范围内实现基本统一；二是基金管理更加规范，收支管理进一步加强；三是责任划分更加清晰，中央和地方责任进一步明确；四是服务效能显著提高，经办服务更加便捷高效；五是信息化水平持续提升，信息系统建设取得积极进展。[3] 在推进机制优化方面，资金调剂作为全国统筹的核心制度设计，通过中央根据地方基金收支情况进行统筹调剂，确保各地区养老金的稳定发放。同时，地方财政补助力度逐年加大，为制度运行提供了有力支撑。

（三）多层次、多支柱养老保险体系快速发展

《中华人民共和国国民经济和社会发展第十四个五年规划和2035年远景

---

[1] 《人力资源社会保障部举行2024年三季度新闻发布会》，人社部网站，2024年10月25日，https://www.mohrss.gov.cn/SYrlzyhshbzb/dongtaixinwen/fbh/202410/t20241025_528349.html。
[2] 财政部社会保障司：《牢固树立以人民为中心的发展思想 支持养老保障工作取得积极成效》，《中国财经报》2024年3月8日，第5版。
[3] 张燕婷：《完善我国企业职工基本养老保险全国统筹制度的几点思考》，《中国人力资源社会保障》2024年第7期。

目标纲要》明确提出"发展多层次、多支柱养老保险体系",为养老保险体系完善指明了方向。我国现行养老保险体系主要包括三个层次:第一层次是政府主导的基本养老保险;第二层次是企业主办、市场化管理的补充养老保险;第三层次是以个人养老金为主的自主选择型养老保险。

作为第二支柱的企业年金与职业年金发展态势良好。目前,企业年金与职业年金覆盖人数已超 7000 万[1],虽然相较于第一支柱基本养老保险的覆盖率仍然不高,但已经取得显著进步。通过实施企业税收优惠政策,降低企业参与成本,丰富职工福利体系,帮助职工应对基本养老保险替代率波动风险,促进了年金制度的加速发展。

作为第三支柱的个人养老金制度发展迅速。在 36 个城市和地区试点以来,个人养老金制度运行已超过一年,开通个人养老金账户人数已达 6000 多万,展现出良好发展势头。[2] 在产品供给方面,金融机构积极开发适应个人养老金制度的新产品和专属产品,商业保险公司大力发展养老金业务,推出专属商业养老保险,不断丰富与银发经济相适应的保险产品与服务,满足人民群众多样化的养老保障需求和跨期财务规划。

(四)渐进式延迟退休政策积极应对人口老龄化挑战

2024 年 9 月 13 日,十四届全国人大常委会第十一次会议通过了《全国人民代表大会常务委员会关于实施渐进式延迟法定退休年龄的决定》,决定实施渐进式延迟法定退休年龄改革。这是积极应对人口老龄化、促进人口高质量发展的重要举措,也是充分释放人才红利、完善社会保障体系的现实需要。[3]

改革方案体现了"稳妥渐进"原则。我国现行退休年龄政策于 20 世纪

---

[1] 《2023 年度全国企业年金基金业务数据摘要》,人社部网站,2024 年 3 月 27 日,https://www.mohrss.gov.cn/xxgk2020/fdzdgknr/shbx_4216/shbxjjjg/qynjjd/202403/t20240327_515755.html。
[2] 韩启:《"三支柱"撑起养老守护伞》,《天津日报》2024 年 10 月 10 日,第 7 版。
[3] 《李强在实施渐进式延迟法定退休年龄工作动员部署视频会议上强调 稳妥有序实施渐进式延迟法定退休年龄改革 为推进中国式现代化提供重要支撑 丁薛祥出席》,中国政府网,2024 年 9 月 19 日,https://www.gov.cn/yaowen/liebiao/202409/content_6975408.htm。

50年代制定，规定退休年龄为"男职工60周岁，女职工55周岁或50周岁"。考虑到当前经济社会发展和人口结构的深刻变化，新政策将从2025年起，用15年时间逐步调整法定退休年龄：男职工调整至63周岁，女职工分别调整至58周岁、55周岁，通过较长实施周期确保改革平稳推进。

改革方案创新性引入"自愿、弹性"机制。一方面，充分尊重职工劳动意愿，允许符合条件的职工在一定范围内选择弹性提前或延迟退休，调整幅度最长不超过3年，且不得低于原法定退休年龄；另一方面，将原有的固定退休年龄扩展为弹性区间，赋予劳动者更多选择权，有利于满足不同群体需求，缓解结构性就业矛盾。

延迟退休改革方案实施具有重要意义。在人口结构方面，有助于应对人口老龄化挑战，充分发挥人口红利；在人力资源方面，有利于促进人力资源开发利用，增加劳动力有效供给；在个人层面，能够满足劳动者多样化的工作生活需求，为其职业发展提供更大空间。这一改革将为推进中国式现代化提供重要支撑。

（五）长期护理保险制度稳步推进

建立长期护理保险制度是我国应对人口老龄化、完善社会保障体系的重要战略举措。自试点工作开展以来，山东、重庆、上海、江苏等地积极推进，在解决失能老人护理问题方面取得显著成效，为建立独立险种积累了宝贵经验。2023年底，长期护理保险已覆盖49个试点城市，参保人数达18330.87万，受益人数134.29万；当年基金收入243.63亿元，支出118.56亿元；全国共有长期护理保险定点服务机构8080家，配备护理服务人员30.28万人。[①] 经多年实践，目前已基本形成适应我国社会主义市场经济体制的长期护理保险制度政策框架。2024年9月，国家医保局办公室发布《长期护理保险护理服务机构定点管理办法（试行）》，旨在规范护理服务机构定点管理，保护参保人员权益，为构建中国特色长期护理保险制度奠定基础。

---

① 《2023年全国医疗保障事业发展统计公报》，国家医保局网站，2024年7月25日，http://www.nhsa.gov.cn/art/2024/7/25/art_7_13340.html。

四 职业伤害保障与工伤保障

（一）职业伤害保障现状

我国工伤保障制度最初设计时主要面向传统劳动关系下的劳动者，但随着经济社会发展和劳动力市场深刻变革，出现大量灵活就业、新就业形态劳动者等游离在传统工伤保障制度之外的群体。为解决保障覆盖不足问题，我国自2022年7月起在北京、上海、四川等7省市开展新就业形态就业人员职业伤害保障试点，首批试点平台包括美团、货拉拉、曹操出行等7家企业。截至2024年6月底，上海市已累计将7家试点平台企业的113.09万名新就业形态就业人员纳入保障范围；四川省职业伤害保障累计参保131.95万人，待遇支付共计1.22亿元；北京市参保人数已达89.96万人。[1] 这一试点工作通过分层分类、稳步推进的方式，逐步将各类劳动者纳入社会保险保障体系，体现了我国努力提高社会保险制度包容性和适用性的决心。

（二）工伤保障覆盖范围持续扩大

我国已建成全球规模最大的工伤保障体系，截至2024年9月，全国工伤保险参保人数已达约3亿人。[2] 为进一步扩大保障覆盖面，2021年发布的《公务员工伤保险管理办法》正式将公务员群体纳入工伤保险范围，标志着工伤保险基本实现对有稳定劳动（人事）关系职业群体的全覆盖。同时，人力资源和社会保障部门积极推进工伤保险省级统筹工作，有效提升了工伤保险基金的使用效率和抗风险能力，推动服务水平全面提升。[3]

---

[1] 《进展如何 效果怎样？——新就业形态就业人员职业伤害保障试点情况调查》，中国政府网，2024年8月15日，https://www.gov.cn/yaowen/liebiao/202408/content_6968616.htm。
[2] 《2024年1-9月人力资源和社会保障主要统计数据》，人社部网站，2024年10月30日，https://www.mohrss.gov.cn/SYrlzyhshbzb/zwgk/szrs/tjsj/202410/t20241030_528699.html。
[3] 邱超奕、申智林、白光迪:《我国建成世界最大工伤保障体系 覆盖人群更多 服务范围更广》，《人民日报》2024年8月23日，第14版。

（三）工伤预防与康复体系进一步加强

我国已初步构建起工伤预防与工伤康复工作新格局。在工伤预防方面，2020年12月人力资源和社会保障部等部门印发《工伤预防五年行动计划（2021—2025年）》，部署"十四五"期间全国工伤预防工作，明确要求完善"预防、康复、补偿"三位一体制度体系，将工伤预防列为工伤保险优先事项。天津、内蒙古、山东等地积极响应该计划，相继制定本地区工伤预防五年计划实施方案。在工伤康复方面，2023年人力资源和社会保障部等部门印发《关于推进工伤康复事业高质量发展的指导意见》。随着该意见的实施，职业康复稳步推进，管理服务更加精准，社会康复加快拓展，我国工伤康复制度体系日趋完善。[1]

五 医疗与生育保障

（一）医疗保险覆盖范围持续扩大，基金运行平稳

2023年，我国医保制度运行总体平稳，保障水平持续提升，基金运行保持安全可持续。截至2023年底，我国职工医保参保人数达37095万人，较上年增加852万人，增长2.3%。其中，在职职工27099万人，增长1.9%；退休职工9996万人，增长3.7%，在职退休比为2.71。从参保人员构成来看，企业、机关事业单位和灵活就业等其他人员参保人数分别为24367万人、6668万人、6060万人。在参保模式方面，职工医保统账结合和单建统筹参保人数分别为34525万人、2569万人。[2]

从基金运行情况看，2024年1~7月，基本医疗保险（含生育保险）统筹基金总收入达15754.93亿元，其中，职工基本医疗保险（含生育保险）基金

---

[1] 《人力资源社会保障部 民政部 国家卫生健康委 退役军人事务部 国家医保局 国家中医药局 中国残联关于推进工伤康复事业高质量发展的指导意见》，人社部网站，2023年8月17日，https://www.gov.cn/zhengce/zhengceku/202311/content_6916432.htm。

[2] 《2023年全国医疗保障事业发展统计公报》，国家医保局网站，2024年7月25日，https://www.nhsa.gov.cn/art/2024/7/25/art_7_13340.html。

收入9914.33亿元，城乡居民基本医疗保险基金收入5840.60亿元。同期，基金总支出为13828.92亿元，其中，职工基本医疗保险（含生育保险）基金支出7537.45亿元（含生育保险基金待遇支出675.45亿元），城乡居民基本医疗保险基金支出6291.47亿元。①总体看来，我国基本医疗保险统筹基金收入略高于支出，基金运行稳中有进。

（二）多层次医疗保障体系进一步健全

我国基本医疗保障体系主要涵盖三个层次：一是基本医疗保险，二是困难群众医疗救助，三是大病保险。虽然我国基本医疗保障体系发展持续取得显著进步，但是这三重保障相比人民群众日益增长的医疗健康需求仍存在一定差距。为进一步完善多层次医疗保障体系，2024年，国家医保局提出进一步健全"1+3+N"医疗保障体系。其中，"1"是指运用数智技术构建的基础信息平台，为多层次医疗保障体系有效运转提供支撑；"3"是指基本医疗保障体系包含三个层次；"N"则涵盖基本医保以外的惠民保、商业健康保险、慈善、工会互助等补充保障形式。"1+3+N"的多层次医疗保障体系以"1"为基础，"3+N"协同发力，旨在满足人民群众多样化、差异化、动态化的医疗健康保障需求，助力解决群众医疗后顾之忧。②

（三）医疗、医保、医药协同发展和治理

党的二十届三中全会提出要"促进医疗、医保、医药协同发展和治理，深化医保支付方式改革"，"DRG/DIP"分组方案推出即为落实这一要求。截至2023年底，这种多元复合的医保支付方式基本覆盖全国所有统筹地区，有效规范了医疗服务行为、优化了医疗资源配置。主要体现在三个方面：一是建立住院按病组病种（DRG/DIP）付费的动态调整机制，提高医保基金支付

---

① 《2024年1-7月基本医疗保险统筹基金和生育保险主要指标》，国家医保局网站，2024年9月2日，https://www.nhsa.gov.cn/art/2024/9/2/art_7_13733.html。
② 《国家医保局出席国新办"推动高质量发展"系列主题新闻发布会》，国家医保局网站，2024年9月10日，https://www.nhsa.gov.cn/art/2024/9/10/art_14_13819.html。

效率，更好地满足临床需求；二是健全多元复合的支付体系，探索适应门诊、紧密型医共体等不同医疗服务特点的支付方式；三是加强医保部门与卫健等部门协同联动，促进"三医"共同治理，切实维护人民群众健康权益。①

（四）医疗卫生监管手段创新，医疗基金监管强化

医疗保障基金监管工作坚持"严查严打、宽严相济、标本兼治"的原则，通过监管手段创新不断提升监管效能。国家医保局于2023年出台《医疗保障基金飞行检查管理暂行办法》，目前已检查30个省份的432家定点医药机构，预计2024年全年检查机构数量将超过过去5年的总和，有力地打击了医保领域欺诈骗保行为。②在严格监管的同时注重发挥定点医药机构自查自纠机制的作用，通过提供问题清单指引，引导医药机构规范医疗服务行为，促进其主动退还医保资金。同时，通过公开曝光违规行为形成警示震慑效应。2022年以来，全国共发放举报奖励2422人次，奖励金额368万元；其中，3人获得10万元以上奖励，8人获得5万~10万元奖励，有效激发了群众参与监督的积极性。③

六 我国社会保障制度发展面临的主要挑战

（一）可及性不足，社会保险覆盖面有待扩大

目前，我国社会保险覆盖范围仍存在明显短板。具体而言，在基本养老保险方面，参保率未达95%的目标，且存在断保、重复参保现象；在基本医疗保险方面，虽然整体参保率达到95%，但仍有约7000万人未参保，且近年城乡居民参保率呈现下降趋势；工伤、失业保险参保人数仅分别约占全国就业人数的41%、33%，约占第二、第三产业劳动者总人数的54%、43%，特别

---

① 《国家医保局出席国新办"推动高质量发展"系列主题新闻发布会》，国家医保局网站，2024年9月10日，https://www.nhsa.gov.cn/art/2024/9/10/art_14_13819.html。
② 《国家医保局出席国新办"推动高质量发展"系列主题新闻发布会》，国家医保局网站，2024年9月10日，https://www.nhsa.gov.cn/art/2024/9/10/art_14_13819.html。
③ 《国家医保局出席国新办"推动高质量发展"系列主题新闻发布会》，国家医保局网站，2024年9月10日，https://www.nhsa.gov.cn/art/2024/9/10/art_14_13819.html。

是数以亿计的农民工和灵活就业者尚未被纳入保险体系。[1] 展望未来，社会保险的"面"应在保证"质"的前提下进一步扩大，以实现普惠公平并满足广大人民生活需求。

（二）可持续性不足，社会保障制度有待进一步健全

在人口老龄化加速背景下，我国社会保障制度面临着严峻挑战。2023年末，全国60岁及以上人口达2.8亿人，占总人口的19.8%，而16~59岁劳动年龄人口比重则持续下降。2023年企业职工基本养老保险基金支出达到6.2万亿元，同比增长10.8%，养老金支付压力不断加大。[2] 在此背景下，增强社会保障可持续性成为制度建设的核心需求。

当前，我国社会保障制度主要存在两方面问题：一是统筹层次较低。失业、工伤、医疗保险均未实现省级统筹，职工基本养老保险主要依靠中央调剂，各地基金未能实现真正的统收统支。这不仅导致地区间待遇不均衡，也影响基金管理和使用效率。二是基金保值增值压力较大。特别是城镇职工基本养老保险基金，基于安全性和流动性要求，投资主要限于银行存款和国债，部分年份收益率甚至低于通货膨胀率，面临贬值风险。这些挑战在很大程度上制约着我国社会保障制度的长期可持续发展，亟须在保障基金安全前提下，创新体制机制，提升基金运行效率，以应对人口老龄化带来的持续压力。

（三）安全性不足，社保基金监管体系亟待加强

目前，我国社保基金安全监管主要面临如下挑战：一是政策执行力度有待加大，主要表现为一次性补缴、待遇核定政策执行不到位，补缴档案证明材料审核不严格，信息管控不完备。二是监管效能需进一步提升，主要体现在社保稽核情况告知书、整改意见书和行政处罚意见书提出不及时，基金监督管理不规范，内部控制程度较低等方面。三是技术支撑力度亟待加大，主

---

[1] 华颖：《中国式现代化与社会保险制度提质扩面》，《学术研究》2024年第7期。
[2] 《2023年度人力资源和社会保障事业发展统计公报》，人社部网站，2024年6月17日，https://www.mohrss.gov.cn/SYrlzyhshbzb/zwgk/szrs/tjgb/202406/t20240617_520366.html。

要表现为社保信息化建设未能满足基金智能监管需要，监管仍以事后监督为主，整体风险防控水平与预期目标存在差距。这些监管不足导致社保基金安全风险持续显现。从近年全国社保领域的案例来看，骗保形式不断翻新、手段日益隐蔽，反映出社保基金监管体系仍需进一步完善。①

（四）便捷性不足，社会保险经办机制亟待优化

目前，我国社会保险经办服务在体制机制和便民服务方面仍存在诸多不足，主要表现在三方面。首先，经办机构的法律定位不够明确。社会保险经办机构同时承担行政管理和服务职能，定位模糊影响依法行政职能的实现，降低了服务效能，有必要将其明确界定为负责社会保险制度运行的法定机构，理顺体制机制，统筹层级间权责关系。其次，信息化建设相对滞后。全国尚未建立统一的、各部门共享的社保信息数据库。随着社会保险覆盖面不断扩大、险种日益增多，经办系统负担加重，而信息系统建设滞后则导致数据更新延迟、跨地区数据共享受阻，使得参保人异地办理社保手续复杂且困难。建议充分发挥社会保障卡的综合服务功能，实现"全业务进卡、全生命周期用卡"，以个人社会保障卡为单位归集信息，提升服务便捷性。最后，经办服务适老化程度不足。当前线上服务机制无法完全适应老年群体需求，应推进线上服务与传统服务有机结合，优化适老化设计，切实方便群众办事，增强其获得感。②

（五）规范性不足，社会保险法律体系亟须完善

随着社会保险改革不断深入和经济社会快速发展，我国现行社会保险法律体系越发难以适应新形势下制度发展的需要。首先，法律规范与制度创新不相适应。伴随新就业形态出现，相关保障制度不断创新，但现有法律体系

---

① 刘建立：《新时期社保基金风险管控对策研究》，《市场瞭望》2024年第5期。
② "社会保险法实施评估"课题组、郑功成、鲁全、杨俊、华颖：《中国社会保险制度：改革实践、路径偏差与制度优化——〈中华人民共和国社会保险法〉实施评估报告》，《社会保障评论》2024年第5期。

未能及时跟进，典型案例是新就业形态职业伤害保障制度。该制度虽然属于社会保险性质，但其采用向商业保险机构购买经办服务的做法与《社会保险法》规定的公共机构经办原则相悖。[1] 这不仅使该制度合法性面临挑战，也使其与现有工伤保险制度的关系模糊不清，影响了社会保险法律体系的统一性和协调性。其次，《社会保险法》作为社保制度的核心法律，存在规范过于原则化的问题，大量条款缺乏可操作性，难以直接作为政策实施或司法裁判的依据。虽然相关具体实施细则可由行政法规和部门规章予以明确，但《社会保险法》除工伤保险外，对其他险种的经办程序、认定标准和待遇条件既未作出具体规定，也未进行相应授权，导致法律实践与立法规范之间存在脱节。

此外，现行法律规范与其他相关法律之间也存在冲突或协调不足的问题，影响了社会保险制度的有效实施。因此，加强社会保险法治建设已成当务之急，需通过完善法律体系为制度改革提供坚实法律保障。

七 我国社会保障事业的未来发展方向

（一）增强可及性，持续扩大社会保险覆盖面

我国社会保障制度应在现有基础上继续扩大覆盖范围，使更多劳动者享受社会保障待遇，提升保障水平和服务能力，进而保障劳动者的基本权益和生活稳定。

首先，完善基本养老保险和医疗保险的参保机制。一方面，要建立健全防范断保、重复参保的预警机制，提高系统识别和数据共享能力，确保参保连续性和唯一性。另一方面，针对城乡居民参保率下降趋势，应加大政策宣传力度，优化参保缴费政策，提高参保积极性，力争实现95%以上的参保率目标。

其次，重点提高工伤和失业保险覆盖水平。鉴于工伤、失业保险参保人数仅占全国就业人数的41%和33%，应采取针对性措施。一是扩大强制参保

---

[1] 娄宇：《〈社会保险法〉修改的点与面》，《人民论坛·学术前沿》2024年第18期。

范围，将更多用人单位纳入法定参保范围；二是完善费率政策，降低中小微企业参保成本；三是优化待遇给付标准，提高保险吸引力。

最后，着力解决重点群体参保难题。针对农民工、灵活就业者等未能被充分纳入保险体系的群体，建立适应灵活就业特点的参保缴费机制，允许按季度、半年度等灵活周期缴费；推广新就业形态劳动者职业伤害保障试点经验，扩大试点范围；取消灵活就业人员参保户籍限制，打破地域壁垒；加强政策引导和经办服务，降低参保门槛，简化参保手续。通过这些措施，逐步实现社会保险制度更加公平可及、更有效率的目标，切实增强人民群众的获得感、幸福感和安全感。

（二）增强可持续性，夯实社会保障制度稳健运行基础

面对社会保障制度可持续性的挑战，需要系统谋划、多措并举，持续增强制度保障能力。

首先，需进一步提升统筹层次，优化基金运行机制。在企业职工基本养老保险全国统筹取得积极成效的基础上，逐步将失业、工伤、医疗保险纳入省级乃至更高层次统筹，实现基金真正统收统支，促进地区间待遇均衡化。同时，着力完善中央与地方责权关系，明确划分事权和支出责任，建立科学的基金收支考核机制，健全激励约束制度，防止地方推诿责任。此外，还需构建统一的基金监管体系，建立基金使用效率评估机制，加强基金运行风险预警，实施全过程、全方位监督，确保基金安全高效运行。

其次，要积极创新基金投资运营模式，提升保值增值能力。在确保安全性的前提下，适度拓宽投资渠道，允许更多类型金融产品进入投资组合，建立多层次、多元化投资策略。优化投资管理机制，引入专业投资管理团队，完善风险控制体系，建立科学的业绩考核标准，提高投资决策市场化程度。同时，加强基金投资能力建设，完善投资管理制度，提升投资管理专业化水平，增强风险管理能力，实现基金保值增值。

最后，应持续深化多层次社会保障体系建设。在做实第一支柱基本养老保险方面，要健全待遇调整机制，完善基金平衡机制，强化制度的互助共济

功能。在发展第二支柱企业年金方面，要通过实施减税让利政策激励中小企业参与，扩大企业年金覆盖面，探索建立行业年金制度，完善企业年金投资管理制度。在培育第三支柱个人养老金方面，要优化税收递延政策，提高优惠额度，简化参与流程，降低准入门槛，加强产品监管，确保投资安全，提升产品透明度和选择多样性。[①]同时，要促进三个支柱协同发展，建立统一信息平台，实现养老金权益便捷查询，完善转移接续机制，促进各支柱间有效衔接。

（三）增强安全性，健全基金安全监管体系

针对当前社保基金监管存在的问题，建议从以下几方面着手解决。一是压实监管责任，落实基金安全风险防控主体责任，构建覆盖基金运行全链条的监管体系；加大对一次性补缴和待遇核定政策的执行力度，完善补缴档案证明材料审核标准，确保各环节严格把关。[②]二是提升监管效能，建立社保稽核快速反应机制，及时出具稽核情况告知书、整改意见书和行政处罚意见书；健全内部控制制度，优化基金监督管理流程，形成全方位、多层次的监管体系。三是加强技术支撑，加快社保信息化建设步伐，推进大数据、人工智能等技术在基金监管中的应用；构建智能预警机制，实现从事后监督向事前预防、事中控制的转变，全面提升风险防控能力。

（四）增强便捷性，持续优化经办管理服务体系

针对社会保险经办服务存在的不足，可从如下三个方面持续推进改革创新。

首先，明确经办机构的法律定位，理顺体制机制。通过立法或政策文件明确界定社会保险经办机构的性质、职能和权责，将其定位为依法负责社会

[①] 白维军：《从包容并蓄到统一规范：我国社会保障制度建设的路径演进》，《华中科技大学学报》（社会科学版）2024年第3期。

[②] 《坚定不移深化改革 持续增进民生福祉——访人力资源社会保障部党组书记、部长王晓萍》，《中国人力资源社会保障》2024年第8期。

保险制度运行的法定机构。建立健全权责清晰、分工明确、运转高效的经办管理体制，实现行政管理与经办服务的有效衔接。同时，完善经办机构考核评价机制，建立以服务质量和群众满意度为导向的绩效评价体系，切实提升经办服务效能。

其次，加快推进信息化建设，打造智慧化服务平台。加快建设全国统一的社会保险信息数据库，实现跨地区、跨部门数据共享和业务协同。充分发挥社会保障卡综合服务功能，推进"全业务进卡、全生命周期用卡"，将其打造为集身份凭证、就医结算、待遇领取、金融支付等功能于一体的综合服务载体。截至2024年9月底，全国社保卡持卡人数达13.86亿人，覆盖98.3%的人口，其中10.3亿人同时在手机中领用了电子社保卡，实现了社保服务"掌上办"的便捷体验。[①] 未来，应继续深化"一号申请、一窗受理、一网通办、一卡通用"的服务模式，推进更多高频业务实现全程网办，打通服务"堵点"，提升经办效率。[②]

最后，优化经办服务适老化设计，构建全方位服务体系。一方面，要保留和优化传统服务渠道，完善实体服务大厅布局和功能，开通老年人绿色通道，配备专门人员提供引导服务。另一方面，要推进线上线下服务融合发展，在便捷高效的网络服务基础上，针对老年人等特殊群体提供更具人文关怀的差异化服务。同时，加强工作人员服务意识和能力培训，提升服务质量。

此外，强化数据安全保护和风险防控。建立健全信息安全管理制度，加强个人信息保护，确保数据共享安全可控。完善应急处置机制，提升系统运行稳定性，为群众提供安全可靠的经办服务。持续优化经办管理服务体系，推动社会保障服务更加普惠均等、便捷高效，切实增强人民群众的获得感、幸福感和安全感。

[①] 《民生直通车丨超10.3亿人领用！电子社保卡加快推进"一卡通"》，新华网，2024年10月23日，http://www.xinhuanet.com/20241023/2731c6726c0a49a18bb05a55364a9203/c.html。

[②] 白维军：《从包容并蓄到统一规范：我国社会保障制度建设的路径演进》，《华中科技大学学报》（社会科学版）2024年第3期。

（五）增强规范性，加强法治建设

针对社会保险法律体系存在的问题，可从如下三个方面持续推进法治建设。

首先，及时完善法律规范以适应制度创新。针对新就业形态职业伤害保障等新型制度与现行法律规范不相适应的问题，应修订《社会保险法》相关条款，为制度创新提供法律支撑。具体包括：一是明确新型社会保险制度的法律地位，规范商业保险机构参与经办服务的条件和程序；二是厘清新制度与传统工伤保险的关系，建立统一协调的法律框架；三是细化社会保险经办主体和方式相关规定，为多元化经办模式预留发展空间。

其次，强化《社会保险法》的可操作性。一是细化各项社会保险的具体标准，明确经办程序、认定标准和待遇条件；二是完善授权规定，为行政法规和部门规章的制定提供明确依据；三是制定统一的实施细则，为基层经办机构提供具体可行的操作指南。同时，加快制定配套法规，形成层次分明、衔接配套的法律规范体系。

最后，加强法律规范间的协调统一。一是全面梳理现行社会保险相关法律规范，及时清理与上位法不一致的规定；二是建立法规定期清理和评估机制，动态优化法律体系；三是加强部门间协调，确保各项法律规范的有效衔接。此外，完善法律实施的监督机制，建立社会保险法律实施情况报告制度，定期开展执法检查，及时发现和纠正违法行为。[1]

---

[1] 周弘、丛树海、鲁全、王杰秀、青连斌、郭林、翟绍果、关信平：《进一步全面深化改革与社会保障体系优化（笔谈）》，《社会保障评论》2024年第5期。

B.5
2024年中国教育改革和发展报告

李春玲　李涛　陈泓宇　谭卓*

摘　要： 2024年是教育强国建设规划纲要实施"元年"，我国教育事业在多个领域取得巨大成就，特别是在教育强国建设推进、立德树人根本任务落实和教育高质量发展新格局构建等方面进展显著。当前，我国已建成世界最大规模且有质量的教育体系，教育现代化发展总体水平跨入世界中上国家行列，教育强国建设已迈出坚实步伐。但与此同时，宏观经济形势变化、劳动力市场竞争加剧、社会文化环境日益复杂等因素给我国教育事业发展带来多重挑战，有待相关政府部门采取对策加以缓解。总之，面向2035年建成教育强国的战略目标，中国教育需进一步夯实基础、开拓创新，通过持续深化教育改革，进一步全面提升教育服务高质量发展能力，不断充实人民群众的教育获得感。

关键词： 教育强国建设　教育改革　教育发展　高质量发展

党的二十大报告明确提出"教育、科技、人才是全面建设社会主义现代化国家的基础性、战略性支撑"，首次将教育、科技、人才三项工作统筹部

---

* 李春玲，中国社会科学院社会学研究所青少年与教育社会学研究室主任、研究员，主要从事教育社会学、青年社会学、社会分层与流动研究；李涛，教育部人文社会科学重点研究基地东北师范大学中国农村教育发展研究院副院长、东北师范大学乡村振兴研究院执行院长，教授，主要从事教育政策、农村教育学、教育社会学研究；陈泓宇，教育部人文社会科学重点研究基地东北师范大学中国农村教育发展研究院博士研究生，主要从事农村教育学研究；谭卓，东北师范大学教育学部博士研究生，主要从事教育政策与管理研究。

署，并将"建成教育强国、科技强国、人才强国"纳入2035年我国发展的总体目标。[①]2024年，我国已经建成世界规模最大且有质量的教育体系，人民群众的教育获得感日益增强，教育服务经济社会发展能力不断增强。面对国际局势变动、社会经济发展、人口格局变化等挑战，教育系统将进一步全面深化改革，办好人民满意的教育，为全面推进中国式现代化贡献教育力量。

一 教育强国建设顺利推进

2024年我国教育发展最突出的成就体现为教育强国建设的顺利推进。当前，我国已经建成世界规模最大且有质量的教育体系，多阶段、多层次教育普及和质量提升都取得重大进展：学前教育普及水平进一步提升；义务教育优质均衡发展持续推进；高中阶段办学条件进一步改善；高等教育入学机会进一步增加；特殊教育融合发展持续加强；民办教育发展进一步规范。

根据教育部公布的《2023年全国教育事业发展统计公报》，[②]2023年我国各级各类学校总计49.83万所，各级各类学历教育在校生2.91亿人，专任教师1891.78万人。不过，受人口变化等因素的影响，学校数量和在校生人数都有所减少。与上一年相比，学校数量减少2.02万所，降幅达3.9%；在校生人数减少151.26万人，下降比例为0.52%。尽管学校总数减少，但全国新增义务教育优质学校1736所，新增优质学位199.9万个。与此同时，专任教师队伍也有所壮大，新增专任教师11.42万人，增长率为0.6%。我国向教育强国稳步前行，全面进入高质量发展新阶段。

（一）教育经费总投入持续增长

根据教育部公布的《2023年全国教育经费执行情况统计快报》，2023年

[①] 习近平：《高举中国特色社会主义伟大旗帜 为全面建设社会主义现代化国家而团结奋斗——在中国共产党第二十次全国代表大会上的报告》，《人民日报》2022年10月26日。
[②] 《2023年全国教育事业发展统计公报》，中华人民共和国教育部网站，2024年10月24日，http://www.moe.gov.cn/jyb_sjzl/sjzl_fztjgb/202410/t20241024_1159002.html。

全国教育经费总投入为 64595 亿元，比上年增长 5.3%。[①] 其中，国家财政性教育经费为 50433 亿元，比上年增长 4.0%。在经济增长速度放缓、国家公共财政收入有所下降的背景下，教育经费总投入仍然保持增长，说明国家对于教育事业发展和教育强国建设的高度重视。

在经费投入的年增长率方面，高等教育阶段涨幅居首，学前教育阶段涨幅最低。各级教育经费投入情况如下：2023 年学前教育经费总投入为 5382 亿元，比上年增长 4.7%；义务教育为 28427 亿元，比上年增长 6.0%；高中阶段为 10154 亿元，比上年增长 6.2%，其中，中等职业教育 3309 亿元，比上年增长 2.1%；高等教育 17640 亿元，比上年增长 7.6%。普通高职高专 3630 亿元，比上年增长 7.1%；全国其他教育经费总投入 2992 亿元，比上年下降 13.0%。

在各级教育经费投入中，义务教育阶段投入力度最大。2023 年，中央财政投入近 400 亿元用于义务教育薄弱环节的改善，显著提高了校舍面积和设施设备配备的达标率，加速了中小学标准化建设。同时，中央财政提高了义务教育学校生均公用经费基准定额，小学教育经费由生均 650 元/年增至 720 元/年，初中增至 940 元/年，助力"双减"政策实施和课后服务水平提升。

在生均教育经费支出方面，幼儿园生均教育经费支出涨幅继续维持最高。各级教育生均教育经费支出情况如下：2023 年全国幼儿园生均教育经费总支出 16243 元，比上年增长 8.8%；普通小学为 15895 元，比上年增长 4.3%；普通初中为 22054 元，比上年增长 2.7%；普通高中为 25811 元，比上年增长 3.8%；中等职业学校为 24839 元，比上年增长 0.7%；普通高等学校为 40721 元，比上年增长 3.9%。2023 年教育经费投入有力地支撑起世界最大规模且有质量的教育体系建设。

（二）学前教育、义务教育和高中教育的高质量发展

1. 学前教育普及水平进一步提升

人口负增长趋势对学前教育规模产生极大影响，在幼儿园总数和在园幼

[①] 本部分数据皆来源于《2023 年全国教育经费执行情况统计快报》，中华人民共和国教育部网站，2024 年 7 月 22 日，http://www.moe.gov.cn/jyb_xwfb/gzdt_gzdt/s5987/202407/t20240722_1142296.html。

儿数下降的同时，学前教育普及率，特别是普惠性学前教育普及率稳步提高，学前教育的质量水平不断提升。2023年全国共有幼儿园27.44万所，比上年减少14808所，下降5.12%。其中，普惠性幼儿园23.64万所，占全国幼儿园的比例为86.16%，比上年提高1.2个百分点。学前教育在园幼儿数为4092.98万人，比上年减少534.57万人；普惠性幼儿园在园幼儿数为3717.01万人，占全国在园幼儿的比例为90.81%，比上年提高1.26个百分点。全国共有学前教育专任教师307.37万人，生师比13.32∶1，比上年有所提高；专任教师学历合格率为99.57%，比上年提高0.18个百分点；专任教师中专科及以上学历比例为92.74%，比上年提高2.44个百分点。2023年学前教育毛入园率达91.1%，比上年提高1.4个百分点，提前完成"十四五"规划目标。学前教育普及水平进一步提高，师资队伍素质整体提升。[1]

2. 义务教育优质均衡发展持续推进

2023年全国共有义务教育阶段学校19.58万所，招生3632.51万人，在校生1.61亿人，专任教师1073.93万人，九年义务教育巩固率提升至95.7%，较上年增长0.2个百分点。义务教育阶段在校生中进城务工人员随迁子女1353.99万人。其中，在小学就读952.65万人，在初中就读401.34万人。在小学阶段，全国普通小学数量减至14.35万所，下降3.79%；另有不计校数的小学教学点6.60万个，比上年减少10924个。招生人数增至1877.88万人，增长10.37%；在校生1.08亿人，微增0.97%；毕业生1763.49万人，增长1.31%。专任教师665.63万人，比上年增加2.68万人，本科以上学历教师占比78.03%，提升3.5个百分点。校舍建筑面积90451.24万平方米，比上年增加1489.44万平方米。设施设备配备达标的学校比例如下[2]：体育运动场（馆）

---

[1] 《2023年全国教育事业发展统计公报》，中华人民共和国教育部网站，2024年10月24日，http://www.moe.gov.cn/jyb_sjzl/sjzl_fztjgb/202410/t20241024_1159002.html。
[2] 设施设备配备达标的学校，是指体育运动场（馆）面积、体育器械配备达到《教育部 卫生部 财政部关于印发〈国家学校体育卫生条件试行基本标准〉的通知》（教体艺〔2008〕5号）的相关标准；音乐器材配备、美术器材配备、数学自然实验仪器配备、理科实验仪器配备等达到各省、自治区、直辖市规定的仪器配备相关标准。含小学、初中和普通高中。

面积94.26%，体育器械97.44%，音乐器材97.22%，美术器材97.20%，数学自然实验仪器96.93%，各项指标均较上年有所提升。在初中阶段，全国共有初中5.23万所（含职业初中4所），比上年减少132所，下降0.25%。招生人数1754.63万人，同比增长1.34%，增加23.25万人；在校生5243.69万人，增长2.40%，增加123.10万人；毕业生1623.58万人，略降0.02%，减少3392人。专任教师408.31万人，同比增加5.79万人，生师比为12.84∶1；专任教师学历合格率为99.96%，比上年提升0.02个百分点，本科以上学历教师占比93.09%，提高1.38个百分点。校舍建筑面积增至81525.84万平方米，比上年增加2877.49万平方米。设施设备配备达标率普遍较高，其中体育运动场（馆）面积95.94%，体育器械98.16%，音乐器材97.93%，美术器材97.95%，理科实验仪器97.68%；除理科实验仪器外，其余均较上年有所提升。总体来说，义务教育阶段提质扩优工程持续深化，但仍面临学校数量减少、大班额问题未解决等挑战。[①]

3. 高中阶段办学条件进一步改善

我国高中阶段教育在趋于普及的同时，普职分流出现新的趋势。2023年全国高中阶段毛入学率91.8%，比上年提高0.2个百分点。在普通高中教育方面，全国共有1.54万所学校，较上年增加355所，增幅为2.36%。招生人数967.80万，比上年增加20.26万人，增长率为2.14%；在校生2803.63万人，比上年增加89.75万人，增长3.31%；毕业生860.41万人，比上年增加36.31万人，增长4.41%。普通高中专任教师221.48万人，增加8.16万人，生师比优化至12.66∶1；专任教师学历合格率为99.20%，提升0.17个百分点，其中研究生学历占比14.01%，增长0.93个百分点。普通高中校舍总面积70948.45万平方米，比上年增加2913.55万平方米。设施设备配备达标率全面提升，体育运动场（馆）面积达标率95.01%，体育器械97.11%，音乐器材96.57%，美术器材96.67%，理科实验仪器96.85%。在中等职业教育方面，全国共有

---

① 《2023年全国教育事业发展统计公报》，中华人民共和国教育部网站，2024年10月24日，http://www.moe.gov.cn/jyb_sjzl/sjzl_fztjgb/202410/t20241024_1159002.html。

7085所学校，较上年减少116所。① 招生454.04万人，比上年减少30.75万人，下降6.34%；在校生1298.46万人，比上年减少40.83万人，下降3.05%；毕业生415.45万人，比上年增加16.18万人，增长4.05%。专任教师73.48万人，增加1.65万人，生师比改善至17.67∶1。专任教师学历合格率95.69%，提升0.83个百分点；"双师型"专任教师占专业（技能）课程专任教师的56.71%，增长0.53个百分点。全国中等职业学校校舍建筑面积3.02亿平方米，比上年增加2711.83万平方米，生均校舍建筑面积增至23.28平方米，增幅为13.31%；生均仪器设备值达到9471.91元，比上年增长11.38%。②

（三）高等教育的高质量发展

高等教育入学机会进一步增加。2023年全国高等教育毛入学率达60.2%，较上年提升0.6个百分点，已提前实现"十四五"规划目标。在整体规模方面，全国高等学校总数为3074所，新增61所。其中，普通本科学校1242所（含独立学院164所），比上年增加3所；本科层次职业学校33所，增加1所；高职（专科）学校1547所，增加58所；成人高等学校252所，减少1所。此外，培养研究生的科研机构有233所。高等教育在学总规模达4763.19万人，增长2.32%，比上年增加108.11万人。普通本科校均规模17194人，本科层次职业学校校均规模20127人，高职（专科）学校校均规模10152人。

各类高等教育院校招生人数、在校生人数、毕业生人数具体情况如下：2023年普通本科招生478.16万人，同比增长2.19%，增加10.23万人；在校生2034.69万人，同比增长3.51%，增加69.05万人；毕业生489.74万人，同比增长3.85%，增加18.18万人。职业本科招生8.99万人，同比增长17.82%，增加1.36万人；在校生32.47万人，增长41.95%，增加9.60万

---

① 不含人社部门管理的技工学校。
② 《2023年全国教育事业发展统计公报》，中华人民共和国教育部网站，2024年10月24日，http://www.moe.gov.cn/jyb_sjzl/sjzl_fztjgb/202410/t20241024_1159002.html。

人。高职（专科）招生 555.07 万人[①]，增长 2.99%，增加 16.09 万人；在校生 1707.85 万人，增长 2.21%，增加 36.95 万人；毕业生 553.29 万人，增长 11.83%，增加 58.52 万人。成人本专科招生 445.49 万人，增长 1.24%，增加 5.47 万人；在校生 1008.23 万人，增长 7.99%，增加 74.58 万人；毕业生 363.13 万人，增长 10.02%，增加 33.06 万人。网络本专科招生 163.42 万人，下降 41.82%，减少 117.47 万人；在校生 739.97 万人，下降 12.39%，减少 104.68 万人；毕业生 263.35 万人，略增 0.56%，增加 1.47 万人。研究生招生 130.17 万人，比上年增加 5.92 万人，增长 4.76%，其中，博士生 15.33 万人，硕士生 114.84 万人。

在教师队伍建设方面，2023 年全国高等教育专任教师总数达 207.49 万人，较上年增长 4.91%，增加 9.71 万人。其中，普通本科学校教师 134.55 万人，本科层次职业学校教师 3.08 万人，高职（专科）学校教师 68.46 万人，成人高等学校教师 1.41 万人。普通及职业高等学校中，具备硕士及以上学位的教师占比提升至 79.14%，较上年增长 0.6 个百分点。生师比进一步优化至 17.98∶1，其中普通本科为 17.51∶1，本科层次职业学校为 17.57∶1，高职（专科）学校为 18.92∶1。

在硬件设施改善方面，普通及职业高等学校校舍建筑面积总计 11.89 亿平方米，同比增长 5.14%，净增 5814.64 万平方米。生均占地面积为 56.82 平方米，生均校舍建筑面积达 28.26 平方米，生均教学科研实习仪器设备值达到 1.86 万元。

总体而言，优质高等教育资源供给持续增加，研究生人才培养规模不断扩大，高层次人才培养结构得到持续优化，高等教育在服务人口高质量发展方面取得了显著成效。

（四）特殊教育和民办教育的高质量发展

1. 特殊教育融合发展持续加强

2023 年全国特殊教育学校数量增至 2345 所，同比增长 1.34%，新增 31

[①] 不含五年制高职转入专科 60.70 万人。

所。招收各种形式①的特殊教育学生15.50万人，比上年增加8720人；全国共有特殊教育在校生91.2万人，比上年减少6521人，下降0.71%。其中，在特殊教育学校就读的在校生有34.12万人，占特殊教育在校生的比例为37.42%；在其他学校就读的在校生有57.08万人，占比62.58%。特殊教育专任教师队伍不断壮大，总数达7.7万人，同比增长5.91%。特殊群体入学方式日益多元化，教育公平进一步彰显。②

2. 民办教育发展进一步规范

2023年全国现有各级各类民办学校16.72万所，较上年减少11092所，占全国学校总数的33.54%。在校生总数为4939.53万人，同比减少343.19万人，占全国在校生总数的16.96%。具体来看，民办幼儿园14.95万所，同比减少11013所，占全国幼儿园总数的54.47%；在园幼儿数为1791.62万人，比上年减少335.15万人，占全国在园幼儿的比例为43.77%。民办义务教育阶段学校1.01万所，比上年减少425所，占全国义务教育阶段学校总数的比例为5.16%；在校生1221.99万人③，同比减少134.86万人，占全国义务教育阶段在校生的比例为3.81%。民办普通高中4567所，比上年增加267所，占全国普通高中总数的29.69%；在校生547.76万人，同比增加49.97万人，占全国普通高中在校生的19.54%。民办中等职业学校2128所④，同比增加55所，占全国中等职业学校总数的30.04%；在校生266.44万人，同比减少9.80万人，占全国中等职业教育在校生的20.52%。民办高校789所，占全国高校总数的25.67%。其中，普通本科学校391所，本科层次职业学校22所，高职（专科）学校374所，成人高等学校2所。民办普通、职业本专科在校生994.38万人，比上年增加69.49万人，占全国普通、职业本专科在校生的比例为26.34%。民办教育坚守公益属性，稳步推进分类管理，逐步实现高质量、有特色、差异化发展。

---

① 各种形式特殊教育包括特殊教育学校、其他学校附设特教班、普通学校随班就读和送教上门。
② 《2023年全国教育事业发展统计公报》，中华人民共和国教育部网站，2024年10月24日，http://www.moe.gov.cn/jyb_sjzl/sjzl_fztjgb/202410/t20241024_1159002.html。
③ 含政府购买学位609.46万人。
④ 不含技工学校数据。

二 落实立德树人的根本任务

落实立德树人的根本任务是 2024 年政府教育工作的一个重点。习近平总书记在 2024 年全国教育大会上强调,要加强党对教育工作的全面领导,紧紧围绕立德树人这个根本任务,着眼于培养德智体美劳全面发展的社会主义建设者和接班人;要坚持不懈用新时代中国特色社会主义思想铸魂育人,实施新时代立德树人工程。① 为此,教育部门采取多项措施,落实立德树人的根本任务。

(一)加强党对教育工作的全面领导

坚持党对教育工作的全面领导是教育强国建设沿着社会主义方向前进的本质要求,是实现建成教育强国目标的根本保证。于 2024 年全国教育大会召开之际出版发行的习近平同志《论教育》,深刻阐述了必须牢牢掌握党对教育工作的领导权,始终坚持马克思主义指导地位,使教育领域成为坚持党的领导的坚强阵地这一重大问题,为进一步加强党对教育工作的全面领导、全面贯彻党的教育方针提供根本遵循和行动指南。②

围绕加强党对教育工作的全面领导,全国大中小学积极推进教育体制机制改革,奋力开创教育强国建设新局面,如中小学着力推进党组织领导的校长负责制,确保党对教育工作的全面领导落到实处。③ 2024 年,教育部在高等学校启动"双带头人"教师党支部书记"强国行"专项行动,创新落实立德树人根本任务。共有 1486 名高校"双带头人"教师党支部书记入选,覆盖

---

① 《习近平在全国教育大会上强调 紧紧围绕立德树人根本任务 朝着建成教育强国战略目标扎实迈进》,中华人民共和国教育部网站,2024 年 9 月 10 日,http://www.moe.gov.cn/jyb_xwfb/s6052/moe_838/202409/t20240910_1150246.html。
② 《新时代加快建设教育强国的根本遵循》,中华人民共和国教育部网站,2024 年 9 月 9 日,http://www.moe.gov.cn/jyb_xwfb/s5148/202409/t20240909_1149832.html。
③ 《教育部召开 2024 年度基础教育重点工作部署会》,中华人民共和国教育部网站,2024 年 3 月 22 日,http://www.moe.gov.cn/jyb_xwfb/gzdt_gzdt/moe_1485/202403/t20240322_1121821.html。

了全国31个省（区、市）和新疆生产建设兵团的953所高校，进一步加强了高校"双带头人"队伍建设和作用发挥。①

（二）推进大中小学思政课一体化建设

思想政治课是落实立德树人根本任务的关键课程，大中小学思政课一体化是纵向衔接大中小学各学段，横向贯通学校、家庭与社会各场域的系统工程，是全方位、全过程、全员性的一体化。为此，2024年大中小学思政课一体化在教学内容、教学方法、教师协同与队伍建设等方面展开改革实践。

在教学内容上构建"大思政课"体系。坚持用社会主义核心价值观铸魂育人，以讲好道理为本质要求开好思政课，统筹用好《习近平新时代中国特色社会主义思想学生读本》和《大学生思想热点面对面》等教材，将课程思政有机融入各学科教学，各地也涌现出一批思政"精品课"。②

在教学方法上推动"思政小课堂"和"社会大课堂"相结合。全国各地积极将思政小课堂融入社会大课堂中，完善思政课的课程结构，实现内化和外化的双重发力，涌现出一批"大思政课"优秀案例。③

---

① 《1486人入选全国高校"双带头人"教师党支部书记"强国行"专项行动团队》，2024年10月24日，http://www.moe.gov.cn/jyb_xwfb/gzdt_gzdt/s5987/202410/t20241024_1159010.html。

② 如福建省推动革命文化、海洋文化、中华福文化、船政文化等中华优秀传统文化、革命文化和社会主义先进文化有机融入课程，以"《习近平在福建》等系列采访实录""中国共产党历史""全方位推进高质量发展"为主题，遴选建设700堂大中小学思政精品课。参见《根在文化沃野　更寻开枝散叶——福建以时代精神激活中华优秀传统文化生命力的探索实践》，《光明日报》2024年1月23日。在武汉市2023年度思政金课评比活动中，共有211节优秀思政课进入终评环节，最终有100节课获评"金课"。其中60节评"思政课程金课"，40节获评"课程思政金课"。参见《武汉市2023年度思政金课评比结果出炉，这100节课获奖！》，武汉市教育局网站，2024年2月23日，https://jyj.wuhan.gov.cn/zwdt/jydt/202402/t20240223_2362489.shtml。

③ 如湖南省推出红色研学与思政教育紧密融合的"大思政课"——"我的韶山行"研学大思政课堂。参见《丰厚文化滋养，让思政课更有吸引力》，中华人民共和国教育部网站，2024年5月21日，http://www.moe.gov.cn/jyb_xwfb/xw_zt/moe_357/2024/2024_zt10/mtbd/202405/t20240521_1131704.html。北京市委教育工委等单位与中国人民大学联合打造面向全国大中小学生的开放式思政课——"中轴线上的大思政课"。参见《中国人民大学大力推进"大思政课"建设》，中华人民共和国教育部网站，2024年7月1日，http://www.moe.gov.cn/jyb_sjzl/s3165/202407/t20240701_1138836.html。

在教师协同上构建跨学段教研共同体。教育部联合30余家大中小学思政课一体化共同体建设牵头单位成立全国首个大中小学思想政治理论课"金课"建设联盟。以"形成一套工作机制、孵化一批品牌活动、打造一批示范'金课'、产出一批优质课程资源、形成一批高水平研究成果、培养一支优秀师资队伍"为目标，带动全国大中小学校教师建立教研共同体。

在教师队伍建设上持续加大力度。2024年，全国高校思政课专职教师从2012年的3.7万人增至11.3万人，高校辅导员也从14.2万人增至26.4万人，中小学（含中职）思政课教师从54.4万人增至73.2万人，小学、初中、高中专职思政课教师配备率分别达到66%、95%、100%。[①]

（三）优化"五育融通"的整体育人格局

党的二十大报告明确指出"落实立德树人根本任务，培养德智体美劳全面发展的社会主义建设者和接班人"，包括道德涵养、智力水平、身体素养、审美旨趣、劳动能力在内的"五育融通"全面发展是教育的核心追求。围绕该教育目标，中国教育在巩固德育、智育传统优势的基础上，着力补齐体育、美育和劳动教育三大短板，重点构建"五育并举、协同发展"的育人格局。

在体育教育上，推进义务教育阶段"每天锻炼2小时"的政策试点，要求学校每天安排1节体育课并积极组织课后锻炼1小时活动。通过试点推广"体育课+大课间""体育课+课后体育服务"，大幅增加学生校内体育锻炼时长。[②]

在美育教育上，教育部于2023年12月印发《教育部关于全面实施学校美育浸润行动的通知》，从"美育教学改革深化行动""教师美育素养提升行动""艺术实践活动普及行动"等八个方面全面推进美育教育改革实践，致力

[①] 《大思政课迈入新征程》，《中国青年报》2024年9月30日。
[②] 《动起来 操场见——2024年学校体育这样抓》，中华人民共和国教育部网站，2024年3月6日，https://hudong.moe.gov.cn/jyb_xwfb/moe_1946/2024fj/202403/t20240326_1122503.html。

培养学生审美素养和艺术能力。[1]

在劳动教育上，2024年6月数据显示，全国共建成14.7万个校内外劳动教育实践场所，81.6%的中小学校已制定"一校一案"劳动教育清单，全国各地学校已基本实现劳动课开足开齐，并常态化开展家务劳动、校内劳动及校外劳动实践活动，劳动教育形式日益多样，为学生提供了丰富的实践机会。[2]

（四）健全学校家庭社会育人机制

习近平总书记在全国教育大会上指出："办好教育事业，家庭、学校、政府、社会都有责任。"[3] 学校家庭社会协同育人是促进儿童和青少年全面发展、健康成长的必然要求，是落实立德树人根本任务和新时代教育改革发展要求的重要支撑。2024年教育部开展专项系列改革：一方面，制定并颁布家校社协同育人方案。如2024年11月，教育部等17个部门联合印发《家校社协同育人"教联体"工作方案》，强调形成"以中小学生健康快乐成长为目标、以学校为圆心、以区域为主体、以资源为纽带"的"教联体"工作方式，促进家校社有效协同育人，并对政府、学校、街道社区、家庭、社会资源单位等主体职责任务作出明确规定。[4] 另一方面，开展全国试点工作和经验交流。如2024年1月印发的《教育部办公厅关于公布全国学校家庭社会协同育人实验区名单的通知》，认定97个县（区、市）为全国学校家庭社会协同育人实验区，要求各实验区扎实推进实践探索，发挥好示范引领作用。[5] 同时，教育部

---

[1] 《教育部关于全面实施学校美育浸润行动的通知》（教体艺〔2023〕5号），2023年12月20日。

[2] 《争当德智体美劳全面发展的新时代好儿童》，中华人民共和国教育部网站，2024年6月1日，http://www.moe.gov.cn/jyb_xwfb/s5147/202406/t20240603_1133616.html。

[3] 《全社会共同担负起办好教育的责任——十论学习贯彻习近平总书记全国教育大会重要讲话精神》，中华人民共和国教育部网站，2018年9月22日，http://www.moe.gov.cn/jyb_xwfb/xw_zt/moe_357/jyzt_2018n/2018_zt18/zt1818_pl/mtpl/201809/t20180925_349775.html。

[4] 《教育部等十七部门联合印发〈家校社协同育人"教联体"工作方案〉》，中华人民共和国教育部网站，2024年11月1日，http://www.moe.gov.cn/jyb_xwfb/gzdt_gzdt/s5987/202411/t20241101_1160204.html。

[5] 《教育部办公厅关于公布全国学校家庭社会协同育人实验区名单的通知》（教基厅函〔2024〕3号），2024年1月31日。

又组织各地开展家校社协同育人的经验交流，要求各地建立家校社常态化沟通协调机制，着力提升教师家校沟通能力、家长家庭教育水平和家校社的协同育人效能，合力解决学生成长中的突出问题。①

三 构建教育高质量发展新格局

2024年我国继续推进教育改革进一步深化，实施一系列教育改革措施，构建教育高质量发展新格局，在多方面取得成效：优化教育资源配置，扩大优质教育覆盖面，推动义务教育优质均衡发展；强化高等教育龙头作用，加大三类拔尖人才培养力度；深化现代职业教育体系改革，增强职业教育适应性和吸引力。

（一）优化教育资源配置

优化区域教育资源配置是2024年教育改革进一步深化的重点之一。

在义务教育阶段，政府通过优化区域教育资源配置，多举措积极推进义务教育优质均衡发展。首先，通过财政拨款补齐学校办学条件短板。财政部与教育部联合下达2024年义务教育薄弱环节改善与能力提升补助资金预算330亿元，用于加快补齐薄弱学校办学条件短板，改善学校安全保障条件，加强寄宿制学校建设等项目。② 其次，通过扩大优质教育覆盖面促进协调发展。教育部办公厅和财政部办公厅印发《关于做好2024年"三区"人才支持计划教师专项计划有关实施工作的通知》，实施"三区"人才支持计划，在全国选派15952名教师到边远贫困地区、边疆民族地区和革命老区任教，提升当地教育质量。③ 再次，各地采取积极措施开展城乡学校共同体和教育集团管

---

① 《全国家校社协同育人工作现场推进会召开》，中华人民共和国教育部网站，2024年5月28日，http://www.moe.gov.cn/jyb_xwfb/gzdt_gzdt/moe_1485/202405/t20240528_1132959.html。
② 财政部、教育部：《关于下达2024年义务教育薄弱环节改善与能力提升补助资金预算的通知》（财教〔2024〕65号），2024年4月10日。
③ 教育部办公厅、财政部办公厅：《关于做好2024年"三区"人才支持计划教师专项计划有关实施工作的通知》（教师厅〔2024〕2号），2024年7月17日。

理改革实践。如陕西西安市组织省级示范高中与县域高中、乡镇普通高中实施"二对一"结对共建，建设21个城乡学校共同体，通过管理共进、教学共研等方式促进城乡学校教育均衡发展；[1]江苏省南京市鼓楼区将全区49所小学全部纳入集团管理，把中小学教育集团内优质成员校的盘子做大做强，完善义务教育集团化办学的加入门槛和溢出机制，通过集团化办学和学区制管理，促进优质教育资源的辐射和共享。最后，加快新优质学校成长。截至2024年9月，现有1.4万所优质中小学校"一校一案"制定出台挖潜扩容方案，新增优质中小学1609所，共新增优质学位193.7万个。[2]

在高中教育阶段，政府通过优化区域教育资源配置，统筹推进高中阶段学校多样化发展。首先，加强县域普通高中建设。进一步提升学校书记、校长办学治校能力，深化县中教育教学、办学机制、育人机制、治理体系改革，发挥好县中托管帮扶机制作用，提升县中办学质量，推动学校走可持续发展之路。其次，推进特色高中创建。2024年全国各地陆续根据教育部、国家发展改革委、财政部三部门《关于实施新时代基础教育扩优提质行动计划的意见》的文件精神，逐步建设具有科技、人文、外语、体育、艺术等方面特色的普通高中。[3]一批基础较好的地区和学校率先开展特色办学试点，在保证开齐开好必修课程的基础上，适应学生特长优势和发展需要，提供分层分类、丰富多样的选修课程，形成体现学校办学特色的课程系列，发挥示范引领作用。全国各地也涌现出一批特色高中[4]。再次，加强普职融通并探

---

[1] 《让农村孩子享受和城里孩子一样的优质教育》，西安新闻网，2024年4月23日，https://epaper.xiancn.com/newxawb/pc/html/202404/23/content_194077.html?spm=zm5023-001.0.0.1.KiPCgo。

[2] 《以高质量教育体系筑基强国建设——六年来我国教育事业发展成就述评之二》，中华人民共和国教育部网站，2024年9月4日，http://www.moe.gov.cn/jyb_xwfb/xw_zt/moe_357/2024/2024_zt16/jyqg/2024_zl13/202409/t20240904_1148899.html。

[3] 教育部等：《关于实施新时代基础教育扩优提质行动计划的意见》（教基〔2023〕4号），2023年7月26日。

[4] 如山东省青岛市已评选出16所市级特色高中，其中包括7所省级特色高中。参见《青岛加快特色高中建设 16所学校已获批省、市级特色高中》，青岛日报社，2024年10月28日。上海市自2017年起分七批推出19所特色高中。参见《上海市特色普通高中再添2所，两校自主招生政策将从2024年起开始施行》，上观新闻，2023年10月28日。

索职普转换。规范优质中职学校与高等职业学校、应用型本科学校衔接培养模式，优化职教高考内容与形式，稳步扩大职业本专科学校数量和招生规模，拓宽学生成长成才通道。截至 2024 年 7 月，已有 33 所高职院校通过教育部审批备案，并于 2024 年开始首次招生。① 最后，优化区域高中教育资源配置。坚持"新建"和"挖潜"并重，统筹考虑学龄人口变化因素，在教育基础薄弱县、人口集中流入地新建和改扩建一批高中学校，合理规划城乡学校布局，有序扩大普通高中教育资源供给，缩小县中和城区高中办学条件差距。

在高等教育阶段，通过优化高等教育区域布局，促进高等教育全面发展。首先，通过建设中西部产教融合创新平台，实施中西部重点区域和有关高校特色优势学科专业精准对口支援计划，完善中西部高校订单定向医学人才培养工作，优化对口支援硕博单招机制，深入推进慕课西部行计划2.0，增强中西部高校办学实力。其次，优化直属高校和共建高校布局。完善直属高校工作咨询委员会工作机制，加强对直属高校的统筹指导，研制印发深入推进省部共建地方高校工作文件，打造共建高校发展集群，引领带动区域高等教育优质均衡发展。最后，优化专家队伍建设布局。印发《教育部办公厅关于推荐新一届教育部高等学校教学指导委员会委员的通知》（教高厅函〔2024〕4号），组织开展教指委换届工作，鼓励各地各校推荐更多的一线年轻教师加入，更好地发挥教指委作为参谋部、咨询团、指导组、推动队的作用。

（二）强化高等教育培养拔尖人才的龙头作用

习近平总书记指出："建设教育强国，龙头是高等教育。"在 2024 年全国教育大会上，习近平总书记进一步强调："以科技发展、国家战略需求为牵引，着眼提高创新能力，优化高等教育布局，完善高校学科设置调整机制和

---

① 《深入贯彻落实全国教育大会精神 培养更多大国工匠能工巧匠高技能人才》，中华人民共和国教育部网站，2024 年 10 月 8 日，http://www.moe.gov.cn/jyb_xwfb/moe_2082/2024/2024_zl13/202410/t20241009_1156375。

人才培养模式。"面对"率先建成高等教育强国"的时代使命，高等教育领域以"中国特色、世界一流"为改革目标，强化其龙头作用。

2024年教育部门通过实施多项改革举措，加大三类拔尖人才培养力度，强化高等教育在教育强国建设中的龙头作用。第一，实施"419计划"，培养基础学科拔尖人才。具体包括基础学科拔尖学生培养计划2.0、中学生英才计划、科教结合协同育人计划、拔尖学生早期发现培养机制以及"成长伙伴"国际暑期学校。[1] 第二，推进"四新"建设以培养战略急需领域人才。在新工科方面，研制出台深化工程教育改革、提升卓越工程人才培养质量的意见，分类推进理工科大学、特色学院建设。在新医科方面，印发实施深化医教协同、加快临床医学人才培养改革的意见，实施国家卓越医师人才培养计划。在新农科方面，发布新农科建设宣言，推进一省一所农林高校与省农（林）科院的全面合作，建立国家生物育种产教融合创新平台。在新文科方面，启动文科专业教学要点的研制，推动课程体系和教学内容的重构，深入开展涉外法治人才协同培养创新基地建设，启动非遗、国际传播、关键语种等基地建设。第三，培养拔尖创业人才。办好中国国际大学生创新大赛（2024）和"青年红色筑梦之旅"等活动，带动高校将创新教育贯穿人才培养全过程，提升学生"敢闯会创"素质能力。

与此同时，2024年教育部门实施多项学科调整方案，优化学科专业布局，聚焦国家重大战略需求，动态调整高等教育学科设置，对国家战略和区域发展急需专业拓新补缺，围绕人才供需对已有专业合理增减。2024年3月，教育部公布新一批普通高等学校本科专业备案和审批结果，共新增备案专业点1456个、审批专业点217个、调整学位授予门类或修业年限专业点46个。加强本科专业设置管理，发布最新版《普通高等学校本科专业目录》，增、撤、调共涉及3389个专业点。[2] 新增24种专业的类目主要集中在大功率半导体科

---

[1] 《着力构建高质量高等教育体系的"一二三四+N"主要任务》，2024年4月30日，https://education.news.cn/20240430/658be1478c9e4778bbaa5c9174c3d175/c.html。

[2] 《教育部公布新一批普通高等学校本科专业备案和审批结果》，中华人民共和国教育部网站，2024年3月19日，http://www.moe.gov.cn/jyb_xwfb/gzdt_gzdt/s5987/202403/t20240319_1121113.html。

学与工程、生物育种技术等专业，并结合经济社会发展需求变化和专业布局情况，将资源勘查工程、护理学等调整为国家控制布点专业。

（三）深化现代职业教育体系改革

2024年是我国实现"现代职业教育体系基本建成"目标的关键年，全国教育工作会议把"增强职业教育适应性和吸引力"，作为推进"一体、两翼、五重点"现代职业教育体系建设改革走深走实的重点工作，采取了一系列推进举措。[①]

第一，探索省域现代职业教育体系建设新模式。2024年教育部分别与天津、山东等9个省份共同开展省域现代职业教育体系建设改革试点工作，一省一策，进一步落实省级政府领导和发展职业教育的主体责任。[②]

第二，深化市域产教联合体和行业产教融合共同体协同发展。截至2024年11月，在市级层面，建设34家市域产教联合体，提升职业教育人才培养与区域发展的紧密度；在行业层面，建设国家轨道交通装备行业产教融合共同体、国家有色金属行业产教融合共同体，提升职业教育人才培养与行业发展的适配度；在职业教育要素层面，进一步实施专业、课程、教材、教师、实习实训等关键要素改革，以教学关键要素"小切口"全面推动职业教育"大改革"。[③]

第三，稳步推进职业教育自立自强。加快提升职业学校关键办学能力，新遴选出914门职业教育国家在线精品课程，组织开展中国特色高水平高职

[①] "一体、两翼、五重点"是指在中共中央办公厅、国务院办公厅印发的《关于深化现代职业教育体系建设改革的意见》中提出的新阶段职业教育改革的一系列重大举措，可以概括为"一体、两翼、五重点"。"一体"即探索省域现代职业教育体系建设新模式；"两翼"即市域产教联合体、行业产教融合共同体；"五重点"，即围绕职业教育自立自强设计的五项重点工作，分别是提升职业学校关键办学能力、建设"双师型"教师队伍、建设开放型区域产教融合实践中心、拓展学生成长成才通道、创新国际交流与合作机制。

[②]《深化现代职业教育体系建设改革现场推进会召开》，中华人民共和国教育部网站，2024年7月31日，http://www.moe.gov.cn/jyb_xwfb/gzdt_gzdt/moe_1485/202407/t20240731_1143650.html。

[③]《介绍2024年世界职业技术教育发展大会有关情况》，中华人民共和国教育部网站，2024年11月14日，http://www.moe.gov.cn/fbh/live/2024/56283/。

学校和专业建设计划建设单位的绩效评价工作。[1][2] 加快开放型区域产教融合实践中心建设工作，鼓励校企合作共建开放型区域产教融合实践中心，加强对复合型、应用型、技能型服务业人才的培育。[3] 创新国际交流与合作机制。通过开展"中国—东盟职业教育联合会"等职教合作项目、"鲁班工坊"等中国职教品牌项目、"世界职业技术教育展"等国际项目不断促进区域职教合作，增强中国职业教育的吸引力、提升其国际参与度和贡献度。[4]

2024年是教育强国建设规划纲要实施"元年"，我国教育事业在多个领域取得巨大成就，特别是在教育强国建设推进、立德树人根本任务落实和教育高质量发展新格局构建等方面进展显著。当前，我国已建成世界最大规模且有质量的教育体系，教育现代化发展总体水平跨入世界中上国家行列。但与此同时，宏观经济形势变化、劳动力市场竞争加剧、社会文化环境日益复杂等因素给我国教育事业发展带来多重挑战，2024年教育领域也暴露出一些突出问题，如校园安全问题、学生心理健康问题、大学生就业问题、教师工作压力问题等，有待于相关政府部门采取对策加以缓解。总之，面向2035年建成教育强国的战略目标，中国教育进一步夯实基础、开拓创新，通过持续深化教育改革，进一步全面提升教育服务高质量发展能力，不断提升人民群众的教育获得感，教育强国建设已迈出坚实步伐。

---

[1] 《关于2023年职业教育国家在线精品课程遴选结果的公示》，中华人民共和国教育部网站，2024年10月23日，http://www.moe.gov.cn/jyb_xxgk/s5743/s5744/202410/t20241023_1158837.html。
[2] 教育部办公厅、财政部办公厅：《关于开展中国特色高水平高职学校和专业建设计划（2019—2023年）绩效评价工作的通知》（教职成厅函〔2024〕1号），2024年1月16日。
[3] 《国务院关于促进服务消费高质量发展的意见》（国发〔2024〕18号），2024年8月3日。
[4] 《介绍2024年世界职业技术教育发展大会有关情况》，中华人民共和国教育部网站，2024年11月14日，http://www.moe.gov.cn/fbh/live/2024/56283/。

B.6
2024年中国社会安全形势分析报告

刘 蔚[*]

摘　要： 2024年，是新中国成立75周年，是实现"十四五"规划目标任务和"十五五"规划预研的关键一年。在全面深化改革、推进中国式现代化道路上，我国社会安全形势总体稳定，反恐形势总体平稳，社会治安持续改善，依法严打各类犯罪，严惩涉我跨国犯罪。与此同时，社会安全风险挑战不确定性、不稳定性增多，政治安全形势不容乐观，社会矛盾风险日益凸显，公共安全涉网风险增多，涉外安全风险逐渐增大。对此，要把握社会安全治理的整体性、全域性、系统性、联动性特点，牢固树立大安全理念，科学统筹维护社会安全，强化社会矛盾微治理，加强智慧化基层治理，统筹好开放和安全，在新发展格局中塑造好社会安全，不断增强人民群众的幸福感、获得感和安全感。

关键词： 社会安全　社会治安　大安全理念　安全感

国家安全是中国式现代化行稳致远的重要基础。党的二十届三中全会审议通过的《中共中央关于进一步全面深化改革　推进中国式现代化的决定》（以下简称《决定》）强调，要"聚焦建设更高水平平安中国，健全国家安全体系，强化一体化国家战略体系，增强维护国家安全能力，创新社会治理体制机制和手段，有效构建新安全格局"。当前和今后一个时期，将是以中国

---

[*] 刘蔚，中国人民公安大学国家安全学院副教授、硕士研究生导师，首都社会安全研究基地研究员，主要研究方向为社会安全问题治理、意识形态安全。

式现代化推进中华民族伟大复兴的关键时期，也是维护和塑造我国国家安全方面面临更多确定性与不确定性交织挑战的时期，社会安全也将在国内外环境的复杂多变中遭遇诸多可预见及不可预见的风险与挑战。然而，纵观新中国成立75年来的风雨洗礼，在中国共产党的坚强领导下，人民群众的安全感不断提升。2024年8月27日，国务院新闻办举行"推动高质量发展"系列主题新闻发布会，指出"2023年全国群众安全指数达98.2%，连续4年保持在98%以上的高水平"。[①] 面对国际国内纷繁复杂的安全形势，以及人民群众在新时代背景下日益增长的新需求与新期待，我们要在深层次改革和高水平开放中，正确处理好改革、发展、稳定之间的关系。要通过强化国家安全的维护机制和社会大局的稳定基石，确保国家安全的持续稳固与社会发展的有序延续，保持国泰民安的社会环境，建设更高水平的平安中国，实现高质量发展和高水平安全良性互动，不断开创社会稳定和长治久安新局面。

一 2024年社会安全总体状况

（一）高标准捍卫国家政治安全，反恐形势总体平稳

2024年是新中国成立75周年，是实现"十四五"规划目标任务和"十五五"规划预研的关键一年。当前，百年未有之大变局正在全方位、深层次地加速演进，国际形势波谲云诡、周边环境复杂敏感、改革发展稳定任务艰巨繁重，处于战略机遇期的中国所面对的风险挑战和不确定、难预料因素显著增多，我国需要应对的政治安全风险和挑战更为严峻复杂。境内外敌对势力渗透、颠覆、捣乱、破坏活动对我国政权安全、制度安全、意识形态安全的威胁和冲击更为广泛、更为直接；境内外联动对我国政治安全的影响更加集中、更加迅猛；境外反华势力"以疆遏华""以藏遏华""以港遏华""以武助独"的图谋长期存在；反恐怖反分裂斗争的长期性、复杂性、艰巨性不容忽视；各类错误思潮沉渣泛起；网络政治谣言和有害信息对政治安全影响的风险持续增强；

[①] 张天培:《安全指数连续保持高水平——人民群众安全感不断提升》,《人民日报》2024年8月28日，第02版。

邪教组织依附于境外反华势力，与分裂势力勾连聚合，部分精神控制类和有害气功类非法组织屡禁不绝、暗中发展。此外，近年来我国经济社会民生教育等领域风险极易向政治安全领域传导，引发政治安全案事件。

面对反恐怖、反分裂斗争的长期性、复杂性和艰巨性，公安机关始终紧绷反恐怖反分裂斗争这根弦，统筹推进反恐怖反分裂斗争工作，坚持反恐怖反分裂斗争工作的法治化、精细化、常态化和专业化，完善反恐反分裂的法律政策体系、法律实施体系、城乡基层治理体系，不断推进稳边固边，持续提升边疆管控能力，防范境外恐怖极端势力回流，坚决遏制和打击境内外敌对势力利用涉疆、涉藏、涉民族、涉宗教、涉人权等问题进行分裂渗透破坏活动，健全反制裁、反干涉、反"长臂管辖"机制，在全球恐怖主义回潮的背景下不断加强反恐国际合作。到2024年，我国已连续8年未发生暴恐案事件。在反恐怖反分裂斗争工作中，持续巩固反恐怖反分裂斗争工作的主动局面，维护国家统一和民族团结，维护我国良好的社会治安现状和人民生活的幸福安宁。

（二）高水平确保社会大局稳定，社会治安持续改善

党的二十届三中全会通过的《决定》指出，要"完善社会治安整体防控体系，健全扫黑除恶常态化机制，依法严惩群众反映强烈的违法犯罪活动"。社会治安，关乎人民群众的安全感，关乎人民群众安居乐业。作为一个拥有14亿人口、幅员辽阔、地区差异大的发展中大国，2024年，我国续写了社会稳定和长治久安的新篇章。当前，我国是世界上命案发案率最低、枪爆案件最少、刑事犯罪率最低的国家之一。[①] 2024年以来，全国公安机关加快形成和提升新质公安战斗力，构建"专业+机制+大数据"的新型警务运行模式，不断提升社会治安防风险、护稳定、保安全、促发展的整体效能，坚持和发展新时代"枫桥经验"，主动塑造社会安全，有效支撑和服务了中国式现代化。

近年来，我国社会治安状况持续向好，维护社会稳定新机制不断完善，人民安全感大幅提升（见图1）。2024年1~7月，全国公安机关刑事案件立案

---

① 《通报全国公安机关五年来全力做好各项公安工作取得显著成效情况》，公安部网站，2024年5月27日，https://www.mps.gov.cn/n2254536/n2254544/n2254552/n9582428/index.html。

数同比下降30.1%，连续14个月同比下降，现行命案破案率保持99.94%的历史最高水平[1]。自2024年6月24日公安机关开展夏季治安打击整治行动以来，全国公安机关共破获刑事案件53.5万起，查处治安案件142.6万起，抓获违法犯罪嫌疑人179.1万名，消除安全隐患264.6万处，全国110刑事、治安警情同比分别下降16.8%、14.2%[2]。在刑事案件总量长期高位运行的情况下，全国检察机关起诉严重暴力犯罪人数从1999年的16.2万人下降至2023年的6.1万人，占比从25.1%下降至3.6%。2024年1~6月，全国检察机关受理审查起诉各类犯罪109.6万人，其中，法定刑较低的危险驾驶罪、帮助信息网络犯罪活动罪两罪占比达到两成以上；同期审结的案件中，因犯罪情节轻微不起诉、判处三年有期徒刑以下刑罚的轻罪案件占比超过85%；而起诉故意杀人罪、抢劫罪、强奸罪等严重暴力犯罪人数占比降至3.7%，检察机关依法坚

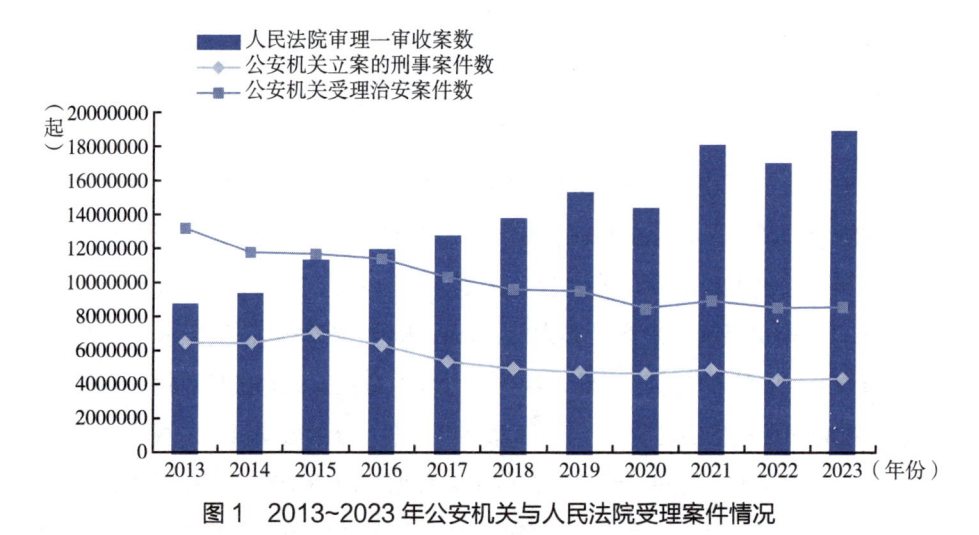

图1　2013~2023年公安机关与人民法院受理案件情况

数据来源：国家统计局年度数据，http://data.stats.gov.cn。

---

[1] 张天培：《安全指数连续保持高水平——人民群众安全感不断提升》，《人民日报》2024年8月28日，第02版。
[2] 《通报公安机关开展夏季行动的总体成效情况》，公安部网站，2024年9月27日，https://www.mps.gov.cn/n2254536/n2254544/n2254552/n9783813/index.html。

决严惩严重犯罪，对危害国家安全、严重危害公共安全的案件批捕率、起诉率始终稳定保持在95%以上。①

近年来，全国公安机关坚持和发展新时代"枫桥经验"，不断推动"枫桥经验"创新发展，公安机关积极构建矛盾纠纷多元化解机制，全时空守护民众平安、全方位综合防治风险、零距离服务群众需求、持续深化"警民融合"，发动群防群治力量2300余万人，培育2万多个平安类社会组织，不断健全城乡基层治理体系。截至2024年8月，全国公安机关创建部、省两级2082个"枫桥式"派出所，持续加强基层派出所建设，创新完善"庭所对接""民调入所""律师进所"等机制，每年化解矛盾纠纷600万余起，向群众提供求助服务1200万余次。②2024年公安机关"夏季行动"期间，走访摸排家庭、邻里、债务等矛盾纠纷180.4万起。同时，我国公安机关持续加强"百万警进千万家"活动，推动城乡社区警务战略实施，加快实现"一村（格）一警"全覆盖，强化社区警务队、执法办案队和综合指挥室的"两队一室"建设，推进派出所与警种部门和基层社会组织的协调联动与融合，有力加强了基层社会的治理。值得关注的是，近年来各地在探索科技赋能"枫桥经验"的过程中，更加注重基层"微治理"，进一步提升了民众的满意度、幸福感和安全感。如深圳市光明街道光明社区推行党建引领的"微治圈"治理模式，将光明街道划分为18个微治圈，整合259项与基层治理相关的治理事项，推动基层治理的"民生十微"，即以微单元、微阵地、微服务、微协商、微调解、微积分、微社团、微联盟、微循环、微基金等行动，建立"细致入微"的街道—社区—微治圈—微单元四级基层治理体系，同时应用人工智能大语言模型"追光助理"优化基层治理。③

① 《2024年1月至6月全国检察机关主要办案数据》，最高人民检察院网站，2024年8月6日，https://www.spp.gov.cn/xwfbh/wsfbt/202408/t20240806_662470.shtml#1；《最高检：轻罪案件已成为犯罪治理的主要对象》，中国日报网，2024年8月6日，https://cn.chinadaily.com.cn/a/202408/06/WS66b1c8e7a310054d254eba9c.html。
② 《国新办举行"推动高质量发展"系列主题新闻发布会（公安部）图文实录》，国务院新闻办公室网站，2024年8月27日，http://www.scio.gov.cn/live/2024/34551/tw/。
③ 《光明街道：AI赋能微治圈 绘就善治新"枫"景》，腾讯网，2024年11月12日，https://news.qq.com/rain/a/20241112A09JJA00。

（三）高品质维护公共安全，依法严打各类犯罪

公共安全是社会安定有序的底色，事关人民群众生命财产安全，事关经济社会发展。近年来，面对不同领域的公共安全，公安部在打击涉黑涉恶、电信网络诈骗、缉枪治爆等方面开展了诸多专项行动。如经侦领域的"猎狐"和"秋风"行动，治安领域的"断链"行动和"收缴枪爆百日行动"，刑侦领域的"云剑"和"扫黑除恶"行动，食药环和知识产权领域的"昆仑""春风""净风"行动，网安领域的"净网"行动，禁毒领域的"百城禁毒会战""两打两控""净边""清源断流"等行动。根据近年来国家统计局公布的数据，与人民群众切身利益相关的案件得到一定程度的遏制（见图2）。2024年，公安机关对人民群众反映强烈的违法犯罪活动始终保持着严打高压态势，积极回应人民群众的新期待和新要求。

一是常态化推进扫黑除恶。2024年7月3日，公安部召开常态化开展扫黑除恶专项斗争推进会，部署严打涉网黑恶犯罪，全力压缩涉网黑恶犯罪的滋生空间，挖头目、打组织、摧网络、断链条，治理"黑灰"，进一步聚焦"村霸""乡霸""沙霸""矿霸""行霸""市霸"等黑恶势力，坚决"打伞破网"。2023年，全国公安机关共打掉涉黑恶犯罪组织1900余个，抓获犯罪嫌疑人2.7万名，其中涉网黑恶犯罪组织795个，抓获犯罪嫌疑人1.2万余人，缉捕涉黑涉恶在逃人员境内1105人、境外117人。[1]二是持续开展"净网"行动。2024年上半年，公安机关侦办网络黑客、网络水军、网络暴力、网络谣言、电信网络诈骗、网络赌博等相关案件4万余起，抓获嫌疑人10万余人，阻止网络雇凶伤害、绑架、抢劫、相约自杀等案事件435起[2]，依法查处造谣传谣网民2.5万余人，依法指导网络运营者关停违法违规账号16万余个，清理网络谣言信息132.2万余条。[3]特别是在2024年"夏季行动"期间，公安

---

[1]《全国公安机关持续深入推进常态化扫黑除恶斗争 去年打掉涉黑恶犯罪组织1900余个》，《法治日报》2024年1月18日，第03版。
[2] 陈思源：《严打网络违法犯罪 筑牢网络安全防线 以高水平网络安全保障高质量发展》，《中国网信》2024年第10期。
[3]《国新办举行"推动高质量发展"系列主题新闻发布会（公安部）图文实录》，国务院新闻办公室网站，2024年8月27日，http://www.scio.gov.cn/live/2024/34551/tw/。

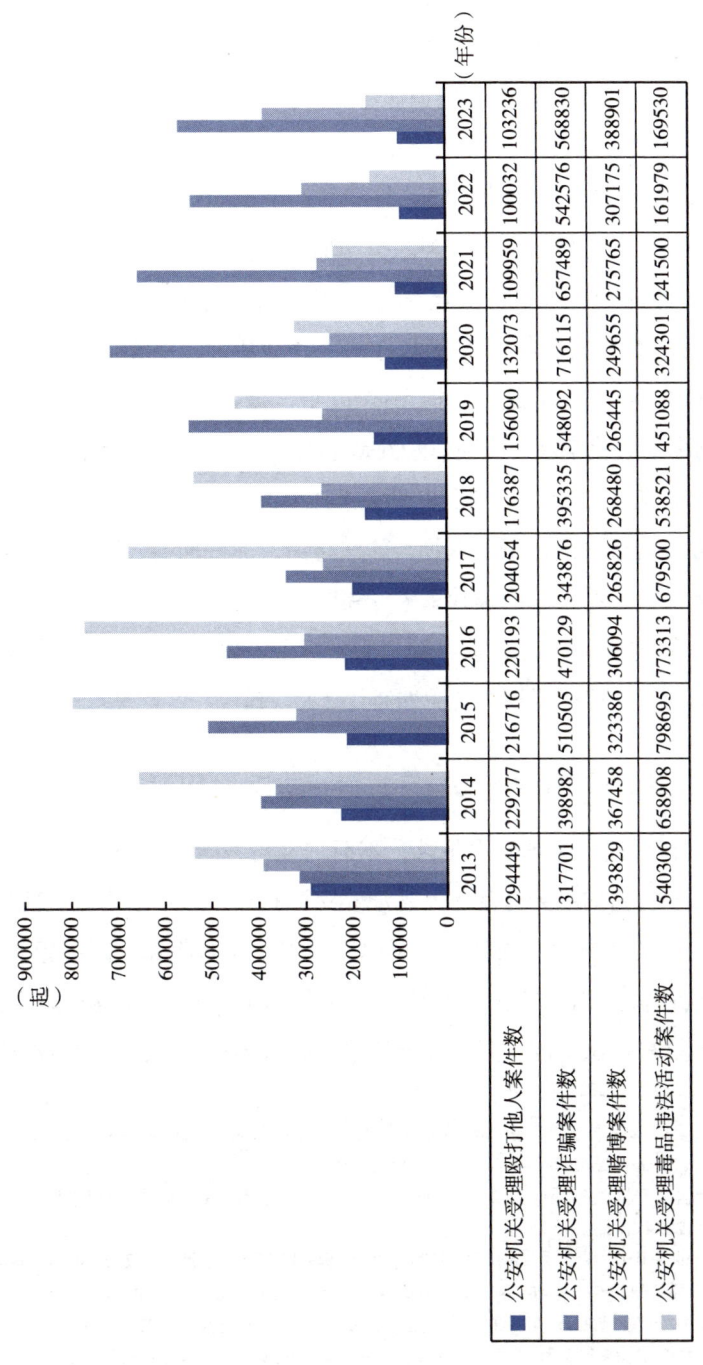

(年份)	2013	2014	2015	2016	2017	2018	2019	2020	2021	2022	2023
公安机关受理殴打他人案件数	294449	229277	216716	220193	204054	176387	156090	132073	109959	100032	103236
公安机关受理诈骗案件数	317701	398982	510505	470129	343876	395335	548092	716115	657489	542576	568830
公安机关受理赌博案件数	393829	367458	323386	306094	265826	268480	265445	249655	275765	307175	388901
公安机关受理毒品违法活动案件数	540306	658908	798695	773313	679500	538521	451088	324301	241500	161979	169530

图 2 2013~2023 年公安机关受理的相关治安案件数量

数据来源：国家统计局年度数据，http://data.stats.gov.cn。

机关会同有关部门持续严厉打击"饭圈"群体实施的刷量控评、流量造假等网络水军违法犯罪，偷拍跟拍、买卖隐私信息等侵犯公民个人信息违法犯罪，以及造谣诋毁、互撕谩骂等网络暴力违法犯罪。三是重拳打击涉及群众的侵财犯罪，重拳打击民族资产解冻诈骗、"换钱党"、保险诈骗等违法犯罪活动。截至2024年9月，共打掉保险诈骗犯罪团伙近50个，涉案金额近5亿元[1]；截至10月，共打掉民族资产解冻类诈骗犯罪团伙247个，抓获犯罪嫌疑人4385名，查明涉案资金129.5亿元[2]。四是持续开展打击整治涉枪涉爆案件，依法查处利用网络传授制枪制爆犯罪方法等违法犯罪。截至2024年11月，各地共破获枪爆案件1.9万起，打掉团伙54个，捣毁窝点237个，收缴枪支495支、易制爆危险化学品290吨。[3]五是坚决守好食药环和知识产权领域的安全底线。2024年1~7月，全国公安机关累计侦办污染环境犯罪案件1600余起，立案侦办危害珍贵濒危野生动物、非法狩猎、非法捕捞、破坏古树名木、危害国家重点保护植物、非法采砂采矿等领域犯罪案件1.6万起，侦办破坏耕地等农用地刑事案件3600起，侦办制售假劣种子、化肥、农药等农业投入品犯罪案件160余起，侦办侵权假冒犯罪案件2.1万起。[4]

（四）高站位开展国际执法合作，严惩涉我跨国犯罪

公安机关积极践行全球安全倡议，不断加强与各国执法部门的合作，强化跨国犯罪联合打击的系列行动，严惩涉我跨国犯罪。立足新形势、新挑战、新问题，公安机关在电信网络诈骗、反恐、禁毒、网络犯罪、跨国犯罪、追逃追赃、非法移民遣返等方面，积极主动采取有效措施，构建多边合作机制，加强国际刑事司法协助，开展联合执法，有效维护了人民群众合法权益，

---

[1]《全国保险诈骗犯罪专项打击现场推进会召开》，公安部网站，2024年9月27日，https://www.mps.gov.cn/n2254098/n4904352/c9784982/content.html。
[2]《通报全国公安机关开展打击整治民族资产解冻类诈骗犯罪专项行动举措成效情况》，公安部网站，2024年10月25日。
[3]《依法查处利用网络传授制枪制爆犯罪方法等违法犯罪》，法治网，2024年11月14日，http://www.legaldaily.com.cn/index/content/2024-11/14/content_9085565.html。
[4]《国新办举行"推动高质量发展"系列主题新闻发布会（公安部）图文实录》，国务院新闻办公室网站，2024年8月27日，http://www.scio.gov.cn/live/2024/34551/tw/。

确保了我国安全发展利益。目前，我国与110余个国家建立了密切务实的双边执法合作机制关系和联络热线，签署政府间、部门间执法合作文件400余份[①]，不断扩大执法合作"朋友圈"，为人民群众创造持久安全的稳定环境。

一是在跨境电信网络诈骗犯罪方面。2024年，我国警方持续巩固缅北涉我电信网络诈骗犯罪的打击成果，缅北跨境电信网络诈骗"四大家族"等犯罪集团遭到毁灭性打击，2024年10月成功在缅北木姐地区开展第二次联合打击行动，一举抓获实施跨境电信网络诈骗的犯罪嫌疑人870名，其中中国籍犯罪嫌疑人313名[②]，截至2024年9月已累计抓获缅北涉诈犯罪嫌疑人5万余名[③]。同时，中美两国执法部门联合处置跨国电信诈骗案，追回被骗资金170余万美元。[④] 二是在打击海上走私犯罪方面。2023年8月至2024年6月，公安机关与有关部门共侦破各类海上走私犯罪案件1087起，抓获犯罪嫌疑人5846名，扣押涉案船舶638艘，查获冻品3.5万吨、成品油4406吨、香烟1.7亿支、农海产品3366吨、矿产原料31万吨及酒类5.4万件。[⑤] 三是在遏制境外毒品向我国渗透方面。截至2024年6月24日，我国在边境和口岸共查获毒品案件284起381人，缴获各类毒品4.5吨[⑥]，有力阻断了境外毒品入境渗透内流通道。四是在打击治理跨境赌博方面。2023年至2024年4月，全国公安机关共侦办跨境赌博及相关犯罪案件10.6万余起，重点打击境外赌博集团对中国公民招赌吸赌犯罪活动，协同推进跨境赌博"资金链""技术链""人员链""推广链""物料链"及赌客综合治理工作。[⑦] 此外，公安机关持续加强

[①]《大国担当，国际执法安全合作再上新台阶》，中国警察网，2023年9月21日，https://news.cpd.com.cn/yw_30937/923/t_1103969.html。

[②]《313名实施跨境电诈的中国籍犯罪嫌疑人被移交我方》，中国警察网，2024年10月1日，https://news.cpd.com.cn/n3559/1024/t_1153268.html。

[③]《为深化全球公共安全治理贡献中国智慧》，中国警察网，2024年9月9日，https://www.cpd.com.cn/n10216144/924/t_1150490.html。

[④]《中美两国执法部门联合处置一起跨国电信网络诈骗案件》，公安部网站，2024年11月8日，https://www.mps.gov.cn/n2255079/n6865805/n7355741/n7355786/c9844810/content.html。

[⑤]《全国打击海上走私犯罪专项行动取得阶段性明显成效》，中国警察网，2024年6月28日，https://news.cpd.com.cn/yw_30937/624/t_1140740.html。

[⑥]《全国移民管理机构半年缉毒4.5吨》，中国警察网，2024年6月27日，https://special.cpd.com.cn/2024/qmjd/yw_38285/624/t_1140567.html。

[⑦]谢俊思：《加快形成公安国合部门新质战斗力》，《人民公安报》2024年4月21日，第01版。

全链条打击境内外妇女儿童拐卖犯罪案件，坚决摧毁跨国犯罪网络，持续参与治理跨国侵权假冒犯罪问题，参与打击假药犯罪"盘古"行动、打击食品犯罪"奥普森"行动，全时空、全方位、全领域维护人民群众生命财产安全。

二 2025年度社会安全的风险形势分析

（一）政治安全形势不容乐观

2025年是"十四五"规划的收官之年。党的二十届三中全会强调，"当前和今后一个时期是以中国式现代化全面推进强国建设、民族复兴伟业的关键时期。"这一时期，在中国由大向强的发展过程中往往也是国家安全高风险期，外部环境不稳定性、不确定性持续高企，国内安全问题的复杂程度、艰巨程度明显提升，政治安全风险更为多元、更为突出。在大国博弈复杂化、地缘政治激烈化的背景下，境内外安全风险相互交织、相互联动、相互影响更为凸显。特别是伴随经济多元化、社会多样化、思想复杂化，需要高度警惕经济发展、社会稳定、政治安全之间的负向互动。社会安全领域，教育、就业、医疗、社保以及收入分配、劳动关系、环境保护、流动人口社会融入等问题依然是境外敌对势力对我国制造杂音、借机对我国进行渗透颠覆分裂的重要方面；新领域、新产业、新业态、新阶层、新群体等方面的新问题极易转化蔓延、衍生扩散、升级变异，在敏感时间节点和突发社会事件刺激影响下成为社会爆点，经济发展、社会民生领域的新老问题、存量风险与增量风险向政治安全领域传导压力增大。同时，互联网时代，新媒体、自媒体、社交媒体与短视频平台等信息载体以及人工智能技术驱动下的深度伪造进一步强化了风险放大效应。

（二）社会矛盾风险日益凸显

总体而言，在国内外环境日趋复杂、外部环境不利因素增多、内部环境深刻变化的背景下，我国社会矛盾呈现易发多发、尖锐复杂的趋势，矛盾风险爆点较多、燃点较低、交织叠加、跨域传导、流动加快，部分领域矛盾风险隐患聚集，隐性风险逐步集中暴露。一方面，传统矛盾纠纷风险稳中有升，新型矛盾纠纷风险不断凸显。当前和今后一个时期，传统婚姻家庭纠纷、邻里关系纠纷、民间借贷纠纷、教育医疗纠纷等问题以及新领域竞争矛盾、新业态劳动争议、网络平台矛盾等风险，极易导致部分家庭和个人出现经济失调、家庭失和、生活失意、心理失衡、精神失常，在综合性的社会压力、群体性焦虑、群体性怨恨以及不期然的小矛盾、小分歧、小口角、小误会等因素影响下，引发报复社会、制造影响的个人极端暴力事件以及争取群体利益、寻求价值认同的群体性规模聚集事件。另一方面，要防范境外风险传导与诱导对国内社会矛盾纠纷的相互催化与同频共振，特别是要敏锐洞察社会领域矛盾风险与各级政府决策施政、经济金融风险化解、意识形态领域挑战之间的联动性，防范这些领域虚假信息在现代科技赋能下快速传播以及升级迭代，特别要注意境内外风险的跨区域、跨层级传导，避免社会矛盾风险的跨域上行、聚合激化，避免小矛盾发展为大风险，局部矛盾衍生为系统性风险。

（三）公共安全涉网风险增多

当前，我国正处于全面深化改革的攻坚期，新型工业化、信息化、城镇化与农业现代化同步推进，城乡间、地区间、行业间生产力发展水平不平衡，公共安全历史风险积累和新业态新风险叠加问题较为突出，各类风险频发多发。一方面，利用现代信息网络实施黑恶势力犯罪的趋势仍然存在，新的安全隐患因网而增，网络"套路贷"、"裸聊"敲诈、恶意索赔、负面舆情敲诈、网络水军滋事、网络暴力传销、网络"软暴力"催收等涉网犯罪持续"兴风作浪"，犯罪复合化、团伙化、智能化、职业化特征明显，黄赌毒、枪爆恐等犯罪的网络勾连趋势明显。另一方面，网络暴力不断，"网络厕所"成为网络暴力新的"集散地"，部分年轻人甚至是未成年人在其中无差别、无底线、无节制地攻击谩骂，网暴产业链已然出现，网暴手段花样翻新。此外，电信网络诈骗屡打不绝，AI换脸诈骗、"线上诈骗＋线下取钱"等新手法层出不穷。值得注意的是，自然灾害、地下管网、高层建筑、高架道路、地铁、化工厂等各类突发事件所导致的社会安全压力也日渐增大。

（四）涉外安全风险逐渐增大

当今的中国离不开世界，世界的繁荣也需要中国。在推进高水平对外开放过程中，中国与世界深度交融，越来越多的外国人来华经商、定居、留学、就业、旅游；同时，越来越多的中国人逐渐走向世界，中外交流更为密切。在此过程中，由于文化差异、宗教信仰、历史原因、个人偏见、管理真空、制度滞后等，在华外国人以及国外华人面对的社会安全风险逐渐增大。一方面，来华外国人来源广泛、身份复杂、文化多元、层次多样、流动性强等特点，使其极易在社会生活中与当地民众爆发矛盾冲突，甚至少数人成为非法移民，并出现有组织犯罪。同时，部分在华外国人排他意识、权利意识较强，形成了在华封闭交往圈以及在华社团组织圈，这对涉外法律法规和地方治理提出了巨大挑战。另一方面，随着我国海外利益的广度深度不断拓展，我国海外公民遭遇的政治冲突、暴恐袭击、社会治安、诈骗抢劫、违法违规、失踪失联、种族歧视、排华仇华等风险逐渐增多。此外，随着国际往来的日益便捷和逐渐密切，跨国犯罪风险隐患也将逐渐增多，对此要保持高度警惕。

三 对策建议

国家安全是中国式现代化行稳致远的重要基础，社会安全是国家安全的重要保障，展望2025年，更要统筹好高质量发展和高水平安全这对关系。中国经济社会面临的发展机遇前所未有，面对的挑战也前所未有，社会安全问题呈现的复杂程度、处理社会安全问题的艰巨程度明显提升，社会安全多方面、宽领域、多样化、流动性、跨域性的风险隐患日渐凸显，必须坚持总体国家安全观，把握社会安全工作的整体性、全域性、系统性、联动性特点，把握大安全理念，把握科学统筹的原则方法，守正创新、坚定信心、凝心聚力，始终站在社会发展的前沿观察思考问题，把社会安全放到本土实践和全球视野中来审视，不断提高维护我国国家安全和发展利益的能力。

（一）牢固树立大安全理念，科学统筹维护社会安全

当前，面对百年未有之大变局以及全球化和网络化的时代背景，影响国家安全的内外因素相互交织渗透、相互影响加强，社会安全问题的内外联动性、跨域传导性、突变放大性都远超以往，各种敌对势力从来没有停止对我国实施西化、分化战略，从来没有停止利用涉台、涉疆、涉藏、涉港、涉宗教、涉民族、涉人权、涉意识形态等问题对我国进行渗透颠覆破坏、抹黑造谣污蔑，对此要长期保持高度警惕，防范敌对势力在我国打开突破口。一是要秉持大安全理念，注意国家安全各领域的安全是系统的、联动的，是共同的、整体的安全，要从整体视角理解社会安全问题与其他领域安全问题的多样性、关联性和动态性，不能只强调单一领域安全而忽视其他领域安全风险隐患的流动传导，也不能只强调国内安全而忽视境外安全风险隐患向境内的倒灌共振，要构建维护社会安全的大安全体系，筑牢社会安全领域的安全底线。二是要将社会安全问题与经济发展、对外开放、科技赋能等各项工作整体协同考虑，科学有效借助现代科技创新解决好社会安全领域的苗头性风险隐患，注重维护社会安全各部门之间的统筹指挥，因时而动、因势而变，构建体系性、综合性合力，完善社会安全联动高效的防护体系。

（二）强化社会矛盾微治理，筑牢基层社会治安防火墙

伴随社会主要矛盾的变化，人们对社会生活、安全环境提出了更高的要求，除了原有的利益冲突型社会矛盾纠纷外，价值冲突型社会矛盾纠纷也日渐增加。受国际国内多种因素的影响，社会矛盾纠纷呈现多发性、多领域、多主体、多后果的发展态势，特别是社会矛盾纠纷化解不及时、职能部门管理服务缺位、基层人员处理事项不公正等因素直接导致一些苗头性、倾向性问题因为个别事件的刺激而激化，导致个人极端案事件或是群体规模性聚集，对此要保持头脑清醒，增强底线思维、极限思维和忧患意识。一是要真正打通服务群众的"最后一公里"，在调查研究掌握人民群众

在医疗、养老、就业、住房、教育、婚姻、家庭、社保等领域小问题、真需求的前提下，基层组织要做到社会矛盾纠纷排查化解工作"权责明、底数清、依法办、懂情理、秩序好、群众喜"，加强基层社会矛盾纠纷微治理，整合好基层各方资源力量，从源头上预防矛盾纠纷。二是要借助现代科技的力量做到社会矛盾纠纷风险隐患的态势感知，通过大数据、物联网、云计算、人工智能等技术，延伸社会矛盾纠纷的"毛细血管"，做到社会矛盾纠纷的风险监测预警和智能决策，突破原有单一层面、单一部门、单一领域、单一时空以及单一问题的边界限制，构建基层社会矛盾风险隐患要素之间、领域之间的纵横互联以及虚拟空间和现实空间的同频共治复杂态势感知网络。

（三）加强智慧化基层治理，实现全链条全过程技术革新

伴随现代社会运行体系的日益复杂与安全风险的不断增加，社会安全治理已然朝风险预防、风险治理、协同应对以及韧性提升的可持续发展方向转变。社会安全治理要从感知链、评估链、预案链、决策链、处置链等方面实现全链条全过程的技术革新。在感知链，主要是基于物联网泛在接入技术，实时采集社会面上"神经末梢"的物联网感知数据，形成数据池；在评估链，主要是通过对结构化数据、半结构化数据和非结构化数据的大数据挖掘，并借助知识图谱、机器学习和深度学习等人工智能技术辅助分析，形成事件评估链条；在预案链，通过三维可视化仿真推演模拟技术，对社会安全治理对象、环境和事件进行三维真实再现，形成预案模拟；在决策链，通过预案模拟结合5G、人工智能分析、无人机以及北斗卫星定位等技术，借助辅助决策知识模型，提供社会安全治理决策科学依据，提高决策准确性和时效性；在处置链，通过跨中心的多元主体协同机制平台，结合智能化资源保障与应用平台，通过移动终端，形成人力调配、资源协调、事件处置、高效监管、全程评估相衔接的数智处置链。由此，充分发挥科技赋能社会安全治理的"数据+AI+决策+协同+体系"全链条全过程的智慧治理聚合效应，因势、因时、因地、因事、因人智慧化统筹维护社会安全。

（四）统筹好开放和安全，在新发展格局中塑造好社会安全

改革开放以来，我国与世界的关系发生了历史性的变化，在全面深化改革、推进扩大开放的过程中，更要注重我国社会安全稳定与改革发展的动态平衡，要在"求变"与"求异"中健全社会安全的韧性治理机制。一是在"求变"过程中，要准确识别境外安全风险的新趋势、新变化、新问题，主动立足我国民众海外生产生活可能遭遇的新风险，提前部署，统筹安排，从涉外社会安全治理对象、各级治理运行机制模式、治理整体防控、治理执法监督管理、治理专业化实战化职业化队伍建设等方面实现涉外社会安全的整体塑造；二是在"求异"过程中，要结合涉外社会安全治理的地区差异、群体差异、需求差异、认知差异、制度差异、文化差异等异质性特征，及时推进韧性制度建设，包括填补涉外安全治理领域的立法空白点、完善涉外安全治理的内部制度建设，针对偶发性涉外安全事件和规律性涉外安全事件，全方位、全过程关注涉外安全事件发展，统筹兼顾、整体施策、多措并举，特别要重视跨中心多元主体的心理情境恢复[①]，从而满足多层次多元化的社会安全治理需求，在新发展格局中实现社会安全的系统平衡与重点突出。

---

① 易承志：《中国韧性治理体系的框架和构建路径》，《人民论坛》2023 年第 15 期。

B.7 2024年中国公共卫生事业发展报告

袁蓓蓓[*]

摘　要： 2019~2023年，我国医疗卫生体系各类机构中三级医院和床位数规模大的医院数量增长明显。医疗服务和公共卫生服务供给连年显著增长。卫生总费用年均增长率达到8.57%，其中社会支出的涨幅及增速最大，政府支出次之，个人支出最小。居民次均门诊就诊费用和次均住院费用经历了涨跌波动。建议通过卫生服务体系规划和完善治理机制调整大规模医院的扩张速度和发展模式，助力整体卫生体系绩效的提高和资源消耗的控制；通过深化体制机制改革拓宽基层补偿渠道和提高补偿水平，并结合绩效工资和职称评审的改革综合激励基层卫生人员；加强以紧密型医共体为实现形式的整合型卫生服务体系建设。

关键词： 医院　基层卫生服务机构　公共卫生服务　紧密型医共体

我国医疗卫生服务体系包括两大模块：公共卫生服务体系和医疗服务体系；在乡村和社区层级则由基层卫生服务机构承担公共卫生服务和基本医疗服务双重功能。本年度报告将主要分析我国医疗卫生服务体系（包括公共卫生服务机构、以公立医院为主体的医疗服务机构和基层卫生服务机构）近五年的发展趋势，包括机构、机构内人员、机构提供服务，以及服务提供所

---

[*] 袁蓓蓓，北京大学中国卫生发展研究中心副研究员、世界卫生组织卫生体系研究证据整合专家委员会成员，主要研究方向为基层卫生服务体系、卫生人力资源激励机制、公共卫生体系改革等。

产生卫生费用的发展趋势。同时，针对我国卫生服务体系发展特点提出改革建议。

一 医疗卫生服务体系中医疗卫生机构数量及发展趋势

（一）医疗卫生机构总体概况及发展趋势[①]

五年来，我国医疗卫生机构总数逐年增长，从2019年的1007579个增长至2023年的1070785个，涨幅为6.27%。机构总数的年均增长率为1.53%，最大增长率为2023年的3.67%，最小增长率为2022年的0.19%。

根据2023年数据，基层医疗卫生机构数量占医疗卫生机构总数的比重为94.9%，医院占比为3.58%，专业公共卫生机构占比为1.13%，其他机构占比为0.39%。基层医疗卫生机构和医院数量均呈现逐年增长态势，而专业公共卫生机构数量则呈现逐年减少趋势。具体而言，基层医疗卫生机构总数从2019年的954390个逐年增长至2023年的1016238个，涨幅为6.48%，年均增长率为1.58%。医院总数从2019年的34354个逐年增长至2023年的38355个，涨幅为11.65%，年均增长率为2.79%。专业公共卫生机构总数从2019年的15924个逐年减少至2023年的12121个，跌幅为23.88%，年均增长率为-6.59%，逐年减少的主要原因是计划生育技术服务机构的裁撤。

（二）医院机构数量及发展趋势

医院是我国医疗卫生服务体系中的关键组成部分，虽然其在所有医疗卫生机构数量中的占比较小，仅为3.58%，但依据2023年统计公报数据，医院提供了超过40%的门诊服务和超过80%的住院服务。五年来，医院总数从2019年的34354个逐年增长至2023年的38355个，涨幅为11.65%。医院

[①] 除特别说明，本文采用的所有数据均来自2018~2023年我国卫生健康事业发展统计公报及2018~2022年中国卫生健康统计年鉴。

总数的年均增长率为2.79%，最大增长率为2019年的4.07%，最小增长率为2022年的1.11%。

五年来，床位数为99张及以下、100~199张、200~499张、500~799张、800张及以上的医院数量分别从2019年的20733个、5099个、4578个、1937个、2007个增长至2023年的22586个、5790个、5390个、2278个、2311个。其中，涨幅前三的是床位数为200~499张、500~799张和800张及以上的医院，分别为17.74%、17.60%和15.15%，年均增长率则分别为4.17%、4.14%和3.59%；涨幅第四的是床位数100~199张的医院，增长率为13.55%，年均增长率为3.23%；涨幅最小的是床位数99张及以下的医院，增长率为8.94%，年均增长率为2.16%。可见，近五年规模中上的医院有较为明显的规模扩张趋势。

五年来，三级医院数量从2019年的2794个增长至2023年的3855个，二级医院数量从2019年的9687个增长至2023年的11946个，一级医院数量从2019年的11264个增长至2023年的13252个，均呈现逐年增长趋势。其中，三级医院涨幅最大，为37.97%，年均增长率为8.38%；二级医院涨幅次之，为23.32%，年均增长率为5.38%；一级医院涨幅最小，但仍达到17.65%，年均增长率为4.15%。三级医院的增长量和增长速度反映出我国优质医疗资源的扩容趋势仍然偏向大规模医疗机构。

我国公立医院的数量较为稳定，保持在11800个上下。民营医院则出现逐年增长的态势，从2019年的22424个增长至2023年的26583个，涨幅为18.55%，年均增长率为4.35%。2022年增长率最低，为1.87%；2019年增长率最高，为6.70%。由数据可见，我国公立医院正在以高质量发展为目标进行存量优化改革，我国民营医院则在政策促进和规范下稳健有序发展。

（三）基层医疗卫生机构数量及发展趋势

基层医疗卫生机构是我国医疗卫生服务体系中的主要组成部分，其在所有医疗卫生机构数量中的占比达到94.9%，提供了超过一半的诊疗服务量以及绝大多数的基本公共卫生服务。五年来，基层医疗卫生机构总数从2019年的954390个逐年增长至2023年的1016238个，涨幅为6.48%。基层医疗卫生机构总数的年均增长率为1.58%，最大增长率为2023年的3.72%，最小增长率为2022年的0.20%。

五年来，社区卫生服务中心数量出现先增长后下降的趋势，从2019年的9561个增长至2022年的10353个，而后下降至2023年的10070个。乡镇卫生院数量出现逐年下降的趋势，从2019年的36112个下降至2023年的33753个。与2019年相比，2023年社区卫生服务中心数量涨幅为5.32%，年均增长率为1.31%；而乡镇卫生院数量降幅为6.53%，年均增长率为-1.67%。

社区卫生服务站数量出现逐年增加的趋势，从2019年的25452个增长至2023年的27107个。村卫生室数量出现逐年下降的趋势，从2019年的616094个下降至2023年的581946个。诊所（医务站、护理站）数量出现逐年增加的趋势，从2019年的240993个增长至2023年的318938个。与2019年相比，2023年社区卫生服务站数量增加1655个，涨幅为6.50%，年均增长率为1.58%；而村卫生室数量减少34148个，降幅为5.54%，年均增长率为-1.41%；诊所（医务站、护理站）数量增加77945个，涨幅为32.34%，年均增长率为7.26%。值得注意的是，诊所（医务站、护理站）的数量在2023年较2022年上涨了12.94%，这可能与居民差异化就医需求的释放有关，普通综合诊所和专科诊所（例如口腔或中医诊所）的供给大幅增加。

（四）专业公共卫生机构数量及发展趋势

专业公共卫生机构是我国医疗卫生服务体系中的重要组成部分，虽然其在所有医疗卫生机构数量中的占比仅为1.13%，却承担着健康促进、疾病预防、健康保护的重要公共卫生职责。五年来，专业公共卫生机构总数从2019年的15924个逐年减少至2023年的12121个，降幅为23.88%，这主要是因为计划生育技术服务机构的裁撤。专业公共卫生机构总数的年均增长率为-6.59%，最大增长率为2023年的-2.53%，最小增长率为2019年的-11.70%。

疾病预防控制中心和妇幼保健院（所、站）的数量较为稳定，分别保持在3380个和3050个左右。专科疾病防治院（所、站）和计划生育技术服务机构的数量出现逐年下降的趋势，分别从2019年的1128个、4275个下降至2023年的823个、473个。卫生监督所（中心）数量出现先增加后减少的趋势，从2019年的2869个增加至2021年的3010个，而后减少至2023年的2791个。与2019年相比，2023年专科疾病防治院（所、站）的数量降幅为27.04%，年均增长率为-7.58%；卫生监督所（中心）的数量降幅为2.72%，年均增长率为-0.69%；而计划生育技术服务机构的数量降幅为88.94%，年均增长率为-42.33%。

（五）床位数量及发展趋势

五年来，我国医疗卫生机构床位数总数从2019年的8806956张逐年增长至2023年的10173727张，涨幅为15.52%。我国医疗卫生机构床位数总数的年均增长率为3.67%，最大增长率为2019年的4.79%，最小增长率为2022年的3.19%。

五年来，医院床位数从2019年的6866546张增长至2023年的8004519张，基层医疗卫生机构床位数从2019年的1631132张增长至2023年的1820217张，专业公共卫生机构床位数从2019年的285018张增长至2023年的325078张。与2019年相比，2023年医院床位数的涨幅为16.57%，年均增长率为3.91%；基层医疗卫生机构床位数的涨幅为11.59%，年均增长率为2.78%；专业公共卫生机构床位数的涨幅为14.06%，年均增长率为3.34%。医院床位数的增长量和年均增长率亦可反映出医院的规模扩张之势。

二 医疗卫生服务体系各类机构的人员发展趋势

（一）医疗卫生机构人员总体概况及发展趋势

五年来，我国医疗卫生机构卫生人员数量逐年稳定增长，从2019年的1292.8万人增长至2023年的1523.7万人（见图1），涨幅为17.86%，年均增长率为4.19%。

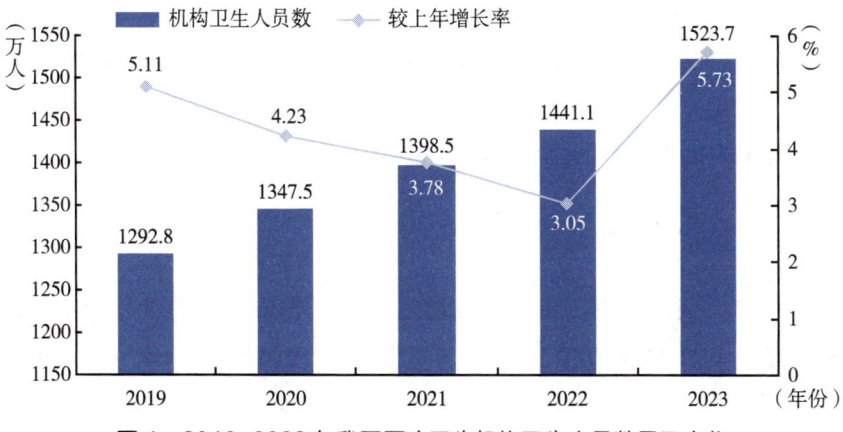

图 1　2019~2023 年我国医疗卫生机构卫生人员数量及变化

五年来，各类机构卫生技术人员数量逐年稳定增长，从 2019 年的 1015.4 万人增长至 2023 年的 1248.8 万人（见图 2），涨幅为 22.99%，年均增长率为 5.31%。2019~2023 年卫生技术人员占卫生人员的比重分别是 78.54%、79.24%、80.40%、80.90% 和 81.96%，占比逐年稳步提升，反映出我国卫生人员队伍结构的优化及医疗卫生服务供给能力的强化。

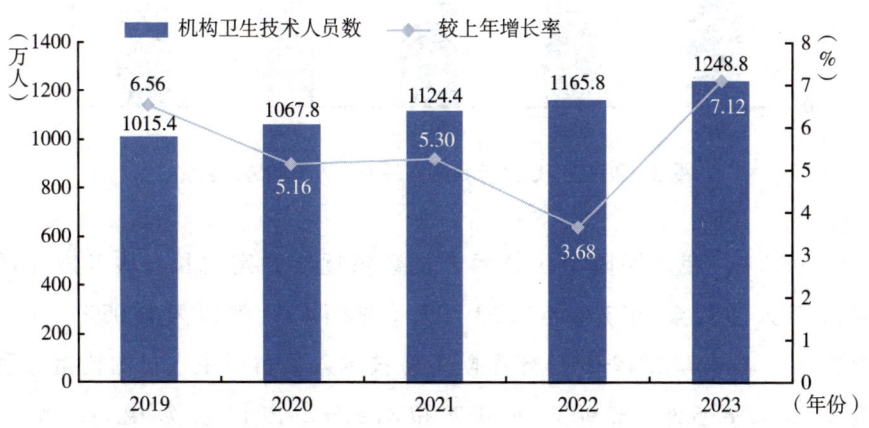

图 2　2019~2023 年我国医疗卫生机构卫生技术人员数量及变化

113

2019~2023年，我国各类医疗卫生机构卫生人员占比较为稳定，医院占比为60%左右，基层医疗卫生机构占比为32%左右，专业公共卫生机构占比为7%左右，其他机构卫生人员占比不足1%。各类医疗卫生机构卫生技术人员占比较为稳定，医院占比保持在62%~64%，基层医疗卫生机构占29%~31%，专业公共卫生机构占7%左右，其他机构占比少于1%。

（二）医院人员数量及发展趋势

五年来，我国医院卫生人员数量逐年稳定增长，从2019年的778.2万人逐年增长至2023年的913.9万人（见图3），涨幅为17.44%，年均增长率为4.10%。

图3 2019~2023年我国医院卫生人员数量及变化

五年来，我国医院卫生技术人员数量逐年稳定增长，从2019年的648.7万人增长至2023年的772.3万人（见图4），涨幅为19.05%，年均增长率为4.46%。2019~2023年医院卫生技术人员占卫生人员的比重分别是83.36%、83.52%、83.90%、84.05%和84.51%，占比较为稳定、略有上升。

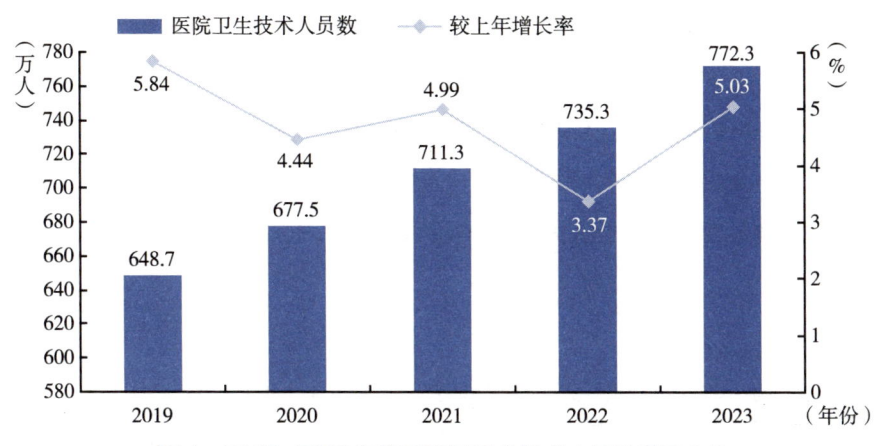

图 4　2019~2023 年我国医院卫生技术人员数量及变化

（三）基层医疗卫生机构人员数量及发展趋势

五年来，我国基层医疗卫生机构卫生人员数量逐年稳定增长，从 2019 年的 416.1 万人增长至 2023 年的 495.3 万人（见图 5），涨幅为 19.03%，年均增长率为 4.45%。

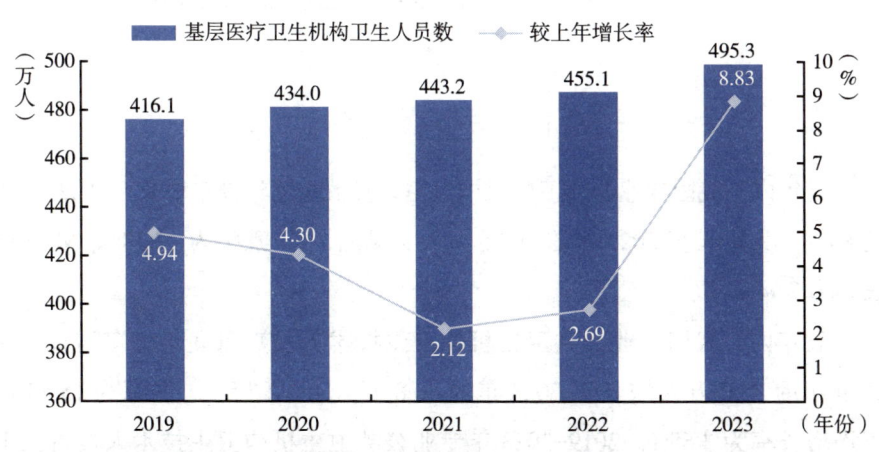

图 5　2019~2023 年我国基层医疗卫生机构卫生人员数量及变化

五年来，我国基层医疗卫生机构卫生技术人员数量逐年稳定增长，从2019年的292.1万人增长至2023年的387.7万人（见图6），涨幅为32.73%，年均增长率为7.33%。2019~2023年基层医疗卫生机构卫生技术人员占卫生人员的比重分别是70.20%、71.96%、74.50%、75.81%和78.28%，五年间提升了8.08个百分点。以上数量和占比的增长显示以基层为重点的卫生人力政策卓有成效。

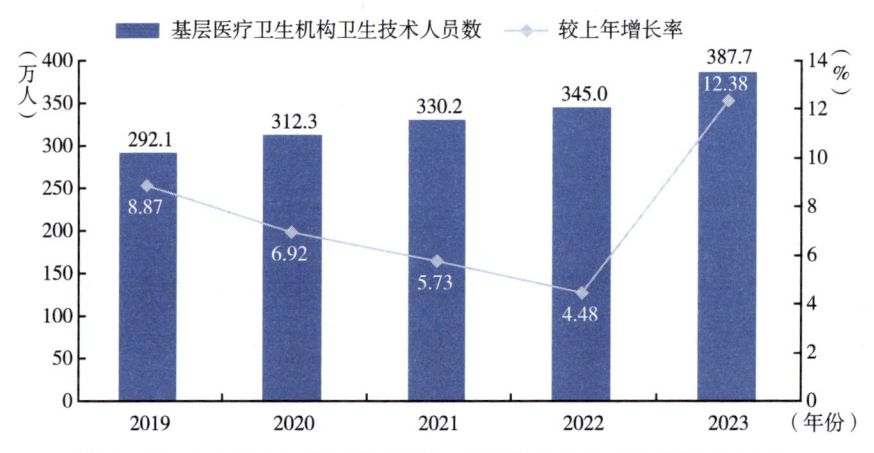

图6　2019~2023年我国基层医疗卫生机构卫生技术人员数量及变化

（四）专业公共卫生机构人员数量及发展趋势

五年内，我国专业公共卫生机构卫生人员数量逐年稳定增长，从2019年的89.6万人增长至2023年的100.6万人（见图7），涨幅为12.28%，年均增长率为2.94%。

五年内，我国专业公共卫生机构卫生技术人员数量逐年稳定增长，从2019年的70.0万人增长至2023年的80.8万人（见图8），涨幅为15.43%，年均增长率为3.65%。2019~2023年专业公共卫生机构卫生技术人员占卫生人员的比重分别是78.13%、78.59%、79.75%、79.67%和80.32%，总体稳定、略有上升。

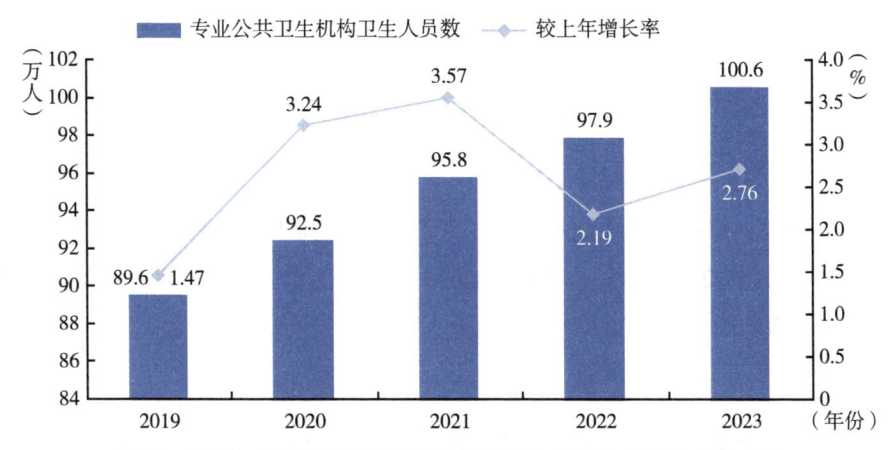

图7 2019~2023年我国专业公共卫生机构卫生人员数量及变化

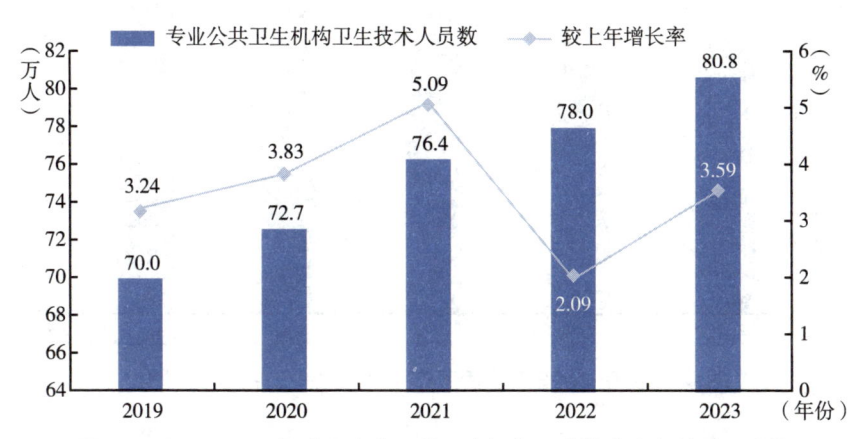

图8 2019~2023年我国专业公共卫生机构卫生技术人员数量及变化

五年内，我国各类专业公共卫生机构卫生人员占比较为稳定，疾病预防控制中心占比为21%~24%，妇幼保健机构占比为54%~57%，卫生监督所（中心）占比为6%~9%，其他机构为12%~16%，疾病预防控制中心和妇幼保健机构卫生人员占比上升，卫生监督所（中心）和其他机构卫生人员占比下降。五年内，我国各类专业公共卫生机构卫生技术人员占比较为稳定，疾病预防控制中心占比保持在20%~22%，妇幼保健机构占比为58%~60%，卫生监督所（中心）占比为7%~9%，其他机构为11%~13%，疾病预防控制中心和妇幼保健机构卫生技术人员占比上升，卫生监督所（中心）和其他机构卫生技术人员占比下降。

三 医疗卫生服务和公共卫生服务数量及发展趋势

（一）门诊服务数量及发展趋势

五年内，总诊疗人次波动明显，2023年就诊需求释放明显。总诊疗人次从2019年的87.2亿人次波动变化至2023年的95.5亿人次（见图9），增加8.3亿人次，涨幅为9.52%，年均增长率为2.30%。

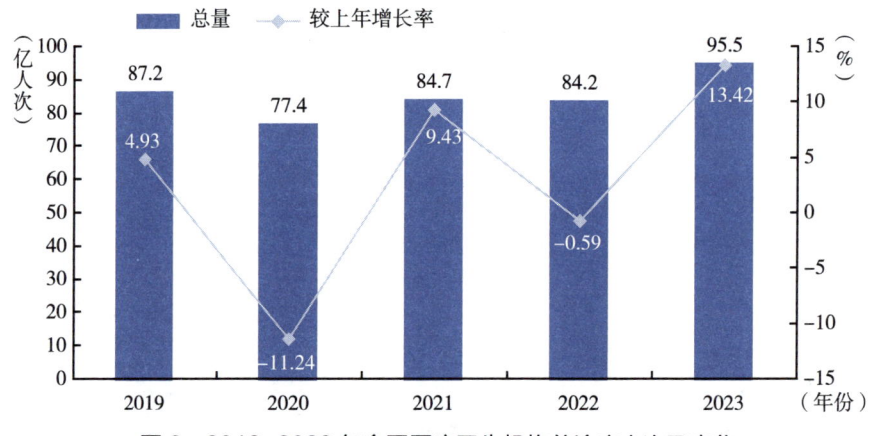

图9 2019~2023年全国医疗卫生机构总诊疗人次及变化

五年内，医院总诊疗人次从2019年的38.4亿人次增长至2023年的42.6亿人次，涨幅为10.94%，年均增长率为2.63%。基层医疗卫生机构总诊疗人次从2019年的45.3亿人次增长至2023年的49.4亿人次，涨幅为9.05%，年均增长率为2.19%。人均就诊次数从2019年的6.2次增长至2023年的6.8次（见图10），增加0.6次，涨幅为9.68%，年均增长率为2.34%。

五年内，各类医疗卫生机构的占比波动变化，但总体就诊格局平稳。医院占比略有上升，从2019年的44.04%增长至2023年的44.61%；基层医疗卫生机构占比略有下降，从2019年的51.95%下降至2023年的51.73%；其他机构占比略有下降，从2019年的4.01%下降至2023年的3.66%。

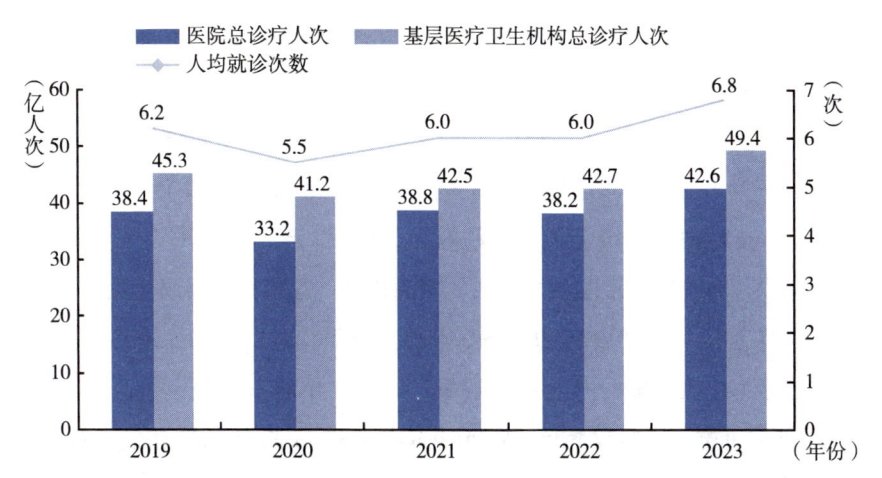

图 10 2019~2023 年我国两类医疗卫生机构总诊疗人次与人均就诊次数及变化

（二）住院服务数量及发展趋势

五年内，总入院人次波动明显，受疫情防控政策影响较大，2023年住院服务需求释放明显，总体呈现增长趋势。总入院人次从2019年的26596万人次波动变化至2023年的30187万人次（见图11），涨幅为13.50%，年均增长率为3.22%。

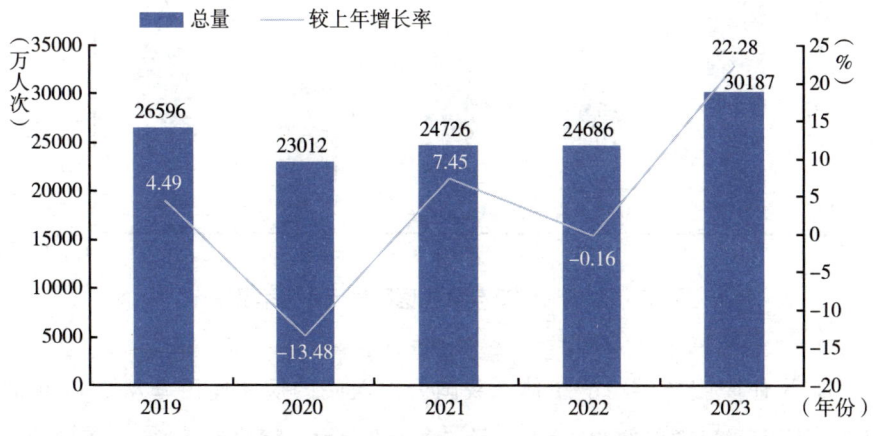

图 11 2019~2023 年全国医疗卫生机构入院人次（住院服务量）及变化

居民年住院率从2019年的19.00%提升至2023年的21.40%，增加2.40个百分点，涨幅为12.63%，年均增长率为3.02%。五年内，医院住院服务量从2019年的21183万人次增长至2023年的24500万人次，涨幅为15.66%，年均增长率为3.70%。基层医疗卫生机构住院服务量从2019年的4295万人次增长至2023年的4545万人次，涨幅为5.82%，年均增长率为1.42%。

五年内，各类医疗卫生机构的占比较为稳定，总体住院格局变化不大。医院占比略有上升，从2019年的79.6%增长至2023年的81.2%，始终占据最大比重；基层医疗卫生机构占比略有下降，从2019年的16.1%下降至2023年的15.1%；其他机构占比略有下降，从2019年的4.3%下降至2023年的3.7%。

（三）医院病床使用率及发展趋势

五年内，医院病床使用率呈波动变化，受疫情防控影响较大。医院病床使用率从2019年的83.6%下降至2023年的79.4%（见图12），降幅为5.02%，年均增长率为-1.28%。

图12　2019~2023年我国医院病床使用率及变化

作为住院服务供给的主体，我国公立医院的病床使用率从2019年的91.2%下降至2023年的86.0%，下降5.2个百分点，降幅为5.70%，年均增长率为-1.46%。不同类别医院病床使用率呈波动下降趋势，一级医院的变化最小。三级医院病床使用率从2019年的97.5%下降至2023年的91.1%，下降6.4个百分点，降幅为6.56%，年均增长率为-1.68%。二级医院病床使用率从2019年的81.6%下降至2023年的74.3%，下降7.3个百分点，降幅为8.95%，年均增长率为-2.32%。一级医院病床使用率从2019年的54.7%下降至2023年的54.1%，下降0.6个百分点，降幅为1.10%，年均增长率为-0.28%。五年间，病床使用率降幅从高到低的排序为：二级医院、三级医院、一级医院。

五年内，医院平均住院日波动变化，整体呈下降趋势。医院平均住院日从2019年的9.1日下降至2023年的8.8日（见图13），下降0.3日，降幅为3.30%，年均增长率为-0.83%。

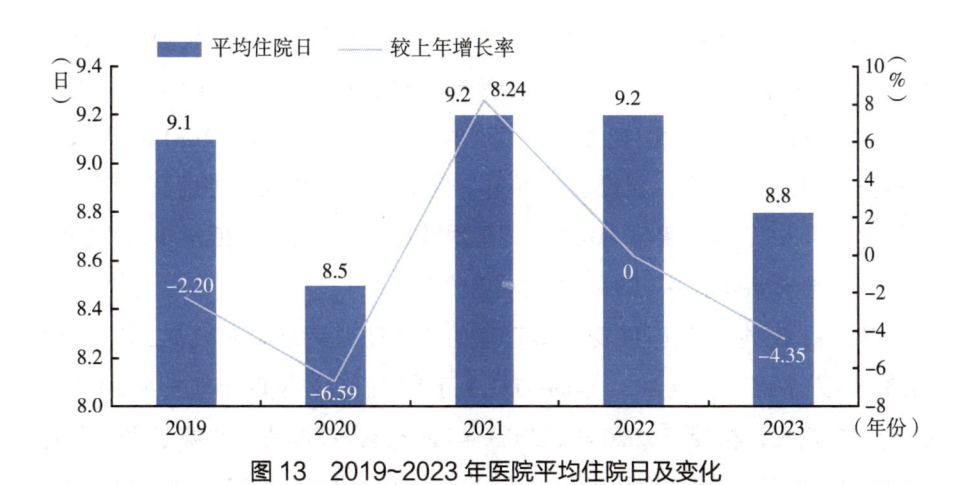

图13 2019~2023年医院平均住院日及变化

作为住院服务的供给主体，公立医院平均住院日从2019年的9.1日下降至2023年的8.4日，下降了0.7日，降幅为7.69%，年均增长率为-1.98%。不同类别医院平均住院日变化差异较大，三级医院的平均住院日呈下降趋势，二级医院和一级医院的平均住院日呈上升趋势：三级医院平均住院日从2019年的9.2日下降至2023年的8.1日，下降1.1日，降幅为11.96%，年均增长

率为-3.13%；二级医院平均住院日从2019年的8.8日增长至2023年的9.5日，增加0.7日，涨幅为7.95%，年均增长率为1.93%；一级医院平均住院日从2019年的9.2日增长至2023年的9.5日，增加0.3日，涨幅为3.26%，年均增长率为0.81%。五年间，一级医院平均住院日始终保持最高，三级医院有提升运营效率、减少住院日的趋势。受病种结构及业务调整影响，二级医院和一级医院收治更多康复期及慢性病患者，平均住院日有所上升。

（四）公共卫生服务数量及发展趋势

2019年基本公共卫生项目人均补助标准为69元，较2018年增长14元，随后每年保持5元的增长，至2023年为89元。

四年内，健康管理人数从2020年的12718.9万人先下降至2021年的11941.2万人，而后连续两年增长至2023年的13545.7万人。相较于2020年，2023年接受健康管理的65岁及以上老年人数涨幅为6.50%，年均增长率为2.12%。2021年、2022年、2023年的增长率分别为-6.11%、6.42%和6.59%。

2020~2023年，我国接受健康管理的高血压患者人数从10912.1万人逐年增长至11380.7万人。相较于2020年，2023年接受健康管理的高血压患者人数增长468.6万人，涨幅为4.29%，年均增长率为1.41%。2023年、2022年、2021年的增长率分别为1.29%、2.72%和0.24%。

2020~2023年，我国接受健康管理的2型糖尿病患者人数从2020年的3573.2万人小幅下降至2021年的3571.3万人，而后连续两年增长至2023年的3952.9万人。相较于2020年，2023年接受健康管理的2型糖尿病患者人数增长379.7万人，涨幅为10.63%，年均增长率为3.42%。2023年、2022年、2021年的增长率分别为4.26%、6.17%和-0.05%。

四 卫生总费用、患者医药费用及发展趋势

（一）卫生总费用及发展趋势

五年内，我国卫生总费用呈现快速增长的趋势，从2019年的65195.9亿

元逐年增长至 2023 年的 90575.8 亿元（见图 14），涨幅为 38.93%，年均增长率达到 8.57%。

图 14　2019~2023 年我国卫生总费用及变化

五年内，政府支出从 2019 年的 17428.5 亿元增长至 2023 年的 24147.9 亿元，涨幅为 38.55%，年均增长率为 8.49%。社会支出从 2019 年的 29278.0 亿元增长至 2023 年的 41676.8 亿元，涨幅为 42.35%，年均增长率为 9.23%。个人支出从 2019 年的 18489.5 亿元增长至 2023 年的 24751.1 亿元，涨幅为 33.87%，年均增长率为 7.56%。社会支出的涨幅及增速最大，政府支出次之，个人支出最小。

五年内，政府支出占比先上升后下降，从 2019 年的 26.73% 略微降低至 2023 年的 26.7%，最大占比为 2020 年的 30.4%。社会支出占比先下降后上升，从 2019 年的 44.91% 上升至 2023 年的 46.0%，最小占比为 2020 年的 41.8%。个人支出占比波动变化，从 2019 年的 28.36% 下降至 2023 年的 27.3%（见图 15）。

五年内，卫生总费用占 GDP 比重呈波动变化，先从 2019 年的 6.58% 上升至 2020 年的 7.12%，而后下降至 2021 年的 6.50%，随后上涨至 2023 年的 7.20%。相较于 2019 年，2023 年卫生总费用占 GDP 比重增长 0.62 个百分点，涨幅为 9.42%，年均增长率为 2.28%。其中，最大增长率为 2020 年的 8.21%，最小增长率为 2021 年的 -8.71%。

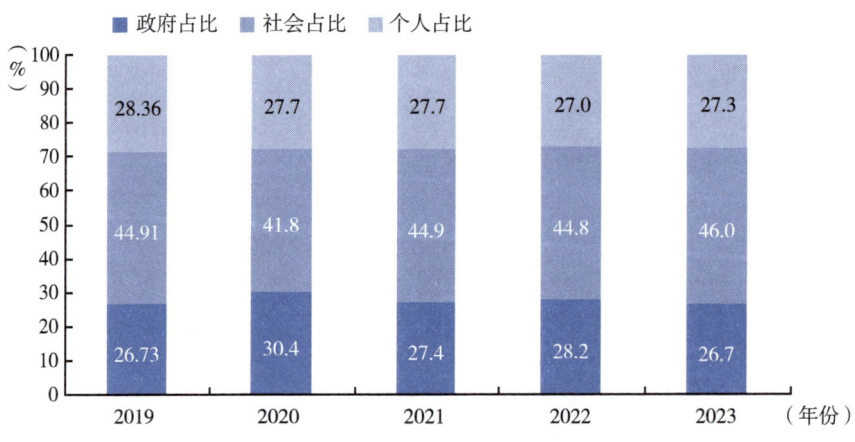

图 15　2019~2023 年卫生总费用各类支出占比及变化

五年内，人均卫生总费用呈逐年增长趋势，从 2019 年的 4656.7 元增长至 2023 年的 6425.3 元（见图 16），涨幅为 37.98%，年均增长率为 8.38%。

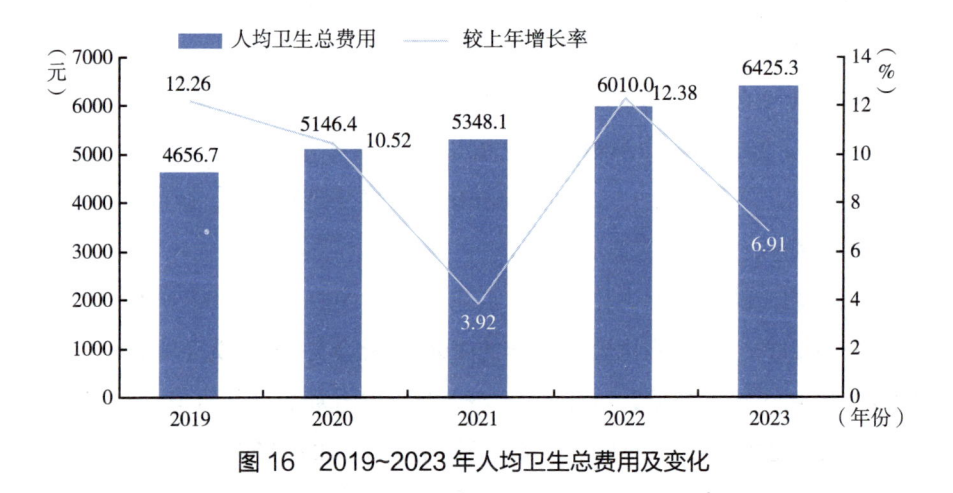

图 16　2019~2023 年人均卫生总费用及变化

（二）患者医药费用及发展趋势

医院次均门诊费用始终最高，从 2019 年的 290.8 元增长至 2023 年的 361.6 元。社区卫生服务中心次均门诊费用次之，约为医院次均门诊费用的 1/2，五年内从 2019 年的 142.6 元增长至 2023 年的 190.3 元。乡镇卫生院次均门诊费用最低，约为医院次均门诊费用的 1/4，约为社区卫生服务中心次均门诊费用的 1/2，五年内从 2019 年的 77.3 元增长至 2023 年的 94.4 元（见图 17）。

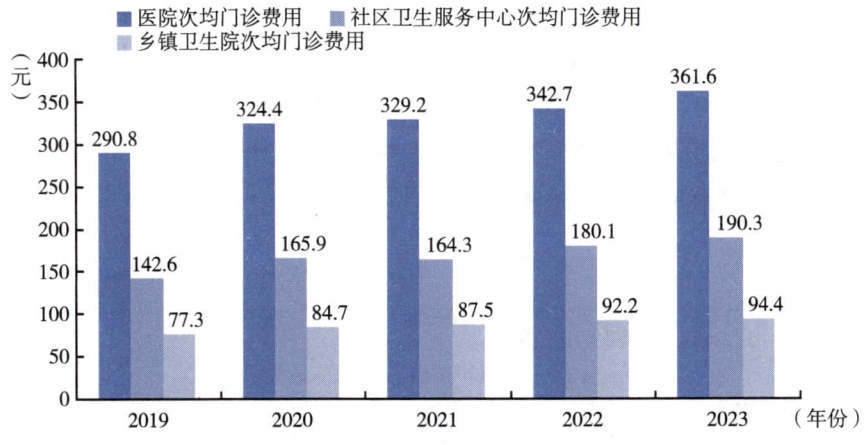

图 17　2019~2023 年我国三类医疗卫生机构次均门诊费用及变化

五年内，医院次均门诊费用逐年增长，从 2019 年的 290.8 元增长至 2023 年的 361.6 元，增长 70.8 元。按当年价格计算，增长率排序为 2020 年的 11.6%、2019 年的 6.1%、2023 年的 5.5%、2022 年的 4.1% 和 2021 年的 1.5%。按可比价格计算，增长率排序为 2020 年的 8.8%、2023 年的 5.3%、2019 年的 3.1%、2022 年的 3.0% 和 2021 年的 0.6%。

五年内，社区卫生服务中心次均门诊费用从 2019 年的 142.6 元增长至 2020 年的 165.9 元，而后下降至 2021 年的 164.3 元，随后连续两年增长至 2023 年的 190.3 元，增长 47.7 元。按当年价格计算，增长率排序为 2020 年的 16.3%、2022 年的 9.6%、2019 年的 7.8%、2023 年的 5.7% 和 2021 年的 -1.0%。按可比价格计算，增长率排序为 2020 年的 13.5%、2022 年的 7.5%、2023 年的 5.5%、2019 年的 4.7% 和 2021 年的 -1.80%。

五年内，乡镇卫生院次均门诊费用从 2019 年的 77.3 元逐年增长至 2023

年的94.4元，增长17.1元。按当年价格计算，增长率排序为2020年的9.6%、2019年的8.1%、2022年的5.4%、2021年的3.3%和2023年的2.4%。按可比价格计算，增长率排序为2020年的6.9%、2019年的5.1%、2022年的2.5%、2021年的2.4%和2023年的2.2%。

2019~2023年我国三类医疗卫生机构次均住院费用中，医院次均住院费用始终最高，从2019年的9848.4元增长至2023年的10315.8元。社区卫生服务中心次均住院费用次之，约为医院次均住院费用的1/3，从2019年的3323.9元增长至2023年的3333.2元。乡镇卫生院次均住院费用最低，约为医院次均住院费用的1/5，约为社区卫生服务中心次均住院费用的3/5，从2019年的1969.6元增长至2023年的2175.6元（见图18）。

图18 2019~2023年我国三类医疗卫生机构次均住院费用

五年内，医院次均住院费用从2019年的9848.4元连续两年增长至2021年的11002.9元，而后连续两年下降至2023年的10315.8元。按当年价格计算，增长率排序为2020年的7.8%、2019年的6.0%、2021年的3.6%、2022年的-1.3%和2023年的-5.0%。按可比价格计算，增长率排序为2020年的5.2%、2019年的3.0%、2021年的2.7%、2022年的-2.4%和2023年的-5.2%。可见，随着医保支付方式改革的推进，医院次均住院费用得到合理控制，患者负担有所减轻。

五年内，社区卫生服务中心次均住院费用从2019年的3323.9元连续两年增长至2021年的3649.9元，而后连续两年下降至2023年的3333.2元。按当年价格计算，增长率排序为2020年的7.1%、2019年的4.1%、2021年的2.5%、2022年的-4.3%和2023年的-4.6%。按可比价格计算，增长率排序为2020年的4.5%、2021年的1.6%、2019年的1.1%、2023年的-4.8%和2022年的-5.3%。

五年内，乡镇卫生院次均住院费用从2019年的1969.6元连续三年增长至2022年的2214.8元，而后下降至2023年的2175.6元。按当年价格计算，增长率排序为2019年的7.4%、2020年的5.8%、2021年的4.0%、2022年的2.2%和2023年的-1.8%。按可比价格计算，增长率排序为2019年的4.4%、2020年的3.2%、2021年的3.1%、2022年的1.1%和2023年的-2.0%。可见，随着医保支付方式改革的推进，基层医疗卫生机构次均住院费用得到适度调控。

五 我国医疗卫生服务体系发展的对策建议

通过以上机构数量、床位数量、人员数量和结构、卫生服务提供量以及卫生费用指标的发展趋势分析，可以总结出我国医疗卫生服务体系以下几方面特点，并针对发展特点提出改革建议。

第一，医院特别是床位数规模大的医院增长速度高于其他医疗卫生服务机构；建议通过规划卫生服务体系和完善治理机制调整大规模医院的扩张速度和发展模式，助力整体医疗卫生体系绩效的提高和资源消耗的控制。

趋势数据显示，2019~2023年，基层医疗卫生机构总数年均增长率为1.58%、医院总数年均增长率为2.79%、专业公共卫生机构总数年均增长率为-6.59%；在各种类型的医院中，涨幅前三的是床位数为200~499张、500~799张和800张及以上的医院，分别为17.74%、17.60%和15.15%，按照医院层级，三级医院涨幅为37.97%、二级医院涨幅为23.32%、一级医院涨幅

为17.65%。

我国医疗卫生体系存在以治疗为中心、以医院为中心的路径依赖，近五年数据显示该路径扭转仍处于过程之中，卫生资源继续向医院和治疗服务集中。这根源于我国长期以来形成的卫生服务提供体系经济补偿模式，公立医院补偿机制中财政补助比例一直未发生变化，疫情后甚至出现下降，医院有通过业务创收才能维持自身运转的压力；医保支付方式虽然在总额控制、按病种付费等方面做了探索，但总额控制也更多基于历史支付水平，现行支付方式对公立医院扩大规模、增强竞争力和吸引病人、提高服务量仍有较强的引导作用。

要实现我国医疗卫生体系绩效的提高和卫生费用控制及可持续发展，仍需要建立以健康为导向、基层为重点、预防为主、各级各类医疗机构分工明确和功能互补的整合型卫生服务提供网络，在引导和构建医院发展模式上，需要以"高质量"为引导，避免大规模高质量的倾向，否则构建整合型卫生服务体系就是一句空话。医院高质量发展目标不仅仅是治疗服务，而且是为辖区人口提供健康导向、高质量、基层转诊、复杂和疑难病症的医疗服务，并能保持良好的社会成本效益。建议国家发展规划和卫生部门体系规划中逐步减少对医院单纯扩张规模的审批和支持，设置医院床位数量、专科服务容量，以及昂贵诊断设备可用性的上限；引导医院将服务方向转为疑难病症和专科技能提升，将常见病诊治转移到其覆盖的基层卫生服务机构并给予相应扶持；同时，将以上政策的颁布、落实和相应指标的实现作为地方政府考核的主要指标。

第二，以基层为重点的卫生人力政策卓有成效，基层人员配置水平有所提高；持续性提高基层卫生机构人员配置水平是建成以基层为重点的卫生体系的基本保障，建议通过深化体制机制改革拓宽基层补偿渠道和提高补偿水平，并结合绩效工资和职称评审的改革综合激励基层卫生人员。

趋势数据显示，人员数量和结构上，2019～2023年医院卫生技术人员占卫生人员的比重比较稳定，同期基层医疗卫生机构中卫生技术人员占比提升了8.08个百分点。

以上进展体现了近年来实施基层卫生体系政策的效果，包括订单定向医学生培养、全科医生转岗培训、大学生村医入编、绩效工资制及"两个允许"政策的经济激励、中高级岗位比例分配向基层倾斜，以及县域医共体建设中上级医疗机构对基层人员和技术的帮扶。

以建成以基层为重点的整合型卫生服务体系为目标，在控制医院规模的同时，必须建成能提供首诊、连续、协调和综合服务的服务网底，其中基层卫生人才队伍质量建设和服务能力提升是核心，建议以紧密型医共体为载体，优化医疗卫生服务体系；继续加大基层卫生人才特别是全科医生培养力度，继续实施订单定向医学生免费培养政策，为农村和基层医疗卫生机构培养优秀的卫生人才；对建设包括西医和中医在内的家庭医生团队加大投入，提高社会信任度；完善和落实基层人才激励机制和政策，在岗位设置、编制和待遇等方面，充分体现出以基层为重点和强基层的战略方向；拓宽基层服务项目和经济补偿来源，同时落实"两个允许"，提高基层医疗卫生服务积极性；紧密型医共体建设需集合医保总额支付、结余留用、基层首诊配套的报销政策等举措实现联动。

第三，基层人力资源加强还未完全转化为患者基层回流，基层就诊量占比仍未实现提升，医院门诊量和次均门诊费用增长明显，全国卫生总费用增长率也明显高于经济增长速度；为实现卫生服务体系的可持续发展、资源消耗的可控，建议加强以紧密型医共体为实现形式的整合型卫生服务体系建设。

趋势数据显示，2019~2023年，卫生总费用涨幅为38.93%，年均增长率达到8.57%，社会和政府支出增长快于个人支出增长；从总费用的构成服务量和次均费用看，医疗服务的增长和次均费用增长主要表现在门诊服务上，医院总诊疗人次涨幅为10.94%、基层医疗卫生机构总诊疗人次涨幅为9.05%，医院次均门诊费用增长24.35%，也高于乡镇卫生院次均门诊费用增长率（22.12%）。

以上体现居民医疗费用的相对水平有下降趋势，但居民分级诊疗推进存在困难，卫生体系效率和发展持续性也有待提高。从体系的角度出发，实现高效率需要以强大的基层卫生体系和公共卫生体系为基础。建议明确构建分

工明确、功能互补、连续协同、运行高效的整合型医疗卫生服务体系，作为深化医改的目标，区域内以建立紧密型医共体为实现形式，促进县、乡、村医疗机构以居民健康为目标进行合理分工和紧密合作，以解决基层医疗卫生机构能力与医院能力之间的差距越来越大、患者流向不合理、卫生总费用增加快和效率不高等问题。

调查篇

B.8 中国居民数字素养与数字活动调查报告*

任莉颖 吴金林**

摘　要： 本报告基于2023年中国社会状况综合调查（CSS）数据，分析了我国居民数字接入、数字素养及数字活动相关状况。结果表明，我国居民数字接入程度较高，但在地区、出生世代、受教育程度及收入水平等维度存在显著差异；数字素养总体水平偏低，且呈现代际、地区和社会经济因素的分化趋势，其中，数字获取能力得分最高，数字生产能力得分最低；居民数字活动类型多样，涵盖日常生活、社会生活和政治生活，但数字化政治参与水平较低。本报告认为，数字鸿沟对不同群体数字活动参与存在制约作用，并针对性提出促进数字普惠、提升数字素养和增强数字治理能力相关建议，以推动我国数字社会的包容性发展。

关键词： 数字接入　数字素养　数字活动　数字鸿沟　数字治理

---

* 本文系国家社会科学基金项目"城市化进程中城市居民社会质量变迁研究"（项目号：20BSH081）的阶段性成果。
** 任莉颖，中国社会科学院社会学研究所副研究员，中国社会科学院大学社会与民族学院副教授，中国社会科学院国情调查与大数据研究中心研究员，主要研究方向为发展社会学、社会调查研究方法；吴金林，中国社会科学院大学社会与民族学院硕士研究生，主要研究方向为发展社会学。

社会蓝皮书

随着互联网、移动通信、云计算、人工智能等技术迅速演进，数字化已深入社会发展各个方面。我国将"加快数字社会建设步伐"纳入国民经济和社会发展第十四个五年规划，并且强调在这一建设进程中要"加强全民数字技能教育和培训，普及提升公民数字素养"[1]。2021年11月，中央网络安全和信息化委员会印发《提升全民数字素养与技能行动纲要》（以下简称《行动纲要》），从指导思想、基本原则、发展目标、主要任务和保障措施等多方面作出全面部署，并聚焦与群众密切相关的数字生活、数字工作、数字学习等应用场景，旨在以场景应用带动全民数字素养提升。[2]

为响应《行动纲要》中关于强化考核评估的要求，中央网信办会同中国科协等机构联合发起全民数字素养与技能发展水平调查，并于2024年10月发布首次报告。[3]报告从数字认知、数字技能、数字思维三个维度对我国居民数字素养与技能水平进行分级测评发现，我国大约六成的成年人具备初级及以上数字素养与技能，并且在区域、年龄段、受教育程度和职业上存在差异。本报告将通过对中国社会状况综合调查（Chinese Social Survey，CSS）2023年数据[4]的深入分析，进一步呈现我国居民数字接入、数字活动等数字素养和技能水平的更多维度。

一 中国居民的数字接入状况

数字接入是进入数字社会、参与数字活动的门槛，具体指个人或群体能

---

[1] 《中华人民共和国国民经济和社会发展第十四个五年规划和2035年远景目标纲要》，新华社，2021年3月13日，https://www.gov.cn/xinwen/2021-03/13/content_5592681.htm。
[2] 《提升全民数字素养与技能行动纲要》，中国网信网，2021年11月5日，https://www.cac.gov.cn/2021-11/05/c_1637708867754305.htm。
[3] 《〈全民数字素养与技能发展水平调查报告（2024）〉发布》，中国网信网，2024年10月25日，https://www.cac.gov.cn/2024-10/25/c_1731546599579826.htm。
[4] CSS项目由中国社会科学院社会学研究所研究人员设计并执行，该调查采用多阶段概率与规模成比例（PPS）的抽样方法，通过计算机辅助住址抽样和入户面访，2023年在全国31个省（自治区、直辖市）成功访问了13035个18~69岁成年居民样本，收集了他们关于数字接入、数字素养与技能以及数字活动等方面的数据。如无特别说明，本文后续分析所使用的数据皆为CSS 2023年数据。

够使用和接触数字技术、设备以及互联网资源的能力和机会。截至2023年底，我国已建成全球最大的光纤网络和4G网络，实现所有地级市光网全覆盖，行政村及脱贫村通宽带率达到100%。同时，我国大力推进5G网络和千兆光网建设与应用，5G基站数量和用户连接数均居世界首位。在数字接入费用方面，我国多次颁布政策促进网络提速降费，各项降费举措年均惠及用户逾10亿人次，居民在接入网络时面临的经济困难问题逐步得到解决。这些国家举措为居民数字接入创造了良好条件，推动了互联网接入的普及。同时，居民连接互联网的设备、连接频率和时长也反映出数字接入的具体状况。

（一）居民互联网普及率继续提升，但结构性数字鸿沟仍然存在

第53次《中国互联网络发展状况统计报告》显示，截至2023年12月，我国网民规模达10.92亿人，全民互联网普及率达77.5%，比2021年12月大约提升了4个百分点。[①]CSS调查数据也显示，我国18~69岁成年居民互联网普及率呈现上升趋势（见图1），2023年为80.39%，比2021年提升了4.72个百分点。这反映出我国互联网普惠性建设成效显著，互联网和数字技术已普遍进入居民生活。

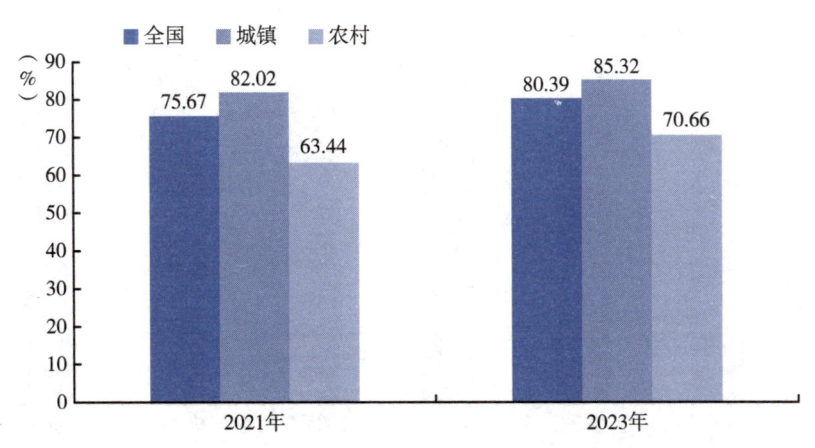

图1 2021年和2023年全国居民互联网普及率及城乡差异

（2021年：全国75.67%，城镇82.02%，农村63.44%；2023年：全国80.39%，城镇85.32%，农村70.66%）

[①] 中国互联网络信息中心：第53次《中国互联网络发展状况统计报告》（2024年3月22日），https://www.cnnic.net.cn/NMediaFile/2024/0325/MAIN1711355296414FIQ9XKZV63.pdf。

但是，互联网普及方面的数字鸿沟仍然存在，主要表现为城乡居民身份、出生世代、受教育程度和收入水平上的差异。

首先，与农村居民相比，城镇居民的互联网普及率相对较高。我国政府自2019年实施数字乡村战略后，农村地区互联网普及率得到有效提升，缩小了与城镇地区的差距。根据中国互联网络信息中心发布的数据，2023年农村地区互联网普及率较2021年增长约9个百分点，与城镇地区的差距从2021年的23.7个百分点缩小到2023年的16.8个百分点。[①]CSS调查数据也显示，2023年城镇18~69岁成年居民互联网普及率为85.32%，比农村成年居民的70.66%高出约15个百分点。这显示出城乡差距仍然显著，农村居民数字接入程度需进一步提高。

从代际差异看，出生世代越晚的居民互联网普及率越高（见图2）。调查数据显示，中国互联网原住民"00后"群体的互联网普及率已达到98.27%，"90后"和"80后"群体的互联网普及率均已达到90%以上。但是，出生世代相对较早群体的互联网普及率较低，"60后"群体互联网普及率约六成，"50后"群体的互联网普及率仅为42.50%，与"00后"群体的差距显著。

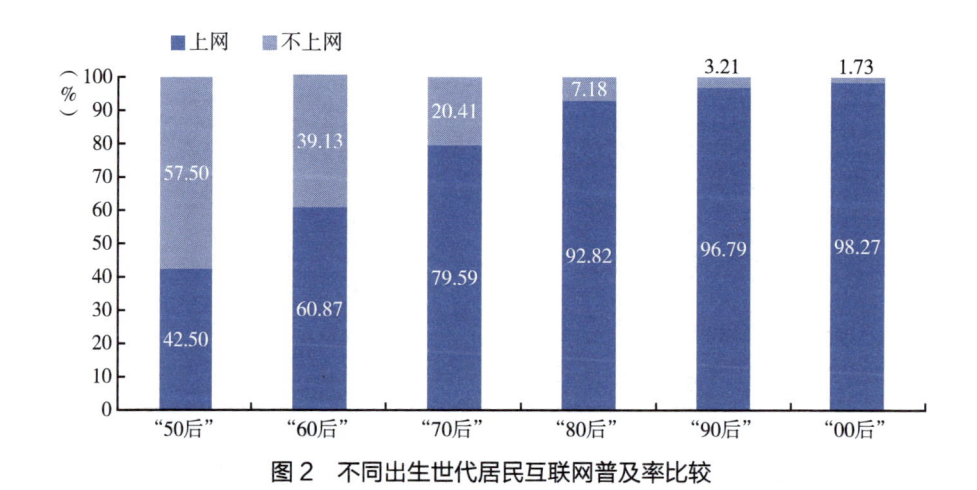

图2 不同出生世代居民互联网普及率比较

[①] 中国互联网络信息中心：第53次《中国互联网络发展状况统计报告》（2024年3月22日），https://www.cnnic.net.cn/NMediaFile/2024/0325/MAIN1711355296414FIQ9XKZV63.pdf。

从受教育程度来看，居民受教育程度越高，互联网普及率越高。调查数据显示，大专/本科及以上学历群体的互联网普及率最高，已达98.17%；其次是高中/中专/职高学历群体，为89.29%；初中学历群体的互联网普及率为78.19%；小学及以下学历群体的互联网普及率仅为53.71%（见图3）。这一数据结果说明，互联网接入存在一定知识和认知门槛，学历越高的人越能便利接入互联网，而低学历群体接入互联网可能存在一定困难。

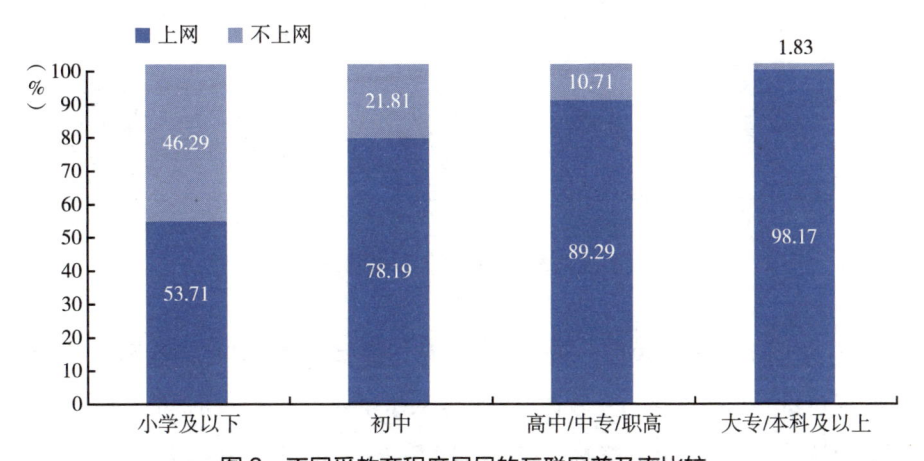

图3 不同受教育程度居民的互联网普及率比较

从收入水平来看，收入水平越高群体的互联网普及率越高。调查数据显示，使用互联网的群体，其家庭人均年收入[①]均值为46380.52元；不使用互联网的群体，其家庭人均年收入仅为22250.75元，前者是后者的2.08倍。将居民按照收入水平分组[②]发现，高收入组的互联网普及率为92.78%，中高收入组的互联网普及率为87.32%，中等收入组的互联网普及率为83.01%，中低收入组

---

① 本报告所使用的家庭人均年收入变量的计算方式为：家庭年收入/家庭支出人口数。
② 本报告所使用的收入水平划分采用五等分法，将样本根据家庭人均年收入的值从低到高平均分配为5组。第一组，即低收入组，其家庭人均年收入均值为3673.36元；第二组，即中低收入组，其家庭人均年收入均值为11829.92元；第三组，即中等收入组，其家庭人均年收入均值为21375.45元；第四组，即中高收入组，其家庭人均年收入均值为38201.98元；第五组，即高收入组，其家庭人均年收入均值为126010.6元。

的互联网普及率为74.34%，而低收入组的互联网普及率仅为61.65%。也就是说，高收入组与低收入组的互联网普及率相差大约30个百分点（见图4）。

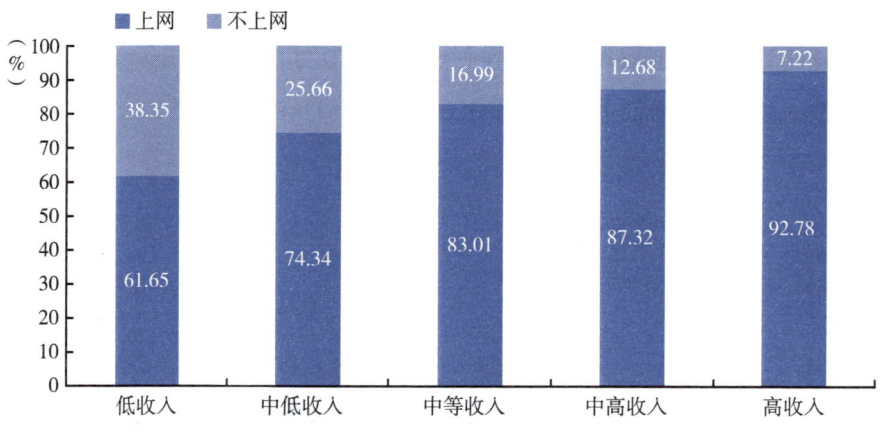

图4 不同收入水平居民的互联网普及率比较

通过Logistic回归模型分析进一步确认，即使在控制其他因素影响后，城乡居民身份、出生世代、受教育程度和收入水平四个因素对居民的互联网接入仍具有统计上显著的独立影响，并且伪R^2值（Pseudo R^2）为0.275，也就是说，这四个因素大概能够解释约27.5%的因变量变异。这一数据结果说明，农村低学历、低收入老年群体是互联网接入的困难群体，他们与互联网使用的主流人群之间存在较为明显的数字接入鸿沟。

（二）手机是网民中最普及的联网设备，电脑类设备在年轻世代网民中较为普及

CSS调查中列出了台式电脑、笔记本电脑、手机、电视、平板电脑及其他选项，请受访人选出上网用的所有设备。调查数据显示，在具体提到的5种设备中，手机的普及率最高，达到99.34%，即网民几乎都会使用手机作为上网设备；其次是电视（27.1%）、笔记本电脑（23.44%）和台式电脑（21.35%），平板电脑普及率相对偏低，为16.53%。分析代际差异发现，手机在"50后"和"60后"网民中的普及率略低于平均水平，分别为97.71%和98.89%；电视在"50后"网民中普及率最高，为42.25%；台式电脑在"90后"网民中普及率最高，为32.75%；笔记本电脑在"00后"网民中普及率最高，为56.33%，其次是"90后"的35.27%；平板电脑的普及率在"90后"和"00后"网民中均相对较高，分别为29.96%和27.99%。

进一步分析发现，在网民的联网设备组合上，仅有手机一种联网设备的网民占46.15%，采用手机和电视两种设备的网民占13.53%，除了手机或电视外，还配备了台式电脑、笔记本电脑或平板电脑的网民总共占39.80%（见图5）。不同出生世代网民的设备组合也不相同。大约占六成的"70后"和"60后"网民仅使用手机一种设备；"50后"网民中大约一半仅使用手机，还有大约1/3使用手机和电视，二者合计是86.09%；手机与电脑的组合在年轻世代网民中占比较高，其中"00后"网民中占49.54%，"90后"网民中占38.73%，"80后"网民中占28.69%；如果再加上电视，同时使用三类设备的组合在"00后"和"90后"网民中均超过两成。

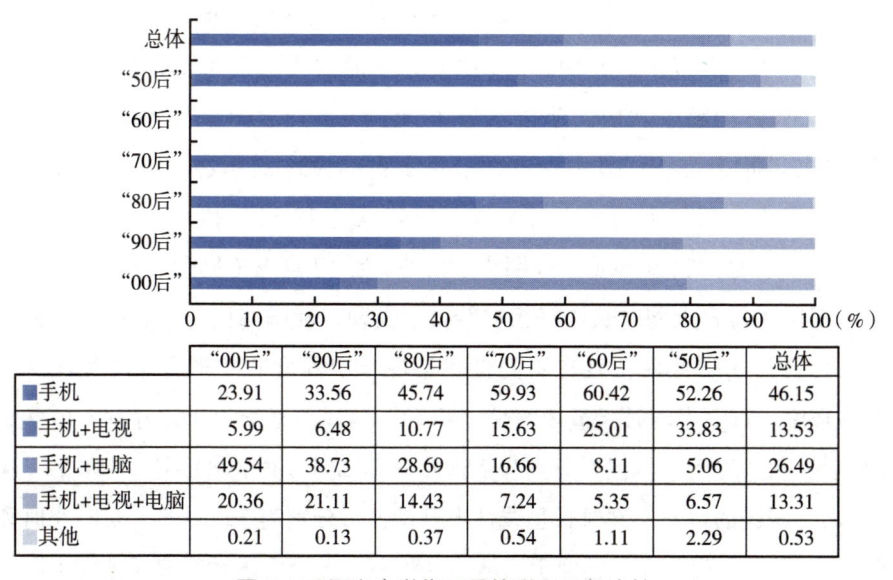

	"00后"	"90后"	"80后"	"70后"	"60后"	"50后"	总体
■手机	23.91	33.56	45.74	59.93	60.42	52.26	46.15
■手机+电视	5.99	6.48	10.77	15.63	25.01	33.83	13.53
■手机+电脑	49.54	38.73	28.69	16.66	8.11	5.06	26.49
■手机+电视+电脑	20.36	21.11	14.43	7.24	5.35	6.57	13.31
■其他	0.21	0.13	0.37	0.54	1.11	2.29	0.53

图5　不同出生世代网民的联网设备比较

总的来看，手机是各世代网民的主要联网设备，但对于"90后"和"00后"而言，用台式电脑、笔记本电脑或平板电脑上网也很普及。这不仅体现了技术发展进程的影响，也反映了数字接入能力和偏好上的代际分化，这种代际差异对数字社会全面发展具有深远意义。较年轻世代更灵活和多样化的设备使用方式，使他们能够更高效地接入数字社会的各种场景；而中老年世代则因设备使用单一，可能在信息获取和社会参与中面临一定局限性。

（三）大多数网民每日上网时长在5小时及以内，越是年轻世代的网民上网频率越高

调查数据显示，我国网民每日上网2小时及以下的比例为45.26%，每日上网2~5小时的占36.65%，每日上网5~8小时的占10.65%，每日上网超过8小时的占7.44%。进一步分析发现，每日上网时长超过8小时的网民中，"00后"（25.98%）和"90后"（37.94%）总占比超过六成，为63.92%；在每日上网2小时及以下的网民中，"60后"和"70后"总占比超过半数，为52.86%。

从世代内部来看，大约九成的"50后"、"60后"和"70后"网民每日上网5小时及以下，其中，2小时及以下的占比分别为61.27%、68.19%和61.45%，均超过六成。超过八成（84.19%）的"80后"网民每日上网时长在5小时及以下，其中，2小时及以下占44.93%。但在"90后"和"00后"网民中，每日上网5小时及以下的分别为73.51%和54.89%，上网时长超过8小时的超过一成，分别为12.34%和17.10%（见图6）。

对网民每日上网时长进行粗略转换后发现，我国网民的互联网平均使用时长为每日3.36小时，且在不同世代呈现一定程度的U形分布（见图7）。具体来说，每日上网时长最短的是"60后"网民，平均为2.42小时；其次是"70后"和"50后"网民，分别为2.58小时和2.64小时；"80后"、"90后"和"00后"网民的每日上网时长呈线性上升特征，分别为3.27小时、4.10小时和5.14小时。"50后"大多已处于退休养老状态，大量闲暇时间使得他们上网的时长甚至超过"60后"和"70后"，这意味着互联网正广泛融入老年人生活。

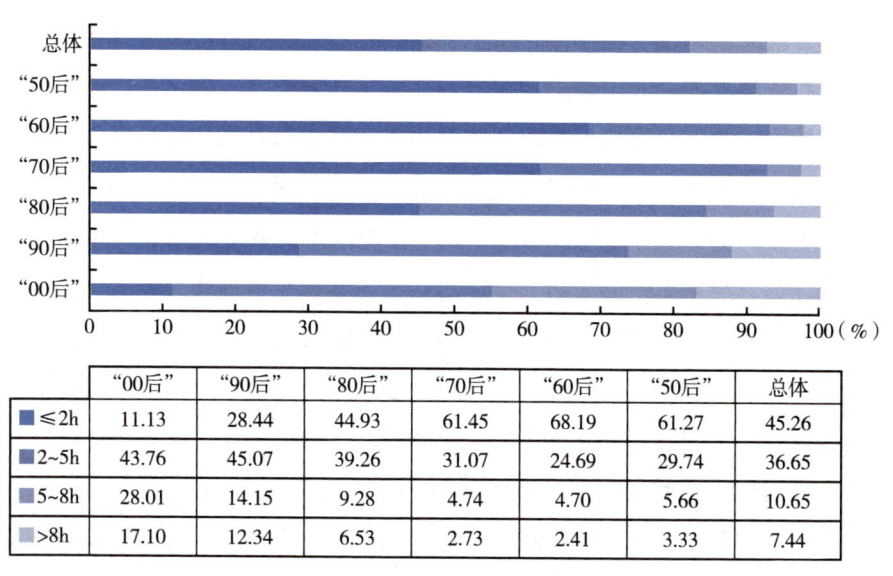

	"00后"	"90后"	"80后"	"70后"	"60后"	"50后"	总体
≤2h	11.13	28.44	44.93	61.45	68.19	61.27	45.26
2~5h	43.76	45.07	39.26	31.07	24.69	29.74	36.65
5~8h	28.01	14.15	9.28	4.74	4.70	5.66	10.65
>8h	17.10	12.34	6.53	2.73	2.41	3.33	7.44

图6 不同出生世代网民的互联网使用频率比较

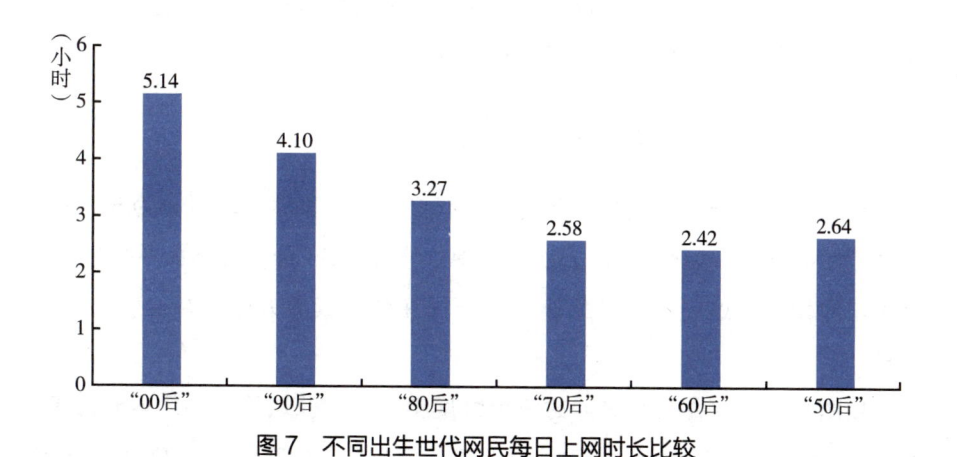

图7 不同出生世代网民每日上网时长比较

二 中国网民的数字素养状况

《行动纲要》注重数字素养和技能的结合，将其定义为"数字社会公民学习工作生活应具备的数字获取、制作、使用、评价、交互、分享、创新、安全保障、伦理道德等一系列素质与能力的集合"[1]。据此，CSS 2023 年的问卷设计中将数字素养分为三个维度，分别是数字获取能力、数字生产能力和数字思辨能力。数字获取能力是指个体利用数字技术和互联网工具有效获取所需资源和服务的能力，包括信息搜索和在线交易的能力；CSS 问卷用"是否能使用百度、360 等工具搜索信息"和"我能用手机或电脑网购"来测量数字获取能力。数字生产能力指个体运用数字工具和平台创作、编辑并发布内容的能力，CSS 问卷中的测量指标是"我知道怎么在微博、微信、QQ 等社交平台上表达自己的想法或观点"和"我能使用图片或视频编辑工具制作照片、视频等内容，并把它们发在网上"。数字思辨能力指个体在数字环境中对信息进行批判性思考和判断的能力，CSS 问卷中的测量指标为"我知道网上言论存在不同的观点"和"对来路不明的网上信息、视频等，我知道如何核实其来源和判断真实性"。对以上三种能力的测量采用平均分值的方法分别转换为最小值为 1、最大值为 4 的得分。数字素养的总得分则在各项能力得分基础上，采用等权相加的方式，转化为 0~100 分的合成指数。

（一）网民的数字素养总体水平偏低

根据数字素养合成指数计算得出，网民的数字素养平均得分为 59.73 分（满分为 100 分），标准差为 27.01 分，中位值为 61.11 分；总体水平偏低，且分数差异较大。这一数据结果表明，网民在数字素养方面尚存在较大提升空间。

如图 8 所示，在数字素养的三个维度中，数字获取能力平均得分最高，为 3.05 分（满分为 4 分）；数字思辨能力次之，为 2.76 分；数字生产能力最低，为 2.57 分；网民数字获取能力较强可能与数字技术普及和相关平台易用性密切相关。近年来，搜索引擎和网购平台在操作界面设计上更加简洁直观，显著降低了使用门槛，尤其是移动端的快速发展，使人们可以

---

[1] 《提升全民数字素养与技能行动纲要》，新华网，2021 年 11 月 5 日，https://www.cac.gov.cn/2021-11/05/c_1637708867754305.htm。

随时随地获取资源和服务。数字思辨能力得分居中，表明部分网民能够意识到数字环境中信息的多样性和复杂性，已初步具备辨别信息真实性的能力。但与数字获取能力相比，数字思辨能力的发展仍存在较大不足。在面对复杂或虚假信息时，部分网民可能缺乏足够的技能或意识来甄别、核实其真实性。数字生产能力得分最低，反映出网民在内容创作和发布方面的整体水平不高，这可能与数字工具的技术门槛较高以及内容创作需求相对较低有关。

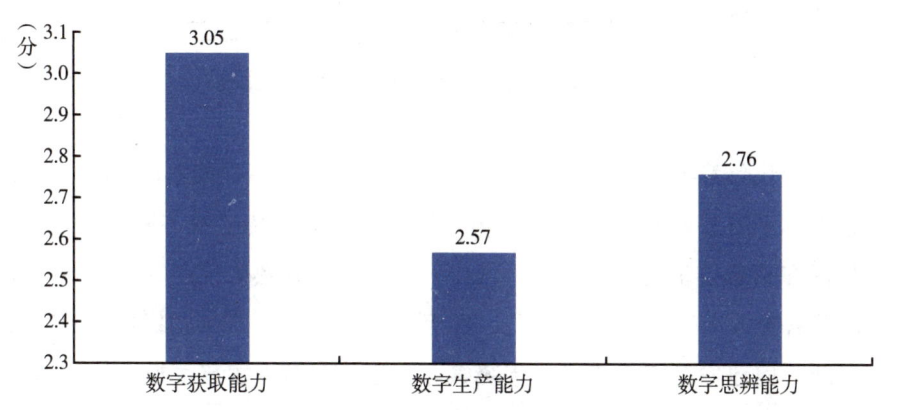

图 8 网民数字素养三个维度的得分情况

（二）网民的数字素养得分存在结构性差异

1. 与年老世代的网民相比，年轻世代的网民数字素养水平较高

如图 9 所示，出生世代与数字素养水平具有明显的相关关系，即出生世代越晚，数字素养水平越高。具体来说，"00 后"和"90 后"的平均得分比较接近，分别为 77.69 分和 73.64 分；"80 后"的平均得分下降了 10 分左右，为 65.10 分；"70 后"比"80 后"又下降约 15 分，为 50.19 分；"60 后"和"50 后"的平均得分继续下降，分别为 35.51 分和 29.24 分，与年轻世代的差距扩大到 40 分左右。

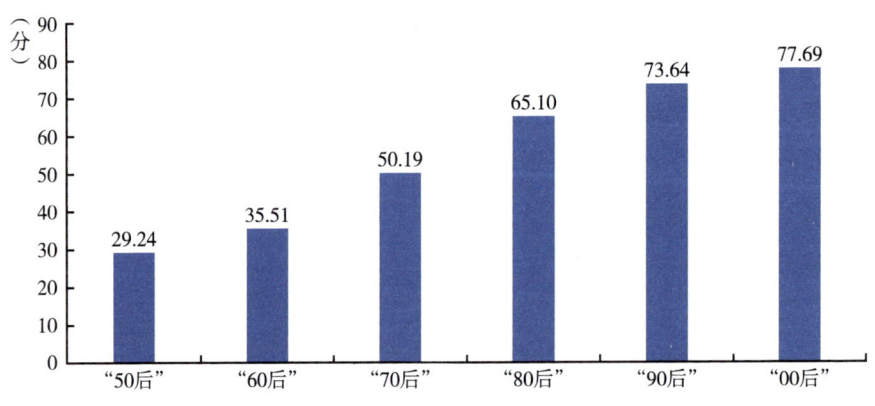

图9 不同出生世代网民的数字素养水平比较

"50后" 29.24
"60后" 35.51
"70后" 50.19
"80后" 65.10
"90后" 73.64
"00后" 77.69

这一代际差异反映了出生世代、数字环境融合程度、技术接触时间对数字素养水平的重要影响。"00后"和"90后"群体作为"数字原住民",从小生活在信息技术高度普及的环境中,较早接触并熟练使用智能设备、互联网及各类数字工具。相较之下,"80后"和"70后"群体虽经历了数字技术兴起,但他们的成长阶段以传统媒介为主,全面接触数字技术的时间相对较晚。"60后"和"50后"群体数字素养水平较低主要源于技术接触时间较短,以及学习和适应新技术的成本较高;此外,年龄增长可能伴随认知能力、学习动力下降,进一步限制了年老世代群体对数字技术的掌握和应用。

2. 城镇网民的数字素养水平高于农村网民,东部地区网民的数字素养水平高于中部和西部地区

调查数据显示,网民的数字素养水平呈现地区间差异(见图10)。首先,城镇网民与农村网民的数字素养水平存在差距。城镇网民的数字素养得分为63.26分,比农村网民(51.20分)高出10分以上。同时,经济较为发达的东部地区网民的数字素养平均得分是62.40分,略高于中部地区网民得分(59.77分),经济发展状况偏落后的西部地区网民得分最低,为54.65分。

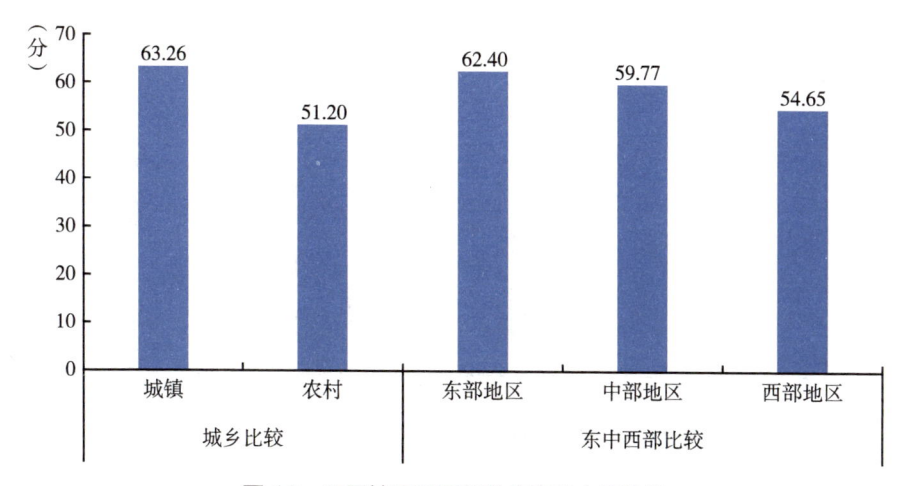

图 10　不同地区网民的数字素养水平比较

这一地区差异反映了数字素养水平与社会经济发展水平之间的密切关联。城镇或东部地区网民数字素养水平最高，与这些地区经济发达、教育资源丰富、数字经济发展程度高密不可分。同时，这些地区网民收入水平相对较高，拥有先进数字设备的可能性更高，也促进了其数字素养水平的提高。相比之下，农村或西部地区网民数字素养得分较低，不仅与这些地区经济发展水平较低、数字基础设施较为薄弱有关，还受到居民受教育水平和互联网接入机会不足的影响。

3. 受教育程度越高的网民，数字素养水平越高

如图 11 所示，我国网民的受教育程度与数字素养水平高度相关。调查数据显示，大专/本科及以上学历网民的数字素养平均得分最高，为 75.97 分；高中/中专/职高学历的网民次之，得分为 62.04 分；初中学历的网民得分为 51.00 分；小学及以下学历的网民得分远低于平均水平，为 31.49 分。

高学历人群往往具备较强的学习能力和信息获取能力，更容易理解和应用数字技术，在网络信息筛选、评估和使用方面表现出更高的熟练度。相较而言，低学历人群由于知识储备有限，对数字技术的接受和适应能力较弱，可能面临较高技术门槛和较大信息鸿沟。

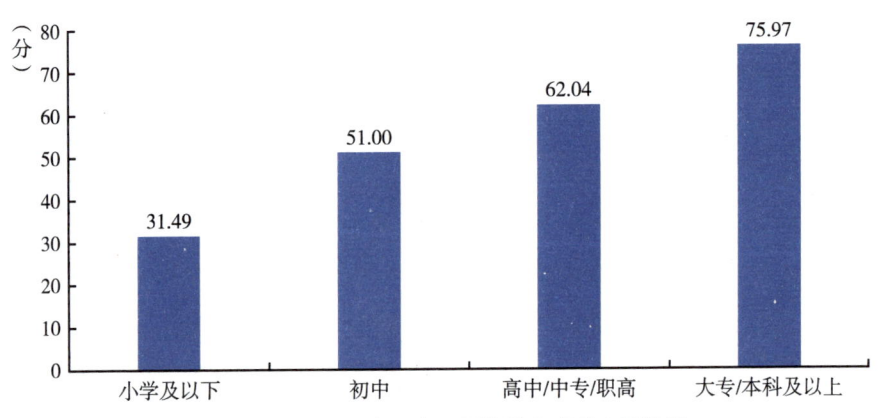

图 11　不同受教育程度网民的数字素养水平比较

4. 收入水平越高的网民，数字素养水平越高

如图12所示，我国网民的收入水平也与数字素养水平高度相关。高收入组网民的数字素养平均得分最高，为71.41分；中高收入组网民的平均得分降低约10分，为61.99分；中等收入组网民的得分与平均水平大致持平，为58.18分；中低收入组网民的得分较低，为51.48分，比中高收入组的得分低了大约10分；低收入组网民得分最低，仅为45.00分，与高收入组得分相差大约26分。

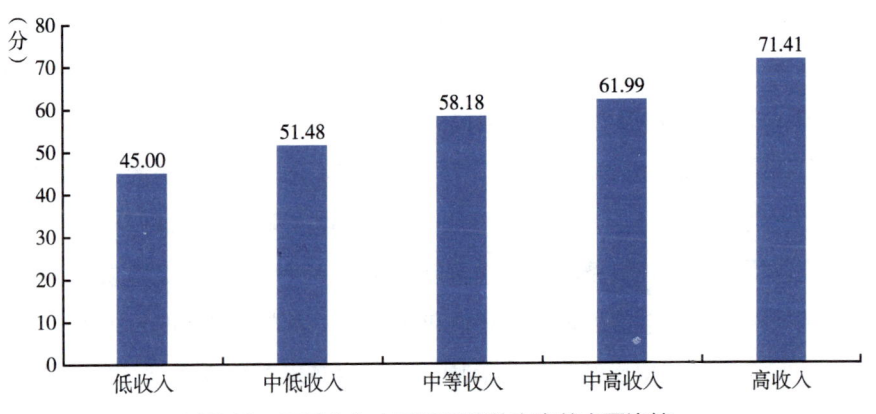

图 12　不同收入水平网民的数字素养水平比较

收入水平与数字素养水平之间的正相关关系可能存在两种情况。一是高收入人群通常具备更多经济资源获取先进的数字设备和优质的网络服务。例如，高性能的智能手机、电脑以及高速互联网接入等不仅提升了数字技术的使用体验，也为数字技能提升创造了更好条件。相反，低收入人群在数字设备和网络服务上的获取能力有限，一定程度上限制了他们的数字化参与。二是高收入人群通常可以接触到更多的数字化学习和职业发展机会，不仅有助于提升其数字技能，还强化了他们在信息社会中的竞争优势。相较而言，低收入人群从事的职业往往对数字技能的需求较低，导致他们的数字技术应用能力和使用频率都较低。

综合以上结果来看，数字素养水平与出生世代、受教育程度、收入水平和居住区域等因素存在密切关系。通过 OLS 回归分析发现，这些因素都具有统计上显著的独立影响，并且联合解释了因变量大约 51.6% 的变异。其中，代际和受教育程度上的差异尤为显著。在控制其他因素的影响下，"50 后"网民的数字素养得分比"00 后"低了 37.01 分，"60 后"网民低了 30.52 分，"70 后"低了 18.04 分。同样在控制其他因素的影响下，小学及以下学历网民的数字素养得分比大专 / 本科及以上学历网民低了 27.63 分，初中学历网民低了 13.26 分，高中 / 中专 / 职高学历的网民低了 7.24 分。

三 中国网民的数字活动状况

《行动纲要》提出的主要任务是提升人民群众在生活、工作和学习等方面的数字体验与技能。本报告对中国网民在如下三个场景中的数字活动情况展开分析：一是日常生活中的数字活动，如在网上休闲娱乐、聊天交友、购物、生活服务、交通出行、商务工作及投资理财；二是社会生活中的数字活动，如参与网上的社交群、志愿服务活动以及社区事务；三是政治生活中的数字活动，如网上时政信息的获取和参政议政活动。

社会蓝皮书

（一）网民日常生活中的数字活动

1. 休闲娱乐和聊天交友是网民日常生活中的主要数字活动

总体来看，如图13所示，网民一年中上网进行休闲娱乐和聊天交友的平均频次最高，分别为272次和261次，表明娱乐和社交是网民的主要在线活动，反映出网民对互联网娱乐和社交功能的高度依赖。工作相关的数字活动以120次的平均频次排在第三位，显示出互联网在工作中的重要性。网上购物和交通出行类活动的平均频次较低，分别为85次和80次。进行投资理财的平均频次最低，一年仅为19次。

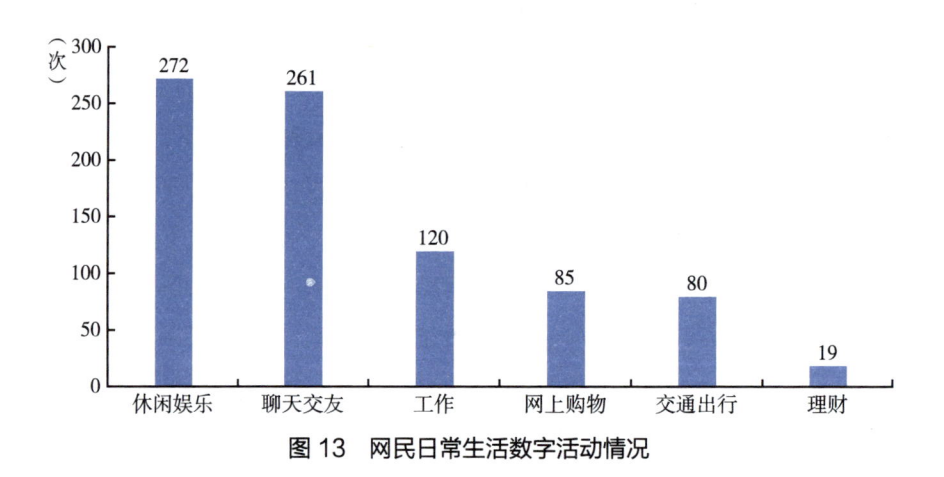

图13 网民日常生活数字活动情况

2. 休闲娱乐和聊天交友活动是各世代共同偏好，其他数字活动呈现明显的代际差异

世代分析发现，如图14所示，休闲娱乐和聊天交友在各世代中均为高频活动。休闲娱乐活动方面，"00后"和"90后"参与频次最高，分别为306次和292次；"70后"（252次）、"60后"（251次）和"50后"（266次）参与频次较低，但仍维持在一定水平。聊天交友活动方面，"00后"（326次）和"90后"（314次）参与频次明显高于其他世代；中老年世代的参与频次逐渐减少，"60后"（188次）和"50后"（160次）显著低于年轻群体。

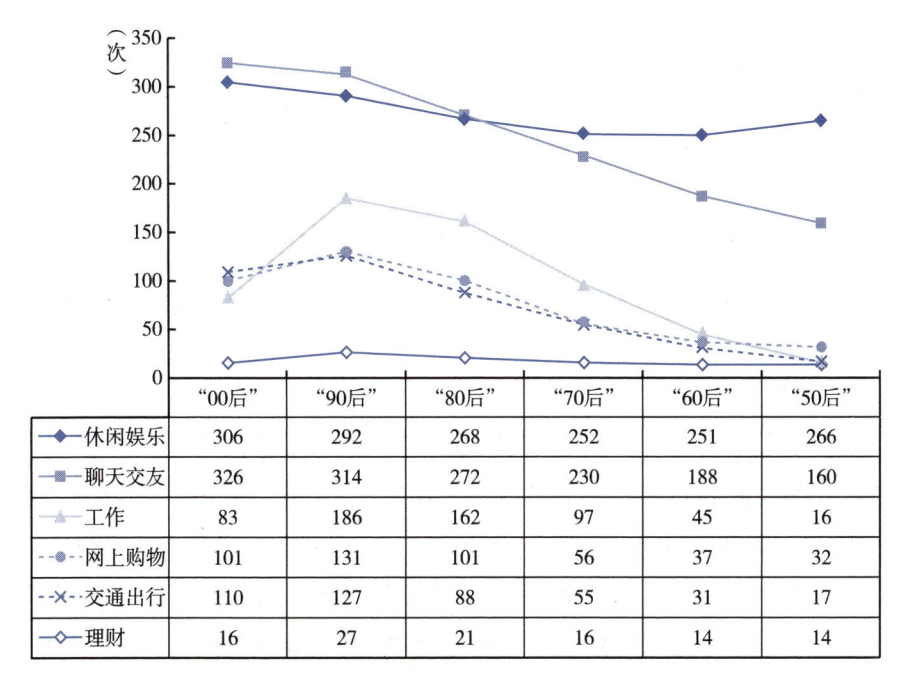

	"00后"	"90后"	"80后"	"70后"	"60后"	"50后"
休闲娱乐	306	292	268	252	251	266
聊天交友	326	314	272	230	188	160
工作	83	186	162	97	45	16
网上购物	101	131	101	56	37	32
交通出行	110	127	88	55	31	17
理财	16	27	21	16	14	14

图14 不同出生世代网民日常生活数字活动比较

购物和生活服务方面的活动，"90后"参与网购的频次最高，为131次，表明这一代人对数字化消费的接受度和依赖度较高；年老世代的网民参与频次显著下降，"60后"仅为37次，"50后"为32次，反映出老年群体在网络消费方面的接受度和参与度相对较低。数字化交通出行频次在"90后"（127次）和"00后"（110次）群体中较高，反映出这两个世代对数字化交通工具（如网约车、导航应用等）的高熟悉程度和依赖程度。年龄较大世代对数字交通服务的使用较少，"60后"为31次，"50后"为17次。

工作和理财方面的活动，"90后"和"80后"两个世代正处于职场活跃阶段，参与工作相关数字活动较多，分别为186次和162次；"70后"及更老世代的参与频次显著降低，尤其是"50后"群体仅为16次。理财活动的参与频次在各世代中均较低，年轻群体相对略高；"90后"为27次，"80后"为21次，"60后"和"50后"仅为14次。

综上所述，中国网民日常生活中的数字活动丰富，包括在网上娱乐休闲、

聊天交友、购物、生活服务、交通出行、工作和投资理财等，互联网在网民日常生活中扮演着越来越重要的角色，成为中国网民实现日常活动的重要途径。

（二）网民社会生活中的数字活动

网民部分社会生活活动也转移到互联网上，如加入线上社群、参加线上志愿活动和参与社区治理等。

1. 网民的线上社群参与以维系亲友、工作和校友关系为主

线上社群作为社交网络的一种形式，不仅为成员提供了交流信息、分享经验和联络感情的平台，还可能成为社会资本的源泉，促进社会资源流动和交换。CSS调查中询问受访者近两年来加入了哪些网上社交群/圈。调查数据显示，网民中加入线上亲友群/圈的占比最高，为90.30%，其次是线上同事/行业群和同学/校友群，分别为57.88%和48.90%，加入其他网上社群如线上兴趣群的有22.21%，线上同乡群的有21.77%，线上公益群的有13.14%（见图15）。数据分析还发现，有一半网民至少参与了这6类社群中的2个，有25%的网民至少参与了3个，有10%的网民至少参与了4个。网民平均参与的线上社群类别数为2.54个。

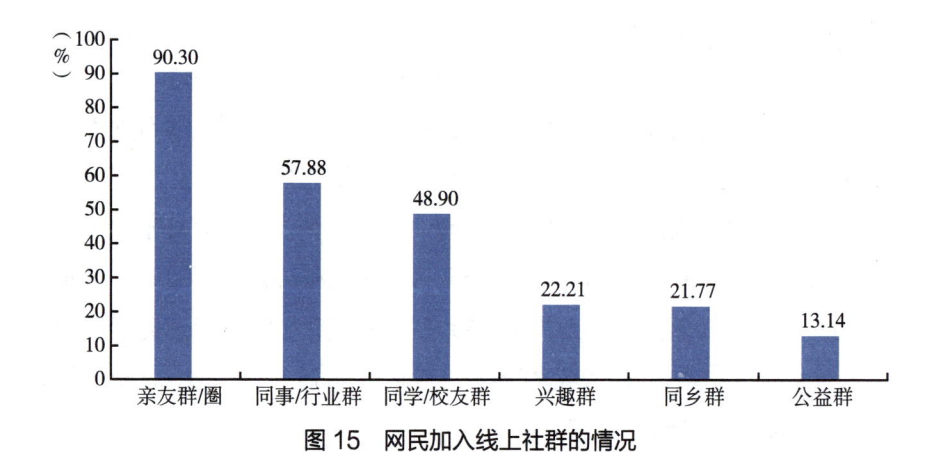

图15 网民加入线上社群的情况

2. 线上社群参与的数量和偏好存在代际差异

分析各出生世代对于线上社群的参与发现，他们参与线上社群的数量存在差异。线上亲友群/圈、同事/行业群、同学/校友群、兴趣群、同乡群和公益群6个类别中，"00后"网民平均参与了3.03个；"90后"和"80后"网民大致相同，分别为2.79个和2.72个；"50后"网民参与的类别数最少，平均1.68个。

如图16所示，在这6类线上社群中，亲友群/圈在各世代网民中的参与率最高，但也存在代际差异，其中"00后"网民的参与率高达94.31%，"50后"网民的参与率为75.59%，二者之间相差近19个百分点。参与率排在第二位的是同事/行业群，其中"90后"的参与率最高，为72.62%，其次是"80后"为66.49%。"00后"新入职场，而"50后"大多已退休，他们参与同事/行业群的比例均较低，大约为1/3。同学/校友群在"00后"网民中参与率排在第二位，为87.57%，在其他世代的网民中则排在了第三位，其中尤以"60后"和"50后"网民的参与率最低，均不足三成，这可能主要是由于他们受教育程度较低，或毕业时间已久，加上当时通信技术不发达，逐渐和同学/校友失去了联系。"00后"与其他世代网民不同的地方还表现在对兴趣群和公益群的参与上，前者的参与率为45.19%，高出"90后"网民约16个百分点；后者的参与率为23.14%，也高出"90后"网民近10个百分点。年老世代的网民可能倾向于参与线下兴趣或公益群，以至于线上参与比例不高。

3. 近一年来通过互联网提供过志愿服务的网民不足两成，"00后"网民的参与率最高

调查数据显示，最近一年中，18.48%的网民通过互联网提供过志愿服务。如图17所示，不同世代网民参与线上志愿服务的比例存在显著差异，较年轻世代网民参与比例较高。"00后"网民的参与率最高，为27.38%；"90后"和"80后"的参与率分别为21.21%和19.69%，位居第二和第三；"70后"的参与率为16.68%，比"00后"低了大约10个百分点；"60后"和"50后"的参与率则降至11.52%和3.57%。

社会蓝皮书

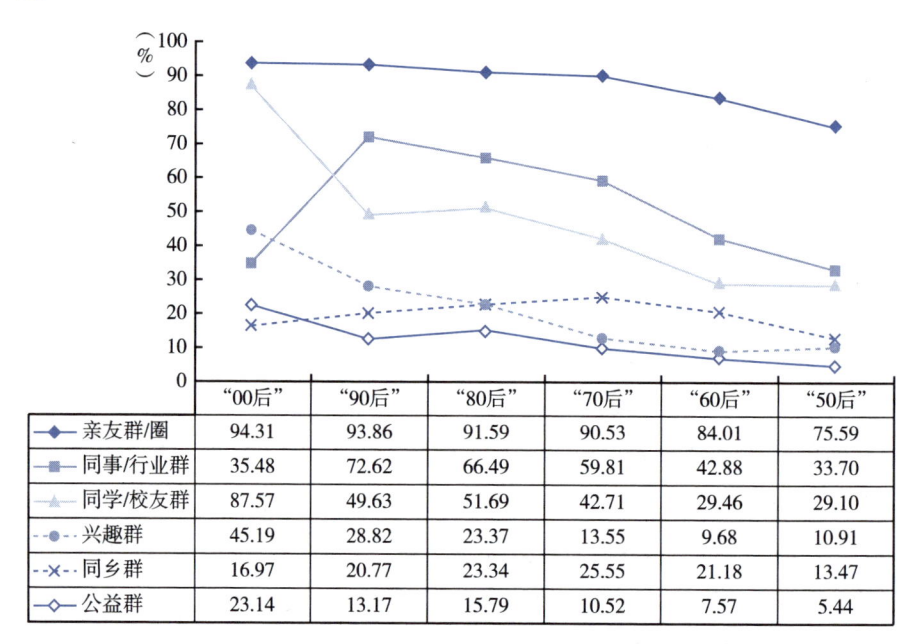

	"00后"	"90后"	"80后"	"70后"	"60后"	"50后"
亲友群/圈	94.31	93.86	91.59	90.53	84.01	75.59
同事/行业群	35.48	72.62	66.49	59.81	42.88	33.70
同学/校友群	87.57	49.63	51.69	42.71	29.46	29.10
兴趣群	45.19	28.82	23.37	13.55	9.68	10.91
同乡群	16.97	20.77	23.34	25.55	21.18	13.47
公益群	23.14	13.17	15.79	10.52	7.57	5.44

图 16 不同出生世代网民线上社群参与情况比较

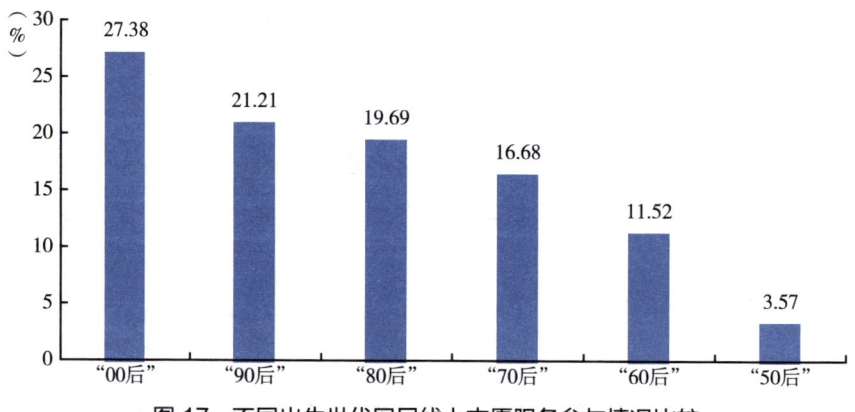

图 17 不同出生世代网民线上志愿服务参与情况比较

"00后"网民线上志愿服务参与率远高于其他世代，可能与这一群体较高的数字素养和技能水平相关，这使其能够高效参与线上志愿活动。同时，随着社会对青年公益活动的倡导和教育的普及，"00后"在学校或社区中可能接触到更多的公益活动，形成较强的社会责任感。中老年网民对线上志愿服务的参与率明显偏低，可能有两个原因：一是他们对数字技术的熟练程度较低，限制了其参与线上志愿服务的可能性；二是对公益服务形式的认知可能仍聚焦线下，对线上形式的接受度较低。

4. 在参与社区治理方面，网民通过线上社群的方式参与社区事务讨论的比例极低

调查数据显示，最近两年内，网民在社区各类微信群或QQ群中对社区事务发表意见的比例仅为3.26%。分世代来看，"90后"和"80后"网民的参与比例较高，分别为3.99%和3.84%；"70后"网民居中，为3.21%；"00后"、"60后"和"50后"网民的参与比例较低，分别为2.39%、2.31%和2.11%（见图18）。这一数据结果可能有几方面原因：一是社区事务在网民整体关注中的优先级较低，特别是对工作或学习较忙的群体而言，社区事务的直接相关性较低；二是现有社区微信群和QQ群更多用于通知和信息传递而非互动讨论；三是部分网民可能认为在线发表意见对社区事务的实际决策和治理影响有限，因此缺乏参与动力。

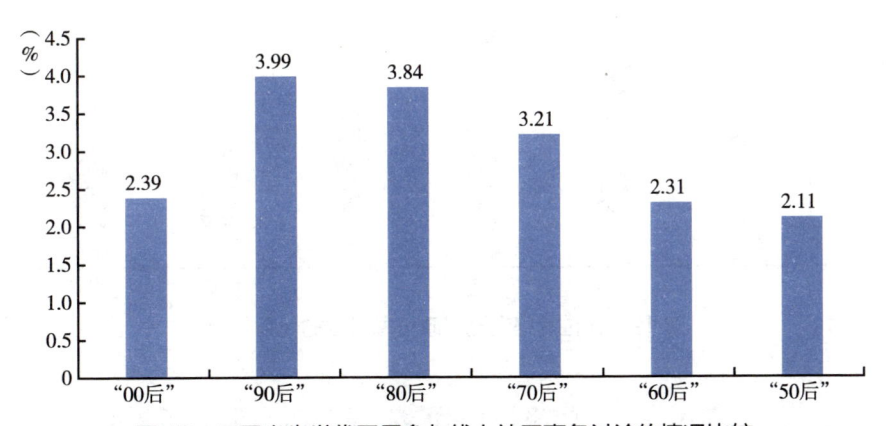

图18 不同出生世代网民参与线上社区事务讨论的情况比较

（三）网民政治生活中的数字活动

互联网促进了政治宣传效力的提高，对网民政治参与活动起到积极促进

作用，但当前网民对政治生活中的数字活动尚停留在信息接触阶段，数字参与率较低。

1. 互联网已经成为网民获取时政信息的重要渠道

调查数据显示，一年中网民通过网络浏览时政信息的次数平均为189次。如图19所示，不同世代网民通过网络浏览时政信息的频次存在差异，呈世代越早频次越高的趋势。"50后"网民一年中通过网络浏览时政信息的次数遥遥领先，为232次；"60后"、"70后"和"80后"相差不大，分别为205次、195次和193次；"90后"略低于平均次数，为180次；而"00后"的浏览次数最少，仅有146次。这一数据结果反映出老年网民对国家政策、社会稳定和经济发展等议题更为关心，该群体相较年轻网民也有更多时间通过网络了解时政信息，这意味着互联网政治传播对老年群体的影响可能会比对年轻群体的影响更大。

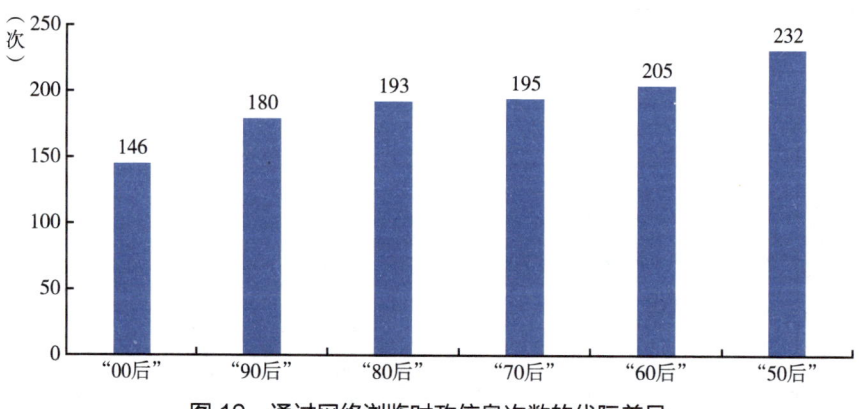

图19 通过网络浏览时政信息次数的代际差异

2. 网民与他人或网友讨论政治社会问题的总体比例超过一成，"00后"的参与最为活跃

调查数据显示，最近两年内大约15.40%的网民曾与他人或网友讨论过政治社会问题，但参与率存在代际差异。如图20所示，"00后"网民参与率显著高于其他世代，为34.22%，"90后"网民位居第二，参与率为21.42%。中

老年世代网民的参与率逐渐下降,"80后"和"70后"网民降到 12.24% 和 10.67%;"60后"和"50后"网民更是降到不足 10%。

	"00后"	"90后"	"80后"	"70后"	"60后"	"50后"
讨论政治社会问题	34.22	21.42	12.24	10.67	7.50	5.57
发表对公共政策的意见	10.77	5.39	2.84	2.57	2.08	0.91
向党或政府反映问题	3.21	2.80	2.34	1.66	0.66	0.31

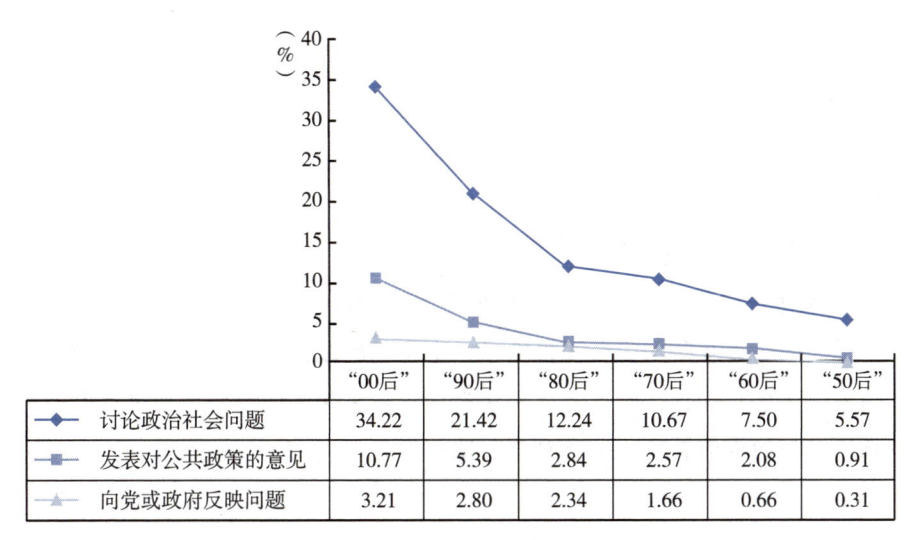

图 20 政治生活数字活动的代际差异

年轻世代成长于信息高度透明和社交媒体高度普及的时代,更容易接触到多样化的社会问题和观点,对社会议题的敏感度比较高。此外,年轻世代具有较强的自我表达需求,更乐于通过互联网发表意见,尤其是在社交媒体或互动性较强的平台上高度活跃。相较而言,中老年世代可能更关注个人生活和家庭事务,对讨论政治社会问题的兴趣较低。

3. 网民通过互联网对公共政策发表意见的总体比例不足 5%,"00后"的参与最为积极

调查数据显示,最近两年内仅有 4.04% 的网民曾经在网络上发表过对公共政策的意见。从出生世代上看,"00后"网民在网络上发表意见的比例超过一成,为 10.77%;其他世代网民发表意见的比例明显较低,"90后"网民的参与比例也才 5.39%;"80后"、"70后"和"60后"网民的参与比例为 2%~3%,"50后"网民的参与率不足 1%。这一数据结果显示,年轻一代对公共政策具有更高的关注度和表达意愿,中老年世代的参与度则显著偏低。

153

4. 网民通过互联网向党或政府反映问题的总体比例大约为2%，年轻世代的参与较为积极

调查数据显示，最近两年内仅有2.05%的网民通过网络向党或政府反映问题。虽然总体偏低，但年轻世代网民仍旧表现得比年老世代网民更加积极。"00后"网民的参与率最高，为3.21%，其次是"90后"网民（2.80%），"80后"网民降到2.34%，之后持续下降，"50后"的参与率仅为0.31%。这一数据结果显示，年轻世代在利用数字平台与政府互动方面的积极性更高，而中老年世代则相对较为保守。

总体看来，我国居民通过互联网进行政治参与的比例仍然较低，有待进一步提高。尽管互联网为公民提供了一个全新的政治参与平台，使得政治参与的渠道更加多样化，参与方式和角色更加扁平化，但是居民通过互联网进行政治参与的意愿和比例依然较低，这一现象可能由多种因素造成，有待进一步研究。

四 数字化发展的趋势和建议

（一）发展趋势与存在问题

1. 数字普惠成效显著，但数字接入上的多维鸿沟仍然存在

互联网和数字技术迅速发展，加上政策推动和网络基础设施建设完善，互联网接入的普惠性发展使得接入互联网的机会更加均等，互联网接入的经济鸿沟被有效缩小，但居民的互联网普及率、上网设备的使用情况和互联网连接的频率在出生世代、所在地区、受教育程度和收入水平等方面仍然存在差异。年轻世代凭借更高的数字接入率和更长时间的网络使用，可能更容易适应数字社会的需求，但也可能因过度依赖互联网而面临新的社会心理问题。与此同时，较短的上网时长和较低的数字接入率可能限制中老年群体的社会参与，或进一步加剧社会排斥和信息不平等。

2. 网民的数字素养水平整体偏低，并且不同群体的数字素养存在显著差异

当前，我国大部分居民已经具备初步的数字素养与技能，能够进行日常

的数字活动。但是，整体而言，居民的数字素养水平仍有较大提升空间，数字生产能力和数字思辨能力亟待提高。而且，数字素养与技能水平分布不均，在不同出生世代、不同地区、不同收入水平和不同教育背景的人群中差异显著，这种差异可能导致数字鸿沟进一步扩大，进而可能影响社会经济发展。

3. 网民的数字活动类型丰富，数字使用已经融入居民生活各个方面

当前，数字技术的发展带动了居民生活方式的变化，数字使用已融入居民生活各方面，中国居民已经迈入数字生活时代。调查数据表明，中国居民的数字活动类型十分丰富，涵盖了居民日常生活、社会生活和政治生活多个方面，呈现多样性。同时，数字应用在不同出生世代也呈现差异性，年轻一代在日常生活方面表现出较高的数字依赖，而年老一代面临一定程度的数字参与障碍。

4. 网民在政治生活中的数字活动以上网浏览时政信息为主，其他数字活动参与率有待提高

当前，互联网已成为人们了解时政信息、讨论政治问题和进行政治参与的重要途径，但总体来看，居民通过互联网提出政策建议的意识和能力还较弱。数据显示，网民对政治信息的关注度和实际参与率之间存在巨大差异，这可能反映出互联网平台在促进政治参与方面更多发挥着促进政治信息接触的作用，而在促进群众直接参与方面尚存不足。同时，世代分析结果显示，年轻人对时政信息的关注度相对较低，但政治参与的比例相对较高；老年人对时政信息关注度很高，但是政治参与的比例很低。这反映出当前的政治宣传模式可能对年轻一代的吸引力较弱，而年老一代则可能在政治参与上面临一定障碍或困难。

（二）对策与建议

1. 进一步促进数字接入普惠性发展，开展数字素养与技能培训，缩小数字鸿沟

加强基础设施建设，特别是增加对农村和欠发达地区的网络基础设施建

设相关投入。进一步促进互联网减税降费，降低网络使用成本，针对低收入群体，可以考虑提供互联网专项经济补贴，缩小数字接入的经济鸿沟。加强对农村地区、低收入群体以及低学历和老年群体的数字赋能，通过增加培训机会和推广简化技术，促进社会的数字化包容性发展。同时，鼓励设计适老化数字产品，推出操作简便、界面直观的数字工具，降低老年人对数字技术的使用难度。

2. 倡导正确和健康的互联网使用习惯，平衡数字生活与现实生活

在娱乐和社交高频使用互联网的情况下，倡导网民理性上网。在义务教育体系中加入相应课程，帮助青少年厘清数字社会与现实社会之间的关系，树立良好的互联网使用观念，使其具备参与数字社会各项活动能力的同时也能够防止自身过度沉迷其中，平衡两者关系，利用互联网提高生活质量。同时，要增强网民的防骗意识，依法严厉打击网络黑客和电信网络诈骗等违法犯罪行为，维护群众在网络空间的合法权益。

3. 提升数字化治理能力，倡导积极有序的数字政治参与

优化政府和社区数字化服务平台，通过透明、高效的反馈机制增强网民信任感，提升线上参与平台的反馈效率；通过多渠道宣传，让更多人了解通过网络反映问题和参与公共事务的重要性与实际效果，加强公众对数字政治参与的认识；开发多样化的公众参与渠道，针对不同群体设计不同的参与形式，如年轻人更倾向于互动性强的社交平台，而中老年人则可以通过社区微信群或微信公众号便捷参与；鼓励年轻人深度参与公共事务，如通过互动直播、社交平台主题讨论和政策解读的方式促进"00后"和"90后"对社会治理的深度关注。

B.9
中国大学生心理健康状况调查报告

刘保中　陈炜新　赵文涵*

摘　要： 本报告基于"中国大学生追踪调查"2022年和2023年的数据分析发现，尽管大学生自评心理健康水平总体较高、自我感觉良好，但K10量表评估显示大学生整体心理健康状况不佳；重点本科大学生和高年级大学生面临心理困扰的风险更高；"内卷"显著影响大学生心理健康，高内卷环境和高内卷心态均加剧了心理困扰风险；社会支持状况影响大学生心理健康，良好的家庭和同伴关系能够显著提升大学生心理健康水平；就业信心与心理健康呈正相关，就业信心较低的大学生面临心理困扰的风险更高，已毕业大学生中尚未就业群体尤其是缺乏就业意愿的"躺平"群体面临更高心理健康风险。针对大学生的心理健康现状，学校、家庭、社会三方需要构建联动性支持体系，通过线上线下融合策略，强化健康教育，培养积极生活方式，全面提升大学生心理健康水平。

关键词： 大学生　心理健康　社会支持　就业信心

党的二十大报告提出："把保障人民健康放在优先发展的战略位置，完善人民健康促进政策。"党和国家始终把人民群众生命安全和身体健康放在第一位，大学生的身心健康更是重中之重。2023年4月，教育部等十七部门联合印发《全

---

* 刘保中，中国社会科学院社会学研究所青少年与教育社会学研究室副主任、副研究员，主要研究方向为教育社会学、青年研究；陈炜新，哈尔滨工程大学人文社会科学学院硕士研究生，主要研究方向为青年研究；赵文涵，中国社会科学院大学社会与民族学院硕士研究生，主要研究方向为青年研究。

面加强和改进新时代学生心理健康工作专项行动计划（2023—2025年）》，提出要提升学生的心理健康素养，全面加强和改进新时代学生心理健康工作。大学生是国家未来的希望、社会发展的人才基础，其心理健康状况不仅影响个人发展，对社会和谐稳定、国家长远发展的潜力与活力更是具有举足轻重的影响。

近年来，随着成长过程中的压力与挑战急剧增加，学生群体的身心健康问题已成为社会广泛关注的焦点。中国科学院心理研究所组织编撰的《中国国民心理健康发展报告（2021~2022）》指出，大学生所属的18~24岁年龄组群体的抑郁风险检出率达到24.1%，在所有成年人年龄组中检出率最高。从个体生命周期看，大学生处于从中学到大学、从大学到工作、从未成年到成年等多重社会角色全面转型的人生关键阶段。与此同时，随着社会转型加速、社会竞争加剧、价值观多元化以及信息技术快速发展，大学生不仅面临个人层面的挑战，还受到整个社会环境变化所带来的深刻影响。在社会与个人双重转型叠加影响下，大学生面临学业、就业、人际关系、情感生活等多重压力和不确定性，出现较多心理适应性问题。"脆皮大学生""大学生脆脆鲨"等网络热词频现，"emo""破防""压力山大"普遍成为当代大学生的社交常用语，"空心病""精神内耗""躺平""内卷"等词更是成为当代大学生面临压力与困境时自我形塑的新世相。

加强大学生的心理健康教育和服务，提高该群体的心理健康素养，既是实施"健康中国"战略的重要内容，也是构建和谐社会、实现可持续发展的必然要求。及时跟踪、分析和发现大学生心理健康的基本状况，并据此建立完善的心理健康预警和干预机制，可以有效促进大学生的心理健康，为该群体成长和发展提供坚实保障。本报告使用的数据来自"中国大学生追踪调查"，该调查由中国社会科学院社会学研究所组织开展，是一项针对当代中国大学生的追踪性调查研究，主要通过跟踪调查的方式系统、深入地了解当代中国在校大学生及毕业生的境遇、态度与行为。"中国大学生追踪调查"自2013年开始正式实施，每年进行一轮跟踪调查。本报告选取该调查2022年、2023年获得的与大学生心理健康风险相关的数据，对中国大学生心理健康状况进行分析。本报告分析的学生包括高职生和本科生两种类型，研究生不在分析范围之内。经过样本和变量无效值筛选之后，本报告使用的"中国大学生追踪调查"数据基本情况如下：2022年调查数据，有效样本量为13422个，其中男生占48.2%，女生占51.8%；2023年调查数据，有效样本量为17444个，其中男生占49.2%，女生占50.8%。

一 大学生总体心理健康状况

（一）大学生自评心理健康水平总体较高，自我感觉良好

2023年"中国大学生追踪调查"数据显示（见图1），大学生自我感觉心理健康状况良好，超九成的大学生对自己的心理健康状况持相对乐观态度，其中，21.0%的大学生认为自己心理健康状况"很好"，36.8%的大学生认为自己心理健康状况"比较好"，超过1/3（33.5%）的大学生认为自己心理健康状况"一般"，6.4%的大学生认为自己心理健康状况"不太好"，仅有2.3%的大学生认为自己心理健康状况"很不好"。调查数据同时显示，2023年大学生的自评心理健康水平稍差于2020年疫情初期水平，大学生认为自身心理健康状况"比较好"和"很好"的比例均有所下降，分别从2020年的40.4%和26.6%下降到36.8%和21.0%。

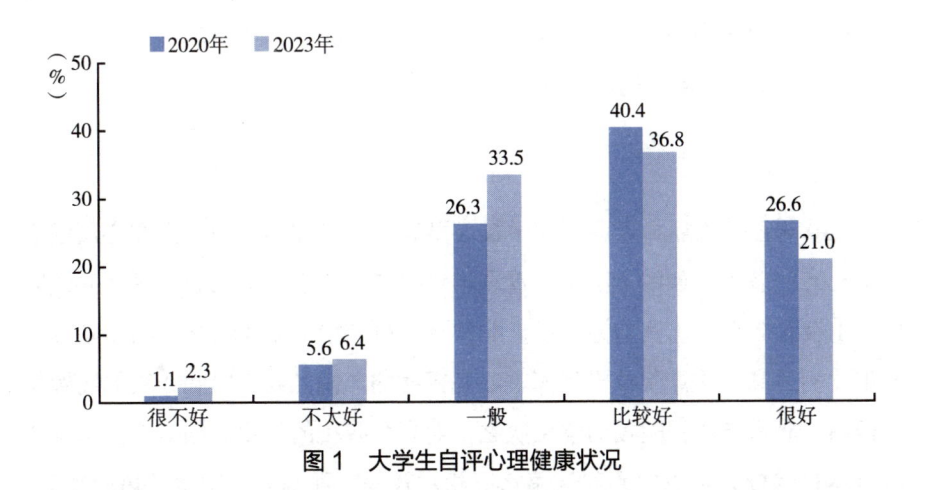

图1 大学生自评心理健康状况

（二）大学生面临心理困扰的风险较高，处于心理亚健康状态的人数比例较大

为进一步了解大学生面临的具体心理健康风险，"中国大学生追踪调查"采用现阶段较为成熟的凯斯勒心理困扰量表（the Kessler Psychological Distress Scale,K10）对大学生面临心理困扰的风险进行测量。K10量表共包含10个问题，用于评估个体在过去1个月内的心理困扰状态。每个问题的回答均有5个等级的选项，我们对不同选项相应地赋予以下分值：所有时间（5分）、大部分时间（4分）、有些时候（3分）、偶尔（2分）、几乎没有（1分）。参考徐凌忠等人的研究，进一步将所得分值加和，划分面临心理困扰风险的四个等级：10~15分（1级，表示面临心理困扰的风险低，代表心理健康状况良好）、16~21分（2级，表示面临心理困扰的风险较低，代表心理健康状况一般）、22~29分（3级，表示面临心理困扰的风险较高，代表心理健康状况较差）、30~50分（4级，表示面临心理困扰的风险高，代表心理健康状况差）。

2023年"中国大学生追踪调查"中K10测量结果显示：35.2%的大学生心理健康状况良好，29.3%的大学生心理健康状况一般，21.2%的大学生心理状况较差，14.3%的大学生心理状况差，也就是说，35.5%的大学生心理健康处于较差和差的状态，处于亚健康状态的人数比例较高。心理亚健康会对大学生的学习与生活造成不同程度的负面影响，需采取及时有效的心理干预措施，防止心理亚健康问题进一步发展为心理障碍。

（三）重点本科院校大学生面临心理困扰的风险更高

K10测评结果还显示，不同学校类型和不同专业类型的学生在心理健康水平上有所差别。如图2所示，重点本科院校的大学生面临心理困扰的风险处在1级和2级的比例均为最低，非重点本科院校的学生次之，高职院校的学生比例最高；重点院校学生面临心理困扰的风险处在3级和4级的比例均为最高，非重点本科院校的学生次之，而高职院校的学生比例最低。这说明重点本科院校大学生的心理健康状况相对较差，面临心理困扰的风险较高，而非重点本科院校和高职院校学生的心理健康状况相对较好。可见，重点本科院校的大学生在心理健康方面面临更大挑战，这些院校需要特别关注学生心理压力和心理困扰问题，着力构建关注学生心理健康的全面教育体系，帮助学生在面对竞争与压力时，更好地保持心理平衡，成长为身心健康、全面发展的高素质人才。

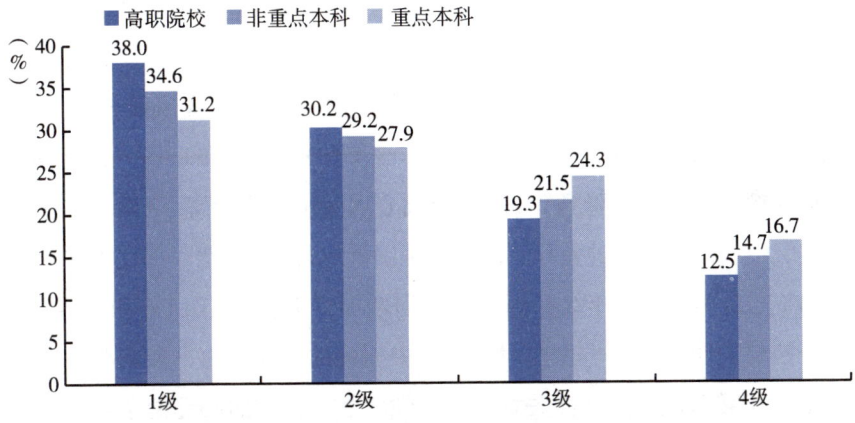

图2 不同院校大学生凯斯勒心理困扰量表（K10）测评结果

从性别差异看，女大学生面临心理困扰的风险程度略高于男大学生。图3显示，女大学生心理健康水平处于差和较差的比例合计为18.4%，男大学生心理健康水平处于差和较差的比例合计为17.1%。

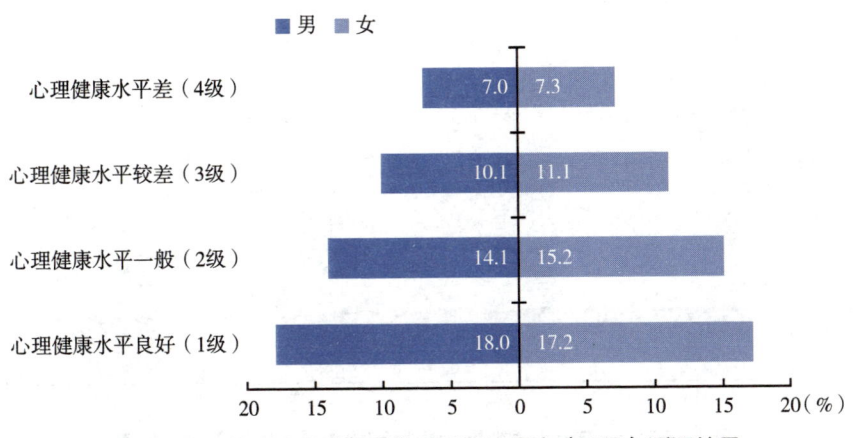

图3 不同性别大学生凯斯勒心理困扰量表（K10）测评结果

161

（四）老生面临心理困扰的风险显著高于新生

根据图4展示的不同年级大学生K10测评结果，大学生的心理健康状况与年级之间存在显著关联。"中国大学生追踪调查"的调查时点为每年的10~11月，包含当年刚入学新生。2023年"中国大学生追踪调查"数据显示，相比于大一新生，老生面临心理困扰的风险明显较高。面临心理困扰风险低（1级）的比例在一年级为38.9%，二年级显著下降到34.1%，在此后的三年级（32.2%）和四年级（34.9%）差距不大；面临心理困扰风险较低（2级）的比例在一年级（29.6%）、二年级（30.0%）和三年级（29.8%）之间差别不大，但在四年级显著下降到25.6%；面临心理困扰风险较高（3级）的比例在四个年级中均没有显著的差异；面临心理困扰风险高（4级）的比例在一年级为10.3%，二年级、三年级和四年级分别增加到15.1%、16.1%和18.4%。这一上升趋势表明，随着学生在大学生活中面临的学业压力、未来职业规划的不确定性和紧迫性以及社交关系的复杂性增加，他们的心理健康风险也有所提高。特别是在高年级，学生开始更多地考虑毕业后的就业问题和个人发展，这些因素都可能加剧其心理压力。高校需要为不同年级学生提供差异化的心理健康支持和干预措施，帮助他们更好地应对大学生活中的挑战。

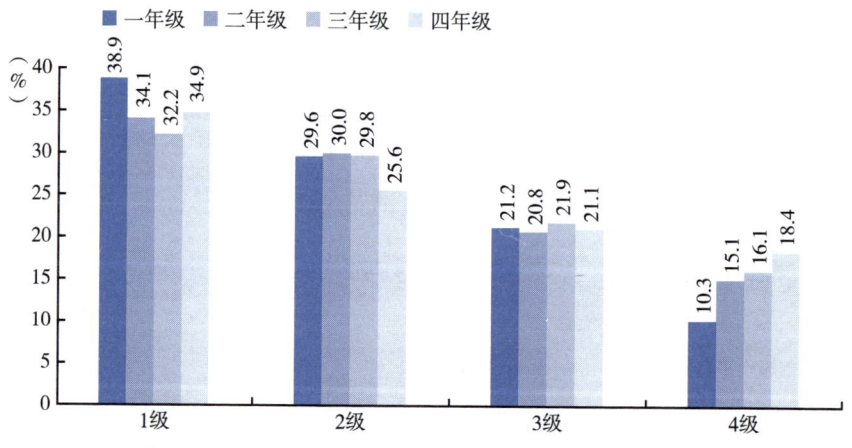

图4 不同年级大学生凯斯勒心理困扰量表（K10）测评结果

二 "内卷"与心理健康

随着"内卷"作为一个学术名词被泛化，有关"内卷"的讨论风靡一时。内卷现象在大学生群体中尤其明显，成为社会各界关注的焦点。随着高等教育普及化程度的提高以及就业竞争的加剧，大学生面临前所未有的学业与就业压力。考试分数、保研资格、就业前景等，无一不成为内卷现象的"温床"。从入学之初，大学生们就被卷入一场没有硝烟的战争，他们不仅需要保持优异的学业成绩，还需在科研、社会实践等多个领域崭露头角，以争取有限的优质资源。这种多维度激烈竞争不仅消耗大学生们的大量时间和精力，更对其心理健康造成负面影响。绩优主义盛行，使得大学生们不得不持续追求更高成绩和成就，以证明自己的价值。然而，这种无休止的竞争往往也带来了焦虑、抑郁等心理问题。[1]

（一）大学生群体普遍感受到内卷压力，大多数学生内卷心态较强

2022年"中国大学生追踪调查"数据显示，在当前的教育环境中，学生之间的竞争越发激烈，大多数大学生都感觉自己处于一种"内卷化"的学习氛围中。如图5所示，超过30%的学生感受到老师通过各种方式激发他们之间的竞争，这种竞争心理在学生中普遍存在，几乎成为他们学习生活的一部分。同时，30.9%的学生害怕在学习上落后他人，为了不落后，只能不断努力，不敢松懈。这种竞争心态也体现在他们的行为上，38.7%的学生表示为了不被别人超过，他们不敢放松学习。此外，41.6%的学生承认在学业上大家相互较量，而36.2%的学生表示每个人都有想要胜过他人的愿望。这种竞争心理在班级中普遍存在，40.3%的学生感受到同学之间的激烈竞争，而40.0%的学生认为班级内的竞争气氛浓厚。

---

[1] 林扬千:《精疲力竭的突围：大学生内卷化现象的表现、危害及应对》，《当代青年研究》2021年第3期。

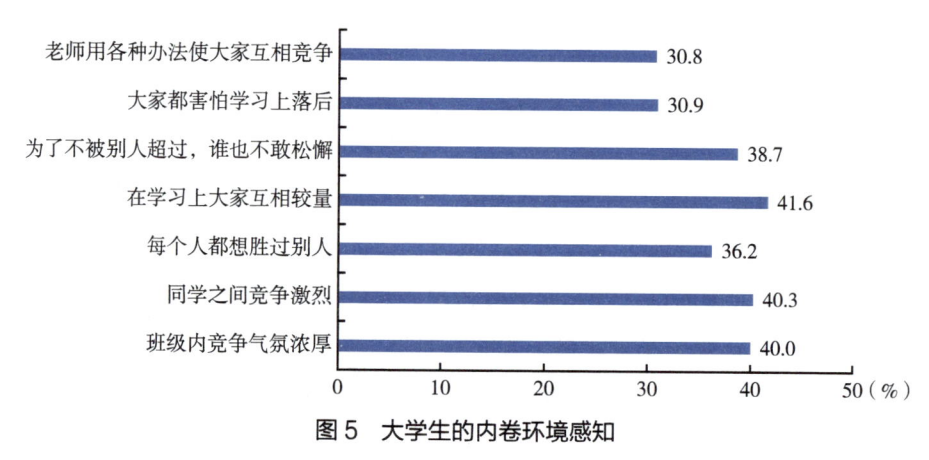

内卷环境感知项	比例(%)
老师用各种办法使大家互相竞争	30.8
大家都害怕学习上落后	30.9
为了不被别人超过，谁也不敢松懈	38.7
在学习上大家互相较量	41.6
每个人都想胜过别人	36.2
同学之间竞争激烈	40.3
班级内竞争气氛浓厚	40.0

图5　大学生的内卷环境感知

图6进一步表明，大学生群体均表现出较高程度的自我内卷心态。在"如果身边人都很努力，而自己没有努力的话，内心会有负罪感"这一问题上，只有7.3%的大学生表示这种情况完全不符合他们的心境，而高达36.6%和36.1%的大学生分别表示这种情况基本符合和有点符合他们的感受。另有20.0%的大学生更是坦言，这种情况非常符合他们的心理状态。当被问及"当看到身边的同学取得一些成功时，我会感觉到有压力"这一问题时，同样有相当比例的大学生表示有所感触。5.3%的大学生表示完全不符，但超过七成的大学生表示这种情况对他们有所影响，其中39.8%的人表示基本符合，36.7%的人表示有点符合。关于"我会提前完成学习任务而不是在截止日期前赶工"的问题，大学生的态度呈现一定的分化。仅11.0%的大学生表示完全不符，他们更倾向于在截止日期前完成任务；而41.8%的大学生则表示有点符合这一习惯，33.5%的大学生表示基本符合。有13.7%的大学生表示他们会坚决提前完成任务，不拖到最后。在"不管做什么事情都会力争上游"的问题上，大学生的态度同样值得关注。仅有6.8%的大学生表示完全不符，他们可能更倾向于"躺平"；而超过八成的大学生则表示他们会在不同程度上力争上游，其中41.5%和37.6%的大学生分别表示有点符合和基本符合，14.1%的大学生更是表示他们会全力以赴、力争上游。

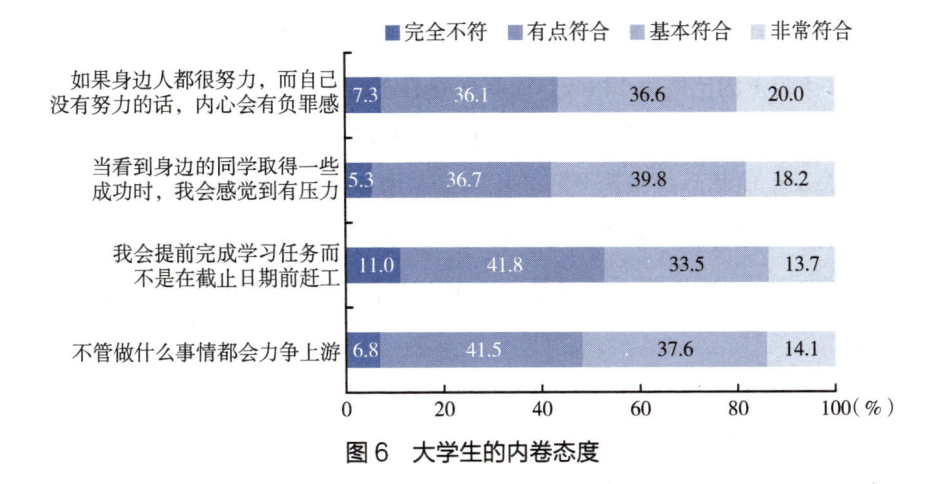

中国大学生心理健康状况调查报告

■完全不符 ■有点符合 ■基本符合 ■非常符合

陈述	完全不符	有点符合	基本符合	非常符合
如果身边人都很努力，而自己没有努力的话，内心会有负罪感	7.3	36.1	36.6	20.0
当看到身边的同学取得一些成功时，我会感觉到有压力	5.3	36.7	39.8	18.2
我会提前完成学习任务而不是在截止日期前赶工	11.0	41.8	33.5	13.7
不管做什么事情都会力争上游	6.8	41.5	37.6	14.1

图6 大学生的内卷态度

（二）高内卷环境和高内卷心态显著降低大学生心理健康水平

学校激烈的竞争环境对大学生的学习和成长有着深远的影响。一方面，它能够激励学生追求卓越，不断提升自我；另一方面，过度的竞争也可能带来极大压力，影响学生的心理健康。根据不同水平内卷心态和内卷环境中大学生K10测评结果可以观察到内卷给大学生心理健康带来的影响，处于高内卷环境中、有较高内卷心态的大学生群体面临心理困扰的风险明显高于处于低内卷环境中、有较低内卷心态的大学生群体。

如图7所示，内卷心态较低的大学生面临心理困扰风险低（1级）的比例为37.3%，在内卷心态较高的大学生群体中这一比例显著下降到33.5%；内卷心态较低的大学生面临心理困扰风险较低（2级）的比例为31.6%，在内卷心态较高的大学生群体中这一比例显著下降到27.1%。在较高内卷环境中的大学生面临心理困扰风险较低（2级）的比例（27.8%）也要显著低于在较低内卷环境中的大学生（31.6%）；在较高内卷环境中的大学生面临心理困扰风险较高（3级）的比例为17.2%，而在较低内卷环境中的大学生面临心理困扰风险较高（3级）的比例为17.0%。内卷心态较低的大学生面临心理困扰风险较高（3级）的比例为16.5%，在内卷心态较高的大学生群体中这一比例则为18.0%。大学生面临心理困扰风险高（4级）的比例在高内卷环境群体中为

165

17.8%，在低内卷环境群体中则为17.0%。低内卷心态的大学生面临心理困扰风险高（4级）的比例为14.6%，而高内卷心态的大学生面临心理困扰风险高（4级）的比例急剧上升为21.4%。以上结果表明，在高内卷环境和高内卷心态下，大学生面临心理困扰风险的比例显著增高，显示出内卷对心理健康的负面影响。无论是相关教育部门和学校，还是大学生自身都需要对这种"内卷化"竞争有正确认识和适当调节，以保障大学生在一个健康环境下成长。

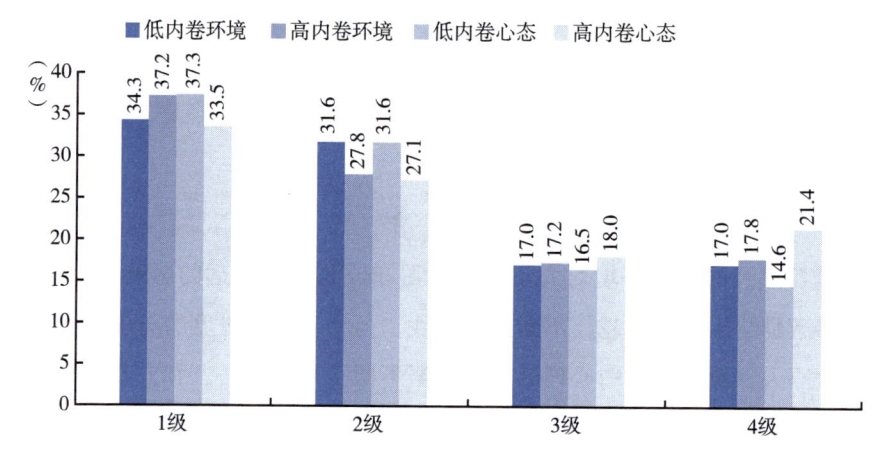

图7　不同内卷环境和心态下大学生凯斯勒心理困扰量表（K10）测评结果

三　社会支持与心理健康

在现代社会中，大学生群体面临来自学业、人际关系、职业发展等各方面的压力，这些压力对他们的心理健康构成挑战。社会支持在这一过程中扮演着至关重要的角色，它不仅能够为大学生提供必要的情感慰藉和实际帮助，还能增强他们的自我效能感和归属感，帮助他们更有效地应对生活中的困难和挑战。[1]对大学生而言，家庭支持尤为重要，也是他们心理健康的重要保障。

---

[1] 黄万琪、周威、程清洲：《大学生社会支持及应对方式与心理健康水平分析》，《中国公共卫生》2006年第2期。

家庭的理解、支持和鼓励可以使大学生更加自信、积极乐观地面对困难和挫折。此外，同伴关系也是大学生心理健康的重要因素之一，良好的同伴关系可以为他们提供情感、情绪支持，有利于其适应学校生活和应对心理问题。

（一）早期留守经历与心理健康

留守儿童，在其至关重要的成长阶段，由于缺少了父母亲情的陪伴与日常生活的悉心照料，普遍面临心理健康风险。早年时期与家庭支持系统的断裂，往往会对他们的社会情绪发展造成负面影响，包括但不限于被忽视感、抑郁、孤独感等情绪或心理障碍。这些潜在的心理健康风险，可能会在个体步入大学生活这一全新人生阶段时逐渐浮出水面，具体表现为社交障碍、自我管理能力差，以及面对学业、生活等压力时缺乏有效应对策略。

根据"中国大学生追踪调查"2023年的调查结果（见图8），在大学入学前曾有过留守经历的大学生群体——因父母一方或双方长期（6个月以上）外出务工而未能共同生活的学生——在心理健康状况的多个维度均表现不佳。具体而言，他们面临心理困扰风险较低（2级）、较高（3级）以及高（4级）这三个等级的占比分别为30.1%、24.8%和16.2%，均高于没有留守经历大学生群体相应的比例。相反，那些未曾经历留守生活的大学生面临心理困扰风险为1级的占比为37.3%，明显高于有留守经历大学生的占比（28.9%）。

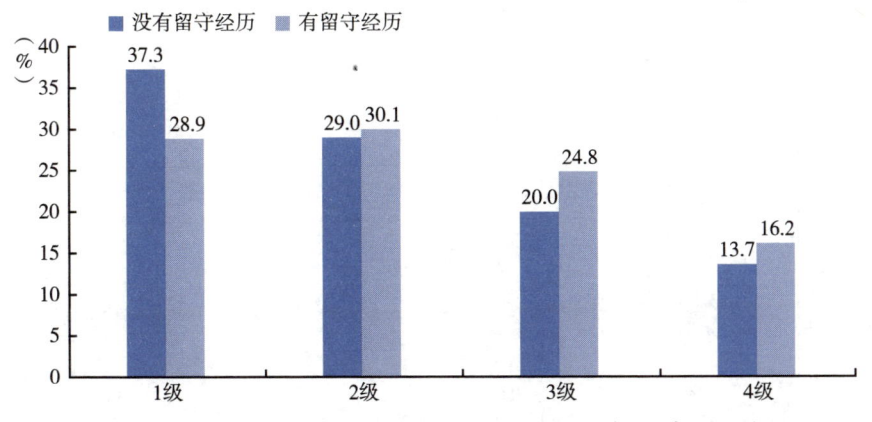

图8 不同留守经历的大学生凯斯勒心理困扰量表（K10）测评结果

（二）社会交往与心理健康

良好的社会交往为个体提供了宝贵的情感支撑与强烈的归属感，这对于缓解生活压力、驱散孤独阴霾、提升个人生活满意度及自尊水平具有不可忽视的积极作用。在与他人的深入互动过程中，个体能够收获来自外界的正面反馈，从而进一步增强其自我价值感，并在此过程中逐步习得新的社交技巧与行为规范，为个人成长与社会适应打下坚实基础。相反，如果个体长期处于社会交往缺失状态，可能会引发一系列心理障碍。

图9所示的数据进一步揭示了社会交往与心理健康之间的密切联系。那些在社会交往方面表现更佳的群体，其心理健康状况良好的比例也显著更高。具体来说，相较于在社会交往方面表现欠佳或极差的大学生群体，那些在社会交往上表现较为出色或极为出色的大学生，其面临心理困扰风险低（1级）的比例明显更高；在社会交往情况不太好时面临心理困扰风险较高（3级）的比例为31.2%，而在社会交往情况变好时这一比例不断下降并在社会交往情况很好的大学生群体中下降到9.7%；在社会交往情况极不乐观情况下，大学生群体面临心理困扰风险高（4级）的比例高达37.2%，但在社会交往情况稍显不佳的群体中则显著下降至22.3%；在社会

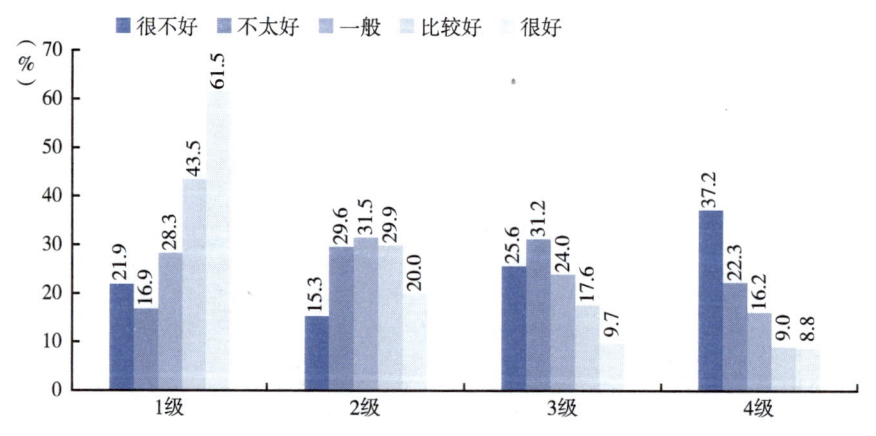

图9　不同社会交往情况的大学生凯斯勒心理困扰量表（K10）测评结果

交往情况处于一般水平的群体中，这一比例继续降低至 16.2%。令人欣慰的是，在社会交往状况比较好和很好的群体中，这一风险比例更是骤降至不足 10% 的低水平。另外，拥有朋友数量更多的大学生面临心理困扰风险等级更低。

四 大学生就业与心理健康

（一）就业信心较弱的大学生面临更高的心理困扰风险

就业信心指在校大学生对自身未来就业前景的态度。"中国大学生追踪调查" 2023 年数据显示，在校大学生就业信心较为充足，总体乐观。对未来就业有信心的大学生比例为 47.3%，说明大多数在校大学生对自身就业前景持正面预期。而"几乎没信心"的学生比例仅为 6.5%，"有一点没信心"的学生比例为 10.6%，换言之，对未来就业没信心的大学生群体比例低于 20%。另外，有 35.6% 的在校大学生就业信心为"一般"，表明这些在校大学生对未来能够找到满意工作持观望态度。

就业信心既可以影响个体就业行为，也会影响他们的心理健康状况。随着就业市场的竞争日益激烈和就业形势的不确定性增加，大学生对未来职业发展的担忧与焦虑日益加剧。"中国大学生追踪调查" 2023 年数据显示，不同就业信心学生群体的心理健康水平存在差异。低就业信心学生面临心理困扰的风险更高。就业信心较强的大学生，其心理健康状况相对良好。如图 10 所示，在"几乎没信心"的大学生群体中，面临心理困扰风险最高等级（4 级）的比例高达 32.8%，随着就业信心的提升，这一比例逐渐降低，在"有一点没信心""一般""有一点信心"群体中的比例分别为 19.6%、14.2% 和 10.4%，在"充满信心"群体中的比例仅为 8.6%。也就是说，面临心理困扰风险程度为 4 级（心理健康水平差）的比例随着在校大学生就业信心的提高呈递减态势。

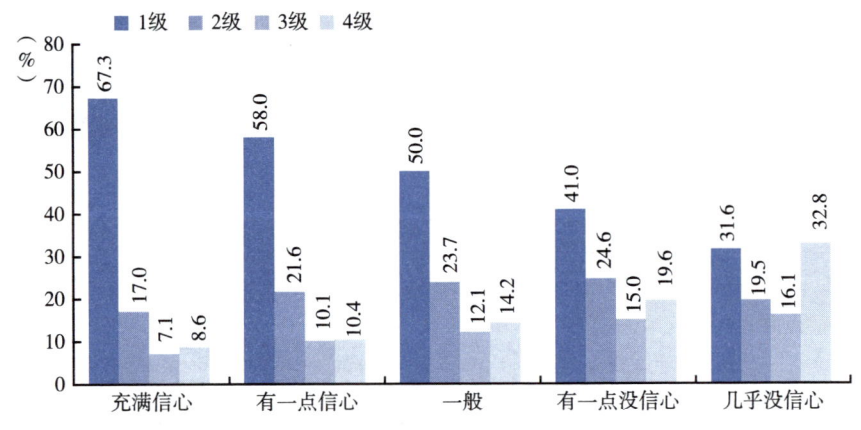

图10 不同就业信心的大学生凯斯勒心理困扰量表（K10）测评结果

对于就业信心不同的大学生而言，面临心理困扰风险最低等级（1级）的比例则呈现相反结果。在就业信心最高的在校生中，其面临心理困扰风险程度为1级的占比为67.3%。随着就业信心降低，该比例也越来越低，在"有一点信心"的大学生中比例为58.0%，在就业信心一般的大学生中比例为50.0%，在"有一点没信心"和"几乎没信心"的大学生中比例分别为41.0%和31.6%。就业信心反映了大学生对于就业前景的态度以及对自身能力的评估，面对竞争激烈的就业环境，就业信心较弱的大学生面临的心理困扰风险更高。高校需要重点关注就业信心较弱的在校大学生，给予其适当的心理关怀与社会支持。

（二）未就业毕业生群体面临的心理困扰风险更高，"躺平族"风险最高

根据大学毕业生在大学毕业后就业分流的去向，毕业生主要可以分为"就业族"、"升学族"和"未就业族"三大群体。其中，"未就业族"由于其身份角色转变失败或延迟，未达到外界如家庭、社会等的期望，会经历更多消极体验、身份压力和自我否定，面临更高的心理健康风险。如图11所示，基于"中国大学生追踪调查"2023年数据分析发现，"未就业族"表现出更高程度的心理困扰风险，其面临心理困扰风险最高等级的比例为19.6%，高

于"就业族"的16.4%和"升学族"的11.9%。而"升学族"表现出更高的心理健康水平，在面临心理困扰风险最低等级（1级）中，"升学族"的比例为59.7%，高于"就业族"的48.6%和"未就业族"的45.8%。由于毕业后回归学校，"升学族"不需要面临较大转型，而"就业族"由学生转型为社会工作人员，面临身份角色重大转变，需要应对环境转变、适应性及自我认同重构等问题，其心理健康水平稍逊于"升学族"，但相比"未就业族"又表现出相对更低的心理困扰风险。

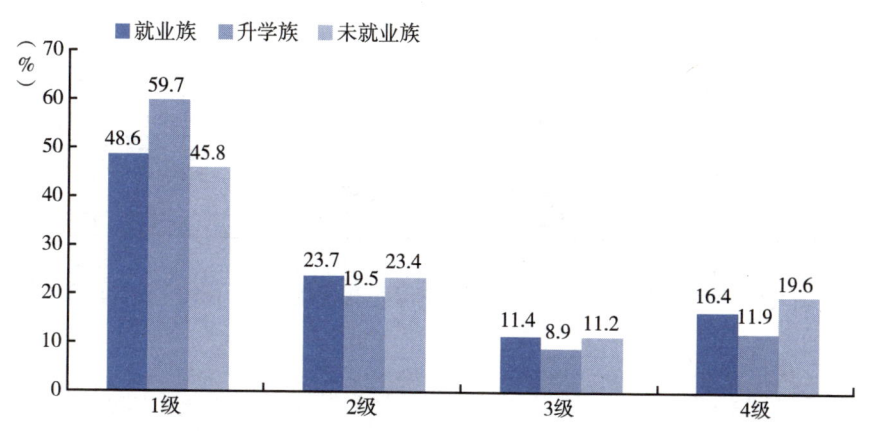

图11 不同就业去向大学毕业生凯斯勒心理困扰量表（K10）测评结果

相对于已就业和升学深造的大学毕业生，由于人力资本、家庭条件、个人追求各异，毕业未就业大学生群体内部也存在差异。其中，有仍在继续找工作的"求职族"，也有正在准备考研究生、出国深造、司法考试等情况的"备考族"，还有"什么也没做""无所事事""混日子"的"躺平族"。在这部分群体中，"躺平族"身份转型失败，其在世俗眼光中往往被给予"一事无成""什么也做不好"的负面评价，"躺平族"面临的心理健康风险更高。K10数据结果表明（见图12），在面临心理困扰风险最高等级（4级）中，"备考族"和"求职族"的比例相差不大，分别为18.5%和18.1%，而"躺平族"的比例达到27.9%，也即"躺平族"中接近三成的学生心理健康状态差，其面临心理困扰高风险比例明显高于"求职族"和"备考族"群体。因此，不可忽视对"躺平族"的帮扶，且帮扶不应局限于就业层面，而要注重为其提供系统性支持，包括心理建设、社会交往、就业机会、技能培训等全方位社会支持，以帮助这部分群体实现身份的成功转型，降低其心理健康风险。

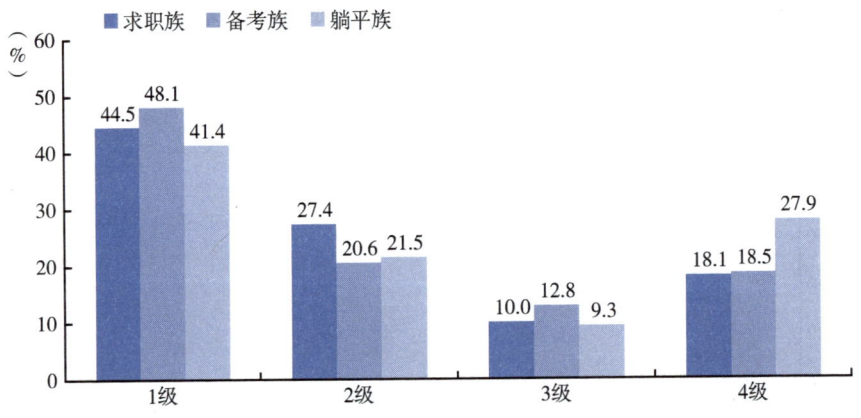

图12 不同状态未就业大学毕业生凯斯勒心理困扰量表（K10）测评结果

五 主要结论与对策建议

大学生群体面临的心理健康风险既是个体特质作用的结果，也受身处环境的影响。为有效降低大学生群体面临的心理困扰风险，防止风险进一步发展为心理障碍，必须从个体、家庭、学校、社会等多维度出发，系统性审视并识别影响心理健康的各种风险因素。本报告基于2022年与2023年"中国大学生追踪调查"的数据分析，得出以下主要结论。

第一，大学生群体总体自评心理健康水平较高，自我感觉良好。与此同时，2023年大学生心理健康的自评水平较2020年新冠疫情初期有所下降。我们借助心理评估量表（K10）发现，处于心理亚健康状态的大学生人数比例相对较高。心理亚健康状态通常表现为持续性轻度焦虑、抑郁情绪，以及应对压力挑战能力不足等问题，这些心理困扰问题虽未达到临床心理障碍诊断标准，但可能对大学生的日常生活、学习和社交活动产生负面影响。大学生自评心理健康时的偏差可能源于他们对自身心理状态缺乏精准认知，也可能与他们缺乏必要的心理健康知识、自我评估工具及能力有关。[1]

第二，大学生面临心理困扰的风险呈现显著的院校类型与年级差异。随着大学生群体内部结构的日益多元化和复杂化，不同个体所面临的学业挑战、生活环境以及压力来源也变得更加多样和异质。院校文化、年级特有的学业压力与职业规划困惑，都影响着大学生的心理状态。因此，理解和应对大学生心理困扰问题时，必须充分考虑到这些复杂的个体差异，采取针对性的预防和干预措施，以便更有效地促进大学生的心理健康和全面发展。

第三，"内卷"现象对大学生群体的心理健康造成显著负面影响，与大学生承受的压力之间存在紧密联系。大学生内卷不仅在学习、生活、社交等多个维度引发广泛的焦虑、困惑与不安情绪，而且成为压力滋生的"温床"，这些压力恰好构成了大学生压力源的核心部分。随着环境压力持续攀升，处于高度内卷环境和强烈内卷心态中的大学生面临更高的心理困扰风险。因此，高校亟须采取有效措施缓解内卷压力，促进大学生的全面健康发展。

第四，良好的社会支持对大学生心理健康具有积极影响。对于早期经历过留守生活的大学生来说，他们在成长过程中可能缺乏稳定的家庭支持，导致他们在心理健康方面面临更多挑战。在社会交往中表现更为出色的大学生往往拥有良好的心理健康状况，面临心理困扰的风险也相对较低。面对大学生活中的多重压力，社会支持成为缓解这些压力的关键。我们需要通过增强社会支持网络、培养大学生的社交技能，帮助大学生更好地适应大学生活，建设"美好心灵"。

第五，尽管多数大学生对就业前景持乐观态度，但这种乐观情绪并非普遍存在，仍有相当一部分学生面临就业信心不足的困境。就业信心相对较弱的学生在心理健康方面往往面临更大挑战，他们更容易陷入焦虑、抑郁等负

---

[1] 罗小兰：《中国当代大学生自我评价偏差与心理健康》，《山西大学学报》（哲学社会科学版）2005年第1期。

面情绪之中,相比之下,那些就业信心较强的学生面临心理困扰的风险相对较低。"升学族"的心理健康水平相对较高,这可能与他们有着更为明确的学习目标和未来规划有关。而"未就业族"尤其是那些被称为"躺平族"的群体,则面临更高的心理健康风险。他们往往缺乏明确的人生目标,对未来感到迷茫和无助,这种心理状态使得他们更容易出现情绪问题。

大学生心理健康是一项多维度、多层次的系统工程,深受家庭、学校、社会等多方面压力源影响。教育部门、高校及家庭等相关方面均需高度重视,不仅要提高大学生对心理健康风险的认识,更要让大学生掌握有效的应对技能和策略。家庭、学校和社会三方应形成合力,共同为大学生提供全方位支持和帮助。随着互联网的普及和发展,线上线下的融合策略也日益重要。构建健康信息生态与积极生活方式的综合策略,不仅能够帮助大学生更好地获取健康知识,还能引导他们形成健康的生活方式,从而有效促进大学生的身心健康。

参考文献

林扬千:《精疲力竭的突围:大学生内卷化现象的表现、危害及应对》,《当代青年研究》2021年第3期。

黄万琪、周威、程清洲:《大学生社会支持及应对方式与心理健康水平分析》,《中国公共卫生》2006年第2期。

罗小兰:《中国当代大学生自我评价偏差与心理健康》,《山西大学学报》(哲学社会科学版)2005年第1期。

徐凌忠、王建新、孙辉、张希玉、王兴洲、周成超、姜少敏、李瑞英:《Kessler 10在我国的首次应用研究及其重要意义》,《卫生软科学》2005年第6期。

B.10 中国居民文化发展满意度调查报告*

高文珺　朱迪　龚顺　张衍　李闯　黄燕华　云庆**

摘　要： 本报告将满足民众文化需求、促进文化自信和提升中华文化国际影响力作为文化强国建设的三个目标，从居民满意度角度，根据对全国35668名居民的抽样调查，分析这三个目标的实现情况。结果发现：①居民最流行的文化参与活动是看影视剧或综艺，网络文化生活渐成日常但缺少创造性参与，旅游文化消费支出较多。②当前我国文化发展基本满足了居民的文化需求，在公共文化服务、文化消费市场和群众自组织文体活动等文化供给方面，居民的满意度整体较高，但还存在需完善之处并且要注重发展均衡性。③居民文化自信水平较高，文化自信存在人口学差异。④文化传播渠道上新媒体与传统媒介并存，数字化特征突出。

关键词： 文化需求　公共文化服务　文化自信　文化传播

---

* 本文系中国社会科学院重大创新项目"数字时代文化强国建设研究"（2023YZD051）阶段性成果。
** 高文珺，中国社会科学院社会学研究所副研究员，中国社会科学院国情调查与大数据研究中心研究员，主要研究方向为文化心理学；朱迪，中国社会科学院社会学研究所研究员，中国社会科学院国情调查与大数据研究中心研究员，主要研究方向为消费社会学；龚顺，中国社会科学院社会学研究所副研究员，主要研究方向为社会分层与流动；张衍，中国社会科学院社会学研究所副研究员，主要研究方向为社会心态；李闯，中国社会科学院社会学研究所助理研究员，主要研究方向为青年社会学；黄燕华，中国社会科学院社会学研究所助理研究员，主要研究方向为消费社会学；云庆，中国社会科学院社会学研究所助理研究员，主要研究方向为社会心态。

文化是一个国家、一个民族的灵魂。文化兴国运兴，文化强民族强。建成文化强国是中国式现代化建设的基本内容，也是实现中华民族伟大复兴的必要条件。党的十八大以来，习近平总书记将文化建设摆在治国理政的突出位置，提出了一系列新时代文化建设的新思想新观点新论断，丰富和发展了马克思主义文化理论，形成了习近平文化思想。深入学习贯彻习近平文化思想，在新的起点上继续推动文化繁荣、建设文化强国，是我们新的文化使命。中国共产党第二十次全国代表大会的报告从强国建设、民族复兴高度，提出"推进文化自信自强，铸就社会主义文化新辉煌"的重大任务，就"繁荣发展文化事业和文化产业"作出部署安排，为做好新时代文化工作提供了根本遵循、指明了前进方向。中国共产党二十届三中全会明确提出全面深化改革的总目标之一是聚焦建设社会主义文化强国。中共中央政治局2024年10月就建设文化强国进行的第十七次集体学习上，习近平总书记再次强调要锚定2035年建成文化强国战略目标。

本报告立足新时代文化强国建设目标，从三个层面分析文化强国建设，认为文化强国建设目标首先是满足人民群众精神文化需求，促进文化繁荣发展（基础目标），在此基础上，在社会层面形成文化自信和价值观共识（社会目标），在国家层面提升中华文化国际影响力（国家目标）。本报告从民众角度对三个层面文化强国建设目标的实现情况进行了分析。

本报告主要基于2023年全国大规模双潜PPS抽样的居民问卷调查数据。调查采用网络推送方式，针对18~70岁且在抽样区域居住半年及以上的中国居民开展。采用第七次人口普查县级市及以上抽样框，共包括全国31个省（区、市）的1366个县级市及以上区县，使用双潜PPS抽样法抽取248个区县，每个区县抽取125个城镇和农村样本，共3.1万个样本。在此基础上，为保证获得足够下沉的农村样本，另通过机会抽样追加县级市及以下农村样本4000余个，并根据各省份和城镇分级分年龄和性别的农村人口比例进行配额，以保证追加的农村样本量在省级和城镇分级层面有一定代表性。因此，一共抽样3.5万余个城镇和农村样本。经过数据清洗之后，本次调查最终获得有效样本35668个。其中，女性占48.73%，男性占51.27%；常住地（居住时间半年及以上）在城镇的居民占58.01%，农村居民占41.99%；平均年龄为41岁，其中"90后"和"00后"占比32.12%,"80后"占比20.37%,"70后"占比26.96%,"50后"和"60后"占比20.55%。

一 居民文化参与的基本情况

(一)居民文化活动参与的主要趋势和分布特征

本次调查中,居民当前经常参与的文化活动排在前五位的依次是看影视剧或综艺节目(52.42%)、进行网络文化活动(45.22%)、参加群众文体活动(39.09%)、去美术馆或博物馆等文化场馆(34.28%)和旅游(34.26%),如表1所示。整体看,居民文化参与活动类型较为丰富,主动参与性较强,文化活动参与形式日益丰富,网络成为居民参与文化活动的重要渠道,看影视剧、短视频、直播等都可通过网络渠道。但与此同时,线下活动仍具有其影响力,如线下参观文化场馆、旅游、看演出和比赛在居民文化生活中仍占据了相当比例。

表1 居民经常参与的文化活动(N=35668)

单位:%

文化活动	占比
看影视剧或综艺节目(包括线下和网上)	52.42
进行网络文化活动(如看直播、短视频、演出等,不含游戏)	45.22
参加群众文体活动(如广场舞、群众体育、歌咏绘画摄影比赛等)	39.09
去文化场馆(文化馆、美术馆、博物馆等)	34.28
旅游	34.26
现场观看文艺演出和体育赛事	30.46
看图书、报刊(含纸版或电子版,不含漫画)	29.32
玩游戏(主机和网络游戏)	26.68
参与娱乐活动(KTV、酒吧、游乐园、剧本杀等)	26.21
听广播	20.34
购买工艺美术品、收藏品、文创产品	19.14
看动漫	15.93
其他	0.11
都没参加过	2.41

注:此题为多选题,故所有选项比例相加大于100%。

虽然网络文化活动参与活跃，但居民参与多以体验为主，创造性参与较少（见表2）。网络文化活动可以划分为两种，一种可称为体验式网络文化活动，在这些文化活动中，人们更多的是观赏和体验文化产品；另一种可称为参与式网络文化活动，在这些文化活动中，人们往往在一定程度上参与到文化生产中，通过评论、发表观点、发起话题、记录生活、网络创作等形式参与形成网络文化。调查显示，居民通过网络媒介被动观赏和体验文化产品，如刷短视频、使用社交媒体平台的比例皆超过半数；而发挥主动性参与网络文化活动，如参加网络互动活动、发起文化讨论和话题、进行网络创作等，比例则在17.01%~25.54%，创造性参与有较大提高空间。

表2 居民网络文化活动参与的主要方式分布（N=35668）

单位：%

体验式网络文化活动	占比	参与式网络文化活动	占比
刷短视频	58.34	点赞、评论、转发	57.57
使用社交媒体平台	51.12	记录和分享生活	44.79
上网看影视剧、看综艺	49.58	参加网络互动活动	25.54
上网看新闻	43.12	在论坛、社区、话题小组发表看法	24.85
上网听音乐	41.85	参加网络评选活动	22.49
看直播	33.61	参加网络文化节日	22.39
上网看文体演出	33.26	在网上为博主或偶像投票、打赏	19.23
上网看书	31.31	发起话题、组织活动	19.08
玩网络游戏	28.40	进行网络创作	17.01
上网看动漫	18.51	其他	0.06
听网络广播（剧）、播客	17.54	都没参加过	5.67
云观展、VR旅游	12.16		
其他	0.06		
都没参加过	1.35		

注：此题为多选题，故所有选项比例相加大于100%。

居民文化参与程度也有差异，与社会经济地位差异和公共文化服务供给的区域差异有关。收入高的居民，参与各项文化活动的比例都较高（见图1）。[①] 城镇居民的文化参与比例普遍要高于农村居民，特别是在旅游、看图书报刊、去文化场馆等方面；而农村居民则是在群众文体活动参与比例上高于城镇居民，城镇和农村居民网络文化活动参与差异不大（见图2）。

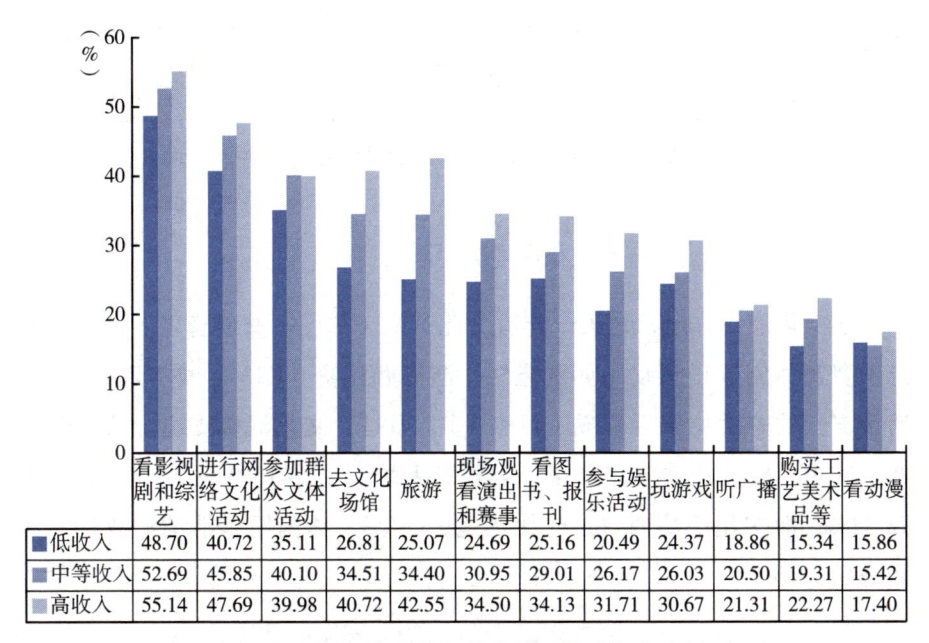

	看影视剧和综艺	进行网络文化活动	参加群众文体活动	去文化场馆	旅游	现场观看演出和赛事	看图书、报刊	参与娱乐活动	玩游戏	听广播	购买工艺美术品等	看动漫
低收入	48.70	40.72	35.11	26.81	25.07	24.69	25.16	20.49	24.37	18.86	15.34	15.86
中等收入	52.69	45.85	40.10	34.51	34.40	30.95	29.01	26.17	26.03	20.50	19.31	15.42
高收入	55.14	47.69	39.98	40.72	42.55	34.50	34.13	31.71	30.67	21.31	22.27	17.40

图1 不同收入居民经常参与的文化活动对比（N=35668）

---

① 根据李培林等（2020）提出的相对标准界定收入群体的方法，我们将个人月收入中位值75%及以下的界定为低收入群体，75%~200%（不含75%）的界定为中等收入群体，200%以上的界定为高收入群体。本调查中，受访者收入中位值为4500元，低收入群体月收入在3375元及以下，中等收入群体月收入为3375~9000元（不含3375元），高收入群体月收入为9000元以上。

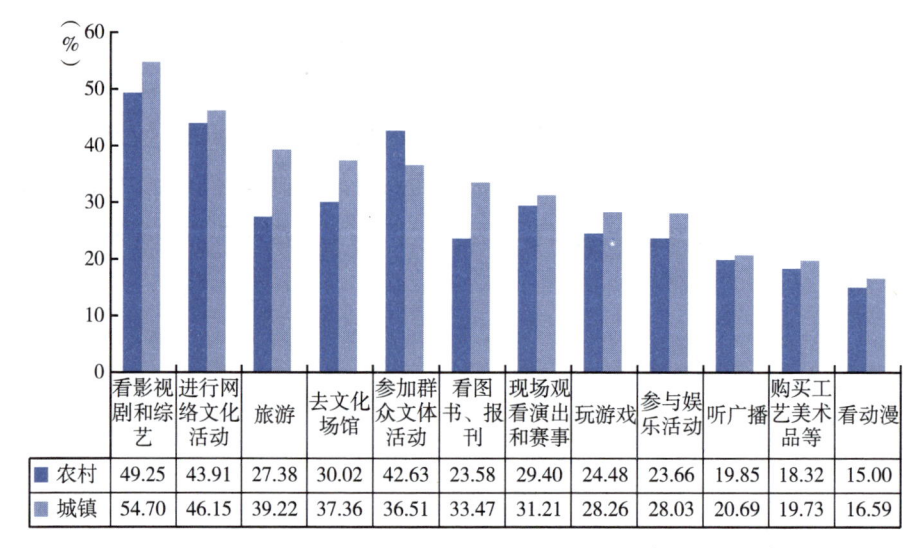

图2 城镇和农村居民经常参与的文化活动对比（N=35668）

	看影视剧和综艺	进行网络文化活动	旅游	去文化场馆	参加群众文体活动	看图书、报刊	现场观看演出和赛事	玩游戏	参与娱乐活动	听广播	购买工艺美术品等	看动漫
农村	49.25	43.91	27.38	30.02	42.63	23.58	29.40	24.48	23.66	19.85	18.32	15.00
城镇	54.70	46.15	39.22	37.36	36.51	33.47	31.21	28.26	28.03	20.69	19.73	16.59

（二）居民文化消费支出结构与差异

在文化消费方面，过去一年有文化产品（如图书文创音像）消费、旅游消费和休闲娱乐活动（如看电影、演出和比赛，KTV、剧本杀等场所）消费支出的家庭均接近九成（见表3）。但是，文化消费支出金额普遍较低。其中，旅游消费支出最多，年家庭人均支出在1001元及以上的占比52.48%，而文化产品消费这一比例是33.60%，休闲娱乐活动消费这一比例是38.59%。

表3 居民文化消费基本情况（N=35668）

单位：%

消费情况	有无此项消费		消费金额		
	无	有	0~500元	501~1000元	1001元及以上
文化产品消费	11.78	88.22	39.41	26.98	33.60
旅游消费	10.91	89.09	25.54	21.98	52.48
休闲娱乐活动消费	10.59	89.41	37.48	23.93	38.59

居民的文化消费行为也存在社会经济地位差异和地区差异。收入较高的居民，其日常生活中文化产品消费、旅游消费、休闲娱乐活动消费方面，无论是从频次还是金额上都要高于其他人。城镇居民的文化消费频次和金额也高于农村居民，特别是在旅游消费方面（见表4）。

表4 居民文化消费群体差异（N=35668）

单位：%

文化消费	类目	低收入	中等收入	高收入	农村	城镇
文化产品消费	有此消费的比例	80.31	89.24	92.84	87.18	88.97
	人均消费在1001元及以上的比例	17.62	33.33	49.51	31.10	35.41
旅游消费	有此消费的比例	78.29	90.59	95.13	87.60	90.17
	人均消费在1001元及以上的比例	29.31	53.03	72.91	45.99	57.18
休闲娱乐活动消费	有此消费的比例	81.09	90.51	94.22	88.74	89.90
	人均消费在1001元及以上的比例	23.24	37.82	55.32	37.37	39.48

二 文化发展与居民文化需求满足情况分析

（一）居民个体和社会文化需求满足情况

1. 居民个体和社会文化需求满足情况

居民个体层面文化需求体现在娱乐享受、社交归属和素养提升几个方面，分析显示通过参与文化活动获得较高社交归属需求满足的人数比例最高（69.70%），其次是素养提升需求（60.99%）和娱乐享受需求（59.50%）。综合三种需求的满足情况看，有53.61%的居民认为自己这些个体文化需求获得较高程度的满足，45.37%的居民获得中等程度的满足，仅有1.02%的人需求满足程度较低（见表5）。

表5 居民个体文化需求满足情况（N=35668）

单位：%

满足情况	娱乐享受需要	社交归属需求	素养提升需求	个体文化需求均分①
较低满足	1.54	5.24	2.32	1.02
中等满足	38.96	25.05	36.69	45.37
较高满足	59.50	69.70	60.99	53.61

社会层面的文化需求满足情况是人们对自身文化持续发展活力的评价，可通过人们对当前文化发挥社会功能的满意度呈现。居民对我国文化传承创新能力和文化国际传播能力感到满意的人数占比均超过六成，中等程度满意的比例超过三成，不满意的比例很低（见表6）。综合两个维度看，居民对我国社会文化需求满意度总体超过六成（62.35%）。

表6 居民社会文化需求满足情况（N=35668）

单位：%

满意情况	文化传承创新能力	文化国际传播能力	社会文化需求均分
不满意	1.54	1.78	0.86
一般	31.90	34.38	36.79
满意	66.56	63.85	62.35

总的来看，居民的个体和社会文化需求都获得了一定满足，因此，居民对我国文化发展的总体评价也比较高，分析显示，有79.55%的居民认为党的十八大以来中国文化发展整体水平是持续提升的。

2. 不同群体文化需求满足的特点

分析不同性别、年龄、月收入和区域群体的需求满足程度发现，无论是对个体文化需求的满足程度评价，还是对社会文化需求的满意度评价，都存在人口学差异。性别上，女性比男性对两个层面的需求满足程度评价都更高。年龄上，与其他年龄群体相比，"90后"和"00后"认为个体文化需求满足度高的人数比

---

① 个体文化需求均分由各维度（娱乐享受需求、社交归属需求和素养提升需求）题目相加取平均分获得，代表个体层面文化需求整体的满足情况，下同。

例最低,"80后"对文化发展在传承创新和国际影响力上的表现最不满意。月收入方面,月收入较低的居民两个层面的需求满足度都最低。地区方面,农村居民在个体和社会两个层面的文化需求满足感上都强于城镇居民(见表7)。

表7 不同群体的文化需求满足程度(N=35668)

单位:%

群体	个体文化需求满足度高的人数比例	社会文化需求满足度高的人数比例
女性	55.64	64.29
男性	51.67	60.50
"90后"和"00后"	51.71	62.58
"80后"	53.60	60.36
"70后"	55.08	62.11
"50后"和"60后"	54.66	64.26
低收入	50.57	59.37
中等收入	54.16	63.43
高收入	54.96	62.15
农村	56.42	64.64
城镇	51.57	60.69

(二)公共文化服务供给满足居民需求的情况

1. 公共文化服务供给情况

公共文化服务供给是满足居民文化需求的重要途径。本报告从公共文化服务设施和活动组织方面对公共文化服务供给进行分析。

在公共文化服务设施供给方面,社区或村居范围内,休闲文化场所可及性较高(见图3),56.81%的受访者所在社区或村居有休闲运动广场(或公共体育场馆),49.28%有综合性文化服务中心(如社区活动中心和老年大学等),但是新型文化空间可及性相对较低,28.80%有流动阅读亭、流动展览馆、文化市集等新型文化空间。专业文化场所整体可及性较低,其中可及性相对较高的是图书馆或图书室、文化馆,但也刚过1/3(37.03%),美术馆、博物馆、纪念馆(23.34%)和剧院或音乐厅(16.48%)等专业文化场所覆盖率更低。

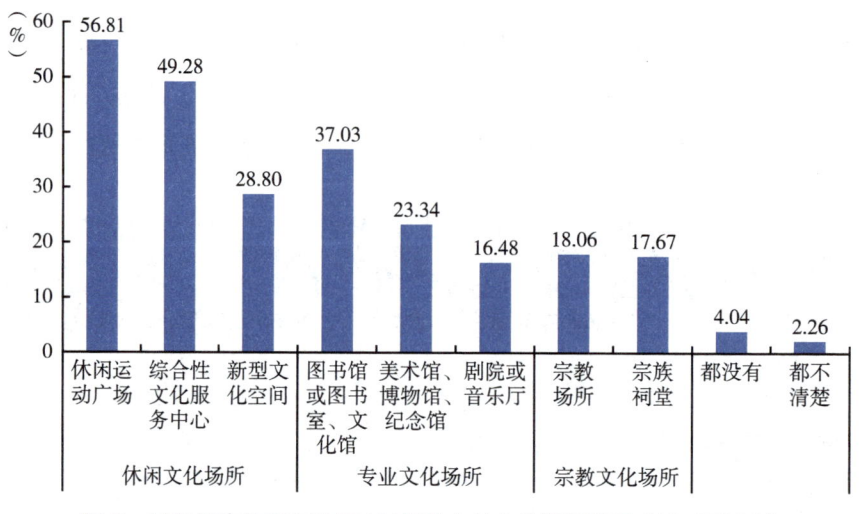

图3 居民报告的所在社区/村居的公共文化场所情况（N=35668）

在公共文化服务活动开展方面，休闲文化活动和传统文化活动的可及性较高（见图4），47.89%的居民所在社区/村居有组织群众文体活动或比赛，44.49%有中国传统节日活动，38.05%有地方民俗文化活动。三成左右的社区会组织大众文化活动，如31.37%有电影放映，28.58%有组织文艺演出。图书等借阅、文化展览、非遗知识普及与文化传播活动的比例都在1/4左右。

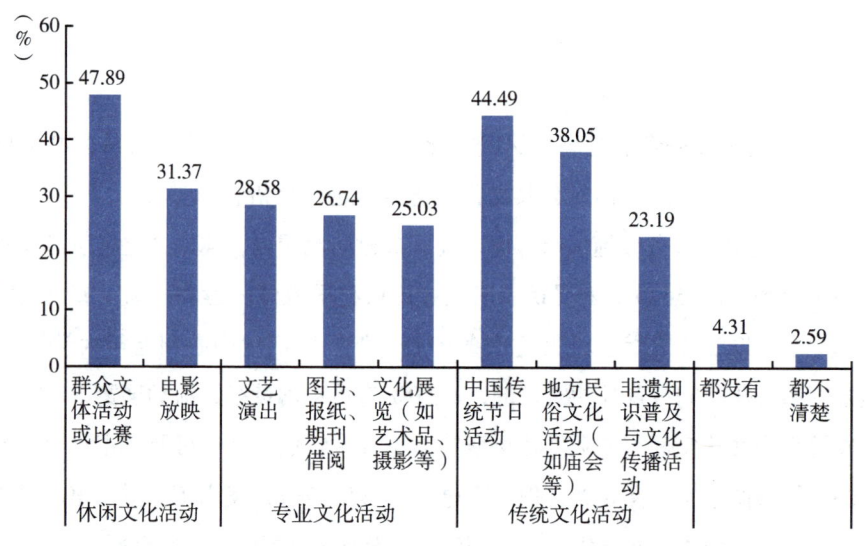

图4 居民报告的所在社区/村居的公共文化活动情况（N=35668）

2. 公共文化服务供给的地区差异

本调查发现，公共文化服务供给，因地区和社会经济地位限制，存在一定的发展不均衡问题。

在场所分布上，城镇农村对比显示，农村地区无论是休闲文化场所还是专业文化场所的分布都要弱于城镇（见表8）。例如，城镇居民报告所在社区有休闲运动广场的比例（61.24%）高于农村居民（50.69%），城镇居民报告所在社区有美术馆、博物馆、纪念馆的比例（27.75%）也要高于农村居民（17.25%），只有在宗族祠堂[①]的分布上，农村居民所在社区的拥有率（21.11%）要高于城镇居民（15.18%）。不同收入水平的居民所在社区公共文化服务供给也存在差异，收入较高的居民，其居住的社区周边公共文化服务也更为丰富和完善，如休闲文化场所和专业文化场所，收入高的居民所在社区周边这些场所的覆盖率都要远高于收入低的居民所在社区，平均高出7.56~14.71个百分点。

表8 分城乡和不同收入水平居民所在社区的公共文化服务设施和文化活动分布特点
（N=35668）

单位：%

分类		项目	地区		不同收入水平		
			农村	城镇	低收入	中等收入	高收入
社区公共文化场所	休闲文化场所	休闲运动广场	50.69	61.24	48.98	57.78	61.49
		综合性文化服务中心	44.89	52.46	41.56	50.10	54.32
		新型文化空间	27.46	29.76	22.16	29.65	32.72
	专业文化场所	图书馆或图书室、文化馆	27.34	44.04	28.97	37.38	43.68
		美术馆、博物馆、纪念馆	17.25	27.75	17.61	23.44	28.51
		剧院或音乐厅	12.98	19.01	12.53	16.53	20.09
	宗教文化场所	宗教场所	18.08	18.05	16.63	17.95	19.75
		宗族祠堂	21.11	15.18	16.58	17.85	18.21
	都没有		5.34	3.10	7.20	7.20	3.58
	都不清楚		2.32	2.21	4.24	4.24	1.98

---

① 这里的宗族祠堂是指属于公共文化服务设施范围内的宗族祠堂。

续表

分类		项目	地区		不同收入水平		
			农村	城镇	低收入	中收入	高收入
社区公共文化活动	休闲文化活动	群众文体活动或比赛	43.41	51.13	40.73	49.02	51.51
		电影放映	29.85	32.47	28.54	31.34	34.14
	专业文化活动	文艺演出	25.34	30.92	25.06	28.89	31.03
		图书、报纸、期刊借阅	20.91	30.96	21.02	26.73	32.20
		文化展览	21.85	27.33	19.53	25.29	29.52
	传统文化活动	中国传统节日活动	41.23	46.85	39.48	44.62	48.88
		地方民俗文化活动	41.57	35.49	33.56	39.27	38.87
		非遗知识普及与文化传播	22.71	23.54	18.80	23.34	26.95
	都没有		4.47	4.20	7.03	7.03	7.03
	都不清楚		1.84	3.13	3.79	3.79	3.79

在活动组织上，除了地方民俗文化活动之外，农村社区休闲文化活动和专业文化活动的可及性均低于城镇。高收入居民所在社区的各类公共文化活动组织比例都高于低收入居民所在社区，平均高出5.31~11.18个百分点。

3. 公共文化服务供给居民满意度情况

居民对公共文化设施和服务的满意度分析结果显示，居民大多比较满意（68.72%）（见图5），其中最为满意的是硬件条件，73.68%的居民对触达公共文化服务场所的交通满意，73.02%对设施环境满意，70.36%对场所数量满意。之后依次是对服务水平、开放时间、无障碍设施、活动质量、意见反馈渠道的满意度。相对而言，满意度较低的是公共数字文化服务相关内容，对场馆网络条件和数字化程度（如公众号、云观展等）的满意度分别是65.93%和63.92%。

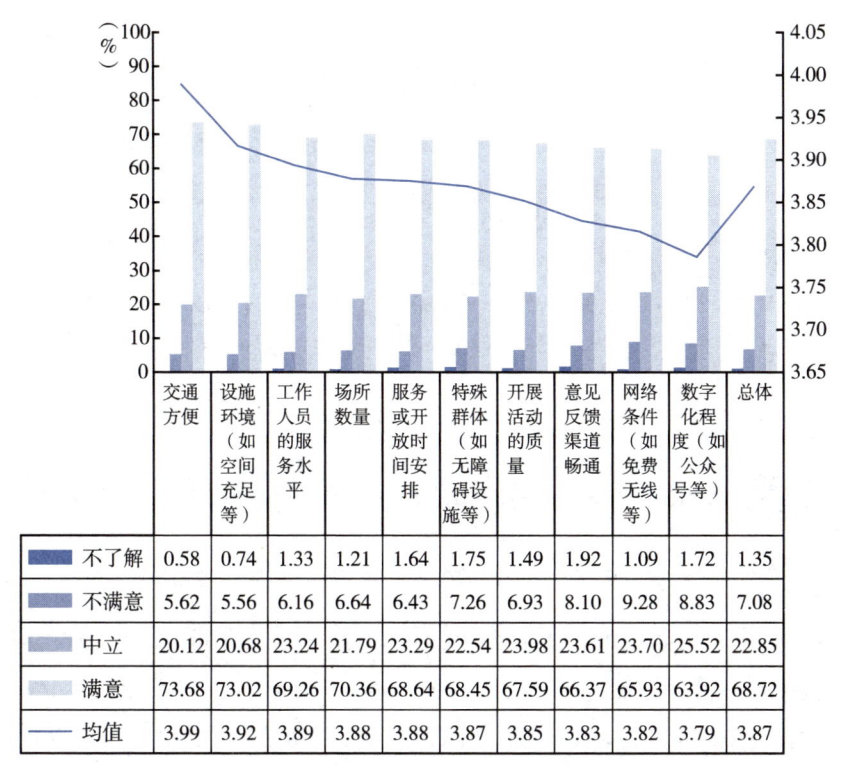

	交通方便	设施环境（如空间充足等）	工作人员的服务水平	场所数量	服务或开放时间安排	特殊群体（如无障碍设施等）	开展活动的质量	意见反馈渠道畅通	网络条件（如免费无线等）	数字化程度（如公众号等）	总体
不了解	0.58	0.74	1.33	1.21	1.64	1.75	1.49	1.92	1.09	1.72	1.35
不满意	5.62	5.56	6.16	6.64	6.43	7.26	6.93	8.10	9.28	8.83	7.08
中立	20.12	20.68	23.24	21.79	23.29	22.54	23.98	23.61	23.70	25.52	22.85
满意	73.68	73.02	69.26	70.36	68.64	68.45	67.59	66.37	65.93	63.92	68.72
均值	3.99	3.92	3.89	3.88	3.88	3.87	3.85	3.83	3.82	3.79	3.87

图5 居民对本地公共文化设施和服务的满意度（N=35668）

4. 公共文化服务供给居民满意度的群体差异

不同群体对公共文化服务供给的满意程度存在一定差异（见表9）。农村居民在各方面的满意度绝大多数都高于城镇居民，除了对设施环境的满意度二者基本一致外，只有在交通方便程度上，农村居民的满意度低于城镇居民，这可能是因为所在地区的公共文化设施往往位于城镇，距离农村较远。大致而言，收入越高的居民，对公共文化服务的满意度水平越高，这可能与其所处环境触及各种公共文化服务更便利有关。"90后"和"00后"青年群体对公共文化服务的满意度最低，"50后"和"60后"老年群体的满意度水平则更高。具体而言，与其他群体相比，"90后"和"00后"青年群体在公共文化服务供给的场所数量、意见反馈渠道畅通、工作人员的服务水平、数字化程度和开展活动的质量等方面不满意感知更为明显。

表 9　居民公共文化服务满意度的群体差异（N=35668）

单位：%

项目	地区 农村	地区 城镇	月收入 低收入	月收入 中等收入	月收入 高收入	年龄 "90后"和"00后"	年龄 "80后"	年龄 "70后"	年龄 "50后"和"60后"
场所数量	73.14	69.83	67.91	71.89	72.45	66.28	72.61	72.60	75.73
交通方便	70.66	76.61	70.08	74.61	76.52	72.28	76.13	73.44	75.85
服务或开放时间安排	70.72	69.10	67.41	70.20	70.81	67.32	70.35	69.52	73.39
开展活动的质量	71.08	66.83	65.93	69.17	69.59	64.74	70.02	69.65	71.91
工作人员的服务水平	71.25	69.44	67.21	70.65	71.74	66.77	70.65	70.56	74.63
设施环境	73.30	73.75	69.53	73.86	76.52	71.13	74.59	74.32	75.34
网络条件	67.42	66.11	64.20	67.14	67.65	64.17	66.87	66.84	70.12
数字化程度	65.65	64.59	62.20	65.22	67.19	61.52	65.84	65.69	68.87
特殊群体（无障碍设施）	71.62	68.24	67.40	70.12	70.50	67.65	70.53	69.74	71.81
意见反馈渠道畅通	70.48	65.61	65.72	68.22	67.94	63.23	68.63	68.70	72.23

注：表格中所列数字为各项满意度高的人数比例。

（三）文化消费市场供给满足居民需求的情况

1. 文化消费市场居民满意度情况

居民对我国文化消费市场较为满意，68.15%的居民表示比较满意和非常满意，25.34%的居民认为一般，6.51%的居民不太满意和非常不满意。

但市场秩序方面还需要加强（见图6），关于文化消费市场存在的问题，高达72.09%的居民认为"黄牛"扰乱了文化消费市场秩序，此外，票价太高或门票难买也是半数以上居民反映的问题。

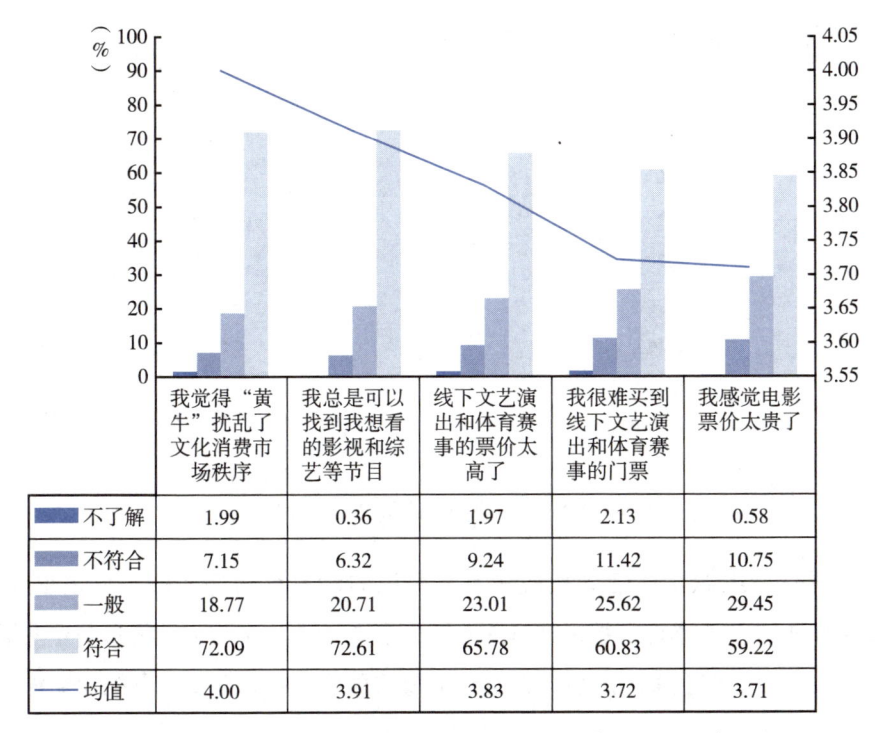

	我觉得"黄牛"扰乱了文化消费市场秩序	我总是可以找到我想看的影视和综艺等节目	线下文艺演出和体育赛事的票价太高了	我很难买到线下文艺演出和体育赛事的门票	我感觉电影票价太贵了
不了解	1.99	0.36	1.97	2.13	0.58
不符合	7.15	6.32	9.24	11.42	10.75
一般	18.77	20.71	23.01	25.62	29.45
符合	72.09	72.61	65.78	60.83	59.22
均值	4.00	3.91	3.83	3.72	3.71

图6 居民认为文化消费市场存在的问题（N=35668）

2. 文化消费市场居民满意度的群体差异

比较居民对文化消费市场的总体评价发现，不同群体对文化消费市场的满意程度有所不同（见表10）。女性、老年人、中高收入群体和农村居民对文化消费市场的评价相对更高；"90后"和"00后"青年群体与低收入群体对文化消费市场的满意度较低。

表10 文化消费市场满意度的群体差异（N=35668）

单位：%

项目	文化消费市场满意度高的人数比例
女性	70.16
男性	66.24
"90后"和"00后"	62.45
"80后"	69.03

189

续表

项目	文化消费市场满意度高的人数比例
"70后"	69.88
"50后"和"60后"	73.92
低收入	63.41
中等收入	69.56
高收入	68.71
农村	71.99
城镇	65.37

（四）群众自组织文体活动满足居民需求的情况

群众自组织文体活动比较丰富，居民的满意度普遍较高（见表11）。73.98%的人认为本地自组织文体活动较为丰富，75.18%的人认为参与这些活动比较方便，综合考虑之后，也有近七成的居民（67.01%）对自组织文体活动表示满意。

表11 自组织文体活动满意度的群体差异（N=35668）

单位：%

项目	自组织文体活动综合评价满意度高的人数比例	认为自组织文体活动丰富性高的人数比例	认为自组织文体活动便利性高的人数比例
女性	69.55	76.27	77.44
男性	64.60	71.80	73.03
"90后"和"00后"	61.29	70.14	70.88
"80后"	67.90	74.97	76.34
"70后"	68.63	75.28	76.51
"50后"和"60后"	72.93	77.24	79.01
低收入	61.45	68.61	69.41
中等收入	68.66	75.34	76.54
高收入	67.65	75.20	76.79
农村	70.85	77.23	77.37

续表

项目	自组织文体活动综合评价满意度高的人数比例	认为自组织文体活动丰富性高的人数比例	认为自组织文体活动便利性高的人数比例
城镇	64.23	71.62	73.59
总体	67.01	73.98	75.18

不同居民对自组织文体活动的满意度有所不同。地区对比来看，农村居民对自组织文体活动整体满意度高于城镇居民，对其丰富性（77.23%）和便利性（77.37%）的满意度也都要高于城镇居民（71.62%和73.59%）。女性比男性对自组织文体活动更为满意。"50后"和"60后"老年群体对自组织文体活动的满意度最高，而"90后"和"00后"青年群体则满意度最低。中高收入群体对自组织文体活动的满意度比较高，低收入群体的满意度则较低。

（五）文化产品构成满足居民需求的情况

当前，我国社会文化产品供给丰富多样，中华优秀传统文化（81.13%）和主旋律文化（77.51%）相关的文化内容最受居民喜爱，其次是网络文化（70.25%）。群众文化、流行文化和专业文化也都有六成以上的居民表示喜欢（见表12）。

表12 居民对不同类型文化产品的喜欢程度（N=35668）

单位：%

项目	不喜欢	一般	喜欢	不了解
中华优秀传统文化	3.30	13.89	81.13	1.67
主旋律文化	4.27	16.66	77.51	1.56
网络文化	5.26	21.55	70.25	2.94
群众文化	5.73	24.20	67.73	2.34
流行文化	6.19	23.88	66.94	3.00
专业文化	6.35	25.49	64.33	3.83

居民对这些文化发展的满意度也较高（见表13），最满意的是主旋律文化的发展（77.61%），其次就是中华优秀传统文化的发展（77.28%）。结合表12中喜欢程度的数据看，喜欢中华优秀传统文化的超过八成，但对其发展满意度较高的人不到八成，这表明在中华优秀传统文化的弘扬上，还需要做出一定努力以提高居民满意度。

表13　居民对我国不同类型文化发展现状的满意程度（N=35668）

单位：%

项目	不满意	一般	满意	不了解
主旋律文化	4.22	17.18	77.61	0.99
中华优秀传统文化	4.93	16.61	77.28	1.17
网络文化	5.75	22.88	69.63	1.74
群众文化	5.43	23.89	69.33	1.35
流行文化	6.00	26.21	65.71	2.07
专业文化	6.31	26.71	64.56	2.42

（六）文化产品质量满足居民需求的情况

文化发展的重要目标包括继承和弘扬中华优秀传统文化、培育和践行社会主义核心价值观。前述居民常参与的文化活动中排在第一位的是看影视剧或综艺节目。但是，让居民评价哪些文化作品在宣传中华优秀传统文化和弘扬社会主义核心价值观方面做得比较好时，在12种文化形式中，影视类排在第8位，只有不到20%的人认为这类文艺作品这两方面做得好。综艺节目排在第10位，只有不到15%的人认为这类作品这两方面做得好。人们认为在宣传中华优秀传统文化和弘扬社会主义核心价值观方面做得好的是文化场馆（博物馆、纪念馆、美术馆）展览、群众文体活动、文化旅游和现场文艺演出（见图7、图8）。

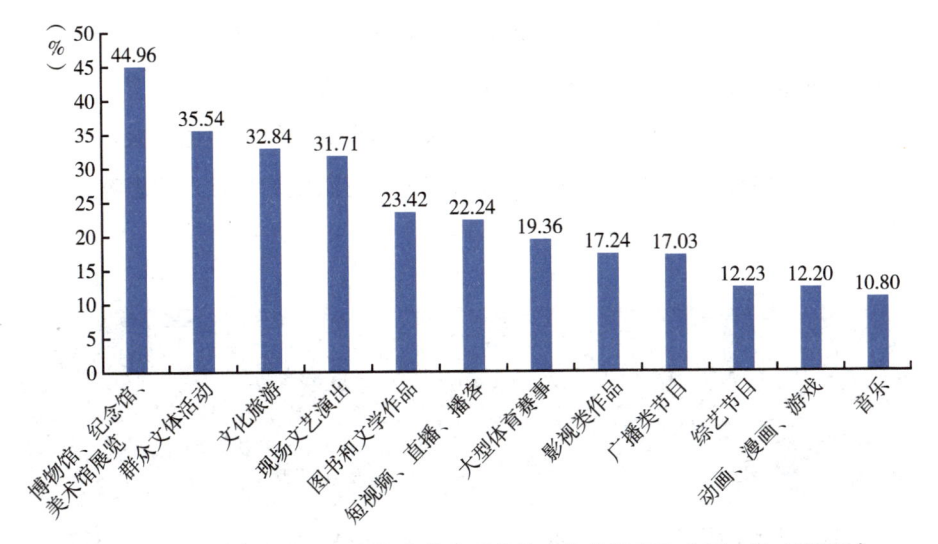

图7 居民对不同文化作品宣传中华优秀传统文化的满意度分析（N=35668）

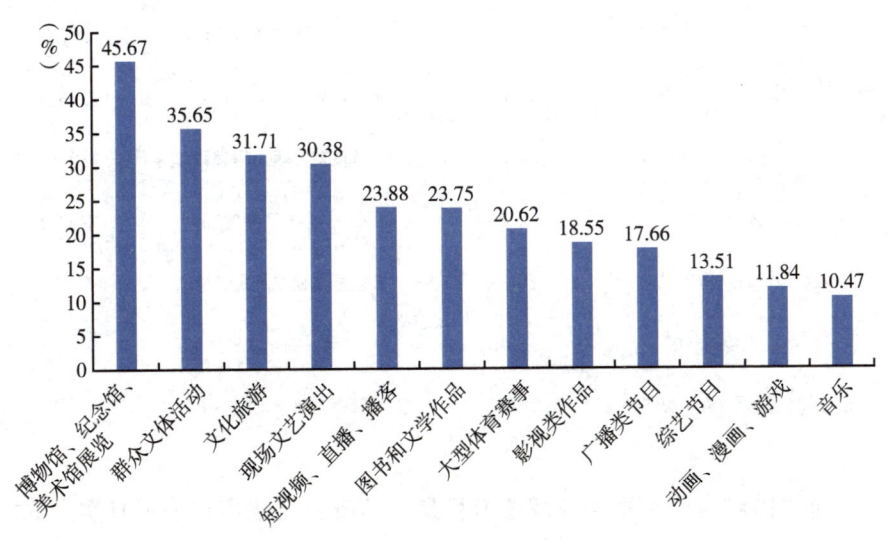

图8 居民对不同文化产品弘扬社会主义核心价值观的满意度分析（N=35668）

可见，需要提升影视综艺作品在弘扬文化和价值引领中的作用。进一步分析显示，居民认为那些宣传中华优秀传统文化的作品共性在于：融入了多元文化因素，产生共情、引发共鸣，有较高的艺术性和审美价值，倡导群体

193

间的平等、理解和尊重，塑造了深入人心的榜样人物，有深度、激发思考等。居民认为那些弘扬社会主义核心价值观的作品共性在于：产生共情、引发共鸣，融入了多元文化因素，有较高的艺术性和审美价值，塑造了深入人心的榜样人物，倡导群体间的平等、理解和尊重，有深度、激发人们思考等（见表14）。

表14 居民对"文化作品弘扬文化或价值引领做得好"的归因分布（N=35668）

单位：%

在宣传中华优秀传统文化上表现好的原因	占比	在弘扬社会主义核心价值观上表现好的原因	占比
融入了多元文化因素	32.26	产生共情，引发共鸣	33.07
产生共情，引发共鸣	32.11	融入了多元文化因素	31.80
有较高的艺术性和审美价值	32.10	有较高的艺术性和审美价值	30.73
倡导群体间的平等、理解和尊重	28.36	塑造了深入人心的榜样人物	30.44
塑造了深入人心的榜样人物	28.22	倡导群体间的平等、理解和尊重	30.13
有深度，激发了我的思考	28.00	有深度，激发了我的思考	28.38
能够激发民众积极讨论	26.69	能够激发民众积极讨论	27.23
有趣，有吸引力	23.49	有趣，有吸引力	22.23
制作精良，灵活运用高科技	18.65	制作精良，灵活运用高科技	17.99

而居民对当前影视剧或综艺节目最大的批评就集中在很不真实、不能引起共鸣，制作粗糙，价值观僵化、不尊重其他生活方式，很无聊、无意义（见表15）。结合居民眼中弘扬文化、价值引领的文艺作品所具备的优点，可以看出影视剧或综艺节目存在的这些问题，正是居民普遍认为其在弘扬文化、价值引领上表现欠佳的原因。

表15　居民对影视剧或综艺节目不满意的原因分布（N=35668）

单位：%

对影视剧不满意的主要原因	占比	对综艺节目不满意的主要原因	占比
很不真实，不能引起共鸣	23.01	很不真实，不能引起共鸣	23.59
制作粗糙	21.97	很无聊，无意义	21.22
价值观僵化，不尊重其他生活方式	16.98	制作粗糙	20.29
很无聊，无意义	15.73	价值观僵化，不尊重其他生活方式	17.59
违反科学和历史常识	15.13	崇洋媚外	15.20
崇洋媚外	12.54	不符合社会主义核心价值观	12.78
刻意制造群体对立	11.21	违反科学和历史常识	10.91
不符合社会主义核心价值观	10.43	贬损榜样人物	10.02
贬损榜样人物	10.14	刻意制造群体对立	9.66

三　居民文化自信特点

本报告从文化认同和文化发展信心两个方面衡量居民文化自信水平，调查发现居民具有较高的文化自信水平。文化认同和文化发展信心较高的居民比例分别为75.44%和73.10%，中等程度的分别为23.43%和26.01%，低水平的仅为1.13%和0.89%。

不同群体的文化自信水平有所不同。女性的文化认同和文化发展信心高于男性。"90后"和"00后"青年群体成长于中国经济高速发展的时期，见证了国家综合国力的增强，充分享受了物质增长、受教育水平提升、城镇化带来的时代红利，其持有高度文化认同和文化发展信心的人数比例最高，文化自信水平高于其他年龄群体。随着收入的增加，居民文化自信水平提高。城镇居民的文化自信水平高于农村居民（见表16）。

表 16　居民文化自信的群体分布（N=35668）

单位：%

项目	文化认同高的人数比例	文化发展信心高的人数比例
女性	77.50	75.31
男性	73.49	71.01
"90后"和"00后"	78.83	77.26
"80后"	75.71	70.92
"70后"	73.32	70.52
"50后"和"60后"	72.68	72.17
低收入	69.01	70.93
中等收入	76.88	72.92
高收入	77.53	75.68
农村	73.70	69.22
城镇	76.70	75.92

四　文化传播与居民对文化传播的态度

（一）新媒体和传统媒体相结合的文化传播特点

依托我国当前完备的数字文化生态，新媒体在我国当前文化传播中成为主要载体，人们最经常用来获取文化信息的传播媒介前两位是短视频平台（抖音或快手）（54.14%）和微信（43.55%），电视和广播排在第三位（29.28%），紧随其后的是小红书（27.46%）和微博（23.12%）这类社交媒体平台（见表17）。至此，居民获取文化信息的常用媒介中，四个都是新媒介，只有电视和广播这一个传统媒介。而熟人告知、社区宣传等传统人际传播方式也占据一定比例，都有超过两成的人经常使用。总体上，我国当前的文化传播媒介具有新媒体和传统媒介相结合的特点，其中新媒体的表现尤为突出。

表 17　居民了解文化产品和活动信息的常用媒介（N=35668）

单位：%

传播媒介	占比
抖音或快手	54.14
微信	43.55
电视、广播	29.28
小红书	27.46
微博	23.12
熟人告知	22.06
社区宣传	21.81
门户网站（如新浪、凤凰、网易等）	21.51
B站	19.24
知乎、豆瓣等社区平台	16.39
现场宣传（展板、易拉宝等）	13.65
书籍报纸杂志	12.66
其他	0.07

注：此题为多选题，故所有选项比例相加大于100%。

在传播媒介多样化的背景下，不同媒体会通过多种渠道发布信息，居民会对发布信息的媒体进行选择。居民最常获取信息的渠道还是主流媒体，54.21%的居民会常从中央媒体了解信息，40.85%的居民会从地方官方新闻媒体获取信息。但与此同时，自媒体日渐成为人们了解信息的一种渠道，居民经常使用自媒体获取信息的比例（39.16%）已经接近地方官方新闻媒体，超过传统的市场化新闻媒体（27.50%）（见表18）。

表 18　居民了解信息和资讯的常用媒体（N=35668）

单位：%

传播媒介	占比
中央媒体（如央视、新华社、《人民日报》等）	54.21
商业平台（如新浪网、网易网、今日头条等）	47.51

续表

传播媒介	占比
地方官方新闻媒体	40.85
自媒体	39.16
市场化新闻媒体（如南方报业、财新等）	27.50
海外媒体（如 CNN、BBC、《纽约时报》等）	4.74
其他	0.16

注：此题为多选题，故所有选项比例相加大于 100%。

（二）文化传播媒介选择的代际差异

文化相关信息的传播媒介方面，新媒体，特别是短视频平台和微信的使用率在不同群体中都比较突出，但存在一定代际差异。"90后"和"00后"使用短视频平台、小红书、B 站等新媒体获取文化信息的比例明显高于其他年龄群体；同时，他们更少采用熟人告知、社区宣传的人际媒介。"70后"和"80后"使用门户网站获取相关信息的比例更高些。"50后"和"60后"使用电视和广播的比例会更高，很少使用微博、小红书和 B 站，但使用微信获取信息的比例与其他群体相差较小，短视频平台也是其常用渠道，表明老年人也在逐渐掌握新媒体的用法（见图9）。

在获取信息的媒体选择上，"90后"和"00后"选择自媒体来了解信息和资讯的比例（47.94%）要远高于其他群体，成为其继中央媒体之后第二常用的媒体。同时，他们更少选择地方官方新闻媒体和市场化新闻媒体，少部分人（6.77%）还会通过海外媒体了解信息。"70后"和"80后"的媒体选择类似，比其他群体选择市场化新闻媒体的比例更高。"50后"和"60后"在媒体选择上以中央媒体和地方官方新闻媒体为主，其选择自媒体的比例最低（见图10）。

中国居民文化发展满意度调查报告

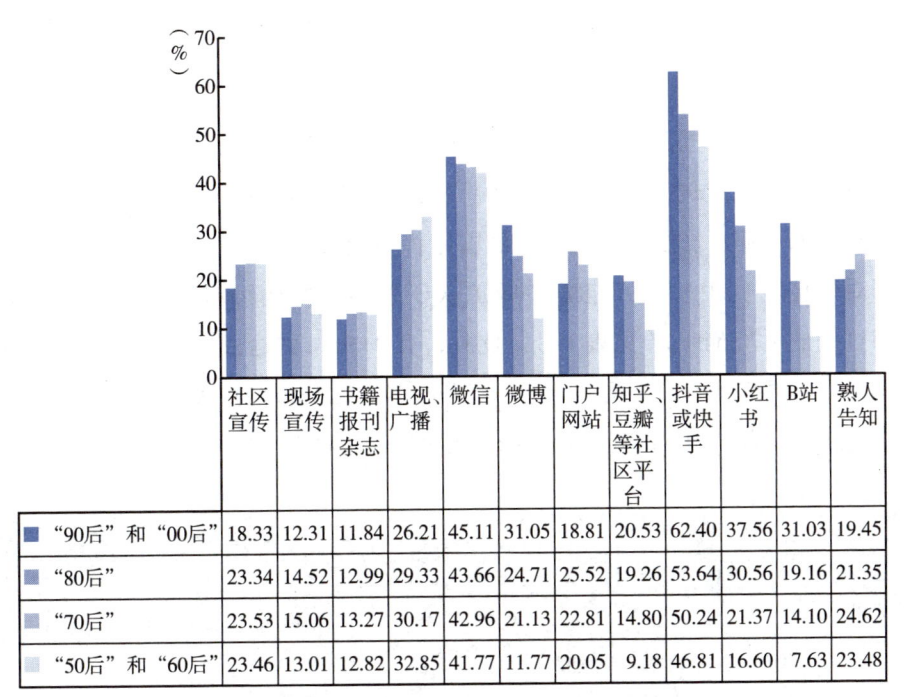

图9 居民使用文化传播媒介的年龄对比（N=35668）

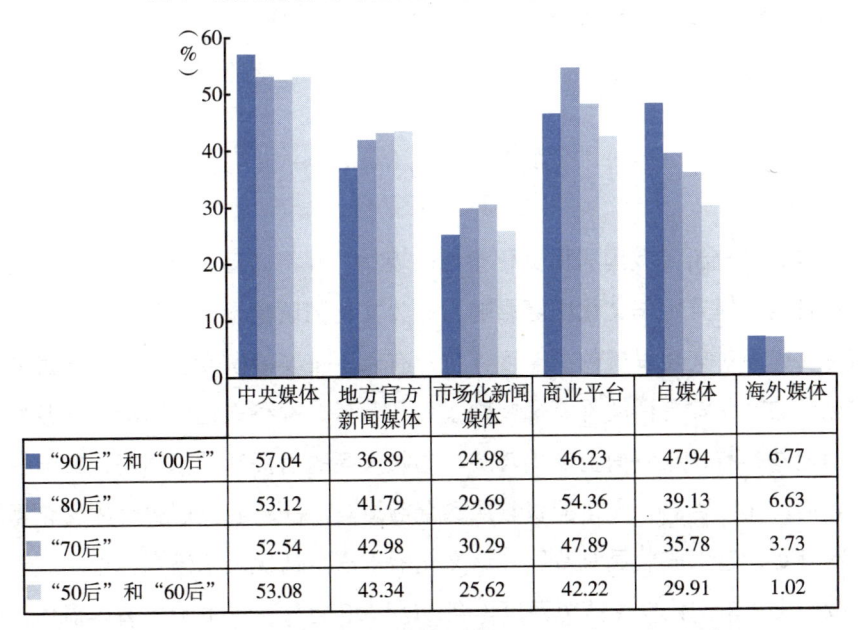

	社区宣传	现场宣传	书籍报刊杂志	电视、广播	微信	微博	门户网站	知乎豆瓣等社区平台	抖音或快手	小红书	B站	熟人告知
"90后"和"00后"	18.33	12.31	11.84	26.21	45.11	31.05	18.81	20.53	62.40	37.56	31.03	19.45
"80后"	23.34	14.52	12.99	29.33	43.66	24.71	25.52	19.26	53.64	30.56	19.16	21.35
"70后"	23.53	15.06	13.27	30.17	42.96	21.13	22.81	14.80	50.24	21.37	14.10	24.62
"50后"和"60后"	23.46	13.01	12.82	32.85	41.77	11.77	20.05	9.18	46.81	16.60	7.63	23.48

图10 居民获取信息媒体选择的年龄对比（N=35668）

	中央媒体	地方官方新闻媒体	市场化新闻媒体	商业平台	自媒体	海外媒体
"90后"和"00后"	57.04	36.89	24.98	46.23	47.94	6.77
"80后"	53.12	41.79	29.69	54.36	39.13	6.63
"70后"	52.54	42.98	30.29	47.89	35.78	3.73
"50后"和"60后"	53.08	43.34	25.62	42.22	29.91	1.02

（三）居民对中国文化国际传播能力的感知

调查显示，居民对当前我国文化的国际传播能力评价整体较好，其中对中华优秀传统文化的国际传播能力评价最高（78.74%），其次是对中国文化产品（如书籍、影视、游戏等）的国际传播能力的认可（74.22%），对于中国对外媒体（如《人民日报海外版》、CGTN等）的国际传播能力的满意度也超过七成（70.64%）（见表19）。此外，有84.96%的居民预期未来十年，中国文化的国际影响力会提升一些和提升很多，12.55%的居民认为影响力不会有变化，只有2.49%的居民认为影响力可能会下降。

表19 居民对当前我国文化国际传播能力的评价（N=35668）

单位：%

项目	差	一般	好	不了解
中华优秀传统文化的国际传播能力	3.95	16.56	78.74	0.76
中国对外媒体的国际传播能力	4.82	21.97	70.64	2.57
中国文化产品的国际传播能力	4.74	19.91	74.22	1.13

五 总结和讨论

本报告分析了我国居民文化参与的现状，并将满足民众文化需求、促进文化自信和提升中华文化国际影响力作为文化强国建设三个目标，分析居民在这三方面对文化发展的满意度评价。有以下主要的研究发现：①居民最经常进行的文化参与活动是看影视剧或综艺节目，网络文化生活渐成日常但缺少创造性参与，旅游消费支出较多。②收入高的居民和城镇居民，参与各项文化活动比例更高，文化消费频次和金额更高。③超五成居民个体文化需求获得满足，超六成居民对我国社会文化需求满足情况表示满意。近八成居民对我国十年来文化发展情况评价较高。④"90后"和"00后"青年群体、城镇居民的文化需求满足程度较低，可能与其需求较高有关。⑤公共文化服务供给丰富，但专业文化场所较少，居民对公共数字文化服务满意度较低，青年对公共文化服务整体满意度较低。⑥公共文化服务供给，因地区和社会经济地位限制，存在一定的发展不均衡问题。农村地区和低收入群体所在社区的公共文化服务供给有待丰富。⑦文化消费市场获居民肯定，但市场秩序需要加强。青年和低收入群体对文化消费市场的满意度较低。⑧群众自组织文体活动丰富，农村居民和老年人满意度较高。针对城镇居民和青年群体的自组织文体活动有待改进。⑨文化产品构成丰富，中华优秀传统文化和主旋律文化作品深受喜爱。⑩影视剧和综艺节目，在宣传中华优秀传统文化和弘扬社会主义核心价值观方面还有很多欠缺，与真实生活脱节、制作粗糙、价值观僵化、缺乏内涵是主要问题。⑪我国七成以上居民具有较强的文化自信，青年、高社会经济地位群体文化自信水平更高，或与文化供给均衡性相关。社会经济地位较高的居民，有机会接触到更多的文化产品、参与更多的文化活动，文化体验也更丰富。这种文化资源获得上的差异，会影响文化自信。⑫当前我国文化传播渠道数字化特征突出，新媒体成为重要文化传播媒介。居民肯定中国文化的国际传播能力并对未来提升国际影响力有信心。

基于上述研究发现，本报告认为未来文化发展要注意以下几方面：①文化发展建设坚持以人为本，切实满足不同群体的文化需要，关注青年群体、低收入群体和农村居民的多样化文化需求。②发挥政府、市场、社会多主体力量，完善文化供给体系。提高公共文化服务专业化和创意化供给含量，借助数字化手段提升公共文化服务软实力。③规范文化消费市场供给，积极促进文化消费。④提升文化产品质量，特别是注重创作贴近生活、能引发共鸣和思考的优质影视剧和综艺作品。⑤把握数字化发展契机，弯道超车实现文化高质量发展。⑥促进不同区域文化均衡发展，充分利用网络媒介丰富文化体验。

B.11 城市青年绿色低碳消费调查报告[*]

朱迪 高文珺 龚顺 欧阳跃明 马墨琳 张扬[**]

摘 要： 青年是绿色发展的重要力量。本报告关注城市青年的绿色低碳消费态度和行为特征，根据青年的生活方式特点和社会热点，重点分析其在数字化与绿色消费、塑料制品消费与减塑、以旧换新等领域的态度和行为。青年总体对绿色低碳生活持较为积极的态度，对以数字化技术推动绿色低碳生活实践大多表示支持，数字平台是推广绿色低碳产品和绿色低碳生活方式的重要渠道，推广效果最强的是综合型电商和短视频平台；青年对塑料污染的认知程度高于塑料使用相关知识，比中老年人更经常使用一次性塑料制品，供给侧的更新完善和塑料替代品的科学使用，对青年减少使用塑料制品有显著影响；青年参与意愿最强的是对大家电的以旧换新，制约因素主要是新产品选择范围有限和换新流程不够公开透明。本研究的发现对于推动青年绿色低碳生活转型具有重要启示。

关键词： 绿色低碳消费 减塑 数字化 以旧换新 青年

---

[*] 本文系中国社会科学院国情调研重大项目（2024GQZD014）的阶段性成果。
[**] 朱迪，中国社会科学院社会学研究所研究员，中国社会科学院国情调查与大数据研究中心研究员，主要研究方向为消费社会学；高文珺，中国社会科学院社会学研究所副研究员，中国社会科学院国情调查与大数据研究中心研究员，主要研究方向为社会心态；龚顺，中国社会科学院社会学研究所副研究员，主要研究方向为社会分层与流动；欧阳跃明，中国社会科学院大学博士生，主要研究方向为消费社会学；马墨琳，中国社会科学院大学硕士研究生，主要研究方向为社会心态；张扬，中国社会科学院大学硕士研究生，主要研究方向为社会心态。

我国节能降碳继续取得进展，2024年上半年，规模以上工业水电、核电、风电、太阳能发电量合计同比增长13.4%，占规模以上工业发电量的比重提升；单位GDP能耗继续下降；2013~2023年，我国以年均3.3%的能源消费增速支撑了年均6.1%的经济增长，能耗强度累计下降26.1%，是全球能耗强度降低最快的国家之一。①2024年3月以来，中央出台了大规模设备更新和消费品以旧换新等政策，有力地推动绿色生产和绿色消费、促进高质量发展。②

　　2024年也是进一步全面深化改革、推进中国式现代化的关键一年。党的二十届三中全会召开，强调健全绿色低碳发展机制，特别指出健全绿色消费激励机制，促进绿色低碳循环发展的经济体系建设。③为深入贯彻党的二十大和二十届三中全会精神，《中共中央 国务院关于加快经济社会发展全面绿色转型的意见》发布，提出到2030年重点领域绿色转型取得积极进展，绿色生产方式和生活方式基本形成，到2035年绿色生产方式和生活方式广泛形成；并在具体工作部署中指出从推广绿色生活方式、加大绿色产品供给和积极扩大绿色消费等方面推动消费模式绿色转型。④

　　青年是国家民族的未来，也是绿色发展的重要力量。研究表明，青年更加认同绿色消费与绿色发展，也更积极参与绿色消费，并通过塑造新兴生活方式、营造新兴社会文化，对全社会起到引领动员作用。尤其在数字时代，青年积极拥抱数字化、智能化的生活方式，有利于践行绿色低碳生活方式。比如使用智能节能家电，使用二手交易平台处理闲置物品，更多使用电子版代替打印纸质材料，还有的青年社会组织研发小程序以方便消费者选购当日剩余食物，从而减少浪费。2024年11月，共青团中央等十一部门联合印发《"美丽中国·青春行动"方案（2024—2028年）》，引领青年投身建设美丽中

---

① 国家统计局：《国家统计局新闻发言人就2024年上半年国民经济运行情况答记者问》，https://www.stats.gov.cn/sj/sjjd/202407/t20240715_1955622.html。
② 中华人民共和国中央人民政府：《推动大规模设备更新和消费品以旧换新行动方案》，https://www.gov.cn/zhengce/content/202403/content_6939232.htm。
③ 中华人民共和国中央人民政府：《中共中央关于进一步全面深化改革 推进中国式现代化的决定》，https://www.gov.cn/zhengce/content/202407/content_6963770.htm。
④ 中华人民共和国中央人民政府：《中共中央 国务院关于加快经济社会发展全面绿色转型的意见》，https://www.gov.cn/gongbao/2024/issue_11546/202408/content_6970974.html。

国，在推进人与自然和谐共生的现代化进程中做出贡献。

本报告关注城市青年的绿色低碳消费态度和行为特征。根据青年的生活方式特点和社会热点，本报告重点分析数字化与绿色消费、塑料制品消费与减塑、以旧换新等主题。数据来源主要是"2024年中国城市低碳消费调查"。该调查覆盖全国六大地理区划，包括4个直辖市、5个计划单列市、27个省会（自治区首府）城市以及4个二线、三线城市，共40个样本城市。调查采用基于第七次全国人口普查数据的抽样设计，具有一定的区域和城乡代表性。调查通过线上问卷方式进行，共收集到有效样本6011人。其中，18~44岁青年群体有效样本为3333人。青年样本中，男性占51.67%，女性占48.33%；"50后"和"60后"占20.55%，"70后"占24.01%，"80后"占21.16%，"90后"占25.55%，"00后"占8.73%；初中及以下占10.40%，高中/中专/职高占57.68%，大专占10.38%，本科及以上占21.54%。

一 绿色低碳消费态度与一般行为

（一）绿色低碳消费态度

本报告将城市青年对低碳生活质量、对推广简单生活的态度界定为低碳生活态度，按照得分高低，将低碳生活态度分为"同意""中立""不同意"三组。结果发现，受访城市青年的低碳生活态度整体较为积极，认同低碳生活观念的比例为78.94%，持有中立态度的比例为19.35%，持有消极态度的比例仅为1.71%。进一步分析不同人群的特点发现，受教育程度、收入水平和代际差异与绿色低碳态度关系紧密。

第一，受教育程度上，和初中及以下、高中/中专/职高的受访者相比，大专及以上受访者的低碳生活态度更积极，前两者对低碳生活持有认同态度的比例要比后者分别低11.39个和10.76个百分点，大专及以上的城市居民对低碳生活的态度更明确、更积极，持中立态度的比例比前两者低9.81个和9.63个百分点。

第二，收入上，受访者的绿色低碳生活态度随着收入增加而更加积极。城市青年的收入水平越高，越同意绿色低碳的生活方式，高收入群体中持积极低碳生活态度者的比例要比低收入群体高出 9.57 个百分点。

第三，青年的代际特征也对其绿色低碳生活态度有影响。"80 后"和"00 后"的绿色生活态度比"90 后"更积极，前两者对低碳生活持有认同态度的占比高于后者 3.43 个和 3.04 个百分点。

综合来看，绝大多数城市青年居民认同绿色低碳的生活方式，对其持积极态度，城市青年的绿色低碳生活态度更多受到受教育程度和收入水平的正向影响，受教育程度、收入越高则青年低碳生活态度越积极，"90 后"的积极态度略弱于"80 后"和"00 后"。

（二）不同环节的绿色低碳消费行为及意愿

绿色低碳消费倡导在产品或服务的整个生命周期中减少对环境的不利影响，牵涉到人类生活的方方面面，包括衣、食、住、行、用等，从流程而言主要涉及购买、使用和处置三个环节。本报告将从购买、使用和处置三个主要环节，分析城市青年绿色低碳消费行为及其影响因素。

1. 购买、使用、处置环节的绿色低碳消费行为呈现差异

本研究在分析过程中，将各维度指标的均值划分为低、中、高三个分数区间，低分表示较少或从未有过低碳消费行为，中分表示偶尔或有时发生低碳消费行为，高分表示经常发生低碳消费行为。

统计受访青年在购买、使用和处置环节经常发生低碳消费行为的比例，结果显示，我国城市青年在购买、使用和处置环节低碳消费行为均较普遍，整体具有较强的绿色低碳意识，不同环节绿色低碳消费的普遍性有所差异。具体而言，青年在使用环节经常践行绿色低碳消费行为的比例最高，为 62.11%；而在购买和处置环节经常践行绿色低碳消费行为的比例则明显较低，分别为 46.38% 和 44.85%。这说明青年在不同环节的绿色低碳消费意愿存在差异，也从侧面反映了在不同环节践行绿色低碳消费行为也存在难易程度差异。

2. 受教育程度越高、收入水平越高的青年越经常践行绿色低碳消费行为

受教育程度越高的青年，在购买环节和使用环节经常发生绿色低碳消费行为的比例越高。收入水平越高的青年，在购买、使用和处置环节经常发生

绿色低碳消费行为的比例越高。高收入群体在三个环节经常践行绿色低碳消费行为的比例均显著高于低收入和中等收入群体。可见，实现经济社会高质量发展，不断提高居民受教育程度和收入水平也将为向绿色低碳生活方式转型奠定坚实基础。

同时，在代际层面，不同代际青年在不同环节经常践行绿色低碳行为的比例也呈现差异，具体而言：在使用环节，"80后"经常践行绿色低碳消费行为的比例显著高于"00后"和"90后"群体，分别高8.45个和9.23个百分点；在处置环节，"80后"经常践行绿色低碳消费行为的比例却显著低于"00后"和"90后"群体（分别低7.45个和7.62个百分点）；在购买环节，代际差异不显著（见图1）。这样的差异能够产生的启示是，对于更年轻的青年群体，应加强节水节电等使用环节的绿色消费宣传教育，而对于"80后"群体则应加强二手交换、回收利用等处置环节的倡导。

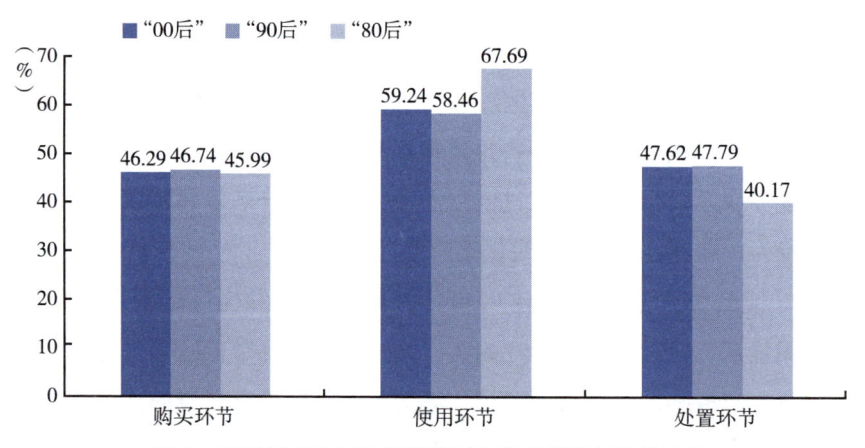

图1　不同世代青年经常践行绿色低碳消费行为的比例

（三）绿色低碳消费的行为动机

人们进行绿色低碳消费的动机通常可以划分为三个层面：一是个体层面，选择低碳生活是为了让自己生活更健康、愉悦、符合潮流等；二是家庭未来层面，基于为了后代幸福、为了给子女树立榜样的动机而选择低碳生活方式；

三是社会层面，基于减少浪费、有利于社会发展、改善人类生存环境等造福社会的动机而选择低碳生活方式。结果发现（见表1），受访城市青年最常见的低碳消费行为动机是从社会层面考虑，改善人类的生存环境、减少浪费，推动经济社会发展等；其次是家庭未来取向的造福后代；而个体取向的让自己的生活更简单、更愉悦排序则相对靠后。这一结果表明，青年的低碳消费行为表现出一种亲社会取向，更多是基于社会责任感而行动，并且指向未来，更多考虑到子孙后代的发展而非个人的当下利益。同时，青年也能够意识到低碳消费是有利于个人健康的。可见，近些年对低碳消费的大力推动，已经在观念上见到成效，很多人已经形成为了社会可持续发展和健康生活而选择低碳生活方式的观念。

表1 城市青年的绿色低碳消费动机（N=3333）

单位：%

层面	内容	占比
个体	让我的生活更健康	30.91
	会让生活更简单	17.30
	会让我更愉悦	14.75
	让我的生活跟上时尚潮流	13.85
家庭未来	通过可持续发展造福我们的后代	34.54
	为我教育子女树立好榜样	26.31
社会	能够改善人类的生存环境	47.79
	物尽其用，减少浪费	34.85
	有利于经济和社会发展	50.23

注：本题为多选题，故选项占比相加大于100%。

二 数字化与绿色低碳消费发展

宏观数据分析显示，数字经济发展可以促进绿色低碳消费，包括数字基础设施建设、数字产业发展、平台经济发展和数字金融发展都可以促进绿色

低碳消费。[1] 本报告认为日常生活的数字化也可以通过降本和驱动两种机制，促进向绿色低碳生活方式的转型。降本是指通过数字化降低人们进行绿色低碳消费的成本和降低耗能。驱动是指通过数字化营销来引导和激励人们转变观念、进行绿色低碳消费。

（一）数字化降本以促进日常绿色低碳消费

关于数字化如何降低绿色低碳行为的成本，本报告将从数字化提高绿色低碳消费产品的可及性和助力低碳行为两个方面加以分析。

1. 数字化与日常绿色低碳消费的可及性

在日常生活中，如果能够在数字平台提供丰富的绿色低碳商品，就可以降低人们寻找和购买这些商品的时间和精力成本，从而促进绿色低碳消费。对城市青年的调查中，分别询问其在常用购物渠道找到或买到生活必需品（如食品、日用品）和绿色低碳或环保产品的容易程度。结果发现（见表2），日常购物使用数字平台的比例最高，受访青年在综合型电商平台找寻购买各种产品都最为容易，同时，线下商超也还保持活力，是很容易找到所需商品的途径。而绿色低碳或环保产品虽然在各种购物渠道也比较容易找到，但是其容易程度普遍低于一般性生活必需品，可及性有待提高。

表2　绿色低碳产品在不同消费渠道的可及性（N=3333）

单位：%

渠道	生活必需品	绿色低碳或环保产品
综合型电商平台（如淘宝、京东、拼多多等）	81.52	75.34
社交型购物平台（如抖音、快手、小红书等）	71.50	65.56
线下商场、超市、市场或实体门店	78.25	71.47
本地网络社群购物（如社区团购、微信群）	60.50	56.26

注：表格中数字是认为在相应渠道找到相关产品容易的人数占比。

---

[1] 陈志轩、简兆权：《中国数字经济与绿色消费协同发展的机理与时空特征研究》，《商业经济研究》2024年第4期；谢心欣：《数字经济对居民绿色消费的影响及其空间效应——基于长江经济带11个省份面板数据的检验》，《商业经济研究》2024年第5期。

2. 青年对数字化推动日常绿色低碳实践的态度

数字化技术的发展，如无纸化办公、无纸化售票等，能够直接减少耗能、推动绿色发展。青年对在全社会推广这些数字化绿色实践的态度，可以反映出以日常生活数字化推动绿色低碳的可接受度。总体上，青年对无纸化凭证、无纸化售票、无纸化办公和远程办公这些以数字化推动绿色低碳发展的实践支持程度都较高（见表3），几乎都有八成左右的人表示支持。与个人舒适体验和设备关联度较高的无纸化阅读的支持度相对低些，但也有七成人表示支持态度。

表 3 城市青年对全社会推广数字化绿色低碳实践的态度（N=3333）

单位：%

项目	非常或不太支持	中立	比较或非常支持
无纸化凭证：如电子发票	2.91	15.54	81.55
无纸化售票：如火车票	3.84	15.75	80.41
无纸化阅读：阅读电子书	8.88	20.88	70.24
无纸化办公：如减少打印	4.80	15.63	79.57
远程办公	3.63	15.60	80.77

但对这些数字化实践的支持程度存在明显的群体差异。整体上，受教育程度越高、收入越高的青年对全面推广生活数字化以促进绿色低碳发展的支持程度更高（见表4和表5）。对于各种有利于绿色低碳发展的数字化实践，都是大专及以上受教育程度的青年和月收入较高的青年支持程度最高。

表 4 不同受教育程度青年对以数字化推动绿色低碳发展的支持度（N=3333）

单位：%

项目	初中及以下	高中/中专/职高	大专及以上
无纸化凭证：如电子发票	80.17	76.54	89.07
无纸化售票：如火车票	75.00	76.54	86.61
无纸化阅读：阅读电子书	62.93	67.83	74.44
无纸化办公：如减少打印	69.83	76.69	84.68
远程办公	74.14	76.49	87.68

注：表中数字为表示比较支持或非常支持的人数占比。

表5 不同收入青年对以数字化推动绿色低碳发展的支持度（N=3333）

单位：%

项目	低收入	中等收入	高收入
无纸化凭证：如电子发票	77.94	82.92	85.68
无纸化售票：如火车票	76.71	81.91	84.17
无纸化阅读：阅读电子书	63.09	72.79	79.15
无纸化办公：如减少打印	75.04	80.97	86.18
远程办公	77.24	81.86	85.93

注：表中数字为表示比较支持或非常支持的人数占比。

（二）数字化驱动以促进日常绿色低碳消费

1. 数字化营销绿色低碳产品

前述分析表明青年在数字购物平台可以寻找和购买绿色低碳产品，而各种数字平台的使用已然成为青年日常生活的组成。因此，数字平台具有推荐和宣传绿色低碳生活的优势。本研究对当前数字平台推广绿色低碳生活的效果进行了调查，询问青年是否曾因某些数字平台的推荐或宣传购买过绿色低碳产品或尝试过绿色低碳生活方式。

结果显示（见表6），绝大多数青年都曾因数字平台推荐或宣传而购买过绿色低碳产品或尝试过绿色低碳生活方式，只有2.97%和2.88%的青年表示未曾有过。总体上，对绿色低碳生活推广效果最强的两个数字平台是综合型电商购物平台和抖音或快手等类型的短视频平台，有超过半数的城市青年曾因两者的推荐而购买过绿色低碳产品，有半数左右的城市青年曾因两者的推荐而尝试过绿色低碳生活方式；推广效果位于其次的是微信和小红书等社交属性较强的平台，超过1/3的城市青年都曾因两者推荐而购买过绿色低碳产品或尝试过绿色低碳生活方式。

表6 城市青年因数字平台推荐而实践绿色低碳生活的比例（N=3333）

单位：%

数字平台	购买绿色低碳产品比例	数字平台	尝试绿色低碳生活方式比例
综合型电商平台	55.30	抖音或快手	50.71
抖音或快手	51.85	综合型电商平台	46.08
微信	37.47	微信	39.66
小红书	35.37	小红书	35.01
微博	20.19	微博	21.12
门户网站	19.47	门户网站	19.98
专门直播平台	19.26	专门直播平台	19.14
b站	17.01	知乎、豆瓣等社区	18.60
知乎、豆瓣等社区	16.47	b站	17.28
都没有	2.97	都没有	2.88

注：此题为多选题，故比例相加超过100%。

2. 数字化激励绿色低碳信息

以数字化推动日常绿色低碳转型的方式之一，是建立绿色低碳行为数字账户，即通过记录个人绿色低碳行为并给予相应的物质奖励，来鼓励人们积极尝试绿色低碳生活方式。调查询问青年是否愿意参与类似的奖励活动，以及青年实际的参与情况。结果发现（见表7），合计78.55%的城市青年表示如果通过绿色低碳行为可以获得商品或消费券等奖励的话，他们比较可能和非常可能参与这样的活动，只有合计2.61%的城市青年明确表示不太可能和完全不可能参与。但在生活中，以数字账户（如个人碳账户）记录绿色低碳行为并获得相应奖励的活动，经常和总是参与的比例只有44.49%，6.96%的城市青年从未参与过，16.68%的城市青年偶尔参与。个人数字绿色账户的方式比较受城市青年认可，但目前的普及程度还不是很高。

表7　数字绿色账户在城市青年中的接受度和参与度（N=3333）

单位：%

进行绿色低碳行为，可以获得商品、消费券等奖励，参与可能性	占比	是否参与过可通过绿色低碳行为而获得积分、奖励的活动	占比
完全不可能	0.39	从未	6.96
不太可能	2.22	偶尔	16.68
一般可能	18.84	有时	31.86
比较可能	50.05	经常	34.89
非常可能	28.50	总是	9.60

三　塑料制品消费和"减塑"行为分析

塑料作为一种重要的基础材料，已经广泛应用于生活的方方面面，在给人们生产生活带来诸多便利的同时，也带来了巨大的环境影响和挑战，塑料本身并不是污染物，塑料污染的本质是塑料垃圾泄漏到土壤、水体等自然环境中且难以降解，带来视觉污染、土壤破坏、微塑料等环境危害，塑料污染治理是世界性难题。[1] 我国是塑料生产和消费的大国。党中央、国务院高度重视塑料污染治理工作，将制定"白色污染"综合治理方案列为重点改革任务。[2]《"十四五"塑料污染治理行动方案》强调，要加快推进塑料废弃物规范回收利用、加强塑料污染全链条治理。[3]

青年在生活中往往追求方便快捷，在旅行、外卖、网购中可能大量使用

---

[1] 中华人民共和国中央人民政府：《国家发展改革委就〈"十四五"塑料污染治理行动方案〉答记者问》，https://www.gov.cn/zhengce/2021-09/16/content_5637607.htm。
[2] 国家发展和改革委员会：《国家发展改革委负责人就〈关于进一步加强塑料污染治理的意见〉答记者问》，https://www.ndrc.gov.cn/xxgk/jd/jd/202001/t20200119_1219294_ext.html。
[3] 中华人民共和国中央人民政府：《国家发展改革委　生态环境部关于印发"十四五"塑料污染治理行动方案的通知》，https://www.gov.cn/zhengce/zhengceku/2021-09/16/content_5637606.htm。

一次性塑料制品或者塑料包装，考察城市青年对于塑料污染的认知、态度及相关"减塑"行为，对理解和推动青年绿色低碳消费有重要意义。

（一）塑料污染相关认知和治理态度

1. 城市青年对塑料污染的认知度高于对塑料使用的认知度

调查测量了城市居民对塑料制品的知识，结果显示青年对塑料污染的认知程度较高，而在塑料回收方面的知识稍弱。关于"超过50%的海洋垃圾是塑料"（此题正确），76.03%的城市青年回答正确，11.07%回答错误，另有12.9%表示不清楚，就回答正确率来讲，城市青年还是高于中老年（正确率72.22%）。相比之下，关于"一次性塑料饭盒不能放入可回收垃圾桶"（此题正确），城市青年回答正确的比例为64.39%，远低于前者，此外23.37%回答错误，另有12.24%表示不清楚，青年与中老年回答的正确率（64.53%）接近。

在青年群体中，如表8所示，"00后"和"90后"对塑料制品和塑料污染的认知水平普遍高于"80后"，这反映了随着社会进步学校教育更重视环保相关知识普及。同时，收入水平越高的城市青年对塑料制品相关知识的掌握程度越高。如图2所示，中等收入青年与低收入青年的知识掌握情况差距较小，但都低于高收入青年4个百分点以上。研究发现年轻世代和高收入群体的塑料环保意识较强，当然也可能由于他们接触塑料制品的机会更多，比如点外卖、网购、旅行等，因此更了解相关知识。

表8 青年群体对塑料制品相关知识的了解程度（正确率）

单位：%

项目	"00后"	"90后"	"80后"
超过50%的海洋垃圾是塑料	76.38	77.54	74.06
一次性塑料饭盒不能放入可回收垃圾桶	68.00	65.36	61.71

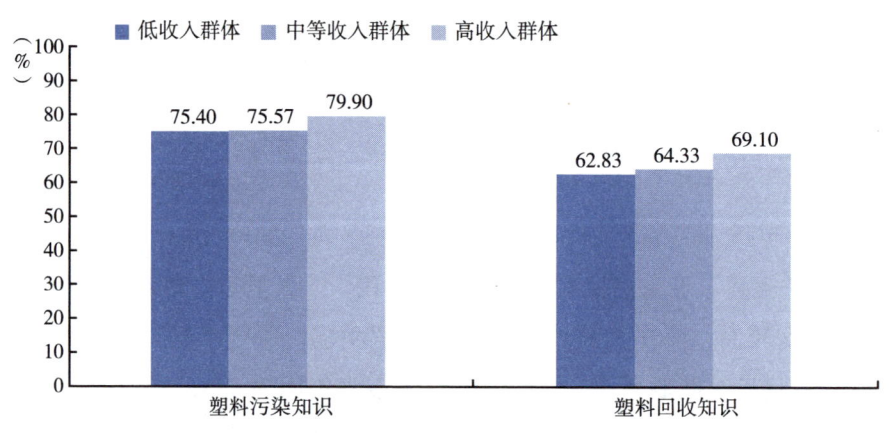

图2 不同收入城市青年关于塑料制品相关知识的了解程度（正确率）

2. 高学历、高收入城市青年对塑料污染感知更强，更支持"限塑"

在塑料污染的问题意识方面，城市青年普遍有较强的认知。85.96%的城市青年认同"塑料制品的大量生产和使用引起环境污染"这一说法。受教育程度越高、收入越高，认同"塑料制品的大量生产和使用引起环境污染"的比例越高。大专及以上学历青年以及高中/中专/职高学历青年意识到塑料污染问题的比例分别为89.3%和84.05%，而初中及以下学历青年的该比例为80.17%。另有87.15%的中等收入青年和86.68%的高收入青年意识到塑料污染问题，也高于低收入青年83.84%的认同比例。

在塑料污染治理方面，城市青年的支持度更高，显著高于中老年群体。82.33%的城市青年支持"限塑"（在全社会推进商品零售等领域尽量减少使用一次性塑料制品）。相较而言，中老年对"限塑"治理的支持度较低，78.97%的中老年表示比较支持和非常支持。不同收入青年对"限塑"治理的支持比例存在差异。高收入青年表示支持的比例为85.43%，低收入青年的该比例为77.68%。受教育程度更高的城市青年支持"限塑"的比例显然更高。受教育程度为大专及以上以及高中/中专/职高城市青年的支持比例分别为85.91%和80.71%，而初中及以下学历青年的支持比例明显较低，为68.97%。这一方面由于塑料环保意识的差异，另一方面可能由于较低学历和较低收入群体更加关心生活成本问题，并且其优先度可能超过了对环境污染的考量。

（二）塑料制品使用行为和"减塑"

1. 青年经常使用一次性塑料制品的比例高于中老年

本报告从塑料制品使用习惯和减少塑料制品使用意愿等方面，了解城市青年的塑料消费情况。调查结果显示，总体来讲，城市青年使用一次性塑料袋的频率高于使用一次性塑料餐具的频率，19.35%的青年表示经常和总是使用一次性塑料袋，16.44%的青年表示经常和总是使用一次性塑料餐具。中老年总体上使用一次性塑料制品的比例稍低，经常和总是使用一次性塑料袋的比例为18.94%，经常和总是使用一次性塑料餐具的比例为15.98%。

收入水平越高、受教育程度越高的城市青年使用一次性塑料袋与一次性塑料餐具的频率均越低。高收入青年经常和总是使用一次性塑料袋和一次性塑料餐具的比例分别为14.32%和12.81%，也显著低于低收入青年和中等收入青年的该比例。大专及以上学历青年经常和总是使用一次性塑料袋和一次性塑料餐具的比例分别为14.09%和11.93%，而初中及以下学历青年经常和总是使用一次性塑料袋的比例为25.86%、经常和总是使用一次性塑料餐具的比例则高达31.03%，尤其在一次性塑料餐具的使用方面频率显著较高。这反映了受教育程度较低群体的塑料污染意识较弱，同时也可能受生活情境的局限加上方便便宜的考虑，更经常使用一次性塑料制品。

此外，另有67.57%的青年表示会尽量避免使用一次性塑料制品（如一次性吸管、一次性塑料袋）。受教育程度越高、收入越高的青年表示尽量避免使用一次性塑料制品的比例越高，大专及以上学历青年中有75.13%表示尽量避免，高中/中专/职高学历青年中有62.98%表示尽量避免，而初中及以下学历青年中有58.62%表示尽量避免；不同收入青年表示尽量避免使用一次性塑料制品的比例也呈类似趋势。

2. 完善供给侧是助推青年"减塑"的重要路径

本报告接下来分析城市青年在日常消费中减少使用塑料袋的意愿。参考已有研究，本报告构建了一个减塑意愿量表，包括①如果商家免费给我提供

塑料袋，我会不假思索地接受它们；②如果商家提供的塑料袋不是免费的，我会减少使用塑料袋；③如果超市为自带购物袋的消费者提供折扣，我会减少使用商家提供的塑料袋。

调查发现，改变塑料制品的供给方式会改变青年的使用意愿和行为。具体来说，46.29%的城市青年表示如果商家免费提供塑料袋则会不假思索地接受，但同时，71.07%的青年表示如果商家提供的塑料袋不是免费的则会减少塑料袋的使用，77.82%的青年表示如果超市为自带购物袋的消费者提供折扣会减少使用商家提供的塑料袋（见表9）。这一发现非常重要，说明供给侧对消费行为有重要的影响。如果商家默认提供免费塑料袋，消费者更多使用直觉感知系统进行回应，甚至难以意识到这种行为是否环保；而如果塑料袋不再默认免费提供，消费者需要启动理性思考系统去决定是否购买或者自带购物袋，因此能够让消费者行为转向绿色环保消费，经过长时间的推移再潜移默化成为消费者习惯，自带塑料袋或者不使用塑料袋成为默认消费选项。相较而言，青年群体对于奖励性机制（给予折扣）的响应程度高于惩罚性机制（收取额外费用），这也为如何完善供给侧、推动可持续消费提供了重要启示。

表9 青年减少使用塑料袋的意愿

单位：%

项目	不符合	符合	一般
如果商家免费给我提供塑料袋，我会不假思索地接受它们	23.37	46.29	30.33
如果商家提供的塑料袋不是免费的，我会减少使用塑料袋	7.83	71.07	21.09
如果超市为自带购物袋的消费者提供折扣，我会减少使用商家提供的塑料袋	5.07	77.82	17.1

本报告进一步使用加总的方式计算出变量、测量城市居民的"减塑"意愿，并根据得分情况将"减塑"意愿划分为低、中、高三种程度。结果显

示，27.48%的青年拥有较高的"减塑"意愿，仅2.76%的青年"减塑"意愿较低，这一比例稍高于中老年的"减塑"意愿，中老年拥有较高意愿的比例为24.76%。

进一步分析发现，受教育程度较高、收入较高的城市青年"减塑"意愿显著较高。30.15%的高收入青年和29.49%的中等收入青年拥有较高的"减塑"意愿，而低收入青年的该比例为23.37%；37.15%的大专及以上学历青年拥有较高的"减塑"意愿，显著高于高中/中专/职高学历（21.32%）和初中及以下学历（21.55%）青年的该比例。

3. 八成以上青年愿意使用塑料替代品

《"十四五"塑料污染治理行动方案》指出，要科学稳妥推广塑料替代产品，充分考虑竹木制品、纸制品、可降解塑料制品等全生命周期资源环境影响，完善相关产品的质量和食品安全标准。调查也依据此文件精神考察了城市居民使用塑料替代品的意愿。分析发现，87.31%的青年表示愿意使用塑料替代品。相较于初中及以下受教育程度的城市青年，大专及以上学历青年表示愿意的比例为89.45%，比初中及以下学历青年的愿意比例高出8个百分点。相较于低收入群体（84.97%），中等收入与高收入青年的塑料替代品使用意愿明显更高，分别为88.59%与88.19%。这可能是由于中等收入与高收入城市青年有更多的机会接触到塑料替代品，也有更丰富的经济资本和文化资本支持其购买和使用塑料替代品。

分析城市青年不愿意使用塑料替代品的原因发现，替代品供给侧不完善是阻碍城市青年使用塑料替代品的主要因素。如图3所示，排名前五的理由分别为"可供选择的产品太少"（39.72%）、"产品质量有好有坏"（36.88%）、"对这些产品不了解"（31.68%）、"质量性能不如塑料制品"（29.79%）以及"周围很难买到或接触到塑料替代品"（25.77%）。对于"定价过高"这一理由，青年的选择比例为22.93%，排在不愿意使用塑料替代品原因的第六位，这说明相比于产品可及性、产品质量与产品信息宣传，价格并不是首要影响因素。

社会蓝皮书

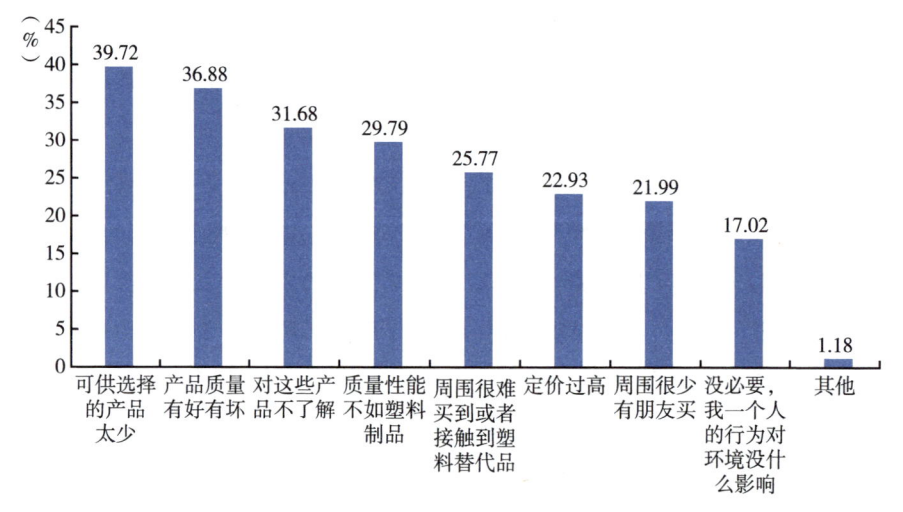

图3 城市青年不愿使用塑料替代品的原因

数据（从左至右）：可供选择的产品太少 39.72；产品质量有好有坏 36.88；对这些产品不了解 31.68；质量性能不如塑料制品 29.79；周围很难买到或者接触到塑料替代品 25.77；定价过高 22.93；周围很少有朋友买 21.99；没必要，我一个人的行为对环境没什么影响 17.02；其他 1.18

四 "以旧换新"参与行为和意愿分析

推动绿色低碳产业发展、健全绿色消费激励机制、实施大规模设备更新与消费品以旧换新成为实现高质量发展的重要举措。这些政策旨在加快我国新发展格局的构建。在此背景下，当前新一轮大规模的消费品以旧换新政策正在全国范围内实施，政府部门也出台了一系列支持政策，激励居民积极参与到"以旧换新"活动中来。为深入理解居民的参与意愿及其影响因素，本课题组还对我国城市居民的以旧换新参与行为、意愿和主要影响因素进行了分析。

（一）"以旧换新"活动的知晓和总体参与情况

本研究分析了居民对"以旧换新"活动的了解和参与情况。数据显示（见图4），85.79%的城市居民听说过"以旧换新"活动，与此同时72.83%的参与过"以旧换新"活动。可见，"以旧换新"活动在城市居民中具有较高的知晓度和参与度，表明其推广效果显著。

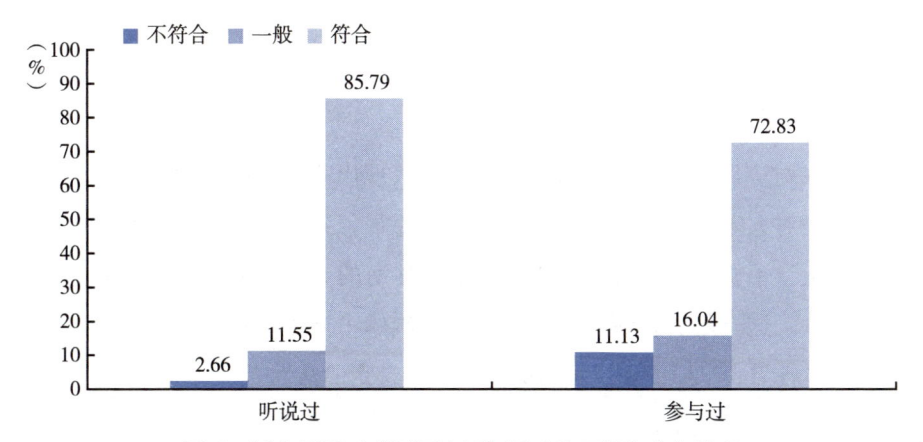

图4 城市居民对"以旧换新"活动的了解和参与情况

进一步分析表明,青年群体在"以旧换新"活动中的知晓度和参与度均显著高于中老年群体,反映出年轻人对该类活动的关注度和参与度较高,这可能与其消费习惯和对新产品的接受度更高有关。数据显示(见图5),青年群体对"以旧换新"活动的知晓度达到87.57%,参与度为74.62%;相较而言,中老年群体的知晓度和参与度分别为83.58%和70.63%。

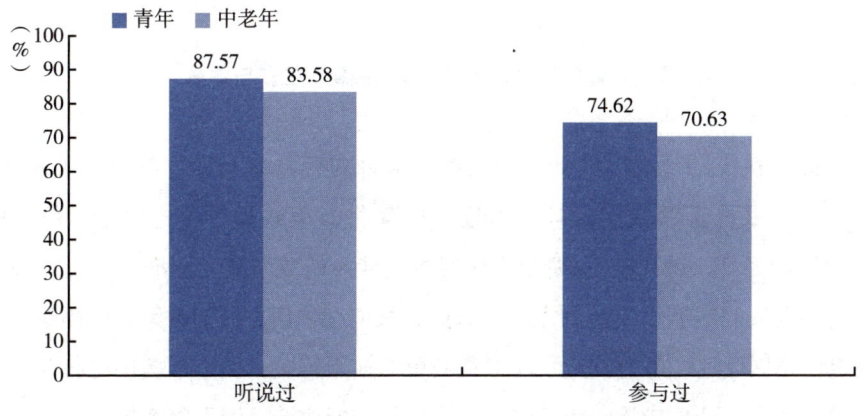

图5 青年和中老年对"以旧换新"活动了解和参与情况

（二）"以旧换新"的参与意愿和影响因素

1. 对大家电的"以旧换新"参与意愿最强，对住房的"以旧换新"参与意愿最低

居民对"以旧换新"项目的参与意愿表现出明显的倾向性。调查数据显示，居民对大家电的"以旧换新"参与意愿最强，其次为汽车、小家电、电脑和平板、手机、沙发等家居用品，而对住房的"以旧换新"参与意愿最低（见图6）。这一趋势在青年群体和中老年群体中排序基本一致，反映出不同年龄层对各类"以旧换新"项目的偏好具有一定的共性。

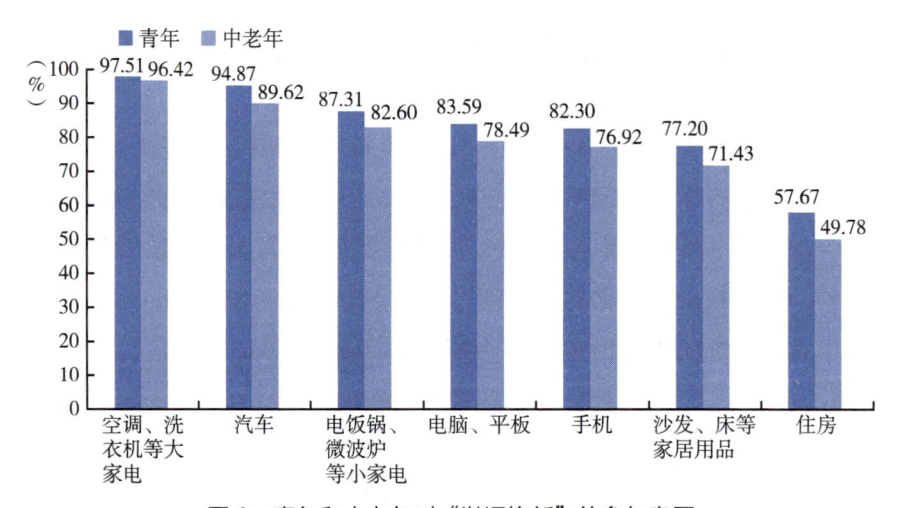

图6 青年和中老年对"以旧换新"的参与意愿

政府在推动"以旧换新"政策时，应针对民众参与意愿较强的大家电、汽车、小家电等领域加大补贴力度，以强化政策效果。相比之下，住房的"以旧换新"意愿较低，主要因为住房更新涉及的成本高、周期长，且一般不在普通居民的频繁更换计划之内。因此，政府在住房方面的政策可以侧重于支持老旧小区改造和节能改造，而不是简单的换新补贴。例如，提供更有针对性的税收优惠或低息贷款，用于鼓励居民进行节能改造、旧房翻新等。这不仅能提升住房的安全性和舒适度，还能实现资源的高效利用和居住环境的改善。

2. 新产品选择范围制约了居民参与"以旧换新"的意愿

本研究还询问了城市居民对"以旧换新"产品及服务的满意度情况，数据显示（见图7），居民对"以旧换新"的新产品选择范围有限这一问题的感触最深，超六成（62.97%）受访者表示认为这一问题存在，不满意度最高。此外，五成左右的居民还认为"以旧换新"存在新产品价格虚高、缺乏国际品牌和流程烦琐的问题。

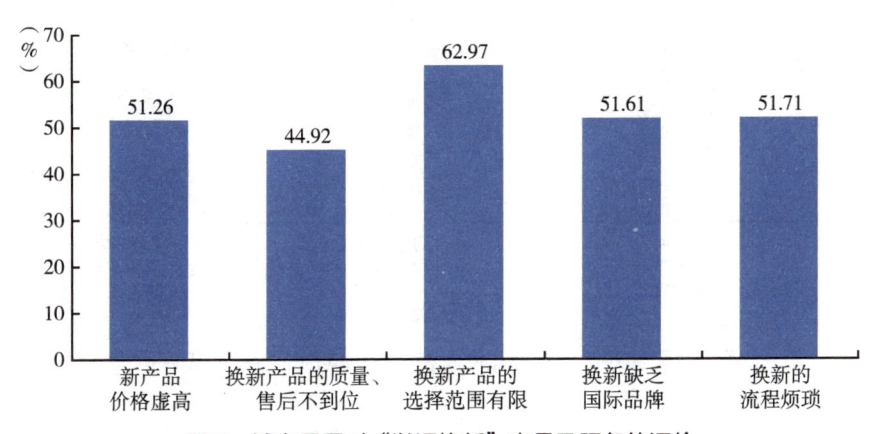

图7 城市居民对"以旧换新"产品及服务的评价

进一步分析显示，不同世代的居民在"以旧换新"过程中对产品相关的看法并无显著差异，但在对流程烦琐程度的认知上存在一定的代际差异。不同世代比较来看，"00后"认为换新流程烦琐的比例最高，达63.62%，可见流程烦琐对城市居民尤其对年轻世代来讲是制约其参与"以旧换新"的重要影响因素。

3. 居民对平台企业和商家的信任度影响其参与意愿

本研究还调查了城市居民对平台企业和商家在推动"以旧换新"中的作用评价。调查数据显示，大多数居民并不认为"以旧换新"只是商家的噱头，然而，居民普遍认为该活动在公开和透明性方面存在一些问题。具体来看（见图8），60.37%的居民认为"以旧换新活动仅限于部分平台和商家"，51.32%的居民认为"以旧换新的补贴大多被平台和商家拿走了"。这些反馈表明，提升活动的透明度和公平性是当前亟须解决的问题，以增强居民的信任感和参与意愿。例如，政府应该明确补贴商品和平台入选的标准，以确保补贴政策的公平性和有效性。同时，平台应避免将销量较差的产品作为"以旧换新"的选择项，因为这不仅可能降低居民对"以旧换新"活动的信心，还会影响整体参与意愿。

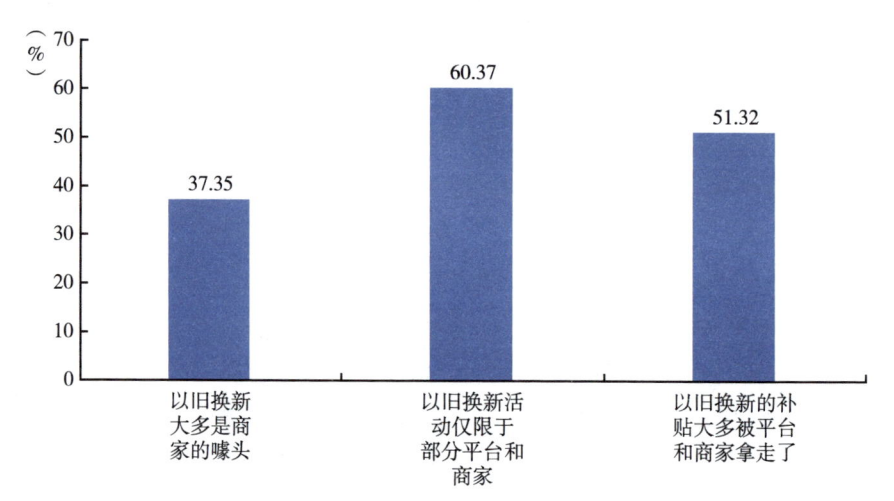

图8　居民对平台企业和商家在"以旧换新"中的作用评价

（以旧换新大多是商家的噱头：37.35%；以旧换新活动仅限于部分平台和商家：60.37%；以旧换新的补贴大多被平台和商家拿走了：51.32%）

五　研究结论与讨论

本报告是"城市绿色低碳消费研究课题组"的第三期调查报告，聚焦城市青年的绿色低碳消费态度和行为。主要有以下研究发现：①近八成青年对低碳生活观念表示认同。②线上购物平台在绿色环保产品的供给可及性方面还有较大提升空间，青年对以数字化技术推动绿色低碳实践大多表示支持，受教育程度越高、收入越高的青年支持程度越高。③数字平台是推广绿色低碳产品和绿色低碳生活方式的重要平台，推广效果最强的是综合型电商平台和短视频平台，数字个人账户受到青年认可，但普及程度还不高。④城市青年对塑料污染的认知程度高于塑料使用相关知识，受教育程度越高、收入越高的青年对塑料污染的问题意识越强。⑤塑料制品使用方面，青年比中老年更经常使用一次性塑料制品，供给侧的更新完善和塑料替代品的科学使用，对青年减少使用塑料制品有显著影响。⑥"以旧换新"知晓度较高但参与程度较低，参与意愿最强的是对大家电的"以旧换新"，制约因素主要是新产品选择范围有限和换新流程烦琐。

以上研究结论对于推动青年绿色低碳生活转型和促进绿色低碳消费具有一定启示。第一，城市青年具有较丰富的绿色低碳知识、对绿色低碳生活有较为积极的态度，但是其绿色低碳消费行为较多集中于物品使用方面的节能或环保，而在物品购买和用后处置环节，其绿色低碳消费行为还需要进一步重点推动。第二，充分利用数字化手段推动绿色低碳消费，一方面，绿色低碳消费在购买、使用和处置环节，均可通过数字化发展降低青年践行绿色低碳生活的时间和精力成本，提高绿色低碳供给的可及性；另一方面，数字平台是在青年群体中推广绿色低碳消费的重要传播媒介，可以通过推广、激励和引导来改变观念，驱动青年主动践行绿色低碳生活。第三，现阶段实行的促进绿色低碳消费的一些政策，如"以旧换新"和"减塑"，都取得了一定成效，人们在观念上有了相应的意识，但还需要通过供给侧的发展和完善等努力促进参与或践行，比如提升"以旧换新"产品的供给丰富性和相关流程信息的透明性，再如在供给侧实行"减塑"激励措施和科学推广塑料替代产品使用。

参考文献

陈志轩、简兆权：《中国数字经济与绿色消费协同发展的机理与时空特征研究》，《商业经济研究》2024年第4期。

谢心欣：《数字经济对居民绿色消费的影响及其空间效应——基于长江经济带11个省份面板数据的检验》，《商业经济研究》2024年第5期。

Dunlap, Riley, Liere, Kent, Mertig, Angela and Jones, Robert, "Measuring Endorsement of the New Ecological Paradigm: A Revised NEP Scale", *Journal of Social Issues*, 2000, 56.

B.12 中国居民消费投诉统计分析及维权形势展望

——基于全国消协组织2024年前三季度受理投诉情况

汤 哲[*]

摘 要： 迈向新时代，我国消费结构的基本特点已经从保障生活需要向发展型消费和享受型消费等多层次拓展，并驱动消费业态全面转型升级。本报告以中国消费者协会发布的2024年前三季度全国消协组织受理投诉情况分析数据为基础，结合近五年来商品和服务消费投诉状况、数据变化趋势等加以梳理和分析研究，阐述当前消费趋势与消费维权形势，并从持续强化统筹观念、强化民生导向、深化法治引领和优化消费体验、促进消费安全、以全面深化改革激发消费活力等方面提出对策建议。

关键词： 消费者 投诉 权益保护 社会治理

一 2024年民生消费及消费维权态势回顾

2024年是中华人民共和国成立75周年，是实现"十四五"规划目标任务的关键一年。迈向新时代，我国消费结构的基本特点，已经从保障生活需要向发展型消费和享受型消费等多层次拓展，随着数字经济进一步发展，品质化、个性化、差异化的消费趋势进一步显现，并将驱动消费业态、生态全面转型升级。总体来看，当前我国经济稳定向上、结构向优、发展态势持续

---

[*] 汤哲，中国消费者协会消费监督部干部，中国社会学会消费社会学专委会第二届理事，主要研究方向为社会治理、消费心态、消费体验评测和消费维权实务。

向好，各级政府和相关部门采取多种措施，持续优化消费环境和营商环境，消费动能持续释放。当然，我们也要注意到，外部环境更趋复杂严峻，稳投资难度加大，一些企业经营困难并暴露出风险隐患，消费领域相关舆情事件时有发生，居民消费能力和消费意愿不强，消费潜力和消费活力有待进一步释放，消费者在日常生活消费领域的投诉事项出现一些新变化。

一是各部门围绕民生消费事项扎实开展各项工作。中央网络安全和信息化委员会办公室部署开展2024年"清朗"系列专项行动，联合工业和信息化部、公安部等整治网络虚假信息、网络戾气和违法信息外链等问题，加大网络直播领域虚假和低俗乱象整治力度，加强网络空间法治建设。国家发展和改革委员会积极培育和发展新质生产力，大力促消费、稳就业、稳增长，推动民生消费高质量发展。交通运输部扎实推动农村公路、危旧公路和桥梁整修，完善充电基础设施建设，开展交通运输新业态出行服务质量提升行动，推动适老化无障碍交通出行服务扩面提质增效。国家广播电视总局深入开展电视"套娃"收费和操作复杂专项治理，直击消费者看电视难、看电视烦的痛点。国家市场监督管理总局发挥消费者权益保护工作部际联席会议制度作用，坚持促进发展和监管规范并重，联合有关部门部署2024年网络市场监管促发展保安全专项行动，依法维护实体经济和在线交易公平竞争市场秩序，切实保障消费者合法权益。农业农村部、文化和旅游部、教育部、民政部等结合各自职能切实推进相关工作，不断压实监管责任和行业企业主体责任。

二是"促消费"成为一大重点工作和亮点工作。从哈尔滨冰雪经济持续火热到甘肃"天水麻辣烫"爆火，再到山西县城古建筑和传统文化受到追捧，从周末近郊游、露营游到每个长假的假日经济，旅游消费、文化消费、健康消费、绿色消费、时尚消费、虚拟经济和数字信息消费等热点，为消费市场的恢复不断增添新动力。各级政府和相关部门先后出台一系列促消费政策措施，消费"主引擎"动力强劲。国家发改委会同财政部向地方下达1500亿元超长期特别国债资金，"真金白银"补贴优惠加速落地，推动汽车、家电、家居家装等消费品以旧换新，改善居民消费供给和生活品质。商务部开展"消费提振年"系列活动，积极组织惠民消费季和品牌促销、供需对接活动，统

筹商品消费和服务消费优质供给，推广新型消费业态。2024年1~10月，全国社会消费品零售总额398960亿元，同比增长3.5%；全国网上零售额123632亿元，同比增长8.8%。

三是一些消费维权热点事件话题反映出部分行业领域当下仍存在消费者权益保护痛点、难点、堵点。除传统的食品安全、质量安全和虚假宣传、不合理收费等问题外，近年来民生计量领域问题更加突出，称重不准、偷工减料等问题屡被曝光。平台经营者滥用技术手段、平台规则、优势地位等侵害消费者权益情形较多，未成年人网络游戏充值和退费问题仍然难以解决。预付式消费领域问题频发，教育培训、美容美发、体育健身等行业商家闭店、跑路问题十分突出，"职业索赔人"和"职业闭店人"等行为交织出现。个人信息被倒买倒卖，电话推销、网络传销、电信诈骗等问题屡禁不绝。许多消费者面临投诉难、维权难、举证难、解决难等难题，严重影响消费体验和消费信心，与当前促消费、保安全、护民生的主流期待和导向背道而驰。

二 全国消协组织受理消费者投诉情况分析

受理消费投诉，处理消费纠纷，为消费者挽回经济损失，是政府部门强化社会治理和民生保障的题中应有之义，也是保护消费者权益的基本职能要求。消费者协会开展消费教育和消费维权服务等工作，是我国消费者权益保护的特色和优势。2024年7月1日，《中华人民共和国消费者权益保护法实施条例》（以下简称"消保条例"）正式施行，这一条例是《中华人民共和国消费者权益保护法》（以下简称"消法"）施行30年来首次出台的配套行政法规，在我国消费者权益保护事业发展史上具有里程碑意义。消保条例设立"消费者组织"专章，明确消费者协会按照消法的规定履行职责，并对消费者协会为消费者提供咨询服务、受理消费投诉和开展社会监督调查相关职责进行细化和扩充。本报告将以中国消费者协会发布的全国消协组织受理投诉咨询数据为基础展开分析论述。

根据中消协披露的信息，对消费者投诉数量及解决数量、挽回经济损失、有欺诈的赔偿案件、加倍赔偿金额、来访和咨询接待人数等关键性数据进行整理，2020 年至 2024 年前三季度全国消协组织受理投诉咨询情况统计信息如表 1 所示。

表 1　2020 年至 2024 年前三季度全国消协组织受理投诉咨询情况概览

项目	2020 年	2021 年	2022 年	2023 年	2024 年前三季度
投诉数量（件）	982249	1044861	1151912	1328496	1280242
解决数量（件）	749317	836072	915752	1127440	889363
投诉解决率（%）	76.29	80.02	79.50	84.87	69.47
挽回经济损失（万元）	156393	151592	137767	约 137000	90329
有欺诈的赔偿案件（件）	5864	10675	18032	17608	—
加倍赔偿金额（万元）	825	1181	453	545	—
来访和咨询接待量（万人次）	125	131	149	106	52

数据来源：中国消费者协会网站，https://www.cca.org.cn/index。因篇幅所限，本报告主要盘点回顾近五年消费者投诉咨询数据，2019 年及以前相关数据可以从中消协网站查询。

（一）消费者近年来投诉数量持续攀升

2024 年前三季度，全国消协组织共计受理消费者投诉 1280242 件，数量超过 2022 年全年总量，接近 2023 年全年受理投诉总量。与 2023 年前三季度投诉统计数据（944249 件）相比，2024 年前三季度投诉统计数据同比增加 35.58%。

需要说明的是，由中国消费者协会研发建设的"全国消协智慧 315"平台（以下简称"消协 315"平台）于 2024 年 3 月 15 日上线试运行。该平台可以为消费者及经营者搭建沟通渠道，消费者通过登录中消协官方网站进入"消协 315"平台或手机扫描二维码、微信搜索"消协 315"小程序即可随时随地进行投诉咨询，诉求办理更加便利；经营者可登录官方网站申请入驻"消协 315"平台，就消费者投诉事项进行和解申请；全国消协组织借助互联网、数字化、人工智能技术，实现对消费者投诉的在线受理、在线分办、在线和解、在线调解、在线反馈。

结合 2024 年上半年线上线下消费活动和全国消协组织近三年投诉统计数据概况，预计 2024 年全年消费者投诉数量将突破 150 万件，呈现大幅增加态势。

（二）消费者投诉解决率有所降低

从近年来的消费投诉解决率来看，2020年至今的消费投诉解决率均保持在75%及以上的较高水平。其中，2023年、2021年投诉解决率均超过80%，2022年投诉解决率为79.50%，接近80%。进入2024年，上半年投诉解决率为71.97%，第三季度解决率为65.54%，前三季度解决率为69.47%。

综合来看，2020~2023年投诉量比上一年度分别增长19.59%、6.37%、10.25%、15.33%，同年的投诉解决率提升速度与之对比稍显逊色。究其根本，既有日常消费越发活跃、消费维权行为更加踊跃的原因，也有消协组织技术平台建设的原因，当然最核心的还是日益增长的消费维权服务需求与现实消费维权公共服务之间的不匹配、不平衡。在今后投诉调解工作中，应该提升消费维权服务供给能力，优化维权服务资源配置，加大消费纠纷调解力度和增强其效果，有效化解消费矛盾，及时、妥善处理消费者诉求。

（三）2020年至2024年前三季度全国消协组织投诉分类统计分析

从类别属性上看，可以将消费投诉划分为商品类投诉、服务类投诉和其他类投诉。其中，其他类投诉指的是不属于一般商品或服务消费投诉类别，或暂时无法对应当前投诉统计归口、不便于归类的一些情况。2020年至2024年前三季度全国消协组织受理投诉情况对比信息如表2所示。

表2　2020年至2024年前三季度全国消协组织受理投诉类别对比

单位：件，%

时间	商品类	占比	服务类	占比	其他类	占比
2020年	439351	44.73	499491	50.85	43407	4.42
2021年	491040	47.00	517153	49.49	36668	3.51
2022年	592603	51.45	525088	45.58	34221	2.97
2023年	704501	53.03	599213	45.10	24782	1.87
2024年前三季度	605117	47.27	549166	42.90	125959	9.84

注：2024年前三季度商品类、服务类、其他类投诉所占比重精确至小数点后四位后分别为47.2658%、42.8955%、9.8387%；保留两位小数点后得到当前表格三项数据，汇总之后总数为100.01%。

1. 商品类投诉和服务类投诉总量均呈现上升趋势，服务类投诉比重持续降低

2020年以来，商品类投诉数量逐年增加，2024年前三季度商品类投诉总量超过2022年全年商品类投诉总量；服务类投诉总量呈现逐年上升趋势，2024年前三季度服务类投诉总量已经超过2022年的服务类投诉总量，超过2021年、2022年的商品类投诉总量。

从2024年前三季度各类型投诉占比来看，商品类投诉和服务类投诉占比相较于上一年度均呈现下降趋势，其他类投诉比重显著上升。

2020~2023年，商品类投诉占全部投诉数据的比重持续上升，2022年、2023年占比均超过50%；服务类投诉占全部投诉数据的比重持续降低，2021年以来占比均低于50%，差异显著。这表明，当前消费者对于实物商品的消费和投诉情况相较于服务类消费有所增加，并且消费者越发重视商品供给中的产品质量、安全使用等属性。

2. 其他类投诉整体占比有所增加，新问题、新情况值得关注

从中消协现有投诉统计来看，其他类投诉主要包括农业生产技术服务、宠物及宠物用品、殡葬服务及用品、其他四个小类。

从2020~2023年投诉情况来看，其他类投诉总量相对较为稳定，并呈下降趋势。但从2024年前三季度数据来看，其他类投诉比重则有显著上升。

一方面，这与全国消协智慧315平台上线后对于投诉类别划分更加细致有关系。另一方面也要看到，近年来基于植物认种、宠物认养等新消费业态持续走热，宠物医疗、宠物美容和宠物殡葬消费越发常见；部分公共服务领域如殡葬行业等消费业态因产品质次价高、服务套路多、涉嫌宣扬封建迷信思想等问题引发投诉和舆情关注，也带动全社会对于相关传统产业和新兴业态的再审视、再讨论。

3. 2024年前三季度商品大类和服务大类投诉分布结构分析

（1）商品大类消费投诉情况

以家用电器、通信类电子设备等为代表的家用电子电器类消费投诉总量为150253件，占到2024年前三季度商品大类投诉的24.83%，占到前三季度全部投诉的11.74%。以家庭清洁用品、化妆品、儿童用品、五金交电及日用杂品为代表的日用商品类和服装鞋帽类、食品类投诉分别占到2024年前三季度商品大类投诉的18.75%、17.47%、16.75%。房屋及建材、交通工具、医药及医疗用品类投诉占比则低于10%（见图1）。

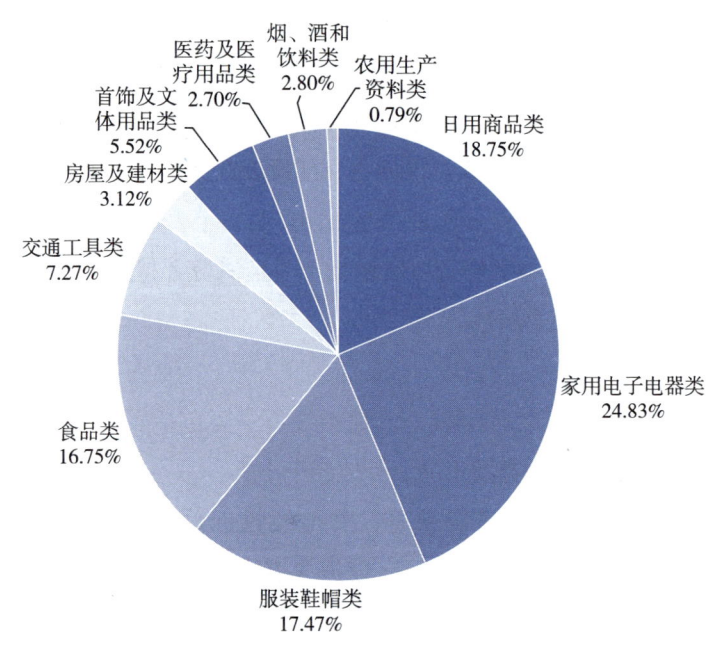

图1 2024年前三季度商品类消费投诉分布

与2023年前三季度相比，家用电子电器类消费投诉和日用商品类消费投诉比重在2024年前三季度位次发生调换；服装鞋帽类投诉比重和食品类投诉比重均有上升，且前者比重增幅大于后者。

随着黄金价格上涨和文化体育活动潮流升温，首饰及文体用品类投诉比重略有上升。交通工具类投诉和房屋及建材类投诉比重略有降低。其他各商品类消费投诉比重大体保持稳定。

（2）服务大类消费投诉分布

以餐饮、住宿、美容美发、教育培训、销售和中介服务等为代表的生活社会服务类投诉占比最高，为27.31%，连续多年稳居首位。与2023年前三季度生活社会服务类投诉比重（30.31%）相比，2024年前三季度生活社会服务类投诉比重有所降低。

以网络宽带接入、网络游戏等为代表的互联网服务类投诉占比为22.81%，相比于2023年同期水平（17.45%）明显增加。2024年前三季度，电信服务类投诉占比为9.20%，相比于2023年前三季度的5.84%同样增幅明显。这两类问题值得关注。

总体来看，销售服务类投诉比重基本保持稳定，旅游服务类投诉比重有小幅上涨，邮政业服务、卫生保健服务、金融服务和保险服务等投诉占比总体变化不大（见图2）。

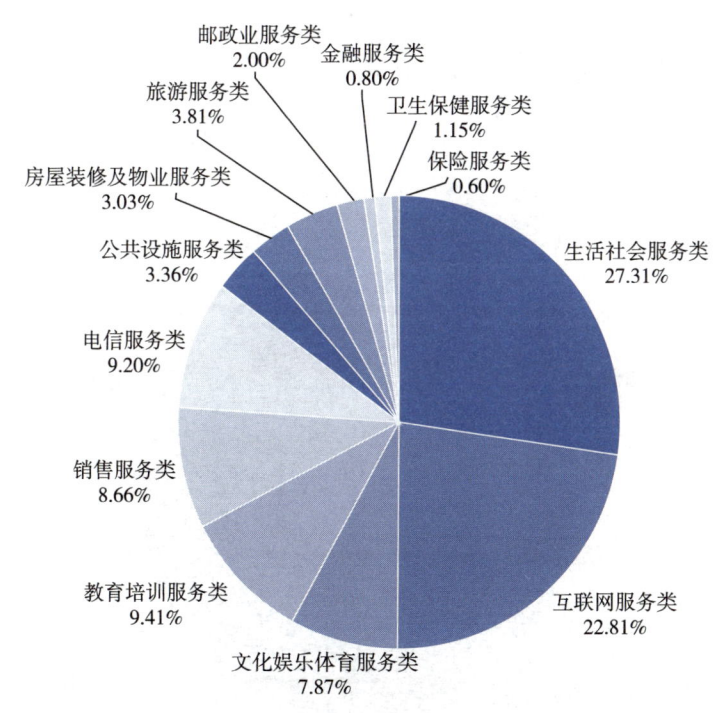

图2 2024年前三季度服务大类消费投诉占比

4. 售后服务、合同、质量类投诉占比超过七成，虚假宣传类投诉略有上升

排在前三位的投诉大类分别为售后服务、合同、质量，与2023年前三季度情况保持一致，整体占比超过70%。其中，售后服务投诉量为384637件，占比为30.04%，排在各类投诉首位，预计2024年全年售后服务类投诉数量将创2019年以来的新高。合同类投诉量排在第二位，为294903件，整体占比23.03%；质量类投诉占比排在第三位，共268517件，整体占比20.97%。二者占比情况与2023年前三季度基本持平，但绝对总量已经远超2023年同期。

2024年前三季度，关于虚假宣传的投诉占比有所上升，关于价格、安全、假冒、人格尊严等问题的投诉占比均低于5%，与往年基本持平（见图3）。其他性质投诉占比为6.60%，相比于2023年前三季度（5.51%）增加1.09个百分点。预计2024年全年投诉性质分类结构性波动不大。全国消协组织近五年投诉性质数量及占比变化如表3所示。

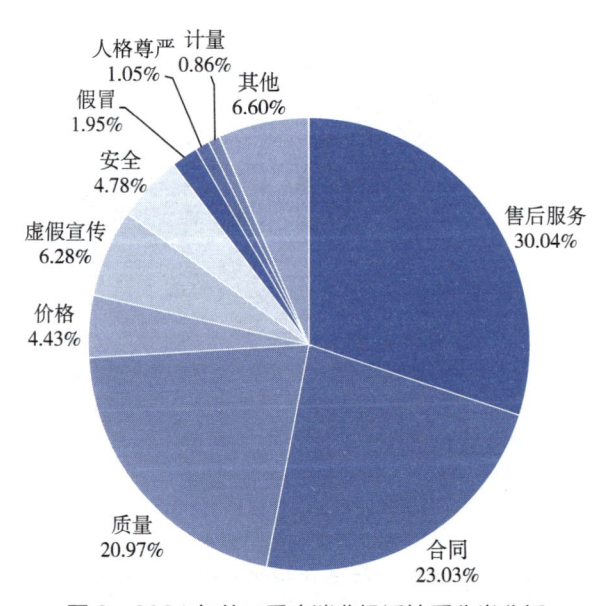

图3 2024年前三季度消费投诉性质分类分析

表3 2020年至2024年前三季度全国消协组织投诉性质数量及占比变化

单位：件，%

项目	2020年 数量	比重	2021年 数量	比重	2022年 数量	比重	2023年 数量	比重	2024年前三季度 数量	比重
售后服务	278652	28.37	329561	31.54	388492	33.73	460513	34.66	384637	30.04
合同	246657	25.11	284361	27.22	306003	26.56	327418	24.65	294903	23.03
质量	202799	20.65	208922	20.00	228228	19.81	265465	19.98	268517	20.97
价格	76900	7.83	46209	4.42	52242	4.54	60852	4.58	56708	4.43
虚假宣传	46899	4.77	46121	4.41	44524	3.87	63266	4.76	80363	6.28
安全	30039	3.06	30575	2.93	32074	2.78	44005	3.31	61243	4.78
假冒	12617	1.28	15742	1.51	14924	1.30	20625	1.55	24990	1.95
人格尊严	9661	0.98	7527	0.72	10312	0.90	13957	1.05	13387	1.05
计量	7033	0.72	7462	0.71	7988	0.69	9941	0.75	10953	0.86
其他	70992	7.23	68381	6.54	67125	5.82	62454	4.71	84541	6.60

三 消费舆情热点及维权形势分析

近年来，中国消费者协会和全国各级消协组织始终坚持"人民至上"理念和"消费者优先"原则，切实履行消费者权益保护法及其实施条例赋予的法定职责，聚焦热点事件加强社会监督。根据中消协联合人民网舆情数据中心、中国消费者杂志社发布的2024年相关消费维权舆情热点榜单[1]，现制饮品品牌屡现过期食材、罐车混装油料等事件再度引发公众对食品安全问题的关注，消费者购车遇4S店"价外加价"、"叫花鸡里没有鸡"等事件暴露商家蛮横态度和"推责"问题，演唱会"柱子票"事件、消费时"被直播"为商家引流严重影响消费体验，网络平台自动续费"开通容易退订难"、移动互联网

---

[1] 《中消协发布2024年上半年消费维权舆情热点》，https://baijiahao.baidu.com/s?id=1806152263872406462&wfr=spider&for=pc。

广告推送"槽点"多，微短剧付费乱象、内容违规问题频发，租赁市场"提灯定损"类乱象困扰消费者，"职业闭店人"成为预付式消费维权阻碍。上述舆情热点事件，既有传统消费模式始终悬而未决的顽疾，也涉及数字经济消费模式引发的新情况、新问题。

总的来说，消费者更加敢于维权、善于维权，借助各种工具和平台渠道发声表态，依法维护自身合法权益。值得思考的是，有关消费投诉问题和热点舆情事件的走势越发受到关注，对商家行为、商业逻辑、行业秩序、市场监管等提出更高要求。更值得关注的是，在消费维权之外，消费现象与社会问题螺旋式纠缠影响，体现的是不同消费人群在生活习惯、消费方式、观念认知上的变迁，以及由此产生的代际消费观念碰撞。但毫无疑问的是，这些新情况对当前和未来一个时期的消费均会产生深远影响，同时对消费心态、消费供给、社会治理等都提出了新的时代要求。

（一）情绪价值彰显与消费集体狂欢，不应忽略商品、服务本质属性及价值

年轻人盛行"特种兵式"旅游，临时设定出行目标冲向网红"打卡地"，并带火了OOTD、多巴胺穿搭风格；未成年人喜欢一起探讨盲盒、网络游戏，研究电话手表新功能；中老年人迷上了微短剧，为喜欢的主播刷礼物并在其直播间选购产品。这些活动具有鲜明的时代特性和时尚个性，消费者从愿意为"品牌"买单到愿意为"情绪"买单，消费品类从物质范畴拓展到精神范畴，消费理念从"功能型"向"享受型""治愈型"延伸。

对消费者而言，他们愿意为那些看似"无用"却能提供情绪慰藉和情感满足的商品付费，甚至付出比商品本身价值更高的成本。随着品牌营销、明星带货和互联网流量的加持，某些爆款商品一物难求，催生了代购、代拍照、代发朋友圈等消费业态；一些小众的文旅打卡地人满为患，造成游客体验不佳、不满情绪蔓延，暗藏安全风险。对经营者而言，情绪消费和情感消费蕴含着巨大的商业价值。一些商家为了牟取更高利润，组织虚假宣传、囤积居奇活动，助推"刷单""炒信"等饥饿营销行为，导致消费者交易成本增加甚

至上当受骗。近年来，涉及盲盒消费、网络游戏虚拟道具商品、明星演艺票务和衍生海报、卡券文创类产品消费多次引发群体性投诉，屡登网络舆情热搜榜单，究其根本正是因为群体性的非理性追捧使得商品和服务偏离其本身的使用价值属性。

（二）消费升级时代趋势显著与个体感受存在差异，消费升级与消费降级结构性并存局面仍将持续

党的十九大作出重要论断，我国社会的主要矛盾已从"人民日益增长的物质文化需要同落后的社会生产之间的矛盾"转化为"人民日益增长的美好生活需要和不平衡不充分的发展之间的矛盾"。迈向新时代，我国消费规模持续增长，消费结构持续升级并且不断优化，消费新模式、新业态持续萌发，线上线下消费持续火热，跨境交易更为便利，消费供给更加优质、高效；居民消费支出结构更加优化，最终消费支出对经济增长的贡献率持续攀升，社会消费品零售总额稳中有升，消费的基础性作用持续凸显。

与此同时，消费"平替"现象和消费降级的结构性风险也值得关注。互联网"黄牛""代下单"活动受到追捧，大到购买演唱会门票和景区门票，小到扫码解锁共享单车皆可使用；日常餐饮消费、超市购物既可以领取各类优惠券、团购券和消费券，也可以使用代下单、代付款服务。互联网平台上，各种"穷鬼"套餐和省钱攻略盛行，网友们互相勉励抵制消费主义的话术。更应关注的是，城乡消费面临结构性差异，居民收入结构和消费结构潜藏"中间空、两头重"的失衡风险，网络评价和社会观念的分化有所加剧，奢侈品销售额屡创新高，低收入群体则往往自嘲被"贫穷限制了想象力"，提振居民消费信心、激发消费活力面临诸多挑战。

（三）警惕预付式消费透支信任，会员服务营销有待规范

预付式消费行为和会员服务是各行各业吸引和留住消费者的重要手段，但在运营过程中的不规范行为引发了不少消费者投诉。具体而言：一是随意修改会员体系和规则，使得消费者既往权益减少，或额外支付更多费用才能

享受权益和会员福利;二是预付式消费和会员权益规则复杂,一些经营者设置诸如会员、超级会员、超级 VIP 会员等多重复杂体系,不同会员下又设置多种套餐,消费者对各种权益和权限难以区分,商家承诺难以兑现;三是涉嫌虚假宣传和诱导消费,如夸大会员服务内容和权益,预付费明细不清;四是隐瞒限制使用条件,默认开通自动续费且难取消,关闭自动续费操作步骤多、页面隐藏难找;五是预付费商家闭店、跑路,会员服务和权益难以为继。此外,一些经营者重营销、轻服务、避谈服务和维权保障的观念没有根本扭转,注重商品包装"外表"、品牌传播"流量"而忽视商品服务品质保障这一"内在",缺乏商业道德和基本诚意,有违公平诚信原则。

(四)移动互联网广告推送屡禁不绝,折射个人信息和隐私权、安宁权保护痛点

广告是数字经济和互联网产业的重要组成部分,但是过度推送、套路式推送广告等行为不仅达不到宣传预期效果,反而会导致消费体验变差,降低消费者对产品、对品牌和对经营者的兴趣和好感。更为重要的是,消费者点击推送弹窗、广告链接之后,往往会关联到新的软件下载、授权开放手机权限、收费付费等行为,个人隐私信息和网页浏览搜索记录、操作偏好等信息面临被收集的风险。

消费者反映的主要问题:一是弹窗广告随意且频繁,即便在"会员免广告"权益下或断网状态下仍会出现植入广告和弹窗信息,消费者安宁权难以保障。二是点击广告自动跳转免密支付,一些经营者利用第三方支付平台小额免密支付和部分银行小额交易无短信提醒的漏洞,在各类 App 中植入广告链接,消费者无意中点击即被跳转扣费并自动续费。三是在特殊场景植入广告影响消费者体验,一些经营者在消费者需要快速支付或快速做出决策的场景中植入广告,且广告内容伪装成支付或领取优惠券页面,消费者无法仔细辨别便通过刷脸或免密支付购买了第三方虚拟产品。四是变相强制跳转广告,有的 App 强制推送广告且无法关闭,有的 App 默认手机稍有晃动即为触发"摇一摇"跳转广告功能,随即跳转至其他链接或第三方平台。

（五）互联网流量制造怪胎，法律咨询服务机构亟须加强规制

近年来，消费者在维权时越发善于利用互联网新媒体为自己发声表态，向商家和品牌方施压。互联网流量在助力消费者表达维权诉求、行使监督权的同时，也可能产生偏差效应甚至造成"流量反噬"。不少维权舆情和社会事件发生反转，背后往往有团队策划"剧本"加以包装之后推波助澜，公众的好奇心被利用、信任感被消耗。出于行业管理缺乏规范、消费者信息不对称等原因，一些不良法律服务机构和个人打着律师事务所的幌子通过社交平台、短视频平台发布所谓"维权""退费"等广告诱骗消费者。

具体而言：一是无资质招揽诉讼业务，少数"法律咨询公司"利用消费者对律师事务所和法律服务机构的认识模糊，违规宣传声称可接受委托帮助消费者发送律师函、打官司；二是过度承诺、夸大其词，如宣称可以低价帮助消费者"维权"，包"胜诉"、包"退款"，成功率接近或达到100%；三是"服务协议"暗藏不公平格式条款，有的"法律咨询公司"在协议中约定，若消费者未经其同意自行解决纠纷，还将赔偿"法律咨询公司"违约金或给其"返点"；四是退费纠纷多发，"法律咨询公司"维权失败或消费者发现上当受骗后，要求经营者退费遭拒引发纠纷；五是借助互联网流量变身"职业索赔人"，以所谓公益打假、维权监督的名义开班收徒、收费授课、直播打假活动，披着法治的外衣从事牟利活动，有些甚至涉嫌变相索取财物、敲诈等违法行为。

（六）农村商贸流通和消费基础设施有待完善，农村消费群体权益保护仍需加强

我国拥有巨大的农村消费市场，农村地域广阔、市场需求大，农村人口分布广泛，消费潜力巨大。近年来，在有关部门推动和社会各界广泛参与下，农村商贸流通体系建设取得了积极成效，农村商业网络持续完善，农村物流配送不断提速，农村电商对改善农村居民生活条件发挥了巨大作用，农村地区消费潜力持续释放。

与城市地区相比，农村地区商贸流通在基础设施、渠道网络、定价机制等方面还存在一些短板和薄弱环节。不同地区的消费供给条件差异大、成本不尽相同；一些假冒伪劣商品从城市向农村地区转移，消费者缺乏识假辨真意识和能力；县域消费者权益保护机制不健全、体系不完备，维权支持力量不足、服务响应不及时，消费者维权诉求难以保障、体验不佳。由此导致群众多方面的不满意，对经营者、对市场消费和对政府的信任感降低，应当引起重视。

四 对策建议

习近平总书记多次强调，"民生为大、民生为要"[①]，要进一步全面深化改革，加强社会建设和治理，筑牢各族群众共同富裕基础。消费安全也是民生稳定、社会安定的重要组成部分。在经济结构转型和消费升级的关键期，要切实统筹好民生消费领域高质量发展和高水平安全的重大议题，推进社会建设，加强社会治理，持续增进人民福祉。

一是持续强化统筹观念，在保证消费供给丰富性、均衡性的同时避免消费过剩和资源浪费。改革开放以来，我国进入一个大规模集中消费的时期，现在则进入一个相对差异化的常规性消费时代。消费者并不担心买不到想要的东西，而是选择众多、被推荐推销太多，消费质量和消费支出不匹配；还有相当一部分人已经处于消费饱和状态，选购的商品或服务仍然实用且耐用，债务尚未化解，消费动力不足。从增加消费供给的角度出发，一是要持续统筹产业高质量发展，促进一二三产业因地制宜创新发展，鼓励和扶持"专、精、特、新"产业发展，激发创造新的消费动能；二是要统筹兼顾效率和公平，适度增加公共消费供给特别是服务类消费供给，促进区域均衡发展，进一步缩小城乡差距和东中西部消费差距；三是要持续输出更加安全、更高标准、更优品质的消费供给，在稳定基础性消费供给大局，保证消费供给丰富

[①] 2024年9月11日，习近平总书记在甘肃省兰州市安宁区枣林西社区考察时的讲话，参见《习近平在甘肃考察时强调 深化改革勇于创新苦干实干富民兴陇 奋力谱写中国式现代化甘肃篇章 途中在陕西宝鸡考察》，https://www.gov.cn/yaowen/liebiao/202409/content_6974302.htm。

性、均衡性的同时，避免消费过剩和资源浪费。

二是持续提振消费信心，以全面深化改革激发消费活力。2024年10月，习近平总书记在省部级主要领导干部学习贯彻党的二十届三中全会精神专题研讨班开班式上发表重要讲话，强调要引导全党全国人民坚定改革信心，更好凝心聚力推动改革行稳致远。从短期看，推动消费增长的驱动力可能是开展各类促消费活动和实施以旧换新、节能补贴、适老化改造等政策，鼓励家庭的耐用品置换和更新换代；从长期看，要持续优化营商环境，加大稳投资、稳就业、稳外贸等举措力度，从政策和舆论上鼓励支持民营经济和多种所有制经济发展壮大，增强企业发展创新动力，通过保障就业稳定提升居民收入增长预期；从长远看，要依靠更深入的改革，全面准确理解和贯彻新发展理念，推动建设全国统一大市场和国内国际"双循环"新发展格局，深化供给侧结构性改革，寻找经济社会高质量发展的支撑点和新的增长点。

三是持续优化消费体验，推动放心消费环境建设扩容提质升级。"人们对美好生活的向往，就是我们的奋斗目标。"[①]习近平总书记的重要论述，深刻阐释了全面深化改革的出发点与落脚点。搞好消费环境建设，既要把握好制度、政策、行政措施等方向的精度、准度，还要切实掌握好对消费者服务的力度、温度。一方面，要主动听取消费者诉求意见，聚焦解决消费者"急难愁盼"问题和关键小事，持续优化消费体验和公共服务体验，积极培育消费新场景、新业态，补齐消费环境建设短板和薄弱环节；另一方面，要积极引导消费观念向新升级，以消费观念提升促进自我革新和消费创新，鼓励消费者强化品质消费、美好生活理念，自觉抵制假冒伪劣商品，远离虚假宣传和营销套路陷阱，降低消费风险和试错成本。此外，还有必要做好促消费及消费之外的保障，鼓励企业经营者强化社会责任，鼓励消费者适度参与消费体验、消费评价活动，增进各方理解和信任。

四是持续强化民生导向，完善消费者权益保护网络。当前，线上线下消费模式既加速融合又不断分化，经营者与消费者之间利益分配和风险承担机

---

① 《十八大以来重要文献选编》（上），中央文献出版社，2014，第69页。

制不明晰，市场交易规则不清晰、信息不对称，市场监管规范缺失、手段滞后等因素仍然存在，对消费者权益保护工作提出新要求。建议各方加强协同联动，持续强化消费者权益保护共同治理体系建设。一是相关行政部门要加大消费维权公共服务供给，完善线上、线下投诉调解机制，提供更加高效、便捷、精细化的消费维权服务；二是推动构建多元纠纷化解机制，发挥消协等社会组织调解、调节作用，用好监督约谈、公益诉讼等维权手段，避免消费纠纷升级和风险转移；三是加强对网络交易、直播电商、预付式消费等新老消费业态监管，强化个人信息保护，为放心消费保驾护航；四是强化社会监督和舆情监督，持续做好消费教育引导和普法宣传工作，营造关心消费、关注消费维权良好氛围。

五是持续深化法治引领，促进消费安全、维护消费公平。高质量发展，是冲刺赛，也是接力赛和长跑赛。要通过规范化、制度化引领，统筹优化营商环境、消费环境和城乡人居环境，切实满足公众对社会公平正义、美好消费生活的期待。相关行业主管部门要破除行业惯性和地方保护主义，依法维护公平诚信交易秩序，提升消费环境安全度、经营者诚信度和消费者满意度；要加强数字消费、智能消费等新型消费领域的制度建设和监管治理，兼顾促进新业态发展与消费者权益保护；要形成管长远、治根本的制度机制，夯实经营者主体责任和保护消费者合法权益的首问责任，促进消费安全。

参考文献

中国消费者协会：2015年至2024年第三季度《全国消协组织受理投诉情况分析》，https://www.cca.org.cn/。

中国消费者协会：《中国消费者权益保护状况年度报告（2023）》，2024年5月。

汤哲：《中国居民消费投诉与维权分析报告——基于全国消协组织2023年前三季度受理投诉情况》，载李培林、陈光金、王春光主编《社会蓝皮书：2024年中国社会形势分析与预测》，社会科学文献出版社，2023。

B.13
中国社会发展质量调查报告*

李炜 米兰 兰雨 赵常杰**

摘 要： 本报告依据2023年"中国社会状况综合调查"（CSS）数据及往期成果，对当前中国社会高质量发展状况进行了描述和评价。本报告指出，经济社会保障方面，城乡居民收入稳步上升，收入差距持续缩小，城乡居民住房自有率高，社会保障体系覆盖范围持续扩大，就业形势稳中向好，但青年就业问题突出；社会凝聚方面，公众社会信任度保持高位，对各级政府信任度提升，社会总体评价积极；社会包容方面，各种制度性和非制度性的社会歧视和社会排斥日益减弱，但部分领域不公正待遇感受上升，社会宽容度差异存在；社会赋权方面，公众对地方政府工作评价较高，但社会参与水平不足。

关键词： 社会发展质量 经济社会保障 社会凝聚 社会包容 社会赋权

在全面建设社会主义现代化国家的新征程上，高质量发展已成为时代的强音和人民的期盼。党的二十大报告明确指出，中国式现代化的重大任务之

---

* 本报告获国家社会科学基金重点项目"中国式现代化的评价指标及发展规律研究"（23AZD010）及中国社会科学院重大经济社会项目"中国社会状况综合调查（2021~2025之第二期）"（GQDC2023024）资助。
** 李炜，中国社会科学院社会学研究所研究员，中国社会科学院国情调查与大数据研究中心主任，研究方向为发展社会学、社会研究方法等；米兰，中国社会科学院大学社会与民族学院博士生，研究方向为社会调查方法；兰雨，中国社会科学院大学社会与民族学院博士生，研究方向为社会调查方法；赵常杰，中国社会科学院大学社会与民族学院博士生，研究方向为发展社会学、社会治理。

一，就是在发展中保障和改善民生，不断满足人民对美好生活的向往。这一宏伟蓝图，为我们推动社会高质量发展提供了根本遵循和行动指南。社会高质量发展并非一蹴而就，而是需要我们在实践中不断探索、不断创新，要求我们更加注重发展的质量和效益，更加注重保障和改善民生，更加注重推动社会公平正义和人的全面发展。高质量发展是全面建设社会主义现代化国家的必由之路，其内涵之一是在发展中通过提质增效实现量的有效增长，为人民群众带来更多的获得感、幸福感和安全感。为全面、准确测量我国社会发展质量，动态评估我国社会高质量发展状况，本报告以中国社会科学院社会学研究所2023年开展的"中国社会状况综合调查"（Chinese Social Survey，CSS）数据和往期调查成果为基础[①]，从经济社会保障、社会凝聚、社会包容、社会赋权四个基本维度，描述和评估社会发展质量状况。

一 当前我国经济社会保障情况

经济社会保障是社会发展质量的核心基础维度。就业、收入、住房、社保、养老、教育、医疗等民生领域关系着人民群众的切身利益，与人民群众的获得感和幸福感紧密相连。党的二十届三中全会指出，在发展中保障和改善民生是中国式现代化的重大任务，要完善基本公共服务制度体系，加强普惠性、基础性、兜底性民生建设，解决好人民最关心最直接最现实的利益问题，不断满足人民对美好生活的向往。中国社会状况综合调查重点从居民收入、居住情况、社保覆盖、就业质量等四个方面评价当前我国经济社会保障的基本情况。

（一）城乡居民收入稳步上升，收入差距继续缩小，疫情对居民生计的后续影响仍待消解

从中国社会状况综合调查数据来看，2022年城乡居民家庭人均年收入的均值为30303元，相较上一期调查的2020年家庭人均年收入27311元，名义

[①] 如无特殊说明，本报告图表数据均来源于CSS数据。

增长11.0%，年度增长率为5.5%。这一数据体现了经历新冠疫情冲击后我国经济恢复发展的态势，城乡居民的收入增长与经济增长基本同步。

居民收入差距也有所缩小。以居民家庭人均年收入排序为基础将受访居民家庭五等份划分，2022年低收入家庭人均年收入的均值为4456元，中低收入家庭为10604元，中等收入家庭为17467元，中高收入家庭为28833元，高收入家庭为90208元。比较十年来居民高收入组与低收入组之间的相对差距，可以发现其逐步缩小。具体而言，2012年高收入组与低收入组的比值为27.20，2016年降至24.35，2020年降至23.43，2022年则降为20.24（见表1）。这说明党的十八大以来，党和政府在拓展、巩固城乡居民增收渠道的同时，不断深化收入分配制度改革，推动居民收入差距持续缩小。稳步上升的各类收入和持续缩小的收入差距提升了居民的获得感和幸福感，也为我国社会高质量发展打下坚实的经济基础。

表 1　受访居民家庭人均年收入分组

单位：元

项目	2012年	2016年	2020年	2022年
低收入家庭	1588	1964	2930	4456
中低收入家庭	5740	5996	8429	10604
中等收入家庭	10172	10790	14758	17467
中高收入家庭	16515	18227	24809	28833
高收入家庭	43198	47831	68654	90208
总计	15558	16825	27311	30303

但也要看到，疫情给人民生活造成的困难尚未完全纾解。在2023年的中国社会状况综合调查数据中，有24.3%的居民估测自己家庭的收入高于支出，有35.8%的居民估测收支大致相等，仍有37.4%的居民认为收不抵支。负债现象也在部分家庭存在，大约21%的家庭除房贷或购房借款外还有其他的债务，这些家庭的户均债务额约为16.7万元，有62.2%的负债家庭认为债务对其家庭经济造成较大的压力。

（二）城乡居民的住房自有率已达高点，逾1/4家庭拥有多套住房，居住状况得到显著改善

随着我国城镇化的推进和政府对房地产市场调控的增强，城乡居民的住房条件得到明显的改善。从2023年中国社会状况综合调查数据来看，当前城乡居民家庭住房自有率为95.6%，与2021年的94.9%大致持平。这表明我国居民的住房自有率已处于高位，住房供给已经饱和。多套住房拥有率仍有所上升，有26.0%的居民家庭拥有两套及以上住房，其中29.6%的城镇居民家庭拥有两套及以上住房（见表2），较2019年和2021年分别增加5.4个和3个百分点。

表2 2023年城乡居民自有住房情况

住房情况	总体	城镇	农村
住房自有率（%）	95.6	94.1	98.5
多套房家庭比例（%）	26.0	29.6	18.9
家庭人均住房面积（平方米）	46.85	47.97	44.70
第一套住房价值（万元）	71.75	86.38	42.43

在居住面积方面，2023年城乡居民家庭人均住房面积为46.85平方米。其中城镇居民家庭人均住房面积为47.97平方米，比2021年的42.52平方米增加了5.45平方米，农村居民家庭的人均住房面积为44.70平方米。

在房屋估值方面，居民第一套房产的价值平均为71.75万元，较2021年的58.33万元名义增长23.0%。分城乡看，城镇居民对第一套房产的估值平均为86.38万元，较2021年的73.67万元名义增长17.3%，农村居民对第一套房产的估值平均为42.43万元，较2021年的30.26万元名义增长40.2%。由此看来，城镇居民的房产价值仍然高于农村地区，其房产有明显的保值增值作用，但其升值幅度不如同期农村地区的房产，这也在一定程度上说明以城市为主的房地产开发模式开始下行。

（三）社会保障体系覆盖范围持续扩大，但保障的获得感有所下降

在发展中保障和改善民生是中国式现代化的重大任务。社会保障是民生的安全网，具有重要的兜底功能。从人力资源和社会保障部发布的数据看，截至2024年9月底，全国基本养老、失业、工伤保险参保人数分别为10.75亿人、2.45亿人、3.03亿人，同比分别增加1401万人、384万人、377万人。1~9月，三项社会保险基金总收入6.1万亿元，总支出5.6万亿元，9月底累计结余8.8万亿元，基金运行总体平稳。①

2023年中国社会状况综合调查显示，民众对当前我国社会保障的总体评价为6.72分（满分10分），总体满意度较高，但较2021年的评分7.16分有所下降。从公众对政府提供社保的态度与评价来看，有67.2%的民众认同"社会保障是政府的基本责任，不应当由普通百姓负担"的说法，这一比例明显高于2021年的62.9%和2019年的63.8%，这说明公众对政府提供社会保障的"刚性期望"有所提升；认同"现在的社会保障水平太低，起不到保障的作用"这一观点的人占比59.0%，比2021年的49.8%高出了近10个百分点（见表3），说明公众对社会保障的现实体验感变差了。对社会保障政府责任的高期望与社会保障现实体验欠佳，意味着当前公众在社会保障方面的获得感不足。

表3 公众对当前社会保障状况的评价

单位：%

项目	时间	同意	不同意	不好说
社会保障是政府的基本责任，不应当由普通百姓负担	2023年	67.2	29.4	3.5
	2021年	62.9	33.6	3.5
	2019年	63.8	31.0	5.3
现在的社会保障水平太低，起不到保障的作用	2023年	59.0	36.6	4.3
	2021年	49.8	45.8	4.4
	2019年	57.6	36.0	6.4

---

① 人力资源和社会保障部：《人力资源社会保障部举行2024年三季度新闻发布会》，https://www.mohrss.gov.cn/wap/xw/rsxw/202410/t20241025_528349.html。

社会蓝皮书

（四）就业形势总体稳定，青年群体的就业问题较为突出，稳就业仍需精准发力

我国的就业形势正从新冠疫情造成的负面影响中逐步好转。从国家统计局月度的城镇调查失业率数据来看，疫情暴发之初的2020年2月和疫情中期的2022年4月，全国城镇调查失业率曾一度达到6.2%和6.1%。2023年以来，随着我国国民经济继续保持恢复态势，就业形势稳中向好，全国城镇调查失业率自2023年1月的5.5%波动回落，全年全国城镇调查失业率平均值为5.2%，比2022年下降0.4个百分点[①]；至2024年10月，全国城镇调查失业率回落到5.0%[②]（见图1）。同时，人力资源和社会保障部数据表明，2024年前三季度就业形势保持总体稳定，1~9月全国城镇新增就业1049万人[③]。

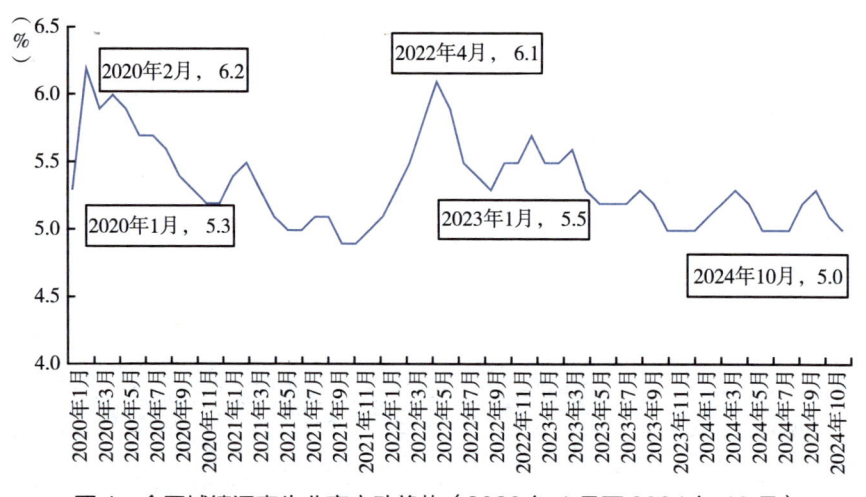

图1 全国城镇调查失业率变动趋势（2020年1月至2024年10月）

数据来源：国家统计局历年月度数据。

[①] 国家统计局：《2023年国民经济回升向好 高质量发展扎实推进》，https://www.stats.gov.cn/sj/xwfbh/fbhwd/202401/t20240117_1946624.html。
[②] 国家统计局：《前三季度国民经济运行稳中有进 向好因素累积增多》，https://www.stats.gov.cn/sj/xwfbh/fbhwd/202410/t20241018_1957044.html。
[③] 人力资源和社会保障部：《人力资源社会保障部举行2024年三季度新闻发布会》，https://www.mohrss.gov.cn/wap/xw/rsxw/202410/t20241025_528349.html。

但青年群体的就业问题依然突出。2023年中国社会状况综合调查的数据表明，2023年6~12月调查期间18~69岁劳动人口的城镇调查失业率为5.0%，其中18~24岁不含在校生的劳动力人口失业率高达14.6%，几乎是平均失业率的3倍[①]；在失业群体中，18~29岁不含在校生的劳动力人口也是占比最高的，达到了29.1%，高于该年龄段人口总体占比（21.3%）近8个百分点（见图2），由此可见当前青年群体的失业问题值得高度关注。

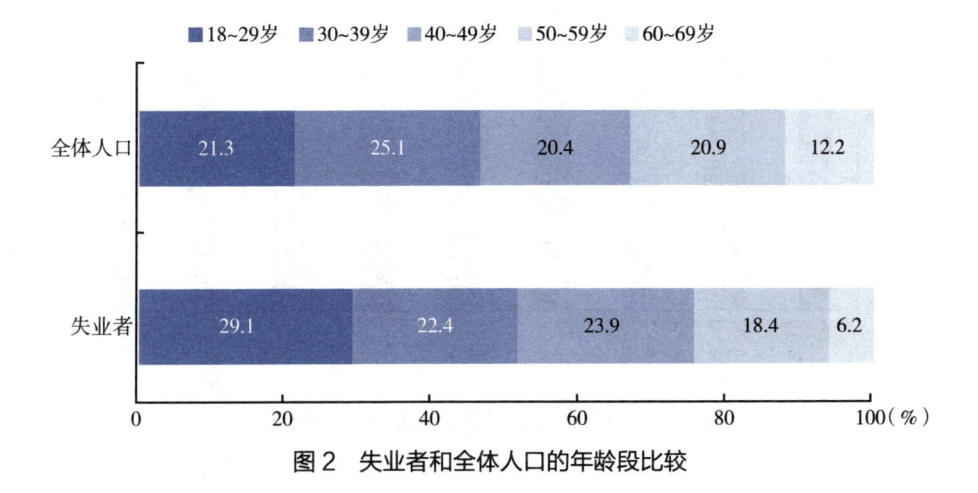

	18~29岁	30~39岁	40~49岁	50~59岁	60~69岁
全体人口	21.3	25.1	20.4	20.9	12.2
失业者	29.1	22.4	23.9	18.4	6.2

图2 失业者和全体人口的年龄段比较

在劳动合同签订方面，2023年中国社会状况综合调查数据显示，68.3%的非农劳动者与用人单位签订了劳动合同、人事合同或聘用合同，这一比例比2021年63.2%的签约率上升5.1个百分点，说明劳动者权益状况有所改善，但也要注意到仍有31.7%的非农劳动者没有签订劳动合同。分机构类型来看，就职于体制内机构（包括党政机关/人民团体/军队、国有企业、国有/集体事业单位、集体企业）的劳动/人事合同签约率均在80%以上；私营部门中

---

① CSS2023数据中城镇调查失业率为5.0%，18~24岁不含在校生的劳动力人口失业率高达14.6%，25~29岁的劳动力人口失业率为5.0%，30~59岁的劳动力人口失业率为4.3%。这些数据和同期国家统计局发布的2023年12月城镇调查失业率5.1%、16~24岁不含在校生的劳动力人口失业率14.9%，25~29岁的劳动力人口失业率6.1%，30~59岁的劳动力人口失业率3.9%极为接近。

三资企业签约率高达98.6%，但国内私营企业的签约率则仅为71.3%，就职于个体工商户的签约率最低，仅为28.5%；民办非企业单位和社会自治组织的签约率也不高，均不足70%（见图3）。由此可见，今后仍然要重点落实私营经济和社会组织中的劳动者权益保障。

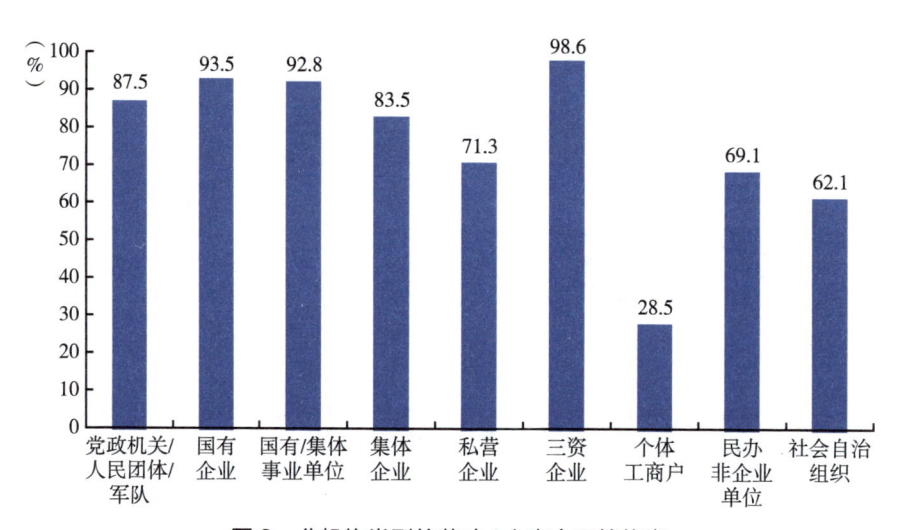

图3　分机构类型的劳动/人事合同签约率

劳动者的失业预期有所上升。CSS2023的数据显示，26.4%的非农就业人员预期未来六个月内"完全有可能"和"有可能"面临失业，这一比例较2021年稍有上升（2021年为24.5%）。分就业者单位来看，公有制单位（包括党政机关/人民团体/军队、国有企业、国有/集体事业单位、集体企业）就业人员的失业预期最低，有8%~20%的人预期未来六个月内可能会面临失业；非公有制机构（包括私营企业、三资企业、个体工商户和民办非企业单位）的失业预期在20%~30%；而无固定单位的灵活就业者有超过半数的人预期面临失业可能（见图4）。以上数据表明，我国目前的就业形势稳中向好，但也要进一步做好失业可能性较高人员的就业稳定工作。

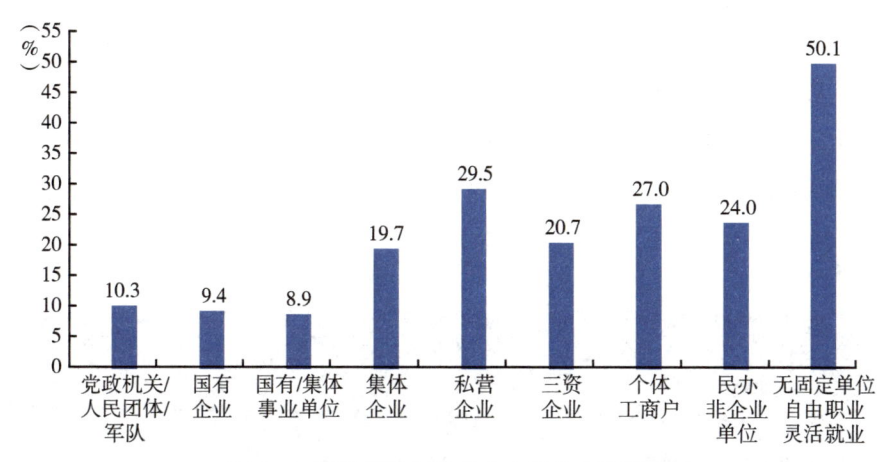

图4 不同性质的机构就业人员的失业预期

二 公众的社会价值认知与社会凝聚感

中国式现代化与社会高质量发展的成功推进，植根于其内在凝聚力的稳固基石之上。CSS2023构建了一个多维度评估框架，涵盖社会信任、国家认同、社会安全感评价及社会总体评价等关键要素，旨在系统而深入地测量与评估当前我国社会价值导向与社会凝聚力水平的实际状况。

（一）公众社会信任度保持高位，对各级政府的信任度较疫情之前有明显提升

社会信任水平是评价社会发展质量的重要维度。CSS2023的数据显示，当前社会公众的人际信任水平较高。统计结果显示，社会公众对社会整体信任情况评分的均值为6.52分（满分为10分），较2019年的6.33分略有提升，表明社会信任的基本面保持稳定。

从机构信任来看，公众对各级政府部门均表现出较高的信任水平[1]。具体来说，86.3%的公众表示信任全国人民代表大会，91.9%的公众表示信任中央

---

[1] 信任水平为"非常信任"和"比较信任"的比例合计。

249

政府，78.0%的公众表示信任区县政府，比2019年的70.4%高出7.6个百分点；72.8%的公众表示信任乡镇政府，比2019年的61.9%高出10.9个百分点（见表4）。这些数据不仅显示出公众对政府整体的高度认可和信赖，也反映了近年来基层政府在服务人民群众、解决民生问题等方面的工作得到了广大群众的认可。

表4 公众对各类机构的社会信任水平比较（2019~2023年）

单位：%

机构	2023年	2021年	2019年
全国人民代表大会	86.3	—	—
中央政府	91.9	94.9	93.2
区县政府	78.0	80.7	70.4
乡镇政府	72.8	72.7	61.9
工、青、妇等群团组织	67.3	67.3	57.9
所在工作单位/公司	83.8	84.7	79.6
慈善机构	55.5	59.7	55.9
官方新闻媒体*	71.1	65.7	67.1
医院	74.1	78.7	70.1
法院	76.3	78.2	73.2
公安部门	81.1	81.6	77.5
村/居/社区委员会	77.2	—	—
业主委员会/物业管理委员会	64.2	—	—

*2019年和2021年此项为"新闻媒体"。

在各级政府的信任度之外，当前社会公众对其他机构的信任度最高的是所在工作单位/公司，信任度为83.8%；其后依次为公安部门（81.1%）、村/居/社区委员会（77.2%）、法院（76.3%）、医院（74.1%）、官方新闻媒体（71.1%）、工、青、妇等群团组织（67.3%）、业主委员会/物业管理委员会（64.2%）；对慈善机构的信任度相对最低，仅有55.5%的公众表示信任。从时间维度上看，相比2019年，疫情后的2023年和疫情中的2021年公众对大部分机构的信任度都提升了。总体而言，当前社会公众信任度普遍较高，这一积极态势有效增强了社会的整体向心力，为社会的和谐稳定与持续发展注入了强大动力。

（二）公众高度认同国家发展道路，优评国家的国际地位

当前公众对国家保有广泛而强烈的认同感。从调查结果看，94.9%的公众同意"即使可以选择世界上任何国家，我也更愿意做中国公民"；97.5%的公众同意"我为自己是个中国人感到自豪"；95.3%的公众同意"总的来说，中国比其他大部分国家都好"；91.6%的公众同意"中华民族文化优于其他文化"；90.8%的公众同意"我国目前的政治制度是最适合中国国情的"，上述认同和2021年调查结果基本类同，均接近或在90%以上（见表5）。这些数据体现了公众对国家在身份归属、文化发展以及政治制度方面的高度认同和坚定支持。

表5 公众的国家认同感比较（2021年、2023年）

单位：%

国家认同感	2023年	2021年
即使可以选择世界上任何国家，我也更愿意做中国公民	94.9	97.3
我为自己是个中国人感到自豪	97.5	98.6
我国目前的政治制度是最适合中国国情的	90.8	97.5
中华民族文化优于其他文化	91.6	89.5
总的来说，中国比其他大部分国家都好	95.3	97.6

注：表中认同感是"非常同意"和"比较同意"的比例合计。

当前公众对我国的国家实力也给予了较高的评价。其中评价最高的是我国的国际地位和军事实力，分别有78.5%和78.0%的公众认为我国在此两方面居于世界中上和上层水平；其次是政府的执政能力，有68.5%的公众认为我国在国际上处于中上和上层水平；对我国经济实力和文化实力的评价较为接近，分别有64.1%和62.2%的公众认为处于国际中上和上层水平（见表6）。

这说明公众充分认识到近年来我国综合实力的全面增强,不仅在传统硬实力(如军事实力)上有所体现,在软实力(如政府的执政能力、经济实力、文化实力)方面也取得了显著进步。这种全面提升的国际地位有助于我国在国际舞台上发挥更加积极和重要的作用。

表6 公众对我国国家实力的评价

单位:%

国家实力	下层水平	中下水平	中等水平	中上水平	上层水平	不清楚
文化实力	1.1	3.7	24.4	34.8	27.4	8.6
经济实力	1.2	3.1	24.1	39.5	24.6	7.5
军事实力	0.3	0.9	11.1	37.1	40.9	9.7
国际地位	0.3	1.1	10.9	34.0	44.5	9.2
政府的执政能力	1.7	3.3	17.7	32.8	35.7	8.8

除此之外,公众对中国在维护世界和平方面的表现也有较高的评价。调查中问及,"在维护世界和平方面,一些国家做得好,一些国家做得不好。总的来说,您认为中国做得怎么样?"对此,有61.2%的公众认为中国在维护世界和平方面做得非常好,33.4%的人认为比较好,两项加总,认为做得好的比例高达94.6%。

以上数据充分表明公众对中国国家实力的广泛认可和高度评价,对于国家发展道路的自信、理论体系的自信、制度安排的自信以及文化传统的自信均得到了前所未有的增强。这份深厚的国家认同感成为凝聚民心、汇聚民智的强大精神支柱,为国家的繁荣发展注入了不竭的动力源泉。

(三)公众安全感普遍提升,社会总体评价积极正面

社会安全感作为反映社会治安状况、衡量政府治理能力、体现政府对公民生命财产安全保障程度的重要指标,对于维护社会稳定、促进经济发展具有重要意义。调查结果显示,我国公众社会安全感[1]总体较高,有93.0%的

---

[1] 社会安全感的统计指标是"很安全"和"比较安全"的比例合计。

公众认为总体社会状况是安全的。具体而言，安全感位居前列的领域是人身安全（95.1%）、个人和家庭财产安全（94.7%）；其次是环境安全（86.7%）、交通安全（85.8%）和医疗安全（85.1%）；安全感相对较低的是食品安全（71.2%）和个人信息、隐私安全（66.8%）（见表7）。

表7 公众的社会安全感评价

单位：%

社会安全感	很安全	比较安全	不太安全	很不安全	不好说
个人和家庭财产安全	35.3	59.4	3.5	0.8	1.0
人身安全	37.0	58.1	3.3	0.6	1.0
交通安全	24.7	61.1	10.6	1.3	2.3
医疗安全	23.4	61.7	9.2	1.5	4.2
食品安全	19.8	51.4	20.6	5.2	3.0
劳动安全	21.8	61.9	10.5	1.4	4.4
个人信息、隐私安全	20.1	46.7	20.9	8.7	3.6
环境安全	23.2	63.5	9.8	2.0	1.5
总体上的社会安全状况	22.9	70.1	5.3	0.6	1.1

公众对社会的总体评价是衡量一个社会发展状况、政府工作成效、民众生活满意度等多方面情况的重要指标。调查数据显示，2023年公众对社会总体评价的均分为7.55分（满分10分），这充分说明公众对当前社会状况持有积极正面的评价。

三 公众的社会包容感和社会公平感

社会包容和社会公平是衡量社会发展质量的重要指标。社会包容强调不同个体和群体都能充分参与并共享社会资源与机会，避免因家庭出身、社会背景、受教育程度、职业地位、性别、种族/民族、年龄等因素被排斥和歧视。社会公平则聚焦社会成员对资源和机会分配的正当性评价。中国社会状

况综合调查重点从社会歧视、社会边缘群体包容度、社会各领域公平感等层面考察我国社会包容与社会公平情况。

（一）当前我国的社会歧视并不显著，但公众对部分领域的社会不公正待遇感受有所上升

2023年中国社会状况综合调查了解了公众在8个不同社会领域（年龄、性别、种族/民族、户口、宗教、受教育程度、职业、家庭背景及社会关系）层面所感受到的社会不公正待遇的严重程度。调查数据显示，我国整体的社会歧视并不显著，上述8个层面中公众认为歧视程度"非常严重"和"比较严重"的合计比例平均为27.4%，最高者也未超过50%。公众认为歧视严重程度[1]最高的是因家庭背景及社会关系而产生的社会不公正待遇，高达46.2%；其次是因受教育程度导致的不公正待遇较为突出，严重程度为45.1%；再次是因年龄导致的社会歧视，严重程度为40.5%；然后是因职业导致的社会歧视，严重程度为37.4%；性别、户口层面的社会歧视不甚突出，严重程度分别为25.9%和19.6%；而种族/民族、宗教层面的社会歧视最低，严重程度分别为9.0%和6.8%（见表8）。

表8　公众对社会歧视状况的评价

单位：%

项目	非常严重	比较严重	不太严重	无此问题
年龄	12.7	27.8	35.0	24.5
性别	5.8	20.1	40.4	33.8
种族/民族	2.2	6.8	40.1	50.9
户口	5.5	14.1	36.7	43.7
宗教	1.9	4.9	37.2	56.0
受教育程度	12.3	32.8	26.0	28.8
职业	9.4	28.0	32.6	30.0
家庭背景及社会关系	17.9	28.3	26.6	27.3

---

[1] 此处的歧视严重程度是"非常严重"和"比较严重"的比例合计。

与 2019 年、2021 年相比，当前公众对社会歧视的感知也发生一些变化。一方面是因户口、宗教而产生的社会歧视的感知呈现不断下降的趋势，另一方面因年龄、性别、受教育程度、职业、家庭背景及社会关系产生的社会歧视感知呈现 U 形走势，即这些方面 2021 年较 2019 年有所下降，但 2023 年有所回升。如因年龄产生的社会歧视的感知，对其严重程度的评价从 2019 年的 37.9% 到 2021 年显著下降（31.4%），到 2023 年大幅升至 40.5%，提升 9.1 个百分点（见图 5）。近年来社会歧视感知出现的这种 U 形态势，可能的解释是与 2021 年抗击新冠疫情的社会情境有关，全民众志成城、守望相助，社会凝聚力增强，社会歧视感降低。

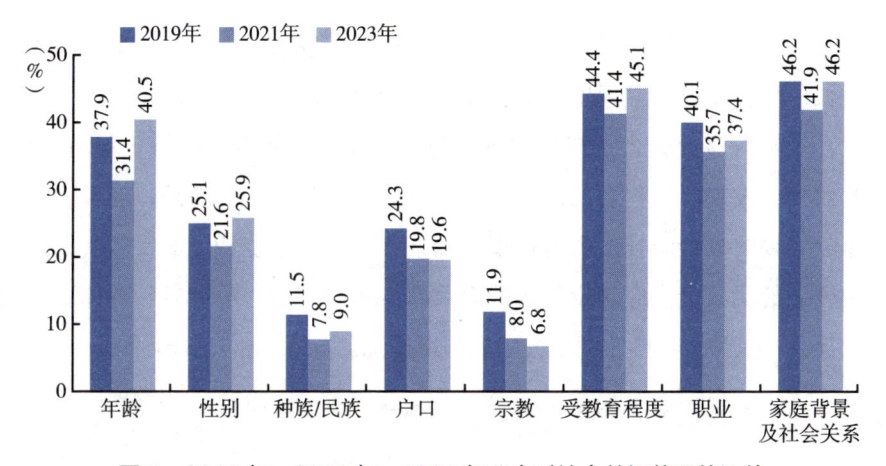

图 5　2019 年、2021 年、2023 年公众对社会歧视状况的评价

同时也要注意到由公众的教育结构和年龄结构变化所引发的社会歧视感知的时间趋势变化。数据分析表明，受教育程度越高、年龄越低的公众，其对社会歧视严重程度的感知越高。从图 6 可见，在上述 8 个方面的社会歧视感知中，部分呈现随着受教育程度提升，社会歧视严重程度感知升高的模式。受教育程度高的群体更能识别出潜在的结构性不公平和隐性歧视，因此更容易意识到社会中存在的不公现象。这种现象也从侧面反映出教育对于提升社会认知、促进公平的重要性。

社会蓝皮书

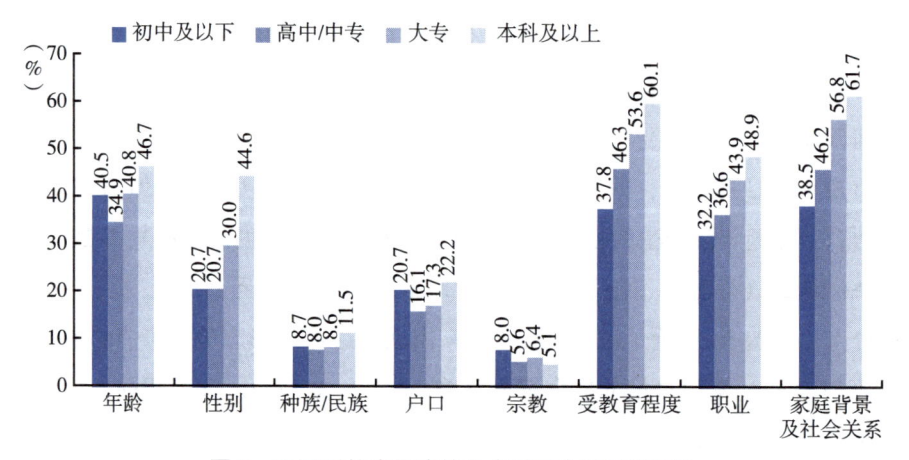

图6 不同受教育程度的公众对社会歧视的评价

从图7可以看出,在上述8个方面的社会歧视感知中,大多呈现随着年龄增长,社会歧视严重程度感知整体下降的模式。由此可见,较之于年长的世代,年轻人对社会公正待遇的感知更为敏感,对社会的期待更加理想化,因此对社会歧视严重程度的感知更为严重。其中唯一例外的是,年长者认为由年龄导致的社会歧视的严重程度要高于年轻者。这也从侧面反映我国已进入中度老龄化社会,应制定相应的政策减少年龄歧视,帮助老年群体更好地融入社会,提升老年群体的社会地位与幸福感。

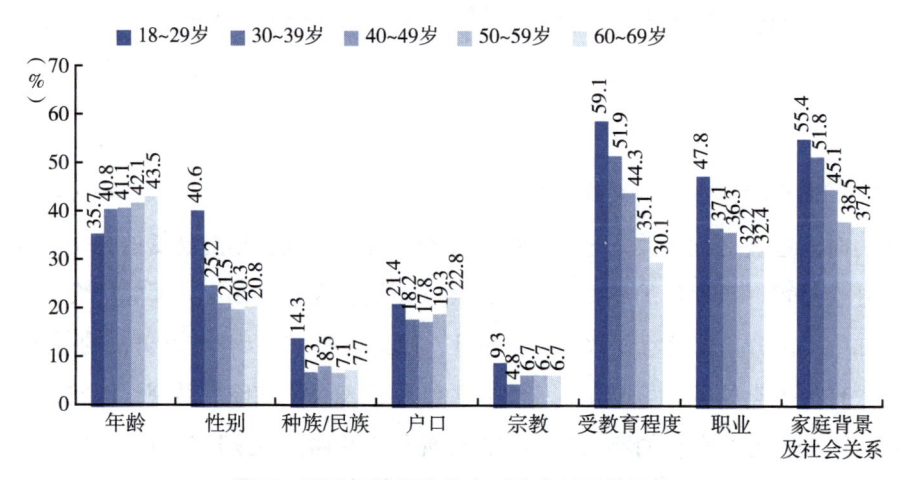

图7 不同年龄组的公众对社会歧视的评价

（二）社会公众对不同群体的社会宽容度差异较大，对于少数群体存在一定程度的社会排斥

2023年中国社会状况综合调查数据显示，社会公众对当前社会的宽容程度评分的平均值为7.09分（10分为满分），与2021年社会公众对社会宽容程度的平均评分7.16分基本持平。

调查数据还显示，当前社会公众对部分边缘群体的宽容和接纳程度差异较大，但总体有所上升。调查中询问了公众对婚前同居者、同性恋者、艾滋病患者、乞讨者、刑满释放者、不同宗教信仰者的社会接纳程度。其中接纳度[①]最高的是有不同宗教信仰者，接纳度为73.7%；后续依次为刑满释放者（68.8%）、乞讨者（56.2%）、婚前同居者（55.7%），最低的是艾滋病患者和同性恋者，分别为29.9%和20.2%。

从变化趋势来看，公众对于上述边缘群体的接纳度与时俱增。与2019年、2021年相比，2023年公众对有不同宗教信仰者、乞讨者、刑满释放者的接纳度都有所上升；对婚前同居者、同性恋者的接纳度高于2019年但和2021年大致持平，对艾滋病患者的接纳度则低于2019年、2021年（见图8）。

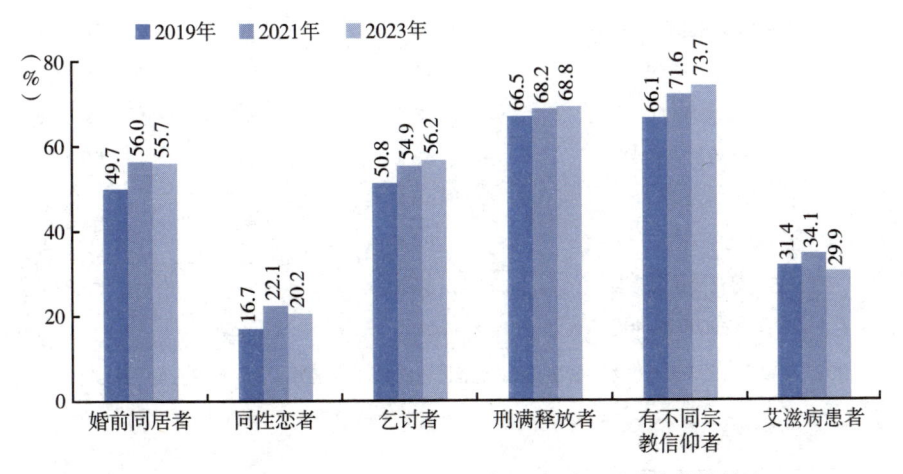

图8　2019年、2021年、2023年公众对不同群体的接纳度

① 接纳度为选择"非常能接纳"和"比较能接纳"的合计比例。

上述数据显示我国的社会包容性正逐步提升。对边缘群体的社会成见逐渐弱化，对多元的文化和生活方式愈加包容。但对艾滋病患者和同性恋群体的社会排斥还比较明显，前者主要源于对疾病传播的恐惧，后者可能由于颠覆了主流的两性角色设定。

（三）社会公平感整体评价向好，民生领域的公平感有下行趋势

CSS2023从高考制度、制度与法律公平、政治权利、经济机会与收入分配、公共服务与社会保障、城乡平等几个维度测量公众的社会公平感[①]。数据显示，公众对高考制度的公平感最高，为79.5%，其后依次为司法与执法（75.0%）、公共医疗（73.0%）、公民实际享有的政治权利（71.7%）、养老等社会保障待遇（64.5%）、工作与就业机会（58.8%）、收入分配（54.8%）、城乡之间的权利/待遇（50.5%），财富分配的公平感最低，为48.0%（见表9）。

表 9　公众的社会公平感评价变化

单位：%

社会公平领域	2023年	2021年	2019年
高考制度	79.5	81.1	76.5
公民实际享有的政治权利	71.7	75.5	68.5
司法与执法	75.0	76.9	69.1
公共医疗	73.0	78.0	69.8
工作与就业机会	58.8	65.1	58.1
财富分配*	48.0	56.9	54.4
收入分配	54.8		
养老等社会保障待遇	64.5	71.6	66.8
城乡之间的权利/待遇	50.5	55.5	45.1

*2021年和2019年调查中为"财富及收入分配"，2023年调查中分为"财富分配"和"收入分配"两项。

---

① CSS 2023题目"您觉得当前社会生活中以下方面的公平程度如何？"，答案选项为"很不公平""不太公平""比较公平""非常公平""不好说"。此处公平感的指标是"非常公平"和"比较公平"比例合计。

从时间趋势来看，与 2019 年相比，2023 年公众在高考制度、公民实际享有的政治权利、司法与执法、公共医疗、工作与就业机会、城乡之间的权利/待遇等 6 个方面的公平感均有所提升；但与 2021 年相比，2023 年公众对与民生领域相关的公共医疗、工作与就业机会、城乡之间的权利/待遇、养老等社会保障待遇等 4 个方面的公平感均有不低于 5 个百分点的下降。

总体来看，高考制度、司法与执法、公民实际享有的政治权利等方面较高的公平感，反映出公众对我国教育制度、法治社会建设与政治参与制度的透明性和公正性的认可；而民生领域的公平感下降，一定程度上反映了当前全球经济下行、国内经济增速放缓背景下，公众面对就业机会减少、生活压力加大的心态感受。

四 公众的社会赋权评价与社会参与分析

社会赋权与社会参与是现代社会治理的关键要素，社会成员积极、有序地广泛参与社会生活和政治生活是高质量社会的必然要求。中国社会状况综合调查主要从社会公众对政府部门的评价、社会公众的社会团体参与、公共事务参与、政治活动参与、社区事务参与、公众的参与效能感等几个方面测量当前我国的社会赋权情况。

（一）公众对地方政府部门工作的评价保持较高水平

调查数据表明，公众对地方政府工作的总体评价较高，认为所在县（市、区）政府工作"非常好"和"比较好"的比例合计为 82.7%，比 2021 年的 86.0% 略有回落但仍保持较高水平。就地方政府各项具体工作来看，评价排在第一位的是"打击犯罪，维护社会治安"，好评率[①]达到 89.6%；"提供医疗卫生服务"（79.9%）、"保障公民的政治权利"（79.7%）、"保障食品药品安全"（79.0%）、"丰富群众文体活动，发展文化体育事业"（78.1%）、"保护环境，

---

① 好评率是"非常好"和"比较好"的比例合计。

治理污染"（77.6%）、"依法办事，执法公平"（77.0%）、"提供优质教育资源，保障教育公平"（75.8%）、"为群众提供社会保障"（75.8%）、"政府信息公开，提高政府工作的透明度"（70.2%）等方面的工作好评率也在70%~80%；公众评价排名较后的4项为"廉洁奉公，惩治腐败"（69.7%）、"有服务意识，能及时回应百姓的诉求"（68.8%）、"发展经济，增加人们的收入"（68.6%）和"扩大就业，增加就业机会"（66.5%），说明这些方面仍有一定的提升空间（见表10）。

表10 公众对地方政府工作的好评率（2019年、2021年、2023年）

单位：%

地方政府工作内容	2023年	2021年	2019年
打击犯罪，维护社会治安	89.6	90.5	85.3
提供医疗卫生服务	79.9	84.6	76.8
保障公民的政治权利	79.7	82.6	73.8
保障食品药品安全	79.0	83.6	71.4
丰富群众文体活动，发展文化体育事业	78.1	82.7	—
保护环境，治理污染	77.6	79.6	72.9
依法办事，执法公平	77.0	79.4	71.3
提供优质教育资源，保障教育公平	75.8	77.3	72.8
为群众提供社会保障	75.8	80.8	73.1
政府信息公开，提高政府工作的透明度	70.2	72.6	62.0
廉洁奉公，惩治腐败	69.7	73.8	64.0
有服务意识，能及时回应百姓的诉求	68.8	71.0	60.7
发展经济，增加人们的收入	68.6	72.4	66.3
扩大就业，增加就业机会	66.5	71.1	63.0
总的来说，地方政府的工作	82.7	86.0	78.8

从纵向时间趋势看，与2019年相比，2023年公众对地方政府工作的好评率有了一定幅度的提升：对地方政府工作的总体评价提升了3.9个百分点，其中对于"政府信息公开，提高政府工作的透明度""有服务意识，能及时回

应百姓的诉求"两项的好评率分别提升了 8.2 个和 8.1 个百分点,"保障食品药品安全"提升了 7.6 个百分点。但与 2021 年相比,2023 年公众对地方政府各项工作的好评率均有所回落,其中"为群众提供社会保障""提供医疗卫生服务""扩大就业,增加就业机会"等与民生相关的工作好评率下降了 5 个百分点或接近 5 个百分点。

(二)公众社会参与水平仍然较低

首先,公众社会团体的参与水平较低,参加社会团体的比例平均为 38.2%,意味着 61.8% 的公众未参加任何社会团体。具体而言,参与率自高到低依次为校友会(校友群等)(22.8%)、文体娱乐等兴趣组织(15.0%)、民间自发组织的公益社团(8.7%)、职业团体(8.5%)、宗亲会/同乡会(4.9%)、宗教团体(1.6%)和维权组织(1.5%)(见表 11)。

表 11 社会公众各类团体参与情况

单位:%

团体类型	参加	未参加
校友会(校友群等)	22.8	77.2
文体娱乐等兴趣组织	15.0	85.0
民间自发组织的公益社团(如志愿者团体、业主委员会等)	8.7	91.3
职业团体(如商会、农村合作组织、专业学会、行业协会等)	8.5	91.5
宗亲会/同乡会	4.9	95.1
宗教团体	1.6	98.4
维权组织	1.5	98.5

其次,公众的公共参与水平也不高。CSS2023 向公众询问了 13 项日常的公共参与行为,数据分析表明,在过去两年间公众参与率最高的公共活动是"社区组织或者自发组织的社会公益活动(比如无偿献血、义务清理环境,为老年人、残疾人、病人提供义务帮助)",参与率为 18.8%;其次是"与他人或网友讨论过政治社会问题"(12.9%),其余的公共事项参与率均不足 10%(见表 12)。

表 12　近两年公众的公共参与情况

单位：%

活动类型	参与	未参与
与他人或网友讨论过政治社会问题	12.9	87.1
向报刊、电台、网络论坛等媒体反映问题	2.4	97.6
向党或政府的相关部门反映问题	6.5	93.5
利用专业知识参与公共政策、公共事务论证会	1.9	98.1
出席有关公共政策的听证会	2.3	97.7
在网络上发表对公共政策的意见	3.3	96.7
参加所在村居/单位的重大决策讨论	7.4	92.6
参加社区组织或者自发组织的社会公益活动（比如无偿献血、义务清理环境，为老年人、残疾人、病人提供义务帮助）	18.8	81.2
参加线上/线下集体性维权行动	2.4	97.6

最后，公众的社区事务参与程度较低。从公众对村/居事务的贡献角度来看，在过去两年中，68.7%的公众表示没有参与村/居的集体事务。相对而言，参与度最高的事项是参与村居的环境保护活动（19.1%），其次是参加社区巡逻、防灾减灾等社会公益活动（14.9%），再次是参与建设、维护村居的公共设施（10.8%），其余的社区事务参与率均不足10%（见表13）。

表 13　公众对居住村/居事务的参与情况

单位：%

事务类型	是	否
推动村居的经济发展	5.8	94.2
建设、维护村居的公共设施	10.8	89.2
推动村居的公共事务运转	5.7	94.3
建设村居的文化长廊、社区图书室等	3.6	96.4
参加村居的文艺活动，传播社区文化等	8.6	91.4
参与村居的环境保护活动，比如垃圾分类、环保宣传等	19.1	80.9
参与村居的社会公益活动，比如社区巡逻、防灾减灾等	14.9	85.1

（三）公众的社区参与有较强的权益自主意识和能力自信，但参与行动不足；部分公众的政治参与效能感较低

在社区参与效能感方面，数据显示公众有明确的权益意识，85.4%的公众表示"村居/社区事务关系到我的利益，我有权利参加讨论和决策"；同样，公众的内在效能感也较强，71.0%的公众表示自己"有能力和知识对村居/社区事务发表意见"。但公众也表现出相当程度的对参与社区事务的冷淡态度，有60.5%的公众表示自己"没有时间和精力参加村居/社区事务讨论"，有47.6%的公众表示自己"对村居/社区事务不感兴趣"，45.7%的公众表示"村居/社区事务交给村/居委会就可以了，不用村/居民操心"。还有相当比例的公众的外在效能感不足，有44.2%的公众认为"参加村居/社区事务讨论没用，不会对决策有影响"（见表14）。总体来看，公众的社区参与效能感存在矛盾现象。一方面公众普遍认可自身在村居/社区事务中的重要性和决策权，也认为自己具备影响村居/社区事务的知识和能力，但另一方面缺乏参与的积极性，这说明公众社区参与从权益觉悟、能力自信向行动自觉的转化依然存在社区信任和参与渠道的障碍。

表14 公众的社区参与效能感

单位：%

项目	同意	不同意	不好说
村居/社区事务关系到我的利益，我有权利参加讨论和决策	85.4	10.1	4.6
我有能力和知识对村居/社区事务发表意见	71.0	24.3	4.8
我认为参加村居/社区事务讨论没用，不会对决策有影响	44.2	48.8	7.0
我对村居/社区事务不感兴趣	47.6	48.6	3.9
我没有时间和精力参加村居/社区事务讨论	60.5	35.6	3.8
村居/社区事务交给村/居委会就可以了，不用村/居民操心	45.7	50.8	3.4

而在政治参与效能感方面，公众的内在效能感、外在效能感都不如社区参与。数据显示，44.9%的公众表示自己"有能力和知识对政治进行评论"，

42.2%的公众表示"参与政治活动没有用处,对政府部门不能产生什么根本的影响",46.9%的公众表示自己"对政治不感兴趣,不愿意花时间和精力在这上面",47.4%的公众表示"国家大事有政府来管,老百姓不必过多考虑"(见表15)。由此可见,相当一部分公众对于政治参与表现出较低的兴趣和参与信心,认为自己缺乏影响政治决策的实际能力,倾向于将国家事务视为政府职责,认为普通民众无须过多关注,反映出一定的政治疏离感。如何提升公众对政治事务的兴趣和信心,增强整体效能感,是推进国家治理体系和治理能力现代化过程中一个值得深入探究的问题。

表15 公众的政治参与效能感

单位：%

项目	同意	不同意	不知道
我有能力和知识对政治进行评论	44.9	48.7	6.5
参与政治活动没有用处,对政府部门不能产生什么根本的影响	42.2	49.1	8.7
我对政治不感兴趣,不愿意花时间和精力在这上面	46.9	48.3	4.8
国家大事有政府来管,老百姓不必过多考虑	47.4	49.1	3.5

五 以社会高质量发展推进全面建设社会主义现代化国家进程

上文对我国社会的高质量发展状况从经济社会保障、社会凝聚、社会包容、社会赋权等多个维度做了较为系统的分析。

在经济社会保障方面,城乡居民的收入持续增长,居民收入差距持续缩小;城乡居民的住房自有率已达高点,居住状况得到显著改善,家庭多套住房拥有率也有所上升;社会保障体系覆盖范围持续扩大,就业形势稳中向好。但也存在疫情之后的经济复苏时期民众生活压力加大、青年群体就业问题突出、社会保障获得感不足等问题。

在社会凝聚方面,我国公众的社会信任水平较高,国家认同感强烈,社会安全感提升，整体社会凝聚力和向心力显著增强。这些积极态势为社会的和谐稳定与持续发展注入了强大动力。

在社会包容方面，整体而言的社会歧视并不显著，公众对边缘群体的接纳度有所上升，社会公平感整体评价向好。但也要看到因家庭背景、受教育程度、年龄和职业方面的不同而产生的社会不公正待遇相对突出，依然存在一定程度的对边缘社会群体的社会排斥，民生领域的公平感下行等。

在社会赋权方面，公众对地方政府部门工作的评价保持在较高水平，社会参与水平普遍不足，社区参与和政治参与的效能感依然有待提升。

从上述社会发展质量的现状来看，高度的社会凝聚是我国社会发展的最大亮点和长久支撑力；不断提升的经济社会保障水平为我国的高质量发展提供了丰厚的物质基础，也是公众获得感的最大源泉；随着社会的整体开放和进步，社会包容度将在现有的基础上进一步提升，为我国社会提供多元兼容、充满活力的发展氛围；社会赋权不足仍然是我国社会发展中的短板，未来我们需要进一步探索和完善社会成员积极、有序地广泛参与社会生活和政治生活的路径和机制，共同推动社会的高质量发展，推进党和政府擘画的全面建设社会主义现代化国家的进程。

B.14
中国灵活就业青年发展状况调查报告[*]

张　宾　杨标致[**]

摘　要： 本报告根据"中国青年发展状况综合调查"2022~2023年的数据资料对我国灵活就业青年的工作状况、权益和保障状况、婚育状况、身心健康状况以及社会价值观状况等方面进行了描述和比较分析。研究结果表明，灵活就业青年的社会价值观总体上是积极的，但在工作、婚育和身心健康方面面临难题。未来要着力加强对灵活就业青年的思想引领，持续优化灵活就业青年的发展环境，不断完善对灵活就业青年合法权益的制度保障和社会保障。

关键词： 灵活就业　青年　社会保障　制度保障

党的二十届三中全会通过的《中共中央关于进一步全面深化改革　推进中国式现代化的决定》指出："高质量发展是全面建设社会主义现代化国家的首要任务。"强调要"健全高质量充分就业促进机制，完善就业公共服务体系，着力解决结构性就业矛盾"，持续"优化创业促进就业政策环境，支持和规范发展新就业形态"，"健全灵活就业人员等社保制度，扩大失业、工伤、

---

[*] 本报告的写作得到国家社科基金重大委托项目"新兴青年群体纳入国家治理体系的制度设计与实践路径"（项目编号：21@ZH026）、中国青少年研究中心国家财政专项课题"中国青年发展状况综合调查"（课题编号：2022GHJCDC01）、中国青少年研究中心《中长期青年发展规划（2016—2025年）》中的青年与国家互嵌研究"项目（课题编号：2024037）的支持。

[**] 张宾，中国青少年研究中心助理研究员，主要研究方向为社会调查研究方法、青年研究；杨标致，中国社会科学院大学社会与民族学院博士研究生，主要研究方向为社会调查研究方法。

生育保险覆盖面"。

国家统计局数据显示，截至 2021 年底，中国灵活就业人员已经达到 2 亿人左右。[①] 人力资源和社会保障部信息中心发布的《2023 中国新型灵活就业报告》显示，灵活就业人员规模约占到总体就业人员规模的 1/5。[②] 据阿里研究院预测，2036 年我国新型灵活就业者可能达到 4 亿人的规模。[③] 青年是灵活就业人员的主体，灵活就业是推动实现青年高质量就业和高质量发展的重要途径，在健全促进实体经济和数字经济深度融合制度背景下，新型灵活就业形态还将持续涌现，因而，持续加强对灵活就业青年发展状况的研究可以更好地支持和服务灵活就业青年群体的发展，而且对青年群体和灵活就业模式的高质量发展也具有重要的现实意义。基于此，本报告主要依据"中国青年发展状况综合调查"2022~2023 年的数据资料对我国以个体经营、非全日制以及新就业形态等灵活多样的就业方式就业的灵活就业青年的工作状况、权益和保障状况、婚育状况、身心健康状况以及社会价值观状况等进行了较为详细的描述和比较分析。

一 灵活就业青年的工作状况

（一）灵活就业青年的工作时长相对较短但内部差异较大

工作时间相对自由是青年选择灵活就业的重要因素之一。调查显示，灵活就业青年总体的周平均工作时长为 47 小时，略低于国家统计局于 2023 年底公布的企业就业人员 48.9 小时的全年周平均工作时间。

灵活就业青年的周工作时间存在较大的内部差异。如表 1 所示，灵活就业青年群体中，平均每周工作时长在 40 小时及以内的占 26.15%，平均每周工作时长为 41~45 小时的占 21.66%，平均每周工作时长为 46~50 小时的占

[①] 数据来源：国家统计局，https://www.stats.gov.cn/xxgk/jd/sjjd2020/202202/t20220209_1827283.html。
[②] 数据来源：人力资源和社会保障部信息中心，https://www.hrssit.cn/info/3146.html。
[③] 转引自人力资源和社会保障部信息中心，https://www.hrssit.cn/info/3146.html。

17.25%，平均每周工作时长为 51~55 小时的占 10.87%，平均每周工作时长为 56~60 小时的占 9.89%，平均每周工作时长为 61~65 小时的占 4.56%，平均每周工作时长为 66 小时及以上的占 9.63%。

表 1　灵活就业青年周平均工作时长分布

单位：%

平均每周工作时长	占比	累计占比
40 小时及以内	26.15	26.15
41~45 小时	21.66	47.80
46~50 小时	17.25	65.05
51~55 小时	10.87	75.93
56~60 小时	9.89	85.82
61~65 小时	4.56	90.37
66 小时及以上	9.63	100.00

（二）灵活就业青年整体月均收入低于非灵活就业青年群体

灵活就业青年群体的月均收入整体上低于非灵活就业青年群体。从调查数据来看，灵活就业青年群体中月均收入在 2000 元及以下的占 20.63%，月均收入在 2001~3000 元的占 19.6%，月均收入在 3001~5000 元的占 33.15%，月均收入在 5001~8000 元的占 17.34%，月均收入在 8000 元以上的占 9.29%。而非灵活就业青年群体月均收入在 2000 元及以下的占 11.37%，月均收入在 2001~3000 元的占 14.90%，月均收入在 3001~5000 元的占 34.66%，月均收入在 5001~8000 元的占 25.34%，月均收入在 8000 元以上的占 13.72%（见图 1），即灵活就业青年群体中低收入组和较低收入组占比高于非灵活就业青年群体，而较高收入组的占比低于后者，从而在整体上灵活就业青年的月均收入低于非灵活就业青年。

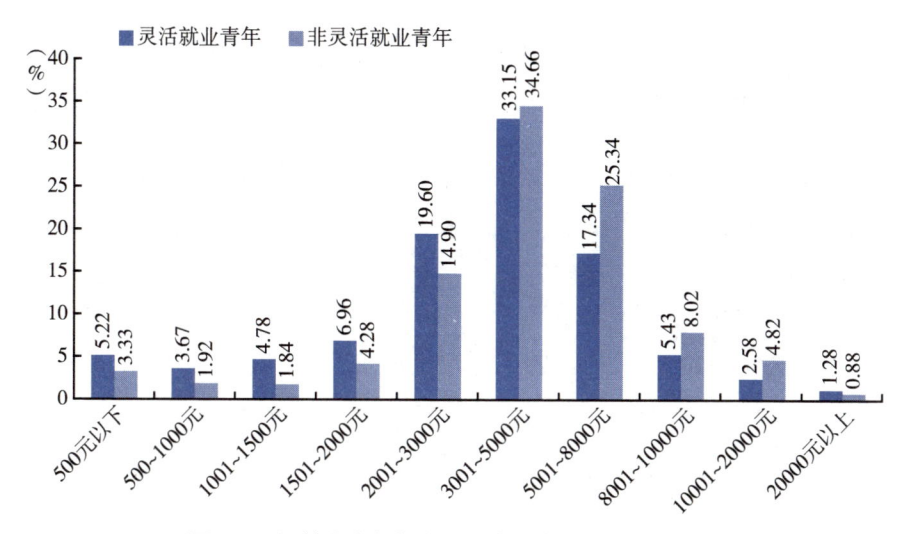

图1 灵活就业青年与非灵活就业青年月均收入比较

（三）灵活就业青年整体上对当前工作较为满意

工作满意度是衡量就业质量的重要指标，从调查数据来看，灵活就业青年的整体工作满意度处于中等偏上水平。如表2所示，灵活就业青年的工作满意度平均分为5.98分，属中等略微偏上水平。从具体满意度评价来看，满意度不超过3分的占6.89%，满意度在4~6分的占31.47%，满意度在7分及以上的占61.65%。可见，多数灵活就业青年群体对工作的满意度较高。

表2 灵活就业青年工作满意度

单位：%

工作满意度	占比	累计占比
0分	1.53	1.53
1分	0.96	2.50
2分	1.38	3.88
3分	3.01	6.89
4分	3.39	10.27
5分	14.18	24.45

续表

工作满意度	占比	累计占比
6分	13.90	38.35
7分	16.67	55.02
8分	19.97	74.99
9分	8.84	83.83
10分	16.17	100
平均分	5.98	—

（四）部分灵活就业青年将体制内就业作为理想就业方向

鉴于部分灵活就业青年对当前工作的满意度偏低，在进一步分析灵活就业青年群体的理想就业方向后发现，以自己创业（24.87%）和自由职业（16.25%）为理想就业方向的是灵活就业青年的主体，占比超过四成。部分灵活就业青年群体的理想就业方向集中在公务员（18.52%）、事业单位员工（13.87%）和国有企业员工（11.89%）等体制内就业方向，占比同样超过灵活就业青年群体的四成。将不工作（4.24%）、私营企业员工（4.24%）、三资企业员工（2.23%）、非营利社会组织员工（2.20%）以及其他（1.69）就业方向作为理想就业方向的灵活就业青年占比在一成多（见图2）。

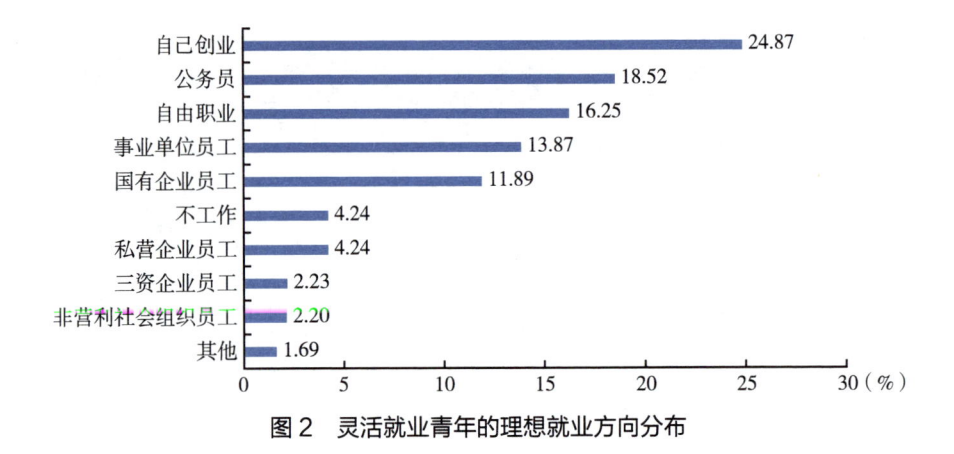

图2 灵活就业青年的理想就业方向分布

二 灵活就业青年的权益与保障状况

（一）灵活就业青年的社会保障参与率显著提升

与劳动保障部课题组 2005 年发布的《关于我国灵活就业情况的统计分析》中所推算的 2003 年底我国灵活就业人员参加基本养老保险的比例最高不超过 30%、参加医疗保险的比例最高不超过 10% 的状况相比，经过 20 年的发展，灵活就业青年享有社会保障的比例实现了跨越式的增长。调查数据显示，灵活就业青年群体中参加基本养老保险的比例近七成（68.97%），参加医疗保险的比例超过七成（73.54%）。同时，随着我国社会保障制度不断完善，有关灵活就业青年在失业保险、生育保险以及住房公积金等方面的保障举措不断出台，其覆盖率也日益提升。

（二）灵活就业青年遭遇过劳动报酬拖欠的比例相对较高

劳动报酬支付方式灵活也是其吸引青年就业的重要原因之一，但调查数据发现，灵活就业青年遭遇过劳动报酬拖欠的比例相对较高，如表 3 所示，遭遇过劳动报酬拖欠的灵活就业青年占比超过两成，为 22.87%，而非灵活就业青年遭遇过劳动报酬拖欠的比例为 13.96%，低于灵活就业青年。从拖欠的时间长短来看，拖欠 1~3 个月的占 14.47%，拖欠 4~6 个月的占 5.04%，拖欠半年以上的占 3.36%，这在一定程度上反映出灵活就业青年的劳动报酬获取并不完全及时，还有可能存在较长的维权历程。

表 3 灵活就业青年与非灵活就业青年遭遇过劳动报酬拖欠情况分布

单位：%

是否遭遇过劳动报酬拖欠	灵活就业青年	非灵活就业青年
没有	77.13	86.04
有，拖了 1~3 个月	14.47	9.18
有，拖了 4~6 个月	5.04	2.22
有，拖了半年以上	3.36	2.56

（三）灵活就业青年的权益相较于非灵活就业青年更容易受到侵害

绝大多数灵活就业青年群体的工作环境离不开网络，其受侵害情形和场所与网络存在天然联系。灵活就业青年遇到过非法借贷的比例为5.74%，受到过网络暴力的比例为6.62%，均远高于非灵活就业青年。而由于灵活就业青年就业形式的个体化特征明显，缺少制度性、组织化和同事之间的社会网络支持，在一定程度上成为遭遇被骗（10.99%）、被偷（5.42%）、被抢（2.53%）、性骚扰（2.61%）、被歧视（4.95%）以及其他（0.94%）侵害的对象，其受到侵害的比例均高于非灵活就业青年（见图3）。

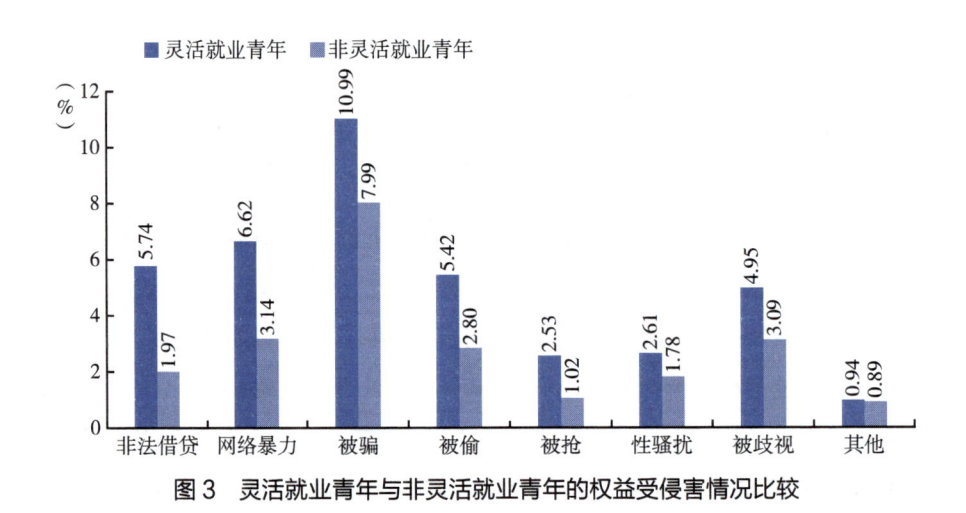

图3 灵活就业青年与非灵活就业青年的权益受侵害情况比较

（四）灵活就业青年选择以制度化维权方式为主，存在非正式偏极端维权方式倾向

灵活就业青年群体的维权方式以制度化维权方式为主，但在维权方式的种类上总体要少于非灵活就业青年，并且灵活就业青年较非灵活就业青年在非制度化维权方式的选择上比例更高，主要表现在：一方面期望减少维权程序、尽快实现维权目的，另一方面选择放弃维权。如图4所示，灵活就业青

年在权益受到侵害时，选择以面向党政部门（53.56%）、法律援助（27.94%）、街道/村居委会（21.16%）、社会团体（19.44%）等的制度化维权方式为主，但其制度化维权方式整体比例要低于非灵活就业青年。同时，灵活就业青年对"短平快"、非正式、偏极端的渠道方式，如信访（11.46%）、官方媒体（8.95%）、网络曝光（7.14%）、自媒体/大V（5.51%）等的选择比例相对较高；而在另一个极端，也就是选择放弃维权上，灵活就业青年选择忍气吞声（5.91%）和换工作/搬家（3.97%）的比例也都高于非灵活就业青年。

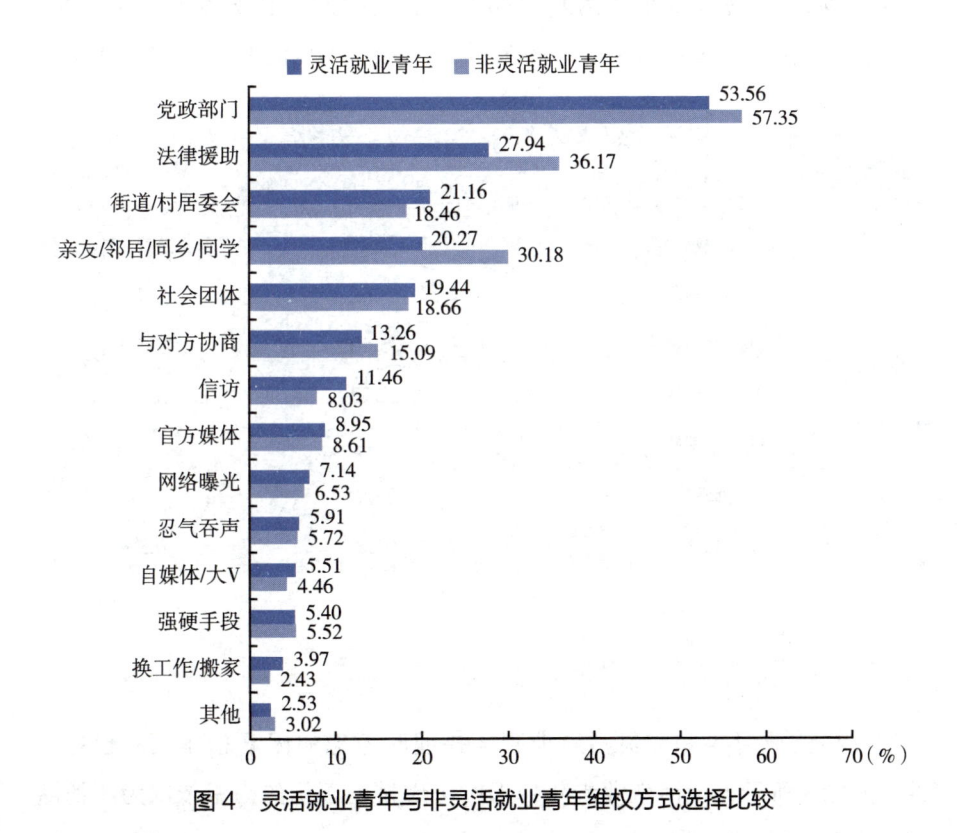

维权方式	灵活就业青年	非灵活就业青年
党政部门	53.56	57.35
法律援助	27.94	36.17
街道/村居委会	21.16	18.46
亲友/邻居/同乡/同学	20.27	30.18
社会团体	19.44	18.66
与对方协商	13.26	15.09
信访	11.46	8.03
官方媒体	8.95	8.61
网络曝光	7.14	6.53
忍气吞声	5.91	5.72
自媒体/大V	5.51	4.46
强硬手段	5.40	5.52
换工作/搬家	3.97	2.43
其他	2.53	3.02

图4 灵活就业青年与非灵活就业青年维权方式选择比较

三 灵活就业青年的婚育状况

（一）灵活就业青年的情感及婚姻状况

灵活就业青年未婚有对象和初婚有配偶的比例均高于非灵活就业青年。调查数据显示，灵活就业青年未婚无对象的比例为38.05%，未婚有对象的比例为25.10%，初婚有配偶的比例为32.63%，再婚有配偶的比例为1.91%，离婚的比例为2.00%，丧偶的比例为0.32%；非灵活就业青年未婚无对象的比例为47.34%，未婚有对象的比例为23.90%，初婚有配偶的比例为26.55%，再婚有配偶的比例为0.93%，离婚的比例为1.02%，丧偶的比例为0.25%（见表4）。

表4 灵活就业青年与非灵活就业青年情感及婚姻状况比较

单位：%

情感及婚姻状况	灵活就业青年	非灵活就业青年
未婚无对象	38.05	47.34
未婚有对象	25.10	23.90
初婚有配偶	32.63	26.55
再婚有配偶	1.91	0.93
离婚	2.00	1.02
丧偶	0.32	0.25

（二）灵活就业青年择偶时考虑的因素

灵活就业青年和非灵活就业青年择偶时考虑的因素总体上的趋势一致，如图5所示，灵活就业青年择偶时考虑排前五位的因素依次为道德品质（60.94%）、性格（49.78%）、三观（46.05%）、相貌（44.57%）和健康（44.35%），非灵活就业青年择偶时考虑排前五位的因素依次为道德品质（74.13%）、性格（63.67%）、三观（60.88%）、健康（54.17%）和相貌

（52.93%）。同时，从数据中也可以看出，灵活就业青年在择偶时考虑的因素无论是在总体上，还是每一个具体方面，重视度都低于非灵活就业青年，这能够在一定程度上解释前文中为何会存在灵活就业青年未婚有对象和有配偶的比例高于非灵活就业青年这一现象。

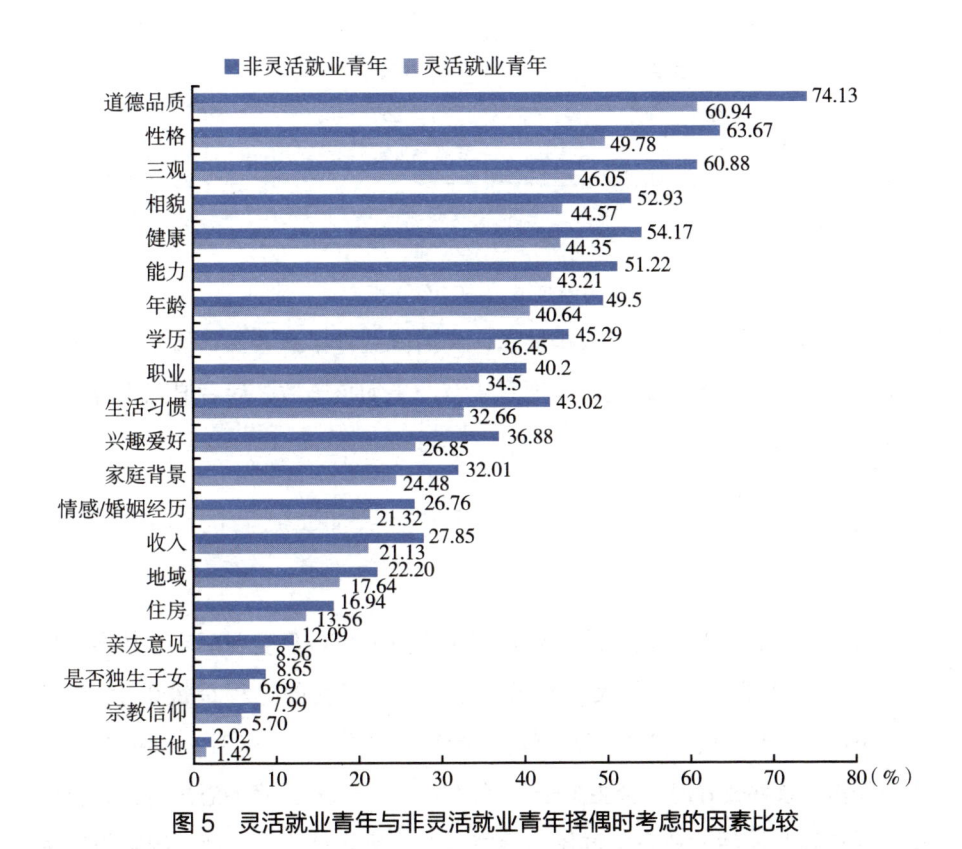

图5 灵活就业青年与非灵活就业青年择偶时考虑的因素比较

因素	非灵活就业青年	灵活就业青年
道德品质	74.13	60.94
性格	63.67	49.78
三观	60.88	46.05
相貌	52.93	44.57
健康	54.17	44.35
能力	51.22	43.21
年龄	49.5	40.64
学历	45.29	36.45
职业	40.2	34.5
生活习惯	43.02	32.66
兴趣爱好	36.88	26.85
家庭背景	32.01	24.48
情感/婚姻经历	26.76	21.32
收入	27.85	21.13
地域	22.20	17.64
住房	16.94	13.56
亲友意见	12.09	8.56
是否独生子女	8.65	6.69
宗教信仰	7.99	5.70
其他	2.02	1.42

（三）灵活就业青年的生育状况与生育意愿

1. 灵活就业青年与非灵活就业青年生育状况

如表5所示，有21.26%的已婚灵活就业青年当前还未生育，低于已婚非灵活就业青年（26.46%），从生育子女数量来看，已婚灵活就业青年生育2个孩子、3个及以上孩子的比例均高于非灵活就业青年。

表5　已婚灵活就业青年与已婚非灵活就业青年子女状况比较

单位：%

子女状况	灵活就业青年	非灵活就业青年
没有孩子	21.26	26.46
只有1个男孩	25.5	26.74
只有1个女孩	20.95	21.6
1个男孩1个女孩	16.86	13.21
2个男孩	7.25	5.31
2个女孩	5.43	4.96
3个孩子及以上	2.75	1.72

2. 灵活就业青年与非灵活就业青年生育意愿

在生育意愿方面，调查数据显示，灵活就业青年愿意生育的孩子数平均为1.42个，高于非灵活就业青年愿意生育的平均孩子数，后者愿意生育的孩子数平均为1.34个。

（四）灵活就业青年的生育意愿更容易受到国家、社会、传统和家庭环境的影响

进一步分析发现，灵活就业青年的生育意愿更容易受到国家、社会、传统和家庭环境的影响，如表6所示，在"生养子女的过程是快乐幸福的"（69.84%）、"当我认为生育有意义时才会决定生孩子"（77.31%）和"收入、住房等物质条件较好时才会生孩子"（81.90）等个人对生育的态度方面，灵活就业青年和非灵活就业青年群体表示同意的比例相差不大，而"国家鼓励生育会增强我的生育意愿"（48.79%）、"父母、家人、朋友等身边人的生育期望会影响我的生育决定"（52.49%）等外在环境因素，以及"没有子女的人生不完整"（56.65%）、"生养子女是为了老有所养"（44.26%）和"生养子女是为了传宗接代"（39.59%）等相对较为传统的生育观念对灵活就业青年的生育意愿影响较大，并且大于其对非灵活就业青年的影响。

表6　灵活就业青年与非灵活就业青年的生育意愿及影响因素比较

单位：%

观点	灵活就业青年同意比例	非灵活就业青年同意比例
生养子女的过程是快乐幸福的	69.84	65.04
当我认为生育有意义时才会决定生孩子	77.31	78.29
收入、住房等物质条件较好时才会生孩子	81.90	83.99
国家鼓励生育会增强我的生育意愿	48.79	39.51
父母、家人、朋友等身边人的生育期望会影响我的生育决定	52.49	46.35
没有子女的人生不完整	56.65	46.69
生养子女是为了老有所养	44.26	33.10
生养子女是为了传宗接代	39.59	28.49

四　灵活就业青年的身心健康状况

（一）灵活就业青年的身体和心理健康状况整体良好

调查显示，灵活就业青年对身体健康状况和心理健康状况的自我评价整体较好，超八成灵活就业青年表示自己的身心健康状况良好。其中，超过1/4（25.21%）的灵活就业青年认为自己的身体健康状况非常好，超三成（30.40%）的灵活就业青年认为自己的心理健康状况非常好（见表7）。《中国居民营养与慢性病状况报告（2020年）》公布的成年居民（≥18岁）超重率为34.30%，调查数据显示，灵活就业青年的超重率为22.88%，比成年居民总体低11.42个百分点，侧面印证了灵活就业青年的身体健康状况相对良好。

表7　灵活就业青年的自评身心健康状况

单位：%

评价	身体健康状况	心理健康状况
非常好	25.21	30.40
比较好	57.92	52.78
不太好	13.76	13.25
非常不好	1.43	2.06
说不好	1.68	1.51

需要注意的是，仍有超过15%的灵活就业青年表示自己的身心健康状况并不是很好，进一步分析发现，灵活就业青年群体的心理压力来自多方面，主要包括对未来感到迷茫（9.67%）、经济压力大（7.53%）、自我期望过高（6.25%）、不被理解/孤独（5.48%）以及身体不好（3.20%）等，需要对其在身体健康和心理健康方面进行干预和引导。

（二）灵活就业青年的整体睡眠时长不足

调查显示，在过去的四周中，灵活就业青年睡眠在5小时以下、5~6小时、6~7小时、7~8小时和8小时及以上的占比分别为5.07%、14.84%、31.52%、35.46%和13.12%（见图6）。可以看出，灵活就业青年中，平均每天睡眠超过7小时的不足半数（48.58%），还有近两成（19.91%）的灵活就业青年不能保证每天6小时的睡眠时间，为保障灵活就业青年的身体健康和工作安全，其每天的睡眠时长有待延长。

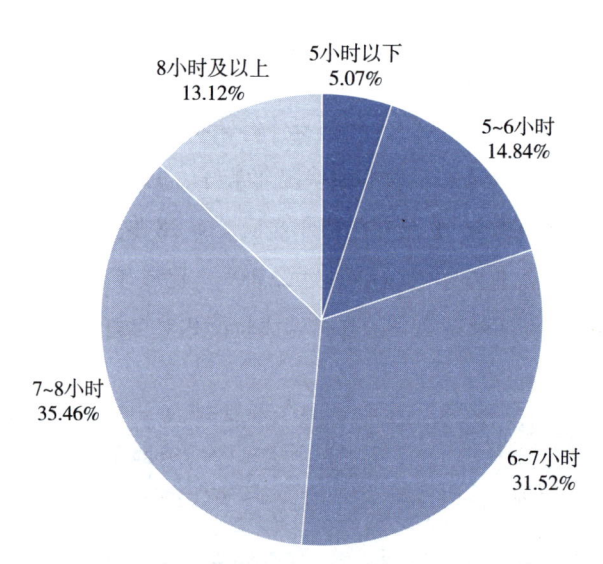

图6 灵活就业青年睡眠时长分布

（三）灵活就业青年的体育锻炼参与度相对较高

数据显示，近八成（79.22%）灵活就业青年表示，在过去的 12 个月里每周进行 1 次及以上超 30 分钟且出汗的体育锻炼，其中每周 1~2 次的低频度锻炼占比 39.81%，每周 3 次及以上的高频度锻炼占比 39.41%。但也有超过两成（20.78%）的青年表示没有每周参与体育锻炼。值得关注的是，每周运动次数达到 7 次及以上的青年超过一成，占比为 11.27%（见图 7）。

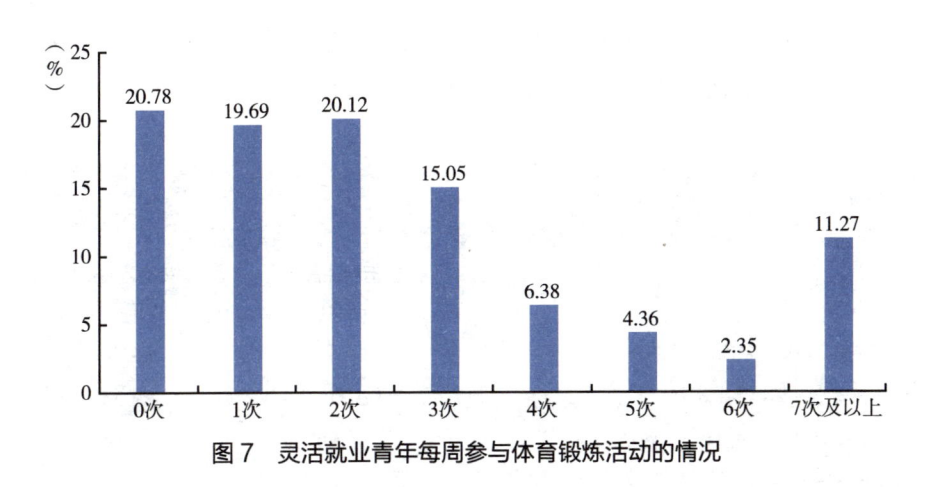

图 7　灵活就业青年每周参与体育锻炼活动的情况

五　灵活就业青年的社会价值观

为更清晰地展示灵活就业青年的社会价值观状况，本部分对灵活就业青年与非灵活就业青年在价值观念、认为个人能够取得成功的原因、对社会信任的评价以及对社会公平的评价等方面进行比较分析。

（一）灵活就业青年的价值观念

对灵活就业青年价值观的数据分析显示，整体上灵活就业青年的价值观念较为积极向上，灵活就业青年群体中认同"人生需要小目标更需要远

大理想"的比例为92.41%,认同"我认为自己的人生很有意义"的比例为87.16%,认同"虽然生活变好了,但艰苦奋斗精神不能丢"的比例为91.35%,认同"做人做事都要讲诚信"的比例为93.65%,认同"奉献社会是衡量个人价值的主要标准"的比例为81.38%(见表8)。可见,灵活就业青年群体整体表现出新时代好青年"有理想、敢担当、能吃苦、肯奋斗"的精神风貌。需要注意的是,纵向上进行比较可以看出,灵活就业青年群体自身的奋斗精神和诚信意识相对较强,但是在对人生意义的感知和奉献精神方面稍显不足;横向上通过与非灵活就业青年在价值观念上的比较可以发现,灵活就业青年在整体价值观状况上的表现略低于非灵活就业青年,因此,需要在一定程度上考虑加强对灵活就业青年价值观念的关注和引领。

表8 灵活就业青年与非灵活就业青年价值观念比较

单位:%

价值观念	灵活就业青年同意比例	非灵活就业青年同意比例
人生需要小目标更需要远大理想	92.41	94.92
我认为自己的人生很有意义	87.16	88.34
虽然生活变好了,但艰苦奋斗精神不能丢	91.35	94.65
做人做事都要讲诚信	93.65	97.16
奉献社会是衡量个人价值的主要标准	81.38	80.92

(二)灵活就业青年认为主观能动性的发挥是个人能够取得成功的重要原因

对个人能够取得成功的原因的看法在一定程度上反映了灵活就业青年对个人发展和社会环境相互关系的认知,也在一定程度上影响着灵活就业青年的行为选择。调查数据显示,灵活就业青年整体上更加倾向于认为个人能取得成功主要与个人的主观能动性密切相关,灵活就业青年中认为有能力、才华是个人能取得成功的原因的占76.79%,认为能吃苦/乐于奋斗是个人能取得成功的原因的占 70.91%，认为工作规划清晰是个人能取得成功的原因的占 64.57%，认为有理想是个人能取得成功的原因的占 60.55%；灵活就业青年认为外在条件和资源对个人成功的影响相对较弱，例如，灵活就业青年中认为运气好是个人能取得成功的原因的占 46.39%，认为拥有更多的社会资源是个人能取得成功的原因的占 45.52%，认为敢于冒险是个人能取得成功的原因的占 44.85%，认为家庭支持是个人能取得成功的原因的占 44.73%，认为受教育程度高是个人能取得成功的原因的占 41.57%，认为享受国家或政府政策支持或优惠是个人能取得成功的原因的占 30.29%（见表9）。横向上同非灵活就业青年进行比较可以看出，相较于灵活就业青年，非灵活就业青年认为个人能够取得成功的原因在趋势上与前者一致，但更倾向于认为个人能够取得成功的原因更为多元，既需要个人主观能动性的发挥，同时也离不开客观的经济环境和社会网络的支持。

表9 灵活就业青年与非灵活就业青年认为个人能取得成功的原因比较

单位：%

个人能取得成功的原因	灵活就业青年同意比例	非灵活就业青年同意比例
有能力、才华	76.79	85.30
能吃苦/乐于奋斗	70.91	80.57
工作规划清晰	64.57	72.53
有理想	60.55	71.16
运气好	46.39	47.96
拥有更多的社会资源	45.52	50.3
敢于冒险	44.85	54.95
家庭支持	44.73	55.00
受教育程度高	41.57	49.88
享受国家或政府政策支持或优惠	30.29	31.18
其他	1.15	0.93

（三）灵活就业青年对当前社会信任状况的评价

灵活就业青年对当前社会信任状况的评价整体较高，为 7.34 分，高于非

灵活就业青年（7.12分）。从具体的社会信任评价得分来看（见表10），在低分组，灵活就业青年和非灵活就业青年对社会信任的评价较为一致，前者评价低于5分的占比为6.63%，后者对应占比为6.55%；在中分组，前者评价为5~7分的比例为41.05%，后者对应比例为46.61%，后者高于前者；在高分组，前者评价为8~10分的比例为52.33%，后者对应比例为46.85%，前者高于后者，即灵活就业青年和非灵活就业青年对社会信任状况的评价主要差异在于前者对当前社会信任状况的高分组评价占比高于后者，在中分组评价占比低于后者，因此可以看出前者对当前社会信任状况的评价内部差异较大。

表10　灵活就业青年与非灵活就业青年对社会信任状况的评价

单位：%，分

对社会信任的评价	灵活就业青年	非灵活就业青年
0分	0.99	0.92
1分	0.59	0.54
2分	0.80	0.85
3分	1.89	1.94
4分	2.36	2.30
5分	13.55	14.90
6分	11.04	12.30
7分	16.46	19.41
8分	22.62	24.42
9分	10.19	9.49
10分	19.52	12.94
平均分	7.34	7.12

（四）灵活就业青年对当前社会公平状况的评价

灵活就业青年对当前社会公平状况的评价整体较高，为7.00分，高于非灵活就业青年（6.68分）。从具体的社会公平评价得分来看（见表11），在低分组，灵活就业青年评分占比低于非灵活就业青年，前者评价为低于5分的占比为10.99%，后者对应占比为12.46%；在中分组，前者评价为5~7分的比例为42.86%，后者对应比例为47.82%，后者高于前者；在高分组，前者评价为8~10分的比例为46.14%，后者对应比例为39.71%，前者高于后者，即灵活就业青年和非灵活就业青年对社会公平状况的评价主要差异在于前者对当前社会公平状况的高分组评价占比高于后者，在中分组和低分组的评价占比低于后者。

表11 灵活就业青年与非灵活就业青年对社会公平的评价状况

单位：%，分

对社会公平的评价	灵活就业青年	非灵活就业青年
0分	1.76	1.95
1分	0.88	1.01
2分	1.54	1.69
3分	3.29	3.57
4分	3.52	4.24
5分	16.08	18.48
6分	12.11	13.14
7分	14.67	16.20
8分	17.91	18.55
9分	9.53	8.53
10分	18.70	12.63
平均分	7.00	6.68

六 实现灵活就业青年高质量发展的对策建议

（一）着力加强对灵活就业青年的思想引领

灵活就业青年群体整体上表现出较强的奋斗和奉献精神面貌，对个人能够取得成功的原因也有较为清晰的认知，但相较于非灵活就业青年群体存在一定的差距，主要表现为奋斗精神相对有待提升，对个人发展与国家和社会

发展提供的支持之间的关系认知相对缺乏。为此，需要在充分考虑灵活就业青年群体数量大、分布广泛、流动性强等特征的前提下做好灵活就业青年群体的思想引领工作。一是仍需继续通过多种形式做好社会主义核心价值观的宣传工作，弘扬奋斗精神和倡导奉献精神，激发灵活就业青年为中国式现代化挺膺担当的热情。二是宣传灵活就业青年群体中的先锋榜样和成功事迹，发挥榜样的示范带动作用，提升灵活就业青年群体的成就感和归属感，增强灵活就业青年对未来职业发展的信心。三是加大对宣扬一夜暴富、躺赢、急功近利等消解社会奋斗氛围的不良价值取向的网络言论、视频、文学作品的监管力度，弘扬勤劳致富价值理念，营造积极向上的网络氛围。

（二）持续优化灵活就业青年发展的政策环境、就业环境和社会环境

灵活就业青年因其职业特点在自身发展和现实生活中会面临一定的困境，比如职业技能缺乏、职业歧视、间歇性失业、职业发展空间有限和转型困难等问题。优化灵活就业青年的发展环境，一是持续完善灵活就业的政策环境，破除对灵活就业的不合理限制，强化政策服务供给，创造更多的灵活就业岗位，针对灵活就业行业因阶段性用工特征带来的阶段性失业的风险，需要做好对灵活就业青年过渡性就业工作的支持；二是为灵活就业青年创造良好的就业环境，要不断满足灵活就业青年在求职、职业技能培训、职业标准认定以及职业发展规划等方面不断发展的现实需求；三是为灵活就业青年发展营造良好的社会环境，宣扬职业平等、尊重劳动的理念，消除对灵活就业青年的误解和歧视，积极吸纳灵活就业青年参与社区治理，增强灵活就业青年社会融入感。

（三）不断完善对灵活就业青年合法权益的制度保障和社会保障

灵活就业青年相较于其他类型从业人员缺少组织、制度和社会关系网络的保障和支持，其合法权益相对较易受到侵害，需要不断完善对灵活就业青年的制度保障和社会保障。一是健全公共就业服务体系，完善适应灵活就业的劳动者权益保障制度，积极推行相关指引指南，指导新型灵活就业平台企

业落实政策，畅通灵活就业青年维权渠道。二是增强社会保障可及性，将更多灵活就业青年纳入覆盖范围，积极推动高质量参保；扩大灵活就业青年失业、工伤和生育保险以及住房公积金试点；完善社保关系转移接续制度，统一规范有关政策、待遇标准等，促进灵活就业青年的自由流动；为迎接数字经济发展新趋势带来的新就业形态，及时将现有和潜在灵活就业人群纳入社会保障覆盖范围。

参考文献

劳动保障部课题组:《关于我国灵活就业情况的统计分析》,《中国职业技术教育》2005 年第 15 期。

《国务院办公厅关于支持多渠道灵活就业的意见》,2020 年 7 月。

国家卫生健康委:《中国居民营养与慢性病状况报告（2020 年）》,2021 年 1 月。

李炜:《青年社会主义核心价值观认同变化和差异》,《青年研究》2021 年第 3 期。

李炜、王卡:《共同富裕目标下的"提低"之道——低收入群体迈入中等收入群体的途径研究》,《社会发展研究》2022 年第 4 期。

李培林等主编《社会蓝皮书：2024 年中国社会形势分析与预测》,社会科学文献出版社,2023。

国家统计局:《2023 年国民经济回升向好 高质量发展扎实推进》,2024 年 1 月。

人力资源和社会保障部信息中心:《2023 中国新型灵活就业报告》,2024 年 1 月。

《中国共产党第二十届中央委员会第三次全体会议文件汇编》,人民出版社,2024。

张宾、赵常杰:《高质量发展视域下我国新兴行业从业青年的就业质量研究》,《中国青年研究》2024 年第 10 期。

专题篇

B.15
2024年中国互联网舆情分析报告

祝华新 廖灿亮 叶德恒 *

摘 要： 2024年网络舆情整体平稳，经济、民生议题热度持续升温，舆情回归聚焦微观个体境遇。对于一些社会热点难点议题，网民表现出复杂情绪。针对社会上发生的一些违反公序良俗的现象和案例，社会舆情表现出对良善的呵护，对虚假和丑恶的鞭挞。同时，公共舆论和社会治理的互动效率亟待提升，需要更加有效地发挥社会"安全阀"功能，进一步做好舆论引导，提升社会活力。

关键词： 松弛感 平替 经济理性 深度伪造

2024年网络舆情总体平稳，爱国爱党主旋律凸显，正能量充沛。党的

---

* 祝华新，中国经济体制改革研究会常务理事，互联网与新经济专业委员会主任；廖灿亮，资深舆情分析师；叶德恒，数据分析师。

二十届三中全会在全面建设社会主义现代化国家新征程上矗立起新的里程碑。从舆论场可以感知中国的大国分量，以及民众对大国建设、大国重器的自豪感。在巴黎奥运会上，中国队争金夺银，与整整40年前洛杉矶奥运会上女排"三连冠"的紧张气氛有别，网民赞赏年轻国手的拼搏精神和松弛感浑然一体。神舟十八号载人飞行任务取得圆满成功，嫦娥六号月球探测器完成月背挖土；深中通道成为大湾区最大交通枢纽，广州与深圳、中山通过南沙在伶仃洋上"牵手"，三地携手进入"半小时生活圈"；《黑神话：悟空》带着中国神话和山西古建等元素火爆出圈，华为三折叠屏手机 Mate XT 受到追捧。国际议题的国内舆论投射日渐显著，随着特朗普重返白宫，世界格局面临更多不确定性，中国的国际角色更加吃重。

一 2024年网络舆情热点和民意诉求

本报告沿用往年的量化方法，以2023年11月中旬至2024年11月上旬发生的舆情事件为研究样本，统计各个事件在报刊、网络新闻、新闻客户端、微博、微信、短视频、论坛博客渠道上的传播报道量，并以此为基础计算舆情事件热度，最终得到2024年20件热点舆情事件（见表1）。

表1 2024年20件热点舆情事件

单位：千篇

热度排名	事件	报刊	网络新闻	新闻客户端	微博	微信	短视频	论坛博客	热度
1	2024年巴黎奥运会	65.1	2848	2926.2	15729.0	498.2	262.4	37.8	93.39
2	党的二十届三中全会	140.8	1654.8	902.8	744.5	2749.4	22.7	30.5	89.54
3	哈尔滨冰雪旅游火爆	17.0	824.8	706.8	765.8	219.0	86.5	19.7	84.36
4	美国总统大选白热化竞争	7.9	873.6	947.9	621.0	195.1	30.5	17.0	81.99
5	《黑神话：悟空》全球上线	6.2	395.7	400.7	1296.2	99.7	97.9	35.9	81.26
6	渐进式延迟退休改革	5.6	413.3	599.8	770.5	257.3	34.4	13.8	80.81

287

续表

热度排名	事件	报刊	网络新闻	新闻客户端	微博	微信	短视频	论坛博客	热度
7	东部战区开展联合利剑2024B演习	2.1	330.3	361.0	11300.9	83.9	22.5	1.9	78.45
8	萝卜快跑无人驾驶试点运营	1.1	443.9	561.0	268.9	40.0	136.1	30.5	77.18
9	72/144小时过境免签带热外籍人士中国行	10.9	419.1	212.1	176.2	107.2	7.4	15.6	76.35
10	娃哈哈集团创始人宗庆后去世与农夫山泉争议事件	0.8	481.8	679.3	282.2	52.7	44.2	10.6	75.87
11	央行下调存量房贷利率	3.0	312.1	209.0	91.8	99.5	15.9	21.7	74.61
12	梅大高速公路塌方事件	2.2	130.4	165.8	289.8	49.2	34.0	1.5	73.57
13	一系列重磅经济刺激措施出台	1.1	217.3	274.9	46.6	65.7	3.4	8.2	69.97
14	OpenAI发布首个文生视频模型Sora	2.6	159.2	75.2	69.7	45.3	3.4	19.6	69.55
15	探索建立房屋养老金制度	0.8	120.4	138.6	73.3	25.9	13.5	6.2	68.98
16	高层反腐	1.7	99.8	116.7	69.2	61.1	2.8	1.6	68.57
17	重庆"胖猫"事件	0.1	85.0	133.8	624.3	16.4	19.1	5.5	67.25
18	东方甄选宣布董宇辉离任	0.2	131.8	144.2	103.0	25.7	7.4	4.7	66.70
19	中专女生姜萍闯进全球数学竞赛12强	0.3	94.9	142.3	240.1	12.8	6.8	3.5	66.21
20	罐车运输油罐混用事件	0.3	62.7	80.6	322.2	11.4	3.7	1.5	64.67

注：热度计算涉及舆情事件在报刊、网络新闻、新闻客户端、微博、微信、短视频、论坛博客渠道上的传播报道量，权重通过德尔菲法和层次分析法获得，按顺序依次是0.1803、0.1174、0.1812、0.1485、0.1871、0.1647、0.0208。资深舆情分析师潘宇峰对此亦作出重要贡献。

党的二十届三中全会对进一步全面深化改革、推进中国式现代化作出战略部署，提出着力解决制约国内经济循环的卡点堵点问题、民生领域的痛点难点问题、人民群众关切的焦点热点问题，引领中国巨轮行稳致远，位列2024年热度第二。从9月24日起，政府推出一揽子经济刺激政策，央行下调存量房贷利率，释放出迄今最强烈的稳经济信号。民众信心大幅提升，纷纷表示"期待政策红包"。资本市场表现出罕见的热情，积极情绪能否传递到企业界和投资界，还有待观察。

在2024年20件热点舆情事件中，哈尔滨冰雪旅游火爆出圈，为城市经济发展注入新的活力。与此同时，随着中国免签"朋友圈"持续扩容、便利人员往来措施不断优化，"China travel"成为国内外社交平台的热门话题。

网络舆论给予渐进式延迟退休改革、建立房屋养老金制度话题超高关注度，共有54个相关话题登上微博热搜。其中，31.5%的话题目前"不予显示内容"，剩余话题累计收获46.9亿次阅读、140.1万次讨论和657.3万次互动。对于延迟退休改革，以及增加领取养老金最低缴费年限的政策，公众期待和担忧并存。舆论期待经济政策以民生为导向，经济发展的成果更多地向普通老百姓倾斜。

反腐和完善社会治理永远在路上。2024年高层反腐力度加大，多个基层治理热点，如梅大高速公路塌方导致多人伤亡、油罐车乱象，反映个别地区干部履职短板。需要以抓铁有痕的韧劲，抓好党风吏治，强化领导干部的担当。

营商环境继续备受关注。中央网信办开展"清朗·优化营商网络环境——整治涉企侵权信息乱象"专项行动，针对农夫山泉遭网暴事件，从严整治"自媒体"乱象。

舆论守护社会道德和公序良俗。性别撕裂、饭圈[①]文化拉低社会道德水准。东方甄选事件，直播带货新赛道的打工人价值，引发全国"丈母娘"的同情。重庆"胖猫"自杀殉情，引出"捞女"猜疑和外卖空包风波。针对这些个案，社会共同体表现出对良善的呵护，对虚假和丑恶的鞭挞。

国内舆论场上，围绕美国大选、俄乌冲突、哈马斯、胡塞武装等国际事务的舆论分歧持续。OpenAI频频发布新AI模型，从Sora的视频生成，到GPT-01，给多个行业带来颠覆性的变革，引起多方关注。中国各种大模型也迅速发展，舆论关注新一轮科技革命和产业变革。

---

① 饭圈，即粉丝圈，由一群支持和喜爱特定偶像的人组成的社群。

二 2024年社情民意特征

（一）民生大于天

民生舆情是第一大类舆情，人心和民意的关键是经济。2024年，宏观政治事件的舆论关注度在一定程度上退潮，舆情回归聚焦微观个体境遇。与日常生活相关的社会民生舆情呈高发态势，尤其是就业、住房、养老、物价方面的热点较多，充分体现了民生话题燃点低、痛点多的特点。

统计分析微博热搜热度最高的500个话题发现，剔除巴黎奥运会、娱乐圈艺人等常规动态信息后，涉及社会民生等领域的话题共有103个。在这103个热搜话题中，事关民众生产、生活、生计等最直接最现实的利益问题的社会民生领域，占比达到45.6%（见图1）。

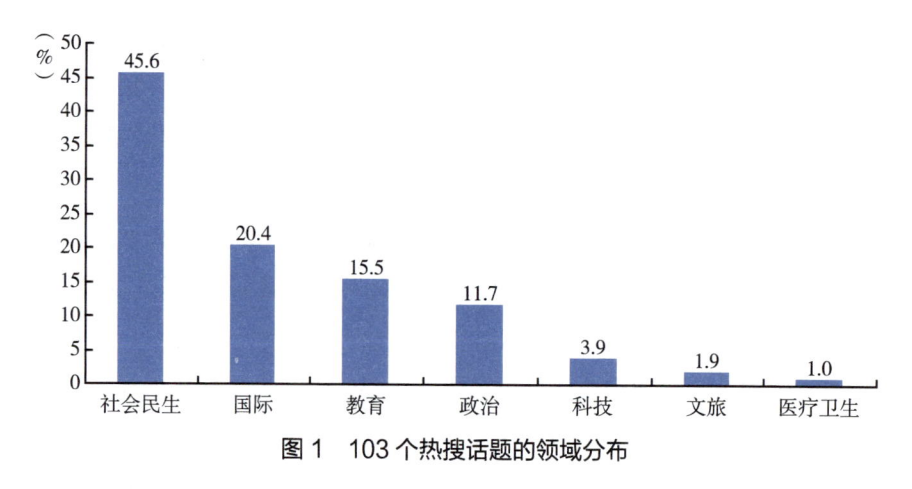

图1 103个热搜话题的领域分布

就业是最大的民生，当前大学生就业难、考公考研热等话题屡成舆情热点。国家统计局数据显示，2024年8月，16~24岁（在校生除外）青年失业率持续偏高。大学生就业难、国际学历报考乡镇职位等新闻引起关注。一些案例涉及事业单位招聘的透明公正，触动大众敏感神经。2024年9月发布《中共中央 国务院关于实施就业优先战略促进高质量充分就业的意见》，提出拓展高校毕业生等青年就业成才渠道、保障平等就业权利等24条举措，政策在稳就业方面持续发力。

2024年，水、电、燃气、交通等民生必需品"价格"，以及住房、养老问题成为超热舆情"集散地"。广州水价调整听证会、重庆燃气更换智能表被质疑"费用上涨"、京广高铁武广段等多条高铁票价"优化调整"等事件引发广泛关注。对于低收入人群来说，民生费用的上涨会加重其负担，进而引发"不公平感"。国家住建部门研究建立房屋养老金制度、上海等多地试点房屋养老金等话题引发争议，部分自媒体传出"房屋养老金需要业主交钱""100平方米房子年缴1万元房屋养老金"等不实信息，在网民中引发较强的焦虑情绪。《中国建设报》公众号3天连发6篇正确解读文章，说明住房养老金将由地方政府探索资金筹集渠道，不会加重业主负担，舆情热度开始回落。

民生热点舆情提示相关部门在出台民生政策前，要更加全面谨慎地评估舆论的可能反应，充分做好释疑、引导工作，同时要着力解决就业、增收、入学、就医、住房、托幼、养老等老百姓急难愁盼问题。

（二）经营者信心和消费者信心波动较大，舆论要积极应对公众对未来的不确定感

2024年网上涉经济议题，像过山车一样起伏前行，甚至大起大落。工业、投资、消费等主要经济指标出现波动。9月24日，中国人民银行召开新闻发布会，带动股市大涨。此后，具体政策落实的"含金量"低于市场预期，投资者情绪出现波动。很多人既怕错过机遇要后悔，又怕投资不慎遭受损失。

居民消费动力偏弱。据文旅部数据，2024年上半年，国内出游27.25亿人次，国内游客出游总花费2.73万亿元，比2023年同期的23.84亿人次和2.30万亿元有显著增长，但相比2019年同期30.8亿出游人次和2.78万亿元旅游收入，复苏进度条尚未满格。从小红书等网站看出，在一线城市的热门商圈，餐饮区空置率较高，餐饮业面临"减量市场"竞争，食客人均消费回落到多年前的水平。一些网民对"特种兵旅游"和消费"平替"津津乐道。所谓"特种兵旅游"是旅游过程中所到景点多、花费少但舟车劳顿，在大学生中流行。而"平替"是指在维持与原来购买的商品相近品质的基础上，去除一些

冗余功能和品牌溢价，购买性价比更高的商品作为替换，体现出消费者比以往更加精打细算。

（三）网络舆论和社会治理的互动效率亟待进一步提升

社会"安全阀"是社会学家科塞针对社会冲突的正功能提出的一个概念。[1]他认为社会冲突就像高压锅上的安全阀一样：使水蒸气通过阀门被排除，而不是掀翻锅顶予以宣泄；使社会中积累的对立不满情绪得到消解，从而不至于对正常的社会秩序造成冲击。其内涵在于提供疏导非现实性冲突和敌意的渠道。在一些热点事件中，网络舆论与政府社会治理的良性互动，有助于发挥社会的"安全阀"功能，即政府与网民良好、通畅的互动、沟通，有助于推动社会问题解决、赢得舆论认同，从而缓解社会矛盾，促进社会稳定。反之，政府回应与作为不能得到网络舆论的认同，则可能导致社会矛盾情绪不能有效排解。

2024年，在一些热点事件中，社会舆论和社会治理互动效率出现下降现象。网络"围观"适可而止，没有了当年网友、"大V"和媒体不依不饶的追问，经常出现舆情"烂尾"、当事人敷衍搪塞也不需要付出多大代价的现象。

另外，一些地方政府有关部门对舆情的回应及处理结果与网民的期待之间存在偏差，容易陷入"塔西陀陷阱"。针对油罐车事件官方通报、青岛司机逆行打人事件通报，我们随机选取微博热门贴文，并对热门贴文评论中获得较多点赞的评论内容进行梳理。分析发现，支持官方通报，认为通报清晰详细、处理恰到好处的网民占比不高，分别为10%和17%。基于这样的情况所做出的回应，可能加剧持有其他看法的网民的不满，进而导致认可事件处置结果的网民比例也偏低。

2024年，国家出台延迟退休相关政策，这是国家应对我国人口结构变化的重要举措，也是国际通行做法。但普通民众对此思想准备不足，有关部门的政策解释宣传不够充分，导致部分网民对于延迟退休改革的动机产生疑问（约占发声网民的1/3），还有近半数网民持观望态度（见图2）。从政府角度看，延迟退休

---

[1] ［美］刘易斯·科塞：《社会冲突的功能》，孙立平译，华夏出版社，1989。

可以释放人力资源红利；消除劳动年龄人口下降趋势造成的影响，保持经济社会发展的活力；同时，政策也强调坚持自愿和弹性原则，稳妥有序推进渐进式延迟法定退休年龄改革。而一些网民的理解出现偏差，认为延迟退休是盘活养老金和应对财政压力的举措，意味着个人要工作更长的时间才能领取养老金。可见，如何进一步提高网络舆情与社会治理的互动效率，是新时代的一个重要课题。

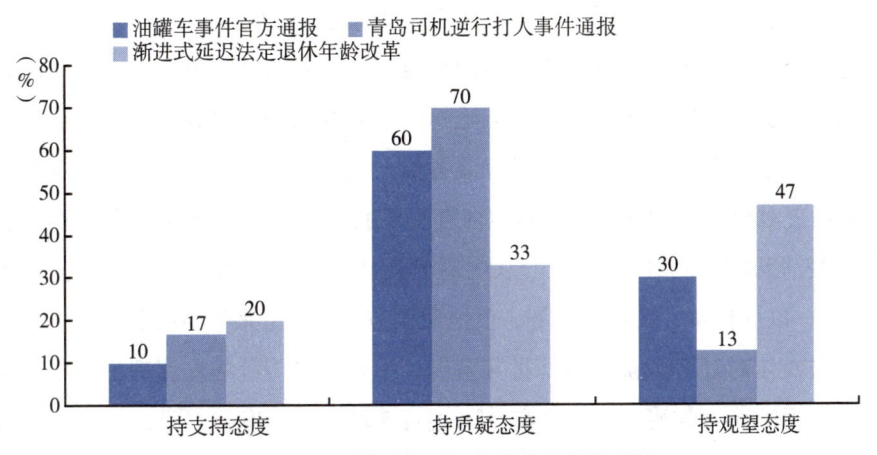

图2 部分微博网民对三个热点事件的看法

尤其需要重视的是，在一次次琐细舆情与应对中，要高度警惕和避免在市场主体和政府之间、社会成员和政府之间，由于沟通不畅、互动不良，出现"我们"与"你们"的二元对峙，甚至滑向对抗性和"大拒绝"的网民态度。政府在奋发有为的时候，要保持对舆论的敏锐性，注意及时有效地疏导社会情绪。要做到民有所呼我有所应，及时还原事实真相，给当事人和社会舆论一个诚恳的回应，从而维护社会的公平正义。

三 网络舆论场的结构性治理

（一）如何遏制自媒体和"大V"的负面影响？

在苏州胡友平见义勇为牺牲后，微博、网易、腾讯等网络平台相继发布

广告，严肃处理自媒体上那些挑动极端民族主义情绪的违规内容。2024年11月，一个拥有多平台账号和上千万粉丝的"大V"被全网禁言。这几年一些自媒体和"大V"煽动极"左"和极端民族主义情绪，肆意攻击民营经济和煽动仇富情绪，是导致投资者信心低落的原因之一。

一个理性、稳定的舆论场需要"两级传播"，即由专业人士报道和解读社会现象，做出理性分析，再去影响公众。近年来兴起的网络自媒体，属于"一级传播"，让公众直接面对信息海量的时事新闻和社会议题。而公众相对缺乏媒介素养，无法辨识真伪参半的信息，对复杂的社会事务缺少相应的知识储备。比如，转基因食品能不能吃？中国队真的带空调到巴黎奥运会？中国熊猫丫丫在美国受虐待？网民分成各执一词的两个群体，各自的信息源截然不同。对自媒体帖文，需要对内容真实性加以核实和平衡利益相关方观点。而一些活跃的"网红""大V"从中看到商机，化身为所谓弱势群体的"嘴替"①，以反资本、反市场经济、反全球供应链的言论来吸引流量。

自媒体对社会现实的道德批判资源，主要来自传统的左翼理论。如北京一小伙拒绝周六加班，被公司辞退，连打5场官司。有趣的是，当事人并未把这场职场纠纷视为"阶级斗争"。而一些年轻网民则相信他"争取的光，照亮了所有的打工人！"在B站等平台、社交群组，这类渴望"革命"破局的言论引发共鸣。

最早接触互联网的以高学历人群居多，1998年大学本科及以上学历者在国内网民中占比高达58.9%。然而，2020年大学本科及以上学历者在网民中占比下滑到9.3%。网民的知识化、专业化程度较低，对立情绪不断升级，甚至呼唤非舆论力量干预，以压制对方声音。特别是短视频的流行，让很多文化水平不高的人成为舆论的主流。草根声量的放大，既为弱势群体维权开辟了通道，同时也容易引发民粹主义思潮抬头。网络舆论场出现的某种"反智"倾向值得警觉。

在经济民生等与民众利益攸关的问题上，需做好政务公开，增加权威信

---

① 原指替代演员拍摄时采用的嘴部替身，年轻网民用这个词来形容精准道出自己内心想法的人。

息供给。需要有更多财经、金融、房地产等领域专业人士、媒体、智库进入互联网，以"信息守门人"角色把关过滤互联网信息，抬升网络舆论的理性水位。

（二）网络讨论重在建设务实经济理性，稳定社会心态

需要研究互联网对社会群体性人格的浸润塑造。要着力将网络受众的注意力吸引到经济建设上来，引导网民拒绝那种动辄把民生问题上纲上线到意识形态"是非之争"的极端化心态。社会存在决定社会意识，"马克思主义是很朴实的东西，很朴实的道理"（邓小平1992年南方谈话），重在建设务实经济理性，倡导"不争论"的经济话语，讲好"实干兴邦"的民生故事，少一点"大V"制造舆论撕裂的剑拔弩张。

改革开放已有40多年，民生就是最大的政治。超市和菜市场有关柴米油盐的喁喁私语，可能是最真实的社会发展动力。需要以实事求是的科学精神，促进民生福祉，给老百姓踏实感、安全感、希望感，摆脱发展焦虑。

（三）警惕网络舆论的外溢效应

2024年11月，一些高校忽然出现大学生借助互联网聚集，深夜跨市骑行；2023年万圣节，上海也出现过年轻人cosplay（动漫角色扮演）各种网络热点人物的热闹，表明社会活力有待释放。如能妥善引导，是推进中国式现代化建设的青春力量。把经济搞上去，解决好大学生就业问题，让年轻人有奔头，是治本之策。

外卖骑手、快递小哥、网约车司机等数千万灵活就业者，依托网络平台聚合，容易产生阶层自觉，有社会动员能力；同时没有固定单位约束，又遍布城市的各个角落，在传统的家庭人、单位人、小区人之外，每日大量地生成一次性人际关系，一旦发生利益摩擦，容易影响社会稳定。2024年8月，杭州某物业保安与外卖骑手冲突一事引发舆情关注。解决办法是政企合作，推动社区、物业、配送站点多方协商，明确通行规则，建立"骑手友好社区"。

要充分用好新时代"枫桥经验",将基层的"网格管理"与电商平台结合起来,服务好、管理好灵活就业这种新的生产方式和社会关系。平台企业帮助骑手解决通行困难等合理诉求问题,同时履行对骑手合规行为的管理责任。

(四)重视人工智能对网络舆论的影响

当前,生成式人工智能正以前所未有的速度和规模引领新一轮科技革命和产业变革,其与媒介技术的深度融合,在改变信息传播和网民互动方式的同时,也给网络舆论带来了新的挑战。

一是深度伪造(deepfake)引发舆论混乱。人工智能可以快速更改、合成视频影像、音频、图片及文本,特别是随着文生视频、文生图片等AIGC(人工智能生产内容)应用的发展与普及,普通人也能利用生成式人工智能工具直接生成互联网内容,这让虚假信息更难被识别,会加剧谣言传播和社会偏见。2024年央视"3·15"晚会就曝光了人工智能拟声和换脸诈骗术,引起社会反响。9月,网传一段某直播带货企业高管严重不当行为的音视频引发舆情,后经警方通报,系某网民使用人工智能工具训练生成假冒该高管的音频,后用视频软件合成音视频,并通过网络发布,形成谣言大量传播。

二是新型水军账号导致舆论操控。人工智能技术能快速生成、控制机器人水军账号,这些账号不但可以全天候、多平台、大规模自动制造生成热搜热文,发布跟帖评论,还可以通过学习分析网民互联网行为数据,分析网民兴趣爱好和情感态度,再根据网民、平台及场景特征等进行内容定制、精准投放,进而设置舆论议程,误导公众认知。例如,2024年6月,民营企业农夫山泉陷入巨大争议。一批机器生成的水军账户以多平台矩阵频繁密集发帖,恶意渲染农夫山泉"媚日""是外资控股、注册地在海外"等谣言,煽动网络暴力。之后,多个诋毁农夫山泉等企业的账号被网信办依法关闭。

三是算法推荐削弱舆论共识。"推荐算法"是一种通过分析用户的行为和偏好,为其推荐相关内容的人工智能技术,当前被广泛应用于短视频、社交平台等各大互联网应用。算法推荐容易导致"信息茧房"效应，即网民只收到与自己观点相似的信息，看不到其他观点，这导致其加强对原有观点的认同感，加剧网民的偏见与分歧，使得形成舆论共识的难度增大。当前网上一些热点话题不同程度地存在舆论共识度不高问题。在性别话题、俄乌冲突、巴以冲突等国际事件中，一些网络舆论泾渭分明地支持冲突的一方，分歧不断，算法推荐在其中起到了推波助澜的作用。

总而言之，人工智能既便利了网民的信息获取，同时也限制了信息多元化，将复杂问题简单化，削弱了网民的理性认知。人工智能的广泛应用且深度影响舆论已是大势所趋，需要政府相关部门、业界和公众深入讨论，加强对潜在风险的研判和防范，让人工智能更好地为人类理性应用。

四 "舆情"工作 20 年来政府与舆论互动的回顾和总结

2004 年 9 月，中共十六届四中全会通过《中共中央关于加强党的执政能力建设的决定》，提出"建立舆情汇集和分析机制，畅通社情民意反映渠道"。20 年来，在党中央的正确领导下，我国各级政府与社会舆情互动的成效不断提升，取得了许多成功的经验。当然，互联网舆情是新生事物，在应对互联网舆情的过程中也出现过一些偏差、有过一些教训。充分总结经验、汲取教训，对于未来进一步提升政府与社会舆情互动的效率，具有非常重要的意义。

（一）舆情跟踪研究验证舆论维持社会整合

当前，互联网已经成为"思想文化信息的集散地和社会舆论的放大器"，出现了"舆论引导新格局"。从 2008 年起，"网络问政"的提法频频出现在《人民日报》等主流媒体，各地党委和政府纷纷借助互联网构建集民意、听民声的新平台。2012 年党的十八大后，习近平总书记多次指出：各级党政机关和领导干部要学会通过网络走群众路线，经常上网看看，潜潜水、聊聊天、发发声，了解群众所思所愿，收集好想法好建议，积极回应网民关切、解疑

释惑。

《社会蓝皮书》自2007年起开始发布年度互联网舆情分析报告，迄今已有18年。2007年互联网舆情分析报告分析了山西洪洞县黑砖窑事件，就舆情民意与主流媒体、政府部门的互动而言，构成了较为完整的舆论推动政府化解公共危机的经典案例。从这份报告起，笔者所在的人民网舆情监测室设立了一个新的专业岗位"舆情分析师"。

2008年汶川地震中，国务院新闻办网络局（国家新闻办的前身）做出判断：基于网络社交平台瞬间涌现大量的灾情和救援即时信息，成为公众和救援力量的首要信息源，互联网已成为当今社会的"主流媒体"。这些年来，各级政府与网络民意、媒体监督之间的良性互动，频频成就化解社会治理矛盾的经典案例。如2009年互联网舆情分析报告分析了"跨省抓捕"网友王帅案，此案在舆论压力下被予以纠正。2011年互联网舆情分析报告观察到微博舆论场在郭美美与红十字会风波、温州动车事故中爆发出巨大的舆论能量，引起了政府有关部门的忧虑，网上甚至出现了微博客还能存活多久的议论。2011年10月，国家网信办召开"积极运用微博客服务社会经验交流会"，肯定了境内50余家微博客网站的积极作用，希望党政机关和党政领导干部"以更加开放自信的态度"，开设微博客、用好微博客。这表明政府主管部门经过长期思考，对于微博客及整个网络舆论的利弊得失，得出了初步的较为客观的结论，对互联网的建设和发展继续坚持"积极利用、科学发展、依法管理、确保安全"的方针。人民日报社、新华社、中央电视台踏访网络热点发生地，回应舆情话题，做出理性引导，在中国舆论监督和社会治理史上留下浓重的一笔。

2015年互联网舆情分析报告首次发布了"舆论共识度"指标，针对劳资纠纷、官民关系、警民关系、城管执法、贫富差距、社会道德争议等热点事件，考察舆论场如何挖掘事实、充分讨论，达成共识。网民对舆情处置中的政府认同度逐渐上升。我们提出：政府出台涉及民生的重要决策，不仅需要环境评估，而且需要"舆评"（舆论承受力评估），据此决定政策出台的时机和力度。

这些年对网络舆情的跟踪研究，验证了舆论学的一个经典假设，即舆论是"社会的皮肤"。[①] 舆论是个人感知社会意见气候的皮肤，可帮助个人调整自己适应社会；舆论还维持社会整合，防止由于意见过度分裂而导致社会解体。舆论反映集体情绪，粘合社会共识，限制公权力的滥用，倒逼社会治理的完善。公共舆论如同皮肤一样，保护着我们的社会，让社会的价值体系经过整合能够实现协调一致，让社会通过凝聚力而拥有行动力，让政府建立在公共舆论基础之上，听到人们对公共生活中的紧迫议题或涉及价值观的问题的意见和道德评判，从而决定施政方向。这种民意吸纳和舆情化解机制，有利于缓冲和化解社会转型期的震荡。各级政府普遍设立网络舆情监测机构，开设应急处突课程，提示当下社会转型的一个侧面，即从高度集中的计划经济和社会管理体制，转向民意政治，增强了制度的弹性。

（二）当公共舆论呈现预期不良之时，需要修复"底层逻辑"，与"大V"划清界限，提振社会信心

经济下行阶段，市场经营主体遭遇诸多困难，公共舆论容易呈现预期不良、信心不足。在这种情况下，社会治理更需要俯察舆情、体恤民瘼。释放政府刺激经济的诚意，要在政府和市场、政府和社会的关系上厘清"底层逻辑"：充分发挥"市场在资源配置中的决定性作用"（党的十八届三中全会），坚持市场准入中的"竞争中性"原则，健全"共建共治共享的社会治理制度"（党的二十大报告）。政府做好权力清单之内的事情——对政府而言，法无授权不可为；对社会而言，法无禁止皆可为，才能给民营企业吃上"定心丸"。

总结20年来政府与社会舆情互动的经验和教训，可以看到，地方政府和行业主管部门在发展和监管之间很好地建立平衡，避免同时存在政策缺位、越位和不到位的情况，十分重要。要本着稳中求进、先立后破的原则，审慎出台强制性的管控措施，避免一些强力监管动作在业内被过度解读、局部合理政策叠加后出现"合成谬误"。社会治理需要利益相关方（stakeholders），

[①] ［德］伊丽莎白·诺尔-诺依曼：《沉默的螺旋：舆论——我们社会的皮肤》，董璐译，北京大学出版社，2013。

包括相关企业（网游平台、直播平台、游戏公司）、用户（及未成年用户的家长）、派生亚文化组织（战队、公会）、投资方（股东、股民）、政府、行业组织（教育机构、青少年儿童权益保护组织），通过沟通、合作求得一项公共政策的共识和共赢。在政策酝酿、讨论和制定过程中，需要以开放、透明的方式来运作，加强与市场和投资者的沟通，最大限度地减少对行业的瞬间震荡，给市场留足缓冲空间，还可以根据市场反馈及时调整和优化政策。

对于一些"大V"抹黑企业家和民营企业的谣言和谬论，主流媒体需要正面驳斥，政府有关部门要与其划清界限，取缔某些否定社会主义基本经济制度（公有制为主体、多种所有制经济共同发展，按劳分配为主、多种分配方式并存的社会主义市场经济）的违宪言论，修复和拉升市场预期。

（三）警惕舆论"皮肤"失温，互联网治理宽严相济

公共舆论是社会有机体的"皮肤"，能够敏锐地感受到社会中的热点问题和公众情绪的变化。舆论场上出现的政府宏观数据与民众市场感受之间的偏差，在某种程度上是"国计"与"民生"的感受出现错位的结果。值得注意的是，以往一些无解读的政策很容易成为舆情燃点。需要精准解读政策措施的背景依据、目标任务、主要内容、涉及范围、执行标准，以及注意事项、关键词诠释、惠民利民举措、新旧政策差异等，使政策内涵透明。

互联网的应用和管理要宽严相济。社会治理在任何时候都不能失去对社会"皮肤"的感受力。一个健康的社会充满讨论，在人大政协会上，在报纸电视上，在餐馆酒席或家庭聚会中，人们由此聚合为公民、国民。不要小看来自市井嘈杂的喧哗，如果得不到倾听和及时反馈，则会从正常的意见表达变成"后真相"的刻板成见，甚至非理性的躁动。"如潮水般席卷而来"的舆论，恰恰是治理危机的预警信号。公共舆论一旦变得不友善了，接下来每一次"围观"、每一句"吐槽"都很容易变成社会破坏性甚至颠覆性的力量。

2024年11月，珠海驾车冲撞行人案件，造成多名无辜市民伤亡。网民和专家关注的社会矛盾焦点，投向经济转型期民众的信心和信念缺失，对生命的漠视。强化社会保障、重塑信仰，敬畏法度、敬畏道德，已成为亟待解

决的重要课题。需要千方百计扩大就业，妥善化解生活失意、投资失败、心理失衡、关系失和带来的困扰，增强民众的安全感和获得感。

当社会不断发出危机信号的时候，舆情研究就是社会的守望者，及时提供对社会信号的精准解读，作为社会自我观照和政府决策的参考。如果对舆情民意做出错误的解读或者无动于衷，代价可能是非常沉重的。从某种角度说，舆情研究和舆情应对工作就是守护社会和人心的一份温暖，可增强社会的黏性。

B.16 2024~2025年：发展新质生产力背景下的中国劳动者现状

乔 健[*]

摘 要： 2024年，随着经济增速放缓及结构调整，我国劳动者就业和劳动力市场面临一些全局性的挑战。具体而言，部分行业的劳动者特别是青年劳动者面临失业风险；就业歧视问题正在成为影响劳动者入职和稳定就业的突出问题；灵活就业已渗透到各个行业领域，成为劳动力市场的常态；企业内卷催生新的劳资矛盾。此外，人工智能的应用推动工作岗位替代与就业结构变化，企业出海须注重可持续发展。要进一步推动高质量就业，完善反就业歧视法规政策，规范灵活用工劳动标准，加强劳动者权益保护。

关键词： 新质生产力 青年就业 劳动条件 人工智能 劳动者权益保障

一 劳动者权益保障面临新的困难和挑战

（一）部分行业的劳动者特别是青年劳动者面临失业风险

近年来，随着经济增速放缓及结构调整，国内消费偏弱，企业经营困难。根据媒体综合报道，经济增速放缓正在对我国劳动力市场造成重要影响，部分行业出现规模裁员并减薪的情况。从23家上市公司（包括房地产、互联网、

---

[*] 乔健，中国劳动关系学院劳动关系与工会研究院教授，主要从事劳动关系、职工状况和工会研究。

汽车和金融行业市值排名前五的头部公司）以及3家知名电动车制造商的年报看，有14家公司在2023年裁员，而其他公司则削减员工相关费用以控制成本。互联网行业在降本增效中也把裁员作为重要举措。2024年以来，已有一批互联网公司，如字节跳动、快手科技、滴滴出行、哔哩哔哩、新浪微博等，启动了裁员计划。在金融行业，投行和基金公司主要通过削减薪酬福利来降本增效。在新能源汽车行业，随着2022年底政府取消购买电动车的补贴，汽车制造商面临日益激烈的市场竞争，包括理想、小鹏和蔚来在内的电动车制造商都进行了人力资源成本削减。在工业领域，2022年以来，各类规模以上工业企业用工人数有所减少。2024年1~5月，规模以上工业企业用工人数总体下降1.6%，减幅已有收窄。

在青年就业方面，青年就业压力比较大，失业率偏高。据调查，超四成大学生为保留应届生身份延迟毕业。不少学校为提升就业率，扩大研究生招生。一些地方政府放宽了应届生认定标准，一些国企校招向毕业两年高校毕业生开放。

2024年，我国高校应届毕业生人数达1179万人，同比增长2.7%，再创历史新高。校招高峰期出现在2023年10月和2024年3月，整体供求比略有下降，表明就业承压增大。根据智联招聘调查，截至4月中旬，55.5%的本科毕业生通过单位就业，同比下降2.1个百分点；选择慢就业的占19.1%，同比增加0.2个百分点；选择自由职业的占13.7%，同比增加0.5个百分点；选择国内继续学习的占6.5%，同比增加1.6个百分点。56.6%的大专毕业生已获得聘请，同比升高2个百分点。[1]此外，有部分应届生遭遇求职陷阱、企业毁约、试用期解聘等情况，还有一些毕业生不得不搬回父母家、接受无薪实习或同时打两份零工。

---

[1] 智联招聘：《2024届毕业生就业趋向调查》，2024年5月，https://mp.weixin.qq.com/s?__biz=MzUyODMwMjE0Nw==&mid=2247496682&idx=1&sn=32e5912f5e62b404e6ecf091a9258988&chksm=fbc0a35ba43c7eec6e52b624a0033acc5b37c4db33d9651a96b5a196de255b1a2a3c193ee950&scene=27。

（二）就业歧视正在成为影响劳动者入职和稳定就业的突出问题

在当下的劳动力市场，"要求年龄在35岁以下"是最常见的歧视性招聘条款。智联招聘2023年发布的调查统计显示：85%的白领认为存在"35岁门槛"，其中，46.8%认为过了35岁很难找工作。[①] 这份调查还发现，互联网、金融、文化行业的职场人更加担忧"35岁门槛"；52.9%的IT、通信、电子、互联网受访职场人认为"过了35岁很难找工作"，占比高于其他行业。紧随其后的是金融业、文化、传媒、娱乐、体育行业。许多设置年龄门槛的企业和机构认为，35岁后，职员在个人精力投入和身体素质等方面会明显下降，同时35岁以后企业用工成本也相对更高。

除了常见的年龄歧视之外，针对一些慢性病的入职体检标准也成为新的歧视热点，为求职者所诟病。疫情发生以来，在就业市场不够景气和竞争激烈的情况下，一些企业开始引入公务员体检标准，将一些慢性疾病，如桥本甲状腺炎、多囊肾病和高血压作为入职体检的新门槛，从而扩大了对劳动者的就业歧视。据研究，桥本甲状腺炎是一种自身免疫性疾病，在年轻人中发生率较低，且经药物控制，对工作生活没有显著影响。原则上，公务员体检标准不应适用于非公务员职位，以确保慢性病患者有更多的平等就业机会。

（三）灵活就业成为劳动力市场的常态，灵活就业者就业权益保护问题凸显

灵活就业也称为零工，在我国已经呈现蓬勃发展的态势，这既与以互联网平台经济为代表的新业态涌现有关，也与经济增速放缓导致就业压力增大相关。据国家统计局数据，截至2021年底，灵活就业人员已达2亿人左右，约占全国总人口数量的1/7。随着经济数字化转型发展和增速放缓，零工市场规模和用工人数持续扩大。有数据显示，近年来灵活招聘的需求每年以8%~10%的增速扩大。2022年我国一线城市的灵活用工占比

[①]《超八成职场人称有"35岁门槛"，每10个互联网人有7个不到35岁》，第一财经，2023年4月11日，https://baijiahao.baidu.com/s?id=1762870555226977322&wfr=spider&for=pc。

达25.6%，零工需求不断释放。①灵活就业已渗透到各个行业、各个领域，成为劳动力市场的常态。据预测，到2036年，灵活就业人数或能达到4亿人左右。

灵活就业广泛分布于多个行业，包括外卖配送、物流快递、网约车、网络直播、技术开发、零售、传媒等。其中，外卖骑手是灵活就业的重要群体之一，美团、饿了么等平台拥有数百万名骑手。但是，大量失业人员的涌入已导致网约车行业供给过剩和司机收入下降的趋势。例如，2023年9月至2024年5月，广州市网约车数量增长24.4%，达到12.12万辆，注册司机增加9400人。在此期间，网约车司机的日均订单数量从14.21单下降到12.22单，而他们的日均收入为311.63元，下降了9.2%。②有鉴于此，近期多地发布网约车行业风险预警，提示相关从业者当地网约车运力已趋于饱和，建议不要盲目进入市场。

2024年5月，人力资源和社会保障部公示，增加19个新职业，其中备受瞩目的一个是"网络主播"。截至2023年末，我国短视频账号达15.5亿个，有1508万人将直播当成主业，其中超过六成的播主是18~29岁的年轻人，95.2%的人月收入不到5000元，月入10万元以上的仅占0.4%。③

从用工方式看，灵活就业（零工）包括独立承包商、日结工、学生工、劳务派遣工、外包工、"长兼职"等名目繁多的用工身份。相比于签订劳动合同的企业雇员，零工的工作对劳动者与用工方都显得更具"弹性"，如企业或平台可以根据用工需求的变化降低工资；可以轻易裁员而无须付出代价；可以在内部调动员工职位、改变工作结构，并将人工成本降到最低；可以轻松降低员工的技能需求。以某家企业大量使用的"长兼职"咖啡师为例，他们大部分是做五休二或者做六休一，每天工作8小时，每月不超过200个工时，这种工作模式已经超出"兼职"的定义，与正式工无异，但实际上该企业并

---

① 《高架桥下"趴活"的打零工者：有人一天干10小时不到200元》，《法治日报》2023年10月31日，https://baijiahao.baidu.com/s?id=1781221436806450006&wfr=spider&for=pc。
② 《运力过剩、运价下调 广州网约车司机日均营收创新低》，金融界，2024年7月7日，https://www.163.com/dy/article/J6G6S9S60519QIKK.html。
③ 《〈中国网络视听发展研究报告（2024）〉发布》，《人民日报》2024年3月28日。

未与这些咖啡师建立劳动关系，而是以"长兼职"的概念来降低雇佣成本。

在国民经济增速放缓和不确定性加剧的背景下，灵活就业者实质是劳动力市场上的临时工，企业和平台以此来规避对劳动者的法定义务并降本增效，也导致劳动者权益保障存在一系列问题。一是劳动保障权益缺失。灵活就业者通常没有固定的雇主，因此在劳动与社会保障方面存在法律缺失。现行的劳动保障制度主要针对传统就业方式设计，难以适应灵活就业者的需求。二是收入不稳定。灵活就业者的收入往往与工作量直接相关，缺乏稳定性和可预测性。这可能导致他们在面对生活压力时缺乏足够的经济保障。三是税收与算法合规问题。部分灵活就业平台存在虚开发票、税收洼地补贴、偷税漏税、算法控制、加大抽成等不合规不合理行为。这不仅扰乱了市场秩序，也损害了灵活就业者的权益。四是灵活就业服务系统尚不健全，对灵活就业领域劳动力供求双方的信息服务水平较低。公共服务没有建立起健全的灵活就业信息平台，难以为灵活就业者提供量身定制的精细化服务。

（四）部分行业和地方出现劳动条件退化现象

在薪酬方面，企业降薪、欠薪问题突出。2023年第四季度我国38个主要城市企业平均招聘月薪为10420元，较上季度的10115元/月上升3%，与上年四季度相比小幅下降1.3%。银行、互联网和房地产行业薪酬降幅较大。[①] 除了降薪外，金融业还掀起向员工"反向讨薪"潮，追索扣回绩效薪酬。近年来，增长迅速的新能源行业，也难逃降薪。财新智库数据显示，电动车、电池、太阳能和风能等新经济领域2023年12月的平均薪资为13758元，同比下降2.3%。

在工时方面，企业加班文化有所泛滥。特别是"996工作制"和"大小周"等加班文化在职场中盛行，甚至出现了"896工作制"[②] 等更为极端的加班模式。随着经济增速放缓和竞争加剧，许多企业为了保持竞争力，不得不通过延长工时来提高生产效率。这种加班现象不仅在互联网、金融、制造业

---

① 《2023年四季度38城平均招聘月薪10420元》，《经济观察报》2024年1月3日。
② 即早上8点上班，晚上9点下班，每周工作6天。

等行业尤为突出，还逐渐扩展到其他行业。据国家统计局数据，2015年以来，我国企业就业人员的周平均工作时间持续攀升。2023年，周平均工时达到了近20年的新高，为49小时。进入2024年，这一趋势尚未得到明显缓解，6月的周平均工时为48.6小时[1]。

在职业安全方面，气候变化与极端天气频现，劳动者工作环境面临新的挑战。国际劳工组织的研究表明，气候和环境变化对职业安全卫生构成了多方面的威胁，增加了工人因热应激、极端天气事件、接触危险化学品、空气污染和传染病等而受伤、患病和死亡的风险。户外劳动者将更长时间和更大强度地遭受气候变化、生物多样性丧失和污染的影响。据估计，到2030年，预计全球气温上升将导致2%的工作时间过于炎热，无法实现就业安全。近年来，我国多个地区也出现了劳动者因高温作业导致身患热射病甚至死亡的案例。而在极端天气下，户外劳动者面临洪水、台风、冻伤、设备故障、能见度降低等风险，严重影响工作安全。快递员、建筑装修工人、车间工人等多个行业的劳动者均已受到影响。

在社会保障方面，欠保断保规模扩大。面对社会平均工资增长与社会保险缴费基数逐年提高的趋势，欠保问题在我国社会保险运行中并不罕见，在一些中小企业和个体工商户中更为突出。一方面，由于经济压力大、法律意识淡薄或规避缴费责任，部分单位无法按时足额缴纳社会保险费用。另一方面，随着经济增速放缓、规模失业与灵活就业规模扩大，断缴社保也成为越来越多劳动者的选择。据上海人社局披露，截至2023年上半年，养老保险的参保人数比2022年末减少7万余人。[2]2024年1~7月，全国职工基本医疗保险基金（含生育保险）收入9914.33亿元，同比降幅达23%。[3]当前我国已进入中度老龄化阶段，预计未来十年将有3亿人退休，给适龄就业群体带来巨大抚养压力，建立应对老龄化的战略储备基金的紧迫性和艰巨性前所

---

[1] 参见国家统计局数据库，https://data.stats.gov.cn/easyquery.htm?cn=A01，在城镇调查失业率指标下。

[2] 《短短6个月，上海社保参保人数少了7万多，都去灵活就业了？》，https://m.163.com/dy/article_cambrian/IC9GS9KV0553SSPA.html。

[3] 国家医保局统计数据，http://www.nhsa.gov.cn/art/2024/9/2/art_7_13733.html。

未有。

2024年9月，全国人大常委会批准了延迟法定退休年龄的议案，将从2025年1月1日起生效，以15年时间逐步将男职工法定退休年龄延到63岁，女干部、女工人法定退休年龄则分别延到58岁、55岁，并将缴费年限提高到20年，以缓解劳动力短缺及许多省份养老金支付的压力。

（五）企业内卷导致劳动争议增多，对和谐劳动关系构建及社会稳定构成威胁

"内卷"是近年流行语，被用来形容各种以低质低效低价为特征的恶性竞争。在劳动关系领域，指的是企业采取各种降本增效举措，如将员工当作成本，对岗位进行"瘦身"，在各个层级精减人员，通过调岗、降薪、加大工作强度等方式迫使一些员工主动辞职，从而规避裁员责任；实施薪酬总额管控，提升奖金权重，缩减企业福利项目，延长加班时间，砍掉员工的带薪假、房补和交通补贴，取消班车和食堂等。还有的企业滥用竞业协议限制员工跳槽。面对不合理的工作安排和不公平的绩效结果，职场新人往往选择"积极怠工"，即表面上积极应对，实际上则敷衍了事。这种策略虽然短期内可以避免冲突，但长期来看，可能会影响个人的职业发展和心理健康。

2023年以来，劳动争议增长较快，争议标的主要集中在确认劳动关系和追索劳动报酬等方面。2023年全国各级劳动人事争议调解组织和仲裁机构共办理劳动人事争议案件385万件，同比增加21.8%；涉及劳动者408.2万人，同比增加19.6%。全年办结争议案件373.4万件，同比增加23.1%；结案金额829.9亿元，同比增加21.7%。[1]2024年1~6月，全国劳动人事争议仲裁机构共立案受理劳动人事争议案件82万件，同比增加3%；涉及劳动者91.5万人，同比增加4.7%。[2]劳动争议的大幅增长，与当下经济结构调整与企业变革、

---

[1] 参见人社部官网统计公报，增长率为笔者计算而成，https://www.mohrss.gov.cn/SYrlzyhshbzb/zwgk/szrs/tjgb/。

[2] 参见人社部官网统计数据，增长率为笔者计算所得，https://www.mohrss.gov.cn/SYrlzyhshbzb/zwgk/szrs/tjsj/。

用工模式多样化及企业经营困难等都有密切关联。

此外，值得注意的是，2023年全国报送人社部门审查并在有效期内的集体合同累计为105万份，同比下降13.2%；覆盖职工1亿人，同比下降9.1%。[1]这种状况，也给构建和谐劳动关系与劳动者权益保障带来新的挑战。

二 人工智能的应用推动工作岗位替代与就业结构变化

人工智能被视为一场新的产业革命，它对劳动力市场的影响尤为明显。国际货币基金组织的近期报告[2]认为，全球近40%的就业机会与人工智能有关。在发达经济体，由于认知任务导向型工作的盛行，大约60%的工作与人工智能有关。新兴市场经济体的总体风险工作敞口为40%，低收入国家为26%。尽管我国在生成式人工智能（Generative AI）的技术发展方面与欧美国家尚存差距，但近年来，部分企业已在运用生成式人工智能技术进行工作岗位结构调整。

（一）生成式人工智能的岗位替代与岗位创新对现有就业结构产生冲击

当前，生成式人工智能对我国劳动者就业的挑战主要体现在岗位替代与就业结构的变化上。一是传统岗位的自动化替代。生成式人工智能能够自动化处理大量重复性、规则性强的工作任务，如数据输入、简单分析、文本生成等，这可能导致部分传统岗位被AI系统取代。例如，在新闻业，AI已经能够自动生成简单的新闻报道；在客服领域，智能聊天机器人可以替代人工处理大量基础咨询；在制造业，随着自动化和机器人技术的普及，特别是AI在生产线上的应用，大量从事简单重复性劳动（如装配、检测等）的工人可能

---

[1] 参见人社部官网统计公报，增长率为笔者计算所得，https://www.mohrss.gov.cn/SYrlzyhshbzb/zwgk/szrs/tjgb/。

[2] 《AI海啸来袭！IMF警告：全球40%就业岗位未来两年将受冲击》，财联社，2024年5月14日，https://baijiahao.baidu.com/s?id=1799004080102590660&wfr=spider&for=pc。

面临失业风险；在零售业，AI驱动的自助收银系统、智能库存管理系统等可能会减少对传统收银员和库存管理人员的需求。二是新兴岗位的创造。尽管生成式人工智能会替代一些传统岗位，但它也会创造新的就业机会。这些新岗位通常涉及监督或维护AI系统、提供高级别的创意和决策支持等。例如，人工智能训练师、数据科学家、AI伦理顾问等新兴职业应运而生。关键的问题是人工智能的岗位替代效应与岗位创造效应能否实现平衡，甚至创造效应能够大于替代效应。三是就业市场的两极分化。生成式人工智能可能加剧就业市场的两极分化，高技能、高创造力的劳动者将更受欢迎，而低技能、重复性工作的劳动者则面临更大的就业压力。

（二）部分就业群体面临人工智能的冲击影响

从当前受到人工智能冲击影响较大的就业群体看，主要有以下几类。

一是高校应届毕业生。我国高等教育能力供给存在趋同化趋势，各类院校培养贡献最大的都是容易被替代的基础认知能力，而创新创造和社交实践等难以被AI替代的核心能力发展水平不仅起点低，而且增长缓慢。因此，近年高校应届生遭遇就业困境，与企业部署应用人工智能有一定关联。有的研究还发现，我国高校在创新创造能力培养和就业率上甚至出现"倒挂"现象，具有高学术选拔优势的"双一流"高校反而逊色于高职高专院校，学历贬值较为明显。

二是互联网大厂的程序员。在软件开发行业，程序代码模仿与重造的成本极低。故此，人工智能如今实现了许多程序员工作的自动化，减少了程序员要消耗的时间与精力，但同时对程序员的工作岗位产生了威胁。据统计，早在2021年，我国软件行业整体从业者平均人数达到809万人，同比增长7.4%[1]，这一行业本身的高速发展及程序员面临的"35岁危机"等问题，如今又面临ChatGPT等人工智能工具广泛使用的挑战，从2022年开始，互联网行业出现了连续不断的降本增效行动，而程序员大范围的失业或降薪就在所难免了。

---

[1] 国家工业信息安全发展研究中心：《全民数字素养与技能发展研究报告》，2022。

三是网约车司机。正在实验的"萝卜快跑"无人驾驶网约车引发了"无人驾驶网约车会不会导致网约车和出租车司机失业"的热议。武汉"萝卜快跑"凭借其便捷的叫车服务、较低的成本和较高的安全性,迅速吸引了大量用户,从而占据了传统出租车行业的不少市场份额,导致出租车从业者在客源上受到挤压。相比传统出租车,无人驾驶出租车通过减少人力成本来降低运营成本,从而在价格上形成竞争优势。当前,全国已建设17个"国家智能网联汽车测试区",还设立了7个"车联网先导区"、16个"智慧城市和智能网联汽车协同发展实验城市",总共开放测试道路超过3.2万公里,发放测试牌照7700张。无人驾驶网约车的出现,引发了社会对技术变革下更大规模失业的担忧。

三 中国企业出海与劳动者权益保障

十多年来,我国共建"一带一路"倡议在亚非拉美地区取得了跨越式发展,彰显了同舟共济、责任共担的命运共同体意识,为完善全球治理体系提供了新思路、新方案。同时,也要看到,在海外投资项目与企业劳动者权益保障方面,进展与挑战并存。

(一)中国企业在海外投资中遭遇的劳资纠纷值得高度关注

"一带一路"项目为共建国家劳动者创造就业机遇、改善其生活状况做出了重要贡献。2023年中国企联的数据表明,"一带一路"倡议提出十年来,拉动近万亿美元投资,为共建国家创造了42万个工作岗位,让将近4000万人摆脱贫困。另据商务部统计,近三年中国企业仅在非洲就创造超过110万个就业岗位。[1]

但中国企业出海在用工方面也面临种种风险,包括法律风险。有研究认

---

[1] 商务部:《过去三年,中国企业为非洲创造超过110万个就业岗位》,https://baijiahao.baidu.com/s?id=1807902274516666864&wfr=spider&for=pc。

为，约 1/3 的投资案例终止或失利于企业对当地劳工法的忽视或不熟悉。[①]

总体上看，一些中企在海外投资中对所在国的劳工标准和劳动法律存在"不了解、不在乎、不适应"的"三不现象"，不仅容易引发劳资纠纷，也不利于中国企业利用国际规范和标准来培育自身的国际竞争力。[②] 劳动标准合规问题、劳资纠纷频繁和工会活动适应问题是对企业发展影响最大的挑战。

（二）海外投资的法规政策、劳动管理中的合规性、集体劳动关系协调机制亟待改善

一是国家有关部门缺乏相关法规政策的明晰规定和监管分工。2018年国家发改委颁行的《企业对外投资管理办法》要求确保员工的合法权益，为中国投资者树立良好形象。其他政策文件在劳动者权益保护方面均有所欠缺，急需对规范我国劳务人员海外劳务合同签署、加强劳务纠纷处置等做出清晰的统筹协调和监管职责分工。

二是我国海外投资及劳务合作企业经营管理粗放，劳动管理合规性不够完善。这些行业主要分布在建筑业、制造业和交通运输业三大传统领域，转包分包工程及人员的劳动保障失当问题时有发生，如低工资、高强度的工作流程、长时间加班工作等为其主要特征，引起了当地工人的不满。中方管理人员不熟悉当地语言文化，跨文化管理能力缺失，也经常诱发劳资纠纷。总体上，企业对劳动保障合规管理重视不够，对高管的合规培训较少，合规意识比较薄弱。

三是我国海外投资及劳务合作企业普遍缺乏集体劳动关系协调机制认知及相关经验。目前，我国海外投资及劳务合作企业组建工会的情况并不常见。主要原因在于，海外企业组建工会的法律依据、工会性质、中方员工会籍转移和劳资沟通协调机制等问题在法律适用、中方劳资之间及与国外政劳各方之间尚未取得共识。另外，迄今为止，我国工会并未对海外投资及劳务合作

[①] 刘真：《"一带一路"倡议推进中中国企业法律风险与对策研究》，《湖北大学学报》（哲学社会科学版）2016年第6期。
[②] 戴晓初：《强化劳工风险管理 促进体面劳动实现可持续发展》，《中国就业》2018年第10期。

企业中外员工如何组建和加入工会或相应机构做出单独的政策倡导及指引规定，也未对投资所在国工会在中资企业的工会活动表明立场及宣示原则。

而今，新质生产力特别是"新三样"破茧成蝶，全球化背景下，为了寻找新的增长机会、实现技术创新等，中企出海是大势所趋。然而，在全球滞胀风险与地缘冲突加剧的宏观背景下，欧美假借"产能过剩"之名对我国领先的新能源产业极力打压，企业在海外面临的泛政治风险愈发复杂。这就要求海外中资企业的未来发展，须回到注重合规和ESG的长期主义之下，包括进一步重视中外劳动者权益保障问题。

首先，要进一步健全国家有关海外投资与劳务合作企业中劳动者权益保障的法规政策，完善社会责任标准，强化监管服务和风险防控体系。其次，出海企业也要树立"以人为本"的发展理念，多管齐下，综合防范治理劳动关系风险，构建既符合国际惯例又具有中国特色的合规管理制度；要认真了解工会组织及其维权诉求，学会与工会打交道，熟练掌握集体谈判的相关技巧；对投资东道国的人力资本开发做出贡献，为企业国际化战略夯实人才队伍支撑。最后，中国工会在总结"一带一路"倡议十年来劳动者权益保障经验得失的基础上，结合本轮中企出海契机，积极倡导在海外中企组建工会和发展中外会员，用心用情做好维权服务工作。

四 2025年劳动者就业发展趋势与政策建议

当前我国劳动者就业状况与经济结构向新质生产力和新型工业化转型升级密切相关。一方面，新质生产力正蓬勃发展，如国产大飞机的技术突破、新能源汽车的强劲出口、机器人的开发应用及晶片产业的发展等，新的产业层次和规模的提升会创造更多就业机会。另一方面，人工智能的广泛应用在近期更多地起到了辅助和替代劳动力的作用，其对新兴产业和就业机会的孵化创造尚待时日。国际地缘政治冲突进一步加剧了逆全球化的势头，我国与发达经济体贸易摩擦不断，经济增长不确定性风险增大。这些因素共同推动了本轮就业困难局面的形成及灵活就业的大幅增长。

为配合新质生产力发展,《中共中央 国务院关于深化产业工人队伍建设改革的意见》(以下简称《意见》)于2024年10月发布[①],全面深入阐述了2017年以来产业工人队伍的建设改革经验,既要求思想政治引领更加扎实,成就感获得感幸福感进一步增强,更要求产业工人综合素质明显提升,大国工匠、高技能人才不断涌现,知识型技能型创新型产业工人队伍不断壮大,在全社会大力弘扬劳模精神、劳动精神、工匠精神;力争到2035年,培养造就2000名左右大国工匠、10000名左右省级工匠、50000名左右市级工匠。在当前就业压力仍然较大的情况下,《意见》要求吸引更多青年加入产业工人队伍,引导更多大学生走技能成才、技能报国之路,并把农民工培养成高素质现代产业工人。可以预期,2025年我国劳动就业形势将迎来新的发展契机,有望对以往影响我国劳动就业的各种因素形成新的有效应对机制。要把这样的重大契机变成现实,需要从以下几个方面着力。

第一,贯彻落实习近平总书记"5·27"重要讲话精神、《中共中央 国务院关于实施就业优先战略促进高质量充分就业的意见》和《中共中央 国务院关于深化产业工人队伍建设改革的意见》,统一思想认识,把高质量充分就业作为经济社会发展的优先目标。针对近期就业存在的突出问题,因地制宜发展新质生产力,努力创造更多高质量就业岗位。支持发展吸纳就业能力强的产业和企业,稳定和扩大就业容量。针对青年失业率居高不下,坚持把高校毕业生等青年群体就业作为重中之重,开发更多有利于发挥所学所长的就业岗位,鼓励青年投身重点领域、重点行业、城乡基层和中小微企业就业创业,拓宽市场化社会化就业渠道。对未就业高校毕业生灵活就业的,给予一定的社会保险补贴。

第二,根据经济社会发展新趋势和人民群众高品质生活新期待,大力发展新业态、新模式,培育新的职业序列,开发新的就业增长点。强化重大政策、重大项目、重大生产力布局对就业影响的评估,推动财政、货币、投资、消费、产业、区域等政策与就业政策协调联动、同向发力,构建就业友好型

---

① 《中共中央 国务院关于深化产业工人队伍建设改革的意见》,中国政府网,https://www.gov.cn/gongbao/2024/issue_11686/202411/content_6985162.html。

发展方式。

第三，针对劳动力市场就业歧视问题，在全社会营造平等就业的环境。企业应建立平等招聘机制，建立以能力为导向的招聘机制，确保招聘过程的公平性与透明度。政府应完善反就业歧视的法规政策，并规定相应的法律责任和处罚措施，加强执法监督。

第四，针对人工智能技术带来的技能需求变化，调整高校的专业设置和课程内容，贴近市场需求。加强对劳动者的职业技能培训，提高其相关技能水平和就业竞争力，使劳动者能积极应对新技术带来的就业挑战。同时，建议政府运用政策手段稳慎控制人工智能技术使用范围，使其更好地服务于人民生活，减少其对劳动者就业的负面冲击。

第五，规范各种零工形态用工劳动基准。人社部已颁行关于加强零工市场规范化建设的政策文件，但仅要求加强服务能力，缺乏对零工劳动基准的相关规范，建议将其作为零工市场规范化建设的重要工作内容。

第六，进一步加强劳动者权益保障。国家应多方筹资，包括划转部分国有资产，加大社会保障投入，免除企业和劳动者创业干事后顾之忧。强化劳动保障监察执法，有效治理求职陷阱、就业歧视、欠薪欠保、违法裁员等乱象。强化工会的劳动者代表身份，探索经济缓行期构建和谐劳动关系的途径和方法。

参考文献

《习近平在中共中央政治局第十四次集体学习时强调 促进高质量充分就业 不断增强广大劳动者的获得感幸福感安全感》，新华社，2024年5月28日。

《中共中央 国务院关于实施就业优先战略促进高质量充分就业的意见》，2024年9月。

《中共中央 国务院关于深化产业工人队伍建设改革的意见》，2024年10月。

人社部：《2023年度人力资源和社会保障事业发展统计公报》，2024年。

智联招聘：《2024届毕业生就业趋向调查》，2024年5月。

B.17
2024年食品药品安全形势分析

杜锐 田明 冯军[*]

摘 要： 食品药品安全治理工作的重心随着经济社会的发展而不断调整。食品药品安全工作遵循基本的原则包括风险管理、全程控制和社会共治等，其中，食品安全工作还特别注重预防为主。因此，深入分析食品药品安全形势就变得格外重要。食品从田间到餐桌关乎14亿多人的身体健康和生命安全，当前，我国食品生产和消费迈入了一个新的发展阶段，食品产业面临新的发展机遇，同时食品安全工作也面临新的挑战。在药品领域，近年来我国在安全巩固提升行动、质量安全监管、监管改革深化、中药审批监管创新以及监管能力提升等五大方面持续发力并已取得一定成果。总体而言，坚守食品药品安全底线，推动食品药品产业实现高质量发展，是一项长期且艰巨的任务。本报告以食品药品安全监管部门发布的权威监管数据为依据，对当前我国食品药品安全形势及存在的问题进行总体研判和详细分析，并为进一步保障人民群众身体健康和生命安全提出有针对性的政策建议。

关键词： 食品安全 药品安全 监管改革

习近平总书记历来非常重视食品药品安全工作，针对食品药品工作发表

---

[*] 杜锐，国家市场监督管理总局发展研究中心，博士，副研究员，主要研究方向为食品安全监管；田明，国家市场监督管理总局发展研究中心，博士，副研究员，主要研究方向为食品安全监管；冯军，国家市场监督管理总局发展研究中心，副主任，主要研究方向为食品安全监管。

了一系列重要论述，明确提出"四个最严"根本遵循，强调要下更大气力抓好食品药品安全。党中央、国务院不断深化改革、加强食品药品安全工作，法治建设迅速推进，政策措施严格，改革力度不断加大，全国食品药品安全形势持续稳定向好。随着我国进入新发展阶段，经济和社会的变革愈加深刻，人民对高品质美好生活的期望愈发强烈，改革和发展的任务也显得更加艰巨，这对食品和药品安全工作提出了新的更高要求。

一　我国食品安全现状分析

近年来，全国各地区各有关部门坚持以习近平新时代中国特色社会主义思想为指导，深入贯彻落实党中央、国务院决策部署，食品安全领域的法规标准体系不断健全，监管执法更加有力有效，各方责任压紧压实，社会共治更加深入，食品安全工作取得积极成效。2023年，全国没有发生区域性、系统性食品安全事件，总体保持稳中向好态势，食品安全大局保持稳定。

（一）食品安全法规标准体系不断健全

法规政策体系方面，2023年，新修订的《中华人民共和国农产品质量安全法》正式实施；新制定《中华人民共和国粮食安全保障法》，食品安全法律体系进一步优化完善。国务院对《中华人民共和国工业产品生产许可证管理条例》《中华人民共和国认证认可条例》《中华人民共和国母婴保健法实施办法》进行了制修订，分别对直接关系人体健康的加工食品的生产许可、食品安全领域认证认可活动、母乳代用品等进行了相应的规范管理。市场监管总局出台《食用农产品市场销售质量安全监督管理办法》《食品经营许可和备案管理办法》《婴幼儿配方乳粉产品配方注册管理办法》《行业标准管理办法》《特殊医学用途配方食品注册管理办法》，《食品相关产品质量安全监督管理暂行办法》正式施行；国家卫生健康委出台《食品安全标准管理办法》，食品安全监管体系持续健全。

标准方面，截至2024年3月，食品安全国家标准共1610项[1]，包括通用标准、食品产品标准、生产经营规范标准等。目前，食品安全国家标准中共涉及安全指标2.3万余项，囊括了饮食安全方面的主要健康危害因素，涵盖了居民消费的30大类340个小类食品，覆盖了从食品原料、生产加工到最终产品的系列全过程，通用标准、产品标准、检测标准、质量标准等各类标准相互衔接，从不同角度全方位管控风险。不仅如此，各省份也基于本辖区内的食品产业发展特点，制定发布了400多项食品安全地方标准，作为食品安全国家标准的补充，促进了地方特色食品产业规范发展，进一步保障食品安全。[2]

（二）食品安全监管执法更加有力有效

2023年，执法部门严格遵循"四个最严"要求，持续保障食品安全监管执法有力有效。一方面，市场监管部门严厉打击食品安全违法行为，2023年查办食品案件54.4万件，罚没金额26.3亿元。[3]并不断完善"铁拳"工作机制，着力打造执法为民"铁拳"品牌，整治群众身边突出问题，依法严厉打击食品非法添加等8类违法行为。不仅如此，挂牌督办大案要案形成强有力震慑，2023年挂牌督办食品非法添加等重点案件128件，交办转办重要案件线索79件。另一方面，截至2023年12月，全国公安机关共破获食品安全犯罪案件1万余起，抓获犯罪嫌疑人1.4万余名，有力打击震慑了违法犯罪，全力守护人民群众"舌尖上的安全"。[4]公安机关连续第5年深入开展"昆仑2023"专项行动，严厉打击突出食品安全犯罪活动，会同相关

---

[1]《食品安全国家标准目录（截至2024年3月共1610项）》，国家卫生健康委网站，2024年3月12日，http://www.nhc.gov.cn/sps/s3594/202403/c54748d1921a4fa196aa2658aa095d37.shtml。

[2]《食品安全宣传周来了，带你了解我国的食品安全标准》，中国食品药品监管杂志，https://mp.weixin.qq.com/s/dz4mVE5JPnLw4oVa0JOAWA。

[3]《市场监管总局：2023年全国共查办各类违法案件140.62万件》，国家市场监管总局网站，2024年3月12日，https://www.samr.gov.cn/xw/mtjj/art/2024/art_2c6999f23bee4c1fb86b82220d8ea583.html。

[4]《公安机关严打食品安全犯罪活动取得积极成效》，中华人民共和国中央人民政府网站，2023年12月20日，https://www.gov.cn/lianbo/bumen/202312/content_6921354.htm。

部门持续开展保健食品、食用农产品专项治理，重拳打击滥用食品添加剂及农兽药、保健功能食品非法添加、制售病死畜禽等突出食品安全犯罪，部署开展食品"两超一非"（超范围、超限量滥用添加剂，非法添加有毒有害非食用物质）犯罪集中破案攻坚，重点打击犯罪团伙，抓获首要分子，揭露行业"潜规则"，有力斩断犯罪链条，无论是线上线下，食品市场秩序都得到了有力有效的维护。

（三）食品安全责任体系持续完善

2023年，食品安全各方责任持续压紧压实，责任体系持续完善。当前，各地方政府主动承担包保工作，开展对"两个责任"[①]的督导，落实落细属地管理责任。许多食品生产经营企业通过抓好关键少数这"三类人"（企业主要负责人、食品安全总监、食品安全管理人员），管好"三件事"（日管控、周排查、月调度），记好"三本账"（每日食品安全检查记录、每周食品安全排查治理报告、每月食品安全调度会议纪要），重构工作基础、再造工作流程、重塑责任体系，从而显著提升了企业食品风险防控水平。[②] 各地组织市、县、乡、村干部对所有获证食品生产经营主体进行全覆盖包保督导，初步构建了责任主体末端发力、保障食品安全终端见效的工作机制。通过完善食品安全责任体系，打牢食品安全的基础，严格监督管理，更好地保障食品高水平安全，推进食品安全行业高质量发展。

（四）食品安全共治共享氛围浓厚

2023年，共治共享食品安全治理新格局加快形成。2023年11月，国务院食安办联合28个部门以"尚俭崇信尽责 同心共护食品安全"为主题，开展2023年全国食品安全宣传周活动，活动在全国范围内有序开展，影响非常广泛。各相关部门深入贯彻落实《中华人民共和国反食品浪费法》，注重

---

① 即食品安全属地管理责任和企业食品安全主体责任。
② 《市场监管总局：推动食品安全"两个责任"2.0版本升级》，《新京报》2024年9月27日，https://baijiahao.baidu.com/s?id=1811349583373812537&wfr=spider&for=pc。

加强宣传引导，持续向全社会倡导"尚俭"的良好风尚，并不断完善相关激励约束机制，推动和引领尚俭戒奢成为全社会的文明风尚。国务院食安办完成第三批国家食品安全示范创建城市的评价验收，新命名授牌36个国家食品安全示范城市。截至2023年11月，国务院食品安全办正式命名的"国家食品安全示范城市"共65个，从成效上看，创建国家食品安全示范城市充分发挥了地方党委政府积极性，动员社会广泛参与，并形成可复制可推广的先进经验做法，有助于完善食品安全治理体系、提高食品安全治理能力，显著提升了城市食品安全整体水平。[1]农业农村部完成第三批国家农产品质量安全县创建单位评估验收工作，示范带动效应明显。市场监管部门结合主题教育开展"你点我检、服务惠民生"活动，推进"你点我检"活动进校园、进乡村、进社区，让人民群众切实感知到食品安全监管就在身边，感受到食品安全有了保障。

二 我国食品安全存在的风险及挑战

（一）风险隐患排查不断深入

作为食品安全法确定的法定制度，食品安全抽检聚焦风险隐患排查，坚持问题导向，是保障人民群众食品安全的重要技术手段。2023年，全国市场监管部门共完成食品安全监督抽检699.7389万批次，依据有关食品安全国家标准等进行检验，发现不合格样品19.0872万批次，监督抽检不合格率为2.73%，同比下降0.13个百分点。从抽样食品品种来看，消费量大的粮食加工品，食用油、油脂及其制品，肉制品，蛋制品，乳制品等5大类食品，监督抽检不合格率分别为0.52%、0.80%、0.81%、0.14%、0.13%，均低于总体抽检不合格率。与上年相比，餐饮食品、饼干等25大类食品抽检不合格率有所降低，但值得注意的是，蔬菜制品、调味品等8大类食品抽检不合格率有所上升。从检出的不合格项目类别看，农药残留超标、微生物污染、超范围超

---

[1] 《36个城市被命名为"国家食品安全示范城市"》，中华人民共和国中央人民政府网站，2023年11月29日，https://www.gov.cn/lianbo/bumen/202311/content_6917552.htm。

限量使用食品添加剂、有机物污染问题、兽药残留超标、重金属等污染、质量指标不达标等问题仍相对突出，不合格项目占抽检不合格样品总量的比重分别为 37.66%、18.81%、13.08%、11.01%、7.90%、5.85%、4.60%。[1]

（二）源头安全风险仍处高位

当前，食品安全源头风险问题仍然较为严重，形势还很严峻，需要高度重视。近年来，公开资料显示，农产品的食品安全事件发生率明显高于其他类食品。监督抽检数据显示，2021~2023 年，农药兽药残留超标是最主要的不合格因素，分别占比 37.5%[2]、41.2%[3] 和 45.6%，并呈逐年上升趋势。农业生产中重金属污染、微生物污染、化肥农药等化学投入品引发的食品安全问题具有持久性、复杂性、隐蔽性的特点，治理难度相对较大。

（三）生产经营过程安全隐患不容忽视

"两超一非"、违法宣称宣传、食品过期、标签不合规、卫生不达标等问题仍时有发生。部分企业（单位）食品安全总监、食品安全员风险管控职责落而不实，主要负责人"第一责任"悬空问题突出；包保干部履职能力仍有短板弱项。中国消费者协会发布的《中国消费者权益保护状况年度报告（2023）》显示，部分食品生产经营者为追求经济利益而触碰食品安全红线。社会餐饮安全事件时有发现，2023 年，中消协调查发现多家知名餐饮品牌、网红食品存在食品安全问题，后厨卫生脏乱差、制作生产食品流程不规范、采用过期或变质食材生产制作食品甚至从垃圾桶捞回餐食端给消费者等问题

---

[1] 《市场监管总局关于 2023 年市场监管部门食品安全监督抽检情况的通告》（2024 年第 13 号），2024 年 4 月 29 日，https://www.samr.gov.cn/spcjs/xxfb/art/2024/art_3d4d6b55f1f843b8b7cbce90d002186e.html。

[2] 《市场监管总局关于 2021 年市场监管部门食品安全监督抽检情况的通告》（2022 年第 15 号），2022 年 5 月 6 日，https://www.samr.gov.cn/spcjs/xxfb/art/2022/art_3f3e0072589a478a97e337bdaec307d7.html。

[3] 《市场监管总局关于 2022 年市场监管部门食品安全监督抽检情况的通告》（2023 年第 12 号），2023 年 5 月 6 日，https://www.samr.gov.cn/spcjs/xxfb/art/2023/art_37cd3b13d9d3426a80f933802d76cd90.html。

都有发生。2023年，"鼠头鸭脖"事件引发社会广泛关注，暴露了校园食品安全主体责任不明确、承包经营行为不规范、食堂环境不卫生等问题，行业管理部门责任落而不实问题凸显。

（四）新业态新模式安全隐患日益凸显

2023年，预制菜、剩菜盲盒等新产品及其相关舆论舆情纷纷涌入公众视野，引发热烈讨论。电商平台及各类食品相关企业积极拓展和布局新业态，直播带货流量增长迅速，消费市场增长迅速，随之而来的是各类食品安全隐患。预制菜的食材新鲜度、口味还原度、标识不规范、营养流失等问题引发广泛担忧与质疑，"预制菜进校园"舆情更是引发广泛讨论，多地家长对预制菜可能给校园食品安全和学生健康成长带来的问题表示担忧。剩菜盲盒在保质期、成分公示程度、质量安全控制等方面存在非常高的食品安全隐患。直播带货非常容易出现虚假宣传、名不副实、货不对板等问题，导致消费者权益受损，《农产品直播电商消费舆情分析报告（2023）》数据显示，虚假宣传为农产品直播电商中的最突出、最常见问题，并且农产品质量得不到保障，没有采取有效措施确保防止运输中的变质、损坏等问题，损害了消费者的合法权益。[1]

（五）舆情处置难度加大

食品安全问题关注度始终居高不下，2023年，全国市场监管部门共受理投诉1740.3万件，食品安全问题达206.6万件，占比11.9%，居第三位。[2] 食品安全舆情社会关注度非常高、舆论燃点很低、传播渠道广泛、影响范围迅速扩大，特别是随着移动互联网的普及发展，公众在网络平台上与政府、媒体交流互动日益频繁，食品安全话题几乎是"一触即燃"。食品安全话题容易被反复炒作，一旦出现负面舆情或者谣言，舆论会形成一边倒局势，易引

---

[1] 《2023年农产品直播电商消费舆情分析报告发布》，《中国质量报》2023年12月19日，https://www.cqn.com.cn/cj/content/2023-12/19/content_9011373.htm。

[2] 《2023年消费者投诉举报呈现八大特点》，国家市场监管总局，2024年3月4日。

发公众对企业生产经营、政府监管履职的质疑，从而对食品企业和行业发展，对社会稳定、政府公信力都可能造成消极影响。

三　食品安全相关政策建议

食品安全事关人民群众身体健康和生命安全，必须深入贯彻习近平总书记重要指示精神，按照党中央、国务院重要决策部署，全面深入落实"四个最严"根本要求，强化全主体、全品种、全链条监管，持续提升食品安全水平，更好地满足人民群众的高品质生活需要。

（一）加快完善责任体系

建议各级食安委进一步明晰集中用餐单位食堂、网络直播带货等新业态监管、食品储存运输环节、源头安全监管等领域各相关部门的职责边界、监管权力与执法责任，加快健全完善责任体系，压紧压实落细各方责任。监管部门依职责持续强化食品安全监管和抽检监测工作，各行业管理部门严格坚持按照管行业必须管安全的要求，对主管领域的食品安全工作切实承担管理责任，畅通协调合作机制，加强交叉联动培训，在应急处置方面充分沟通并开展专业化应对。

（二）强化源头安全监管

针对长期存在的源头安全问题，建议在产地环境与土壤污染管控、农业投入品生产使用、化肥农药减量增效、农作物病虫害绿色防控、粮食质量安全关、超标粮食收购处置等方面构建常态化长效治理机制，深入开展专项治理工作，持续完善标准体系，不断拓展安全监管的覆盖面、提高监管有效性、增强监管约束力，严格把住食品安全的首道关口。

（三）严格生产经营过程监管

食品产业链条长、环节多，业态种类丰富，相关经营主体和从业人员众

多，生产经营过程监管必须慎之又慎、严而又严。建议一是强化过程严管，增强监管科学性、前瞻性、敏感性，细化落实责任，充分利用前沿技术创新监管方式，加强信用监管和智慧监管建设。二是突出重点领域，聚焦影响恶劣、突破底线、群众关心、呼声强烈的突出问题，着力解决长期存在的难点堵点问题，监管部门切实做到知责知重、敢管真管，及时出手、快速反应、重拳严惩。三是坚持违法严惩，依法严厉打击食品安全犯罪行为，大幅提高违法违规成本，警示和引导经营主体诚信守法经营。

（四）加强风险防控

食品安全风险源头与成因日趋复杂，风险管理难度也在升级，全面提升全链条食品安全风险防控水平至关重要。一方面，建议持续强化督促和指导企业明确企业食品安全风险管控的重点环节、关键风险点、管控措施及频次、责任人员等内容，通过指导企业精准识别风险，建立健全风险管控清单，实现在"最小工作单元"精准防控风险。严厉查处主体责任不落实等违法违规行为，提高食品安全管理人员风险管控能力和水平，降低风险隐患。另一方面，强化食品安全风险防控，加快健全食品安全追溯体系，提升检测抽样的科学性、针对性，强化监督抽查结果处理，及时下架封存和召回不合格食品。

（五）积极推进共治共享

食品安全人人关心、人人有责，建议广泛持续开展食品安全科普宣传教育，积极推进食品安全共治共享，共同夯实筑牢食品安全人民防线。各级党委政府、监管部门、食品企业、行业协会、新闻媒体和消费者要积极主动落实各方责任，严格监管执法，诚信守法经营，强化行业自律，开展舆论监督，提升科学素养，积极打造立体舆论宣传新阵地、新格局，营造浓厚的食品安全共治共享的氛围。鼓励食品企业加强技术创新和管理创新，引进先进标准和管理体系，培育新质生产力，不断增强食品安全保障能力和市场竞争能力。

四　我国药品安全现状分析

2023年，药品监管相关职能部门加强了对药品生产和流通环节的监督与管理，确保了药品质量维持在较高水准。同时，坚决打击违法违规行为，有效确保了民众用药的安全可靠与效果。总体上，药品监管能力不断提升，药品安全形势稳定且趋于好转。

（一）药品审评效率提高，为人民健康保驾护航

2023年，药审中心采取多种措施提高审评效率，加快药品审评速度，以临床价值为导向，为患者提供更多的用药选择。全年共有40种1类创新药获得上市批准，其中，9种（占比22.5%）创新药通过快速审评通道成功上市，13个品种（32.5%）为附条件批准上市。在临床研究阶段，有8个品种（占比20%）被纳入突破性治疗药物程序；另有4个针对新冠的治疗药物（占比10%）通过特别审批程序迅速上市。全年共批准了45种罕见病治疗药物（不包括4类化学罕见病用药），其中15种（占比33.3%）得益于优先审评审批程序而加速上市。多措并举鼓励儿童用药研发创新，全年批准儿童用药产品92个品种，包含72个上市许可申请，有26个品种（占比28%）借助优先审评审批程序得以加速上市；此外，还批准了20个品种扩展应用于儿童适应症，使众多儿童患者及其家庭受益。[1]

（二）法律法规不断健全，为依法实施监管奠定基础

2023年，《国家药监局关于发布〈药品标准管理办法〉的公告》发布，旨在构建严格的药品标准体系，确保药品的安全性、有效性和质量稳定性，

---

[1] 《2023年度药品审评报告》，2024年2月4日，https://www.cde.org.cn/main/news/viewInfoCommon/9506710a7471174ab169e98b0bbb9e23。

推动药品行业的高质量发展。[1]为了更加严格地管理药物非临床研究的质量并确保监管工作的规范性，国家药品监督管理局对《药物非临床研究质量管理规范认证管理办法》进行了修订。[2]此外，为了更有效地管理中药饮片标签，国家药监局依据《中华人民共和国药品管理法》、《中华人民共和国药品管理法实施条例》及《药品说明书和标签管理规定》等相关法律法规，制定《中药饮片标签管理规定》。[3]

（三）药品产业强劲增长，逐步迈向高质量发展

到2023年12月末，全国范围内持有药品经营许可证的企业数量达到68.8477万家，包括38.5594万家零售连锁门店和28.1366万家单体药店。近8年来，国家药审中心承办受理号数量显著攀升，2023年，药品注册申请申报量持续增长，国家药品监督管理局药品审评中心处理了18503件各类注册申请，与上年相比增长了35.84%[4]，药品注册蓬勃发展展示出企业强大的研发实力。

五　我国药品抽检情况[5]

从抽检品种来看，2023年国家药品抽检共抽取制剂产品与中药饮片品种132个。具体分类情况如图1所示。涵盖化学药品74种、中成药43种、中药饮片9种及生物制品6种，其中包括48种国家基本药物品种。全年共抽检了18762批次样品，分别来自生产环节4272批次、经营环节13248批次（其中

---

[1] 《国家药监局关于发布〈药品标准管理办法〉的公告》（2023年第86号），https://www.nmpa.gov.cn/xxgk/fgwj/xzhgfxwj/20230705191500136.html。
[2] 《国家药监局关于发布〈药物非临床研究质量管理规范认证管理办法〉的公告》（2023年第15号），https://www.nmpa.gov.cn/xxgk/fgwj/xzhgfxwj/20230119160441145.html。
[3] 《国家药监局关于发布〈中药饮片标签管理规定〉的公告》（2023年第90号），https://www.nmpa.gov.cn/xxgk/fgwj/xzhgfxwj/20230714171402126.html。
[4] 《2023年度药品审评报告》，2024年2月4日，https://www.cde.org.cn/main/news/viewInfoCommon/9506710a7471174ab169e98b0bbb9e23。
[5] 中国食品药品检定研究院：《国家药品抽检年报（2023）》，https://www.nifdc.org.cn/nifdc/bshff/gjcjhj/gjchjtzgg/20240325092817100955558.html。

互联网销售环节 207 批次）、使用环节 1242 批次。这些样品涉及 1114 家药品生产企业、2528 家药品经营企业和 511 家药品使用单位（见图 2）。值得注意的是，互联网销售环节抽检的 207 批次样品全部符合规定标准。

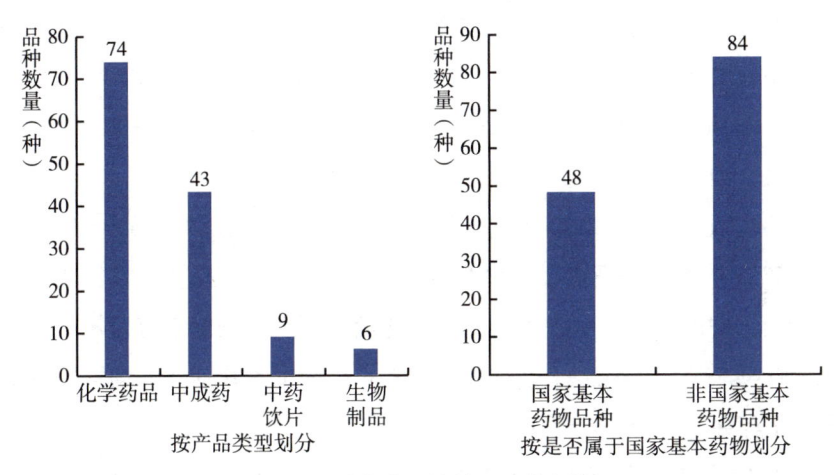

图 1 2023 年药品抽检品种分布情况

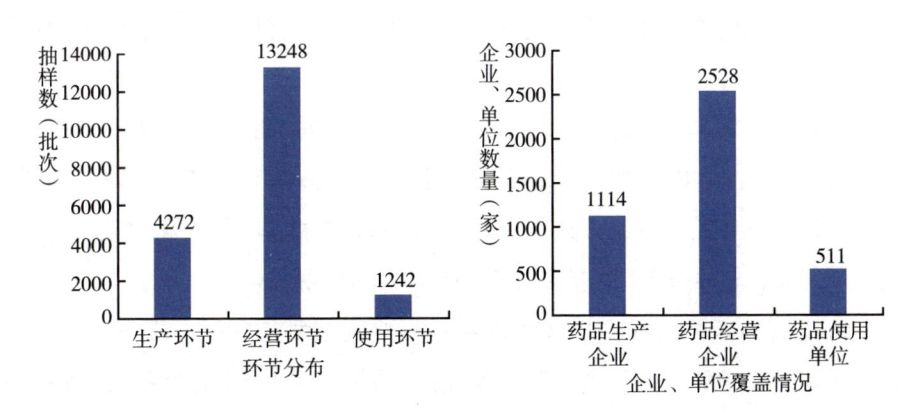

图 2 2023 年药品抽检数量分布

根据 2023 年药品制剂抽检数据，国家共对 123 个品种的药品进行了抽检，涉及 16604 批次的制剂产品。在这 123 个抽检品种中，有 106 个品种的样品符合规定，具体包括 65 个化学药品品种、35 个中成药品种以及 6 个生物制品

品种。抽检制剂产品16604批次中，16531批次符合相关规定，制剂产品合格率为99.6%。我国药品制剂总体质量处于较高水平。

根据2023年药品抽检结果，可以看出我国药品的整体安全形势保持稳定且可控，主要体现在以下几个方面。

一是化学药品方面，2023年国家药品抽检覆盖了74个品种，共计10893批次，涵盖生产、经营、使用和互联网四个环节。结果显示，10849批次符合规定，而44批次不符合。具体来看，生产、经营、使用和互联网环节分别检出2批次、40批次、2批次和0批次不符合规定样品。

二是中成药方面，2023年国家药品抽检涉及43个品种，共计5584批次。其中，5555批次符合规定，占比99.48%，而29批次不符合规定，均在经营环节检出。问题主要集中在鉴别和检查方面，分别占全部不符合规定项目的34.5%和65.5%。涉及的11个剂型中，有4个剂型（片剂、丸剂、贴膏剂和糖浆剂）存在不符合规定产品。

三是生物制品方面，2023年国家药品抽检共抽检6个品种、127批次，包括生产、经营和使用三个环节。[1] 其中，治疗类品种5个、预防类品种1个，剂型为注射剂和体外诊断试剂。经检验，所有项目均符合规定，合格率为100%。

四是国家基本药物方面，2023年国家药品抽检共抽检39个品种（不含9种中药饮片）、6140批次，覆盖生产、经营、使用和互联网四个环节。结果显示，13批次不符合规定，分别在生产、经营环节检出1批次和12批次，涉及2个剂型。总体来看，国家基本药物整体质量状况良好。

五是进口药品方面，2023年国家药品抽检共涉及309批次、9个剂型，包括生产、经营和使用三个环节。经检验，所有项目均符合规定，合格率为100%。

六是中药饮片专项方面，2023年国家药监局继续开展中药饮片专项抽检，全年共抽检9个品种、2158批次。针对可能存在的染色、增重、掺伪或掺假、

---

[1] 《国家药品抽检年报（2023）》，https://www.nifdc.org.cn/nifdc/bshff/gjchj/gjchjtzgg/20240325092817100 9558.html，2024年3月。

2024年食品药品安全形势分析

不规范种植等质量问题进行检验和探索性研究。结果显示，2095批次符合规定，63批次不符合规定，具体情况如图3所示。

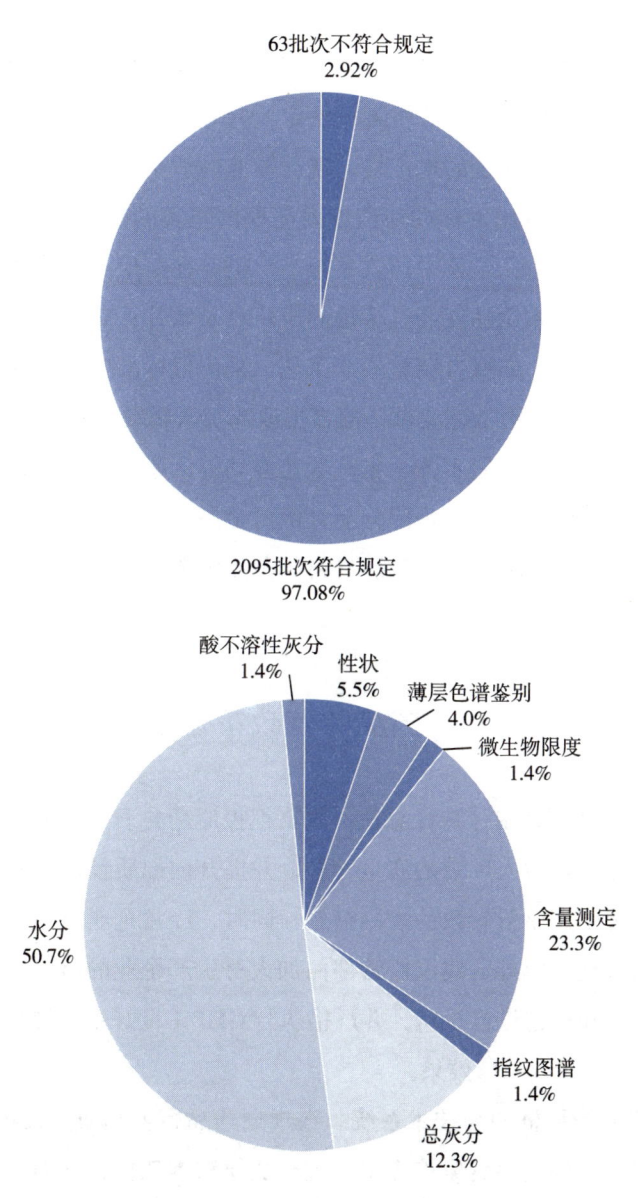

图3　2023年中药饮片达标情况和不合规项目分布状况

329

六 我国药品安全问题分析

2023年，各药品检验机构遵循法定标准与探索性研究并重的原则，凭借多年积累的技术基础，不仅严格遵循法定检验方法，还积极运用探索性研究方法，全面评估药品质量的稳定性、现行标准的适用性，并深入探索潜在风险，旨在为提升药品质量标准和监管效能提供坚实的技术保障。在此期间，发现的主要问题涵盖：一是中药饮片领域，仍存在混用及掺伪现象，部分中药制剂的原料中混入伪品或经过掺伪的中药材及饮片；二是部分企业的违法违规行为依然不绝，如擅自调整生产工艺，采用低标准原料或以掺伪、替代品进行投料，违背关键工艺要求，擅自更改或加入辅料、防腐剂和抑菌剂等；三是由于原料药质量参差不齐、生产工艺波动等因素，不同厂家的产品在均一性上表现出较大差异；四是部分品种中重金属、农药残留及真菌毒素等外源性有害物质含量超标；五是包装材料与药品的相容性问题对产品的稳定性构成影响。

七 药品监管政策建议

生产企业需增强主体责任意识，严格把控原药材质量，从源头开始确保药材品质，加强药材入厂前的质量检验，并提升内部质量控制和生产管理水平，优化关键生产质量参数的控制措施。同时，经营企业应完善药品运输和储存环节的管理。此外，建议监管部门加大对生产企业的监督力度，确保其按照既定处方和工艺进行投料，并严格执行GMP（良好生产规范）标准，以保障中成药的质量和治疗效果。

一是革新法律框架与技术系统。在规划药品行业高质量发展的蓝图下，针对国际领先趋势及监管紧迫需求，健全法律法规架构，开创技术标准新体系，全方位加强药品监管领域的国家战略科技支撑，引领产业迈向高质量发展之路。

二是提升药品审评效能与质量。建议优化审评体系，明确技术标准，并建立高效的审评管理规程（GRP），通过精简核查、检验流程，以及优化审评与审批的衔接机制，建立覆盖药品研发至生产全链条的沟通平台，实现药品注册流程从终端加速向源头延伸的全面提速。

三是强化人才梯队与监管建设。深化企业主体责任落实，细化员工的职责分配，确保药品安全风险在生产源头得到有效控制。同时，鼓励企业、科研机构与高校深化合作，一方面为监管队伍引入高素质审评员与检查员，另一方面为企业培育高水平研发人员，促进药品行业人才规模与质量的双重飞跃。

B.18
2024年中国积极应对老龄化发展报告

黄种滨 王 晶＊

摘 要： "积极应对人口老龄化"是全面深化改革、推进中国式现代化的国家重要战略部署。本报告利用CSS2023全国性调查数据，从工作就业、社会保障、社会参与和身心健康四个维度，考察我国积极老龄化所处进程以及面临的主要问题。研究发现，我国积极老龄化在四个维度取得较为良好的进展。值得注意的是，医疗费用高仍旧是就医过程中的主要问题。基于研究结果，本报告提出深入实施老年人的就业促进策略、健全完善覆盖全民的社会保障体系、着力提升老年群体的社会参与程度、加大健康教育宣传力度等政策建议。

关键词： 积极老龄化 工作就业 社会保障 社会参与 身心健康

党的二十大报告指出，"积极应对人口老龄化"是全面深化改革、推进中国式现代化的国家重要战略部署。党的二十届三中全会进一步明确了应对人口老龄化的制度措施，推动出台针对性政策以满足新时代老年人日益增长的美好生活需求与期待。根据民政部等发布的《2023年度国家老龄事业发展公报》，截至2023年底，全国60周岁以上老年人数量超过2.97亿，占总人口的21.1%。[①] 这意味着我国已全面进入中度老龄化社会。现有研究指出，当国

＊ 黄种滨，中国社会科学院社会政策研究中心助理研究员，中国社会科学院社会学研究所助理研究员，中国社会科学院大学讲师，主要研究方向为福利社会学、计算社会学；王晶，中国社会科学院社会政策研究中心副研究员，中国社会科学院社会学研究所副研究员，中国社会科学院大学副教授，主要研究方向为数字化、社会政策、养老政策。

① 民政部、全国老龄办：《2023年度国家老龄事业发展公报》，https://www.gov.cn/lianbo/bumen/202410/P020241012307602653540.pdf。

家迈入中度老龄化社会将带来疾病风险扩张、劳动生产率下降、经济活力弱化、老年极端贫困等系列治理难题。[1] 积极应对人口老龄化国家战略的实施，将有效促进老年人群身心健康、提高生活质量，并确保其能根据自身的能力和意愿继续参与社会活动，应对人口结构变迁所带来的社会风险与治理挑战。世界卫生组织在"健康"与"参与"的概念基础上，将老年群体"社会保障"纳入分析维度。本报告在世界卫生组织的分析框架基础上，将"参与"进一步划分为工作就业与社会参与，构建工作就业、社会保障、社会参与和身心健康四个维度的分析框架。基于上述分析框架，本报告使用 2023 年"中国社会状况综合调查"（Chinese Social Survey, CSS2023）数据，分析我国积极老龄化的总体概况与面临的挑战。[2]

一 老年人口工作就业现状

在积极老龄化的理论框架下，工作就业对于老年群体有重要意义。一方面，就业为老年人提供了经济上的自主性和独立性，保障了其基本生活需求，并有助于老年人实现自我价值和获得社会认同。通过继续参与社会劳动，老年人能够保持与社会的紧密联系，持续学习和更新知识，从而有效防止社会孤立和认知衰退，维护身心健康。另一方面，老年人的工作经验和专业技能是宝贵的社会资源，他们的参与能够为社会经济发展注入新的活力，缓解劳动力短缺的问题，提高生产效率和创新能力。

（一）我国全面进入中度老龄化社会，超过20%的人口进入退休年龄

基于 CSS 2023 调查数据，计算结果显示，在被调查者中，老年人口总体比重为 20.13%，其中农村老年人比重（20.62%）略高于城镇老年人比重

---

[1] 陆杰华、林嘉琪：《重度老龄化社会的人口特征、风险识别与战略应对》，《中国特色社会主义研究》2023 年第 1 期。
[2] 研究选取达到法定退休年龄的受访者——55 岁以上女性、60 岁以上男性为主要研究对象。纳入研究分析的样本共有 3929 人。由于 CSS 受访者的年龄范围为 18~69 岁，本报告的分析人群是 55~69 岁的老年群体。

（19.17%）。[1] 农村地区老年人口比例较高，一是与农村人口外流有关。由于城市经济发展更快，城市提供了更多的就业机会和更好的生活条件，吸引了大量农村年轻人前往城市务工、经商，这使得农村留守的老年人比例相对较高。二是随着医疗卫生条件的改善和生活水平的提高，农村老年人的寿命不断延长，同时新生儿数量不断下降，这也加剧了农村老龄化的程度。

（二）多数老年人仍然处于就业或再就业工作状态，男性、农村、低收入和低龄老年人就业比例更高

根据 CSS2023 调查数据，仍有 55.67% 的老年人处于就业或再就业状态。图 1 显示了老年群体的工作就业状态。男性仍处于就业或再就业状态的比例为 59.60%，高于女性的 53.14%，这与男性仍是家庭的经济支柱紧密关联；在城乡差异上，农村地区的老年人处于就业状态的比例为 69.82%，高于城镇地区的 21.65%，该比例差异与城乡地区的经济结构有关，农村地区的老年人即使在退休年龄后仍然会从事农业相关工作，农业工作为他们提供了主要经济收入来源。与之相对，城镇地区的老年人有单位或社会保险机构提供的退休金，他们选择再就业的比重会更低；在收入阶层上，低收入的老年人仍然处于就业状态的比例为 61.71%，大于中等收入群体的比例（51.20%）和高收入群体的比例（38.75%）。这意味着低收入的老年人更需要依靠就业来获取经济报酬以维持生计；在年龄差异上，超过 64 岁的老年人就业比例明显下降，65~69 岁老年群体就业比例为 50.67%，而 55~64 岁老年人就业比例约为 59%。这表明，超过 64 岁的老年人开始因为身体机能原因而逐渐退出劳动力市场。

---

[1] 本报告采用城乡户籍来区分农村和城镇地区，该划分源于问卷中的题目"您目前的户口性质是？农业户口，非农业户口，居民户口和其他"，以及"（如果选择居民户口）您目前的户口登记在村委会还是居委会？村委会（农村地区），居委会（城镇地区）"。本报告选取农业户口与村委会（农村地区）编码为农村户籍，选择非农业户口以及居委会（城镇地区）编码为城镇户籍。

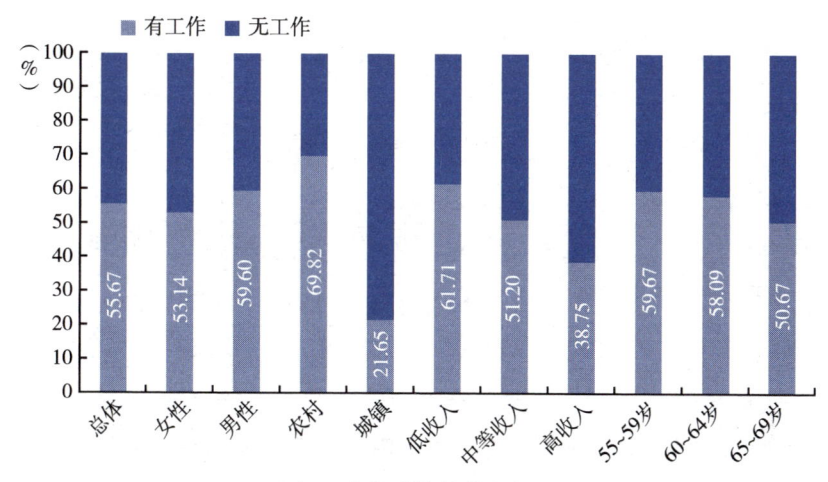

图 1　老年群体的就业状态

注：本报告将居民收入中位数的 75%~200% 定义为中等收入群体，低于居民中位数收入 75% 的为低收入群体，高于居民中位数收入 200% 的为高收入群体。下同。

（三）处于就业状态的老人主要从事农、林、牧、渔、水利业生产工作，其次为服务性工作

表1呈现了老年群体从事行业的分布情况。处于就业状态的老年人主要从事农、林、牧、渔、水利业生产工作，从业比重达到68.22%。这从侧面表明，仍处于工作状态的老年人主要是农民群体。此外，服务性工作以及生产、运输和有关工作是老年群体的另一主要就业岗位，分别占总就业人数的18.63%和8.35%。办事人员和有关人员、专业技术人员、国家机关等负责人的占比均不足1.5%。进一步分析发现，农村地区老年人主要从事农、林、牧、渔、水利业生产工作的比例（72.64%）高于城镇地区（34.17%），城镇地区老年人从事服务性工作的比例（39.86%）大于农村地区（15.81%），这与农村以农业、城镇以工业和服务业为主的经济结构有紧密关系。在年龄差异上，55~59岁的老年人从事农、林、牧、渔、水利业生产工作比例为47.71%，60~64岁为64.11%，65~69岁为77.34%。与之相对应，从事服务性工作与生产、运输和有关工作的老年人比例与年龄增长呈负向关系，服务性工作与生产、运输和有关工作对劳动力的技能要求较高，随着年龄的增长，老年人的身体素质和技术能力将逐渐不能适应这两类工作。

表 1　老年群体从事行业分布情况

单位：%，人

行业	总体	农村	城镇	55~59岁	60~64岁	65~69岁
农、林、牧、渔、水利业生产人员	68.22	72.64	34.17	47.71	64.11	77.34
服务性工作人员	18.63	15.81	39.86	23.01	18.13	14.75
生产工人、运输工人和有关人员	8.35	8.82	4.91	16.35	11.49	5.19
办事人员和有关人员	1.47	1.01	5.08	3.60	1.66	1.02
专业技术人员	1.41	0.34	9.78	4.17	1.70	0.80
不便分类	1.22	1.04	2.67	1.83	1.82	0.76
国家机关、党群组织、企业、事业单位负责人	0.70	0.34	3.54	3.33	1.09	0.14
总人数	2164	1920	237	1222	808	784

（四）退休、丧失劳动力以及生病是老年人未工作的主要原因

老年人未继续参与工作的主要原因是退休、丧失劳动力与生病。表 2 列出了老年群体未继续参与工作的原因。已离/退休、丧失劳动力与本人生病是老年人未继续参与工作的主要原因，比例分别为 44.89%、14.53% 和 12.63%；其次，照看年幼子女和料理家务，占比分别为 8.10% 和 6.43%；最后，找不到工作、承包土地被征用等原因占比均不足 4%。进一步分析发现，男性更多因为已离/退休而未继续参与工作（56.66%）；女性除了已离/退休外，因为需要照看年幼子女和料理家务而未工作（11.99% 和 8.82%）的比例高于男性（1.05% 和 2.11%）。这意味着，就业与否和传统家庭性别分工紧密相关。在农村地区，老年人主要因为丧失劳动能力（23.27%）和本人生病（19.42%）而未工作，城镇地区老人主要因为已离/退休而选择不工作。中等收入和高收入的老年人群主要因为已离/退休而选择不工作，占比分别为 65.34% 和 90.31%，而低收入的老年人主要是由于丧失劳动能力（24.52%）、本人生病（20.08%）、照看年幼子女（12.77%）等而未工作，已离/退休原因（11.80%）是未工作的第四个主要原因。

表 2　老年群体未工作的原因

单位：%，人

未工作原因	总体	女性	男性	农村	城镇	低收入	中等收入	高收入
已离/退休	44.89	38.41	56.66	13.27	74.20	11.80	65.34	90.31
丧失劳动能力	14.53	13.94	15.60	23.27	6.60	24.52	7.61	1.63
本人生病	12.63	13.73	10.63	19.42	6.04	20.08	8.23	2.17
照看年幼子女	8.10	11.99	1.05	13.10	3.47	12.77	5.43	0.79
料理家务	6.43	8.82	2.11	10.13	3.08	10.52	3.61	0.79
其他（请注明）	3.24	3.18	3.34	5.39	1.15	4.87	2.20	1.39
找不到工作	3.16	2.78	3.85	5.22	1.29	5.48	1.71	0.61
承包土地被征用	2.74	2.50	3.18	5.28	0.41	4.64	1.32	0.78
照看老人	2.67	3.17	1.77	2.50	2.86	3.06	3.23	1.23
因单位原因或个人原因失去原工作	1.06	0.85	1.45	1.25	0.89	1.42	0.94	0.30
陪读	0.55	0.65	0.36	1.15	0.00	0.84	0.38	0.00
总人数	1744	1184	560	846	886	812	516	354

二　老年人口社会保障状况分析

社会福利制度是保障老年人基本生活、促进社会和谐稳定的关键所在。社会保障体系不仅满足老年人经济上对于生活的基本需求，还通过医疗、养老、社会服务等多方面的支持，有效应对了老龄化带来的社会风险。通过构建全面的社会保障网络，老年人能够享受到更加公平、可持续的社会福利，从而减轻家庭和社会的负担，增强老年人的社会参与能力和幸福感。完善的社会保障体系也是实现代际公平、促进社会包容性增长的重要基石，有助于形成尊老敬老的社会风尚，为构建和谐社会奠定坚实基础。本报告从劳动合同保障、医疗保险和养老退休金等角度，尝试分析我国老年群体的社会保障概况。

（一）相比于中青年人群，老年群体就业与再就业缺乏劳动合同保障，女性、农村、低收入群体面临的职业风险更大

在劳动保障方面，老年人在非农工作中签署正式合同的比例远低于中青年群体，女性、农村和低收入群体签署正式合同的比例较低。根据CSS2023调查

数据，将签订劳动合同、劳务合同、人事合同以及不需要签订合同（如公务员或国家机关、事业单位编内人员）的人群定义为签署正式合同，反之则为未签订合同。图2显示了不同群体签署正式合同的比例。总体而言，未退休群体参与非农工作签署正式劳动合同的比例为69.24%，高于退休群体的29.81%，这意味着退休群体在就业市场中相对缺乏劳动保障。在性别差异上，退休年龄男性签署正式合同的比例（35.43%）高于退休年龄女性签署合同的比例（25.70%），表明退休年龄女性群体在就业和再就业过程中面临较高的劳动风险。在城乡区分上，不论是中青年群体还是老年群体，农村居民签署正式合同的比例远低于城镇居民。农村地区的老年（退休年龄）群体签署正式合同的比例为23.28%，也远低于城镇地区的相应年龄群体（51.60%）。这可能是因为农村地区的不少老年人以兼职形式参与非农工作，或是以全职身份参与工作，但是缺乏签劳动合同的意识和保障。在收入阶层上，高收入群体享有更加健全的工作保障，中低收入群体签署正式合同的比例较低。高收入的老年（退休年龄）群体签署正式合同的比例为48.89%，中等收入和低收入水平的相应年龄群体签署比例分别为31.65%和16.12%。这与不同收入群体从事的非农工作的行业有关，中低收入人群主要从事缺乏保障的服务性岗位（如搬运工人、清洁工等），而高收入群体主要从事白领、服务员等相关工作，后者的劳动保障措施更为健全。

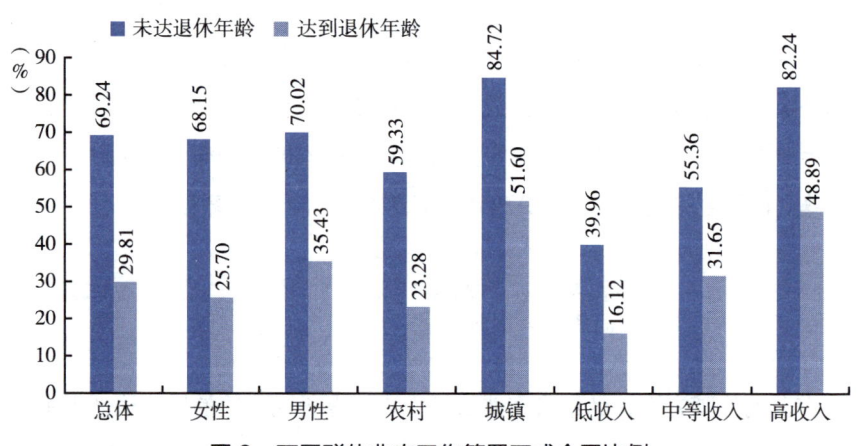

图2 不同群体非农工作签署正式合同比例

（二）老年群体具有较高的医疗保险覆盖率，农村、低收入群体主要参与城乡医疗保险

老年群体的医疗保险覆盖率达到了96.69%，老年人主要参加城乡居民医疗保险（见图3）。[①] 我国老年群体的医疗保障体系建设取得重要成就，不同性别、地域与收入阶层的人群医疗保险覆盖率均为97%左右。进一步分析发现，老年群体主要参加城乡医疗保险，参与比重为75.66%；男性参加职工医疗保险的比例（21.31%）略高于女性群体（17.74%）；多数农村居民参与的是城乡居民医疗保险，参与比例达到92.43%，有58.01%的城镇居民参加了城镇职工医疗保险；在不同阶层中，低收入的老年群体超九成参加城乡居民医疗保险（93.65%），高收入群体参加城镇职工医疗保险的比例达到56.31%，中等收入人群参与城乡居民医疗保险的比例居中（65.03%）。参加不同医疗保险的比例存在明显差异，这是由于城镇职工医疗保险缴纳费用较高，以及缴纳该医保需具备企事业单位用工身份，这使得农村地区和低收入人群往往选择费用更低廉且不设缴纳门槛的城乡居民医疗保险。

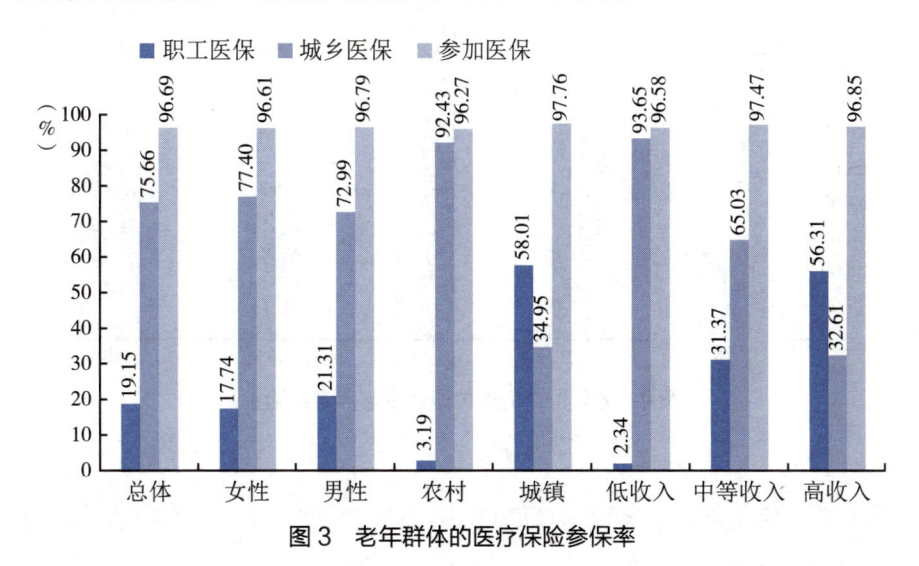

图3 老年群体的医疗保险参保率

---

① 其中，职工医保主要指的是"城镇职工医疗保险"；城乡医保指的是"新型农村合作医疗保险"（新农合）和"城镇居民基本医疗保险"；参加医保还包括参加"公费医疗"。

（三）体制内单位退休金高于社会保险机构提供的养老保险金

根据CSS2023调查数据，单位退休与企事业单位退休老人平均每年可从单位和养老保险机构领取39042元和10437元退休金（见图4）。老年人从单位和养老保险机构领取的退休金金额差异较大，从单位领取的退休金金额远高于从养老保险机构领取的金额，这意味着体制内外的养老退休金存在结构性差异。进一步分析发现，男性和城镇居民的单位退休金高于其他群体。男性领取的单位退休金为43066元，高于女性所领取的单位退休金35704元，但是男性所领取的养老保险金（8943元）略少于女性养老保险金（11813元）。在城乡差异上，城镇居民领取的单位退休金和养老保险金分别为44705元和33393元，高于农村居民的19608元和4630元。从上述分析发现，体制内外、城乡之间在单位退休金/养老保险金方面存在较大差别。未来政府应继续推动养老保障公平性建设，推动城乡之间和体制内外的养老待遇均等化。

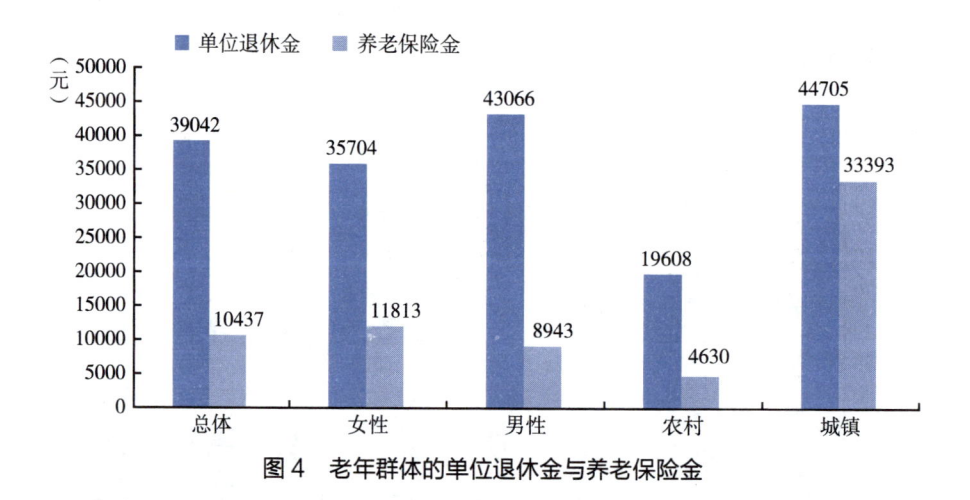

图4 老年群体的单位退休金与养老保险金

（四）多数老年人对养老等社会保障待遇持有相对公平的看法，女性、农村、高收入老年群体的养老公平评价更高

超五成老年人认为养老等社会保障待遇是公平的。根据CSS2023调查数

据，38.95%的老年人认为养老等社会保障是比较公平的，17.93%的老年人认为是非常公平的。为了进一步分析养老公平感知，本部分将人们对于公平程度的回答"非常不公平""比较不公平""比较公平""非常公平"编码为1、2、3、4，将其汇总加权计算人们的养老公平感知得分，结果显示，老年群体的养老公平程度评价为2.54分；女性对于养老公平程度的评价为2.55分，略高于男性（2.54分）；农村居民对养老公平程度持总体正面态度（2.64分），高于城镇居民的2.47分。尽管农村居民享有的社会保障待遇相比于城镇居民是较低的，但是与过去农村社会所享有的待遇相比有显著提升，这使得农民对于养老等社会保障的公平性评价高于城镇居民；在不同收入阶层中，中等收入的老年群体对养老公平程度的评分最低（仅为2.48分），低于低收入群体的2.54分和高收入群体的2.64分；随着年龄的提升，人们对于养老公平的看法和认知的变化不大，55~59岁人群的养老公平程度评分为2.54分，60~64岁为2.53分，65~69岁为2.56分。

三 老年人的社会参与

社会参与为老年人提供了继续奉献社会、实现自我价值的机会与渠道，有助于其保持心理健康、延缓认知衰退，并增强社会认同感和归属感。[1] 通过参与选举投票、社会团体、志愿服务等活动，老年人能够将自身丰富的生活经验和智慧传递给年轻一代，促进代际交流与理解，同时有助于构建更加开放、包容和多元的社会文化。因此，积极促进老年人社会参与，不仅是对老年人权益的尊重与保障，更是实现社会整体福祉提升、促进可持续发展的重要途径。本报告从选举投票、社团参与和志愿活动等维度，考察老年群体的社会参与总体情况。

---

[1] 王莉莉：《中国老年人社会参与的理论、实证与政策研究综述》，《人口与发展》2011年第3期。

（一）老年群体参与居委会/村庄选举投票比例保持较高水平，男性、农村和低收入的人群更愿意参与选举投票

在政治参与方面，老年群体参与投票的频率（53.37%）高于中青年群体（35.28%），男性、农村和低收入人群的参与意愿更强。首先，男性老年群体的参与比例为59.25%，高于女性参与比例（49.58%）。其次，农村居民的参与比例高于城镇居民，参与比例分别为60.28%和36.87%。村庄管理事务关系到农田征地补偿分配、农田财政补贴等公共事务，直接关系到村民的切身利益，因而农村居民直接参与村庄投票、选举出代表自身利益的村庄负责人的意愿会更强。并且，农村地区属于熟人/半熟人社会，村里大姓宗族也会动员本村人参与选举投票。与此相对，城镇地区的居委会尽管也涉及征地拆迁等具体问题，但是基于居民工作多数不在社区附近、投票占用工作时间、社区缺乏足够的凝聚力等原因，城镇老年人参与选举投票的比例会低于农村地区约23个百分点。最后，低收入的老年群体参与投票的比例高于中高收入老年群体。低收入老年人参与投票的比例为57.71%，高于中等收入群体的投票参与率（48.59%）和高收入群体的投票参与率（47.18%）。

（二）老年群体参与社会团体的比例低于中青年人群，主要参与校友会、兴趣组织、公益社团等社会团体

根据CSS2023调查数据，中青年人群参与社会团体的比例为42.83%，高于老年群体的20.15%。随着年龄增长，老年人的身体机能逐步下降，参与社会团体的能力与意愿也显著下降，这导致老年群体的社会团体参与率低于中青年人群。当然，有不少老年人仍然积极参与社会团体。男性、城镇与高收入群体参与各类社会团体的比例更高。表3呈现了老年群体参与各类社会团体的情况。老年人社会团体参与程度较低，仅有约20%的老年人积极参与社会团体。在各类社会团体中，老年人参与校友会、文体娱乐等兴趣组织和民间自发组织的公益社团的比例较高，其次为各类宗教团体、宗亲会/同乡会、职业团体等，参与最少的社会团体为维权组织和其他团体，参与比例均低于

1%。分性别看，女性和男性的社会团体参与率差异较小，但女性更多参与文体娱乐等兴趣组织，男性更多参与校友会。分城乡看，农村居民参与比例低于城镇居民，农村地区民众参与比例最高的是文体娱乐等兴趣组织（5.41%），城镇居民参与校友会比例最高（17.24%）。

表3　老年群体参与各类社会团体情况

单位：%

参与社会团体情况	总体	女性	男性	农村	城镇
以上都没有	79.85	80.44	79.01	84.13	68.53
校友会	7.90	7.32	8.72	4.32	17.24
文体娱乐等兴趣组织	6.65	8.02	4.68	5.41	9.95
民间自发组织的公益社团	3.97	4.12	3.75	2.46	7.92
宗教团体	2.51	3.25	1.45	2.64	2.23
宗亲会/同乡会	2.28	2.03	2.63	2.10	2.78
职业团体	2.03	1.24	3.17	1.69	2.93
其他团体	0.85	0.22	1.75	0.64	1.41
维权组织	0.81	0.63	1.08	0.77	0.92

（三）老年群体更多参与环境保护、老年关怀等志愿活动

老年群体参与过志愿活动的比例为18.25%，低于中青年人群的参与比例（37.21%）。表4呈现了老年群体志愿活动参与情况。老年群体更多参与环境保护和老年关怀等志愿服务活动，参与比例分别为8.26%和6.74%；其次为抢险救灾、扶贫济困、儿童关爱等活动，参与比例分别为3.38%、3.29%和3.14%；再次为扶助残障、其他活动、妇女维权/保护和医疗护理等，参与比例分别为2.34%、2.33%、1.39%和1.19%；老年群体对青少年辅导、法律援助、支教助教和国际援助等社会活动的参与比例较低，均不足1%。进一步分析发现，男性、城镇和高收入的老年群体参与志愿活动比例更高。男性更愿意参与环境保护（9.58%）与老年关怀（8.07%）活动，女性参加环境保护比例较高（7.47%）；尽管城镇居民志愿活动的总体参与率比农村居民更高，但是农

村居民对环境保护、抢险救灾、妇女维权/保护、支教助教等志愿活动的参与比例略高于城镇居民；高收入的老年群体参与环境保护和老年关怀志愿活动比例更高，分别为11.43%和11.17%。

表4　老年群体志愿活动参与情况

单位：%

志愿活动参与情况	总体	女性	男性	农村	城镇	低收入	中等收入	高收入
未参与任何活动	81.75	83.91	78.16	82.77	79.89	84.40	81.73	73.28
环境保护	8.26	7.47	9.58	8.66	6.94	7.57	7.65	11.43
老年关怀	6.74	5.95	8.07	5.78	8.86	5.51	6.54	11.17
抢险救灾	3.38	2.74	4.46	3.57	2.43	3.10	3.80	4.07
扶贫济困	3.29	2.47	4.66	3.18	3.39	2.64	2.92	6.98
儿童关爱	3.14	2.77	3.76	2.42	4.63	2.97	2.69	5.18
扶助残障	2.34	1.42	3.88	2.20	2.70	1.77	2.50	4.06
其他活动	2.33	1.46	3.76	1.56	4.10	1.51	1.93	5.25
妇女维权/保护	1.39	1.25	1.64	1.43	1.13	1.36	0.80	2.65
医疗护理	1.19	0.83	1.79	1.28	1.01	1.15	0.91	1.50
青少年辅导	0.90	0.62	1.36	0.68	1.41	0.78	0.21	2.45
法律援助	0.33	0.07	0.76	0.25	0.18	0.21	0.16	1.14
支教助教	0.23	0.09	0.45	0.24	0.00	0.32	0.00	0.37
国际援助	0.16	0.00	0.44	82.77	79.89	0.11	0.20	0.35

四　老年人的身心健康水平

（一）我国老年人身心处于相对健康状况，男性、城镇、中高收入的老年群体健康程度更高

我国老年人身心健康状况相对良好，男性、城镇和中高收入老年人的身体与心理健康自评得分更高。CSS2023调查数据收集了人们对于身体健康和心理健康的自我评价得分，取值范围为1~10分，分数越高则表示自评更加健

康。调查结果显示，我国老年人心理健康程度要高于身体健康程度，评分分别为 7.50 分和 6.47 分。进一步分析发现，男性群体的自评身体与心理健康得分为 6.70 分和 7.67 分，高于女性群体的 6.32 分和 7.39 分；农村地区的老年人自评健康程度低于城镇地区，前者的身体健康和心理健康得分分别为 6.44 分和 7.34 分，后者的评分分别为 6.56 分和 7.87 分；此外，身心健康水平与收入水平呈正相关关系，低收入的老年群体身体和心理健康评分为 6.11 分和 7.13 分，中等收入的老年群体为 6.76 分和 7.84 分，高收入的老年群体为 7.15 分和 8.21 分，这与较高收入水平的人群有更好的生活条件与医疗保障有关，并且健康程度低的人群更容易"因病返贫"。总体而言，我国老年群体的身心健康程度与性别、城乡和收入水平等社会结构因素有一定关联。

（二）医疗费用太高是老年人就医过程中所面临的主要问题

医疗费用太高是老年人就医过程中所面临的主要问题。CSS2023 收集了人们当年到医疗机构就医时所面临的问题，其中包括到诊所/医院太远、看病或手术预约时间太长、排队候诊时间太长、医疗费用太高和医疗水平太低等具体问题。将回答非常严重、比较严重、不太严重和无此问题重新编码为 4、3、2 和 1，问题越严重则赋分越高。我国老年群体在就医过程中所面临的主要问题是医疗费用太高，得分为 2.68 分；其次为排队候诊时间太长和医疗水平太低等问题，得分分别为 1.88 分和 1.86 分；到诊所/医院太远以及看病或手术预约时间太长的得分为 1.79 分和 1.71 分。进一步分析发现，农村和低收入群体所面临的就医问题更为明显。农村地区的老年人所面临的主要问题除了医疗费用太高外，还有到诊所/医院太远，其得分为 2.73 分和 1.89 分，高于城镇居民的 2.58 分和 1.55 分；低收入的老年群体除了面临医疗费用太高（2.79 分）问题外，还面临着到诊所/医院太远、医疗水平太低、排队候诊时间太长等问题（分别为 1.89 分、1.87 分和 1.85 分），其面临的问题严重程度均高于平均水平。这意味着，农村地区和低收入人群由于城乡公共服务不均衡以及收入水平较低等，享有的公共医疗服务水平也受到影响，未来国家应持续加大对于农村地区和低收入老年群体的医疗保障投入。

（三）女性、农村、低收入与低龄老年人医疗公平评价得分更高

大多数老年人认为公共医疗服务是比较公平的。CSS2023 数据分析显示，48.46% 的老年人认为公共医疗服务是比较公平的，20.31% 的老年人认为是非常公平的。将受访者回答"非常不公平""比较不公平""比较公平""非常公平"编码为 1、2、3、4，汇总加权计算人们的医疗公平感知，计算得到人们的医疗公平评价。分析结果显示，老年人总体的医疗公平程度评价为 2.78 分；女性对于医疗公平的评价为 2.82 分，高于男性的医疗公平评价（2.72 分）；农村居民对公共医疗的公平性评价为 2.82 分，高于城镇地区的 2.69 分；在不同阶层中，中等收入的老年群体对医疗公平的评价最低（仅为 2.75 分），低于低收入群体的 2.79 分和高收入群体的 2.78 分；在不同年龄段上，55~59 岁人群的医疗公平评分为 2.84 分，60~64 岁为 2.76 分，65~69 岁为 2.77 分。老年群体对于公共医疗的公平性评价与养老公平感知相近。

五 研究结论与政策意涵

（一）研究结论

习近平总书记指出，"一个社会幸福不幸福，很重要的是看老年人幸福不幸福"。[①] 自新中国成立以来，我国人口数量经历了飞速增长、平稳发展和逐渐减少的重大变化。特别是近十年来，我国社会的老龄化程度日益加深，现已全面进入中度老龄化社会。那么，我们是否已经做好迎接老龄化社会到来的充分准备？本报告立足于"积极老龄化"理论的分析框架，利用 CSS2023 全国抽样调查数据，从工作就业、社会保障、社会参与和身心健康四个维度，考察我国积极老龄化所处进程以及面临的主要问题。

研究发现，我国积极老龄化进程在四个维度均取得较为良好的进展。首

---

① 《让老年人都有幸福美满的晚年》，新华网，http://www.news.cn/politics/leaders/2023-10/21/c_1129929954.htm。

先，在工作就业上，老年人就业参与率保持较高水平，主要从事农业和服务性行业，有意愿参与工作却未能找到工作的老年人比例低于4%。其次，在社会参与上，老年群体参与选举投票水平较高，更愿意参加校友会等社会团体、环境保护等志愿活动，社会团体和志愿活动整体参加比例仍有一定的提高空间。再次，在社会保障上，我国建立起基本覆盖全体老年人的医疗保障体系，但是老年人的就业权益保障还需进一步加强，城乡之间、阶层之间的养老退休金还存在结构性差异。最后，在身心健康方面，我国老年群体的身体和心理健康状态总体良好，老年人在就医过程中主要面临医疗费用太高等问题，对于公共医疗服务的公平性持正面评价。

（二）政策意涵

本研究的发现对于国家积极应对人口老龄化具有一定政策启示：第一，在就业领域，深入实施面向老年人的就业促进策略。通过构建多元化的职业培训与就业指导体系，协助老年人适应不断变化的就业市场；加强对企业招聘行为的监督，取消不合理的年龄限制，营造公平公正的招聘环境，进一步降低老年人就业门槛；增强对企业雇用老年群体的政策激励，譬如通过提供税收优惠、社保补贴等实际支持，切实减轻企业负担，激发企业招聘老年人的积极性，确保有工作意愿和工作能力的老人能够顺利融入劳动力市场。

第二，在社会保障领域，健全完善社会保障制度体系。一方面，加大贫困地区的政府财政资金投入，持续缩小农村地区和低收入老年群体与城镇居民在医疗、养老等公共服务方面的差距。政府可采取提高农村养老金发放标准、优化农村医疗资源配置、加强基层医疗服务体系建设等方式，逐步消除社会保障领域的城乡差距和阶层差距。另一方面，政府应强化老年人就业权益的法律保障，制定并完善相关劳动保障政策法规，防范对老年群体潜在权益的侵害。

第三，在社会参与层面，着力提升老年群体的社会参与程度。在经济不发达的地区，应增设老年活动中心与社会团体，为老年人提供丰富多样的社会交往平台。通过倡导基层政府和社会组织开展兴趣小组、文化娱乐、健康讲座等活动，满足老年人多样化的精神文化需求，促进他们的身心健康；加

大对老年志愿活动的宣传力度，积极倡导"老有所为"的理念。通过媒体宣传、社区动员等方式，让更多老年人了解并参与到志愿活动中来；同时，有条件的地方政府可以提供必要的政策与资金支持，吸引更多老年人参与到环境保护等公益活动中。

第四，在身心健康方面，完善现行医疗服务体系，加大健康教育的宣传力度。一方面，为解决医疗费用昂贵问题，政府可加大基层医疗投入，优化医保支付与监管；推动药品集中采购与价格透明化；同时加强医务人员培训，提升服务效率与质量，共同降低患者负担。另一方面，政府可通过举办系列健康讲座、编发健康宣教资料、开展个性化健康咨询等多种途径，广泛传播健康知识，引导老年人树立科学的生活理念、培养健康的生活习惯。针对老年人遭遇的心理困扰与压力，政府应建立健全心理咨询服务体系，提供热线咨询、面对面辅导等多元化服务形式，帮助老年人以积极心态面对生活挑战、维持良好的心理状态。

参考文献

民政部：《2023年度国家老龄事业发展公报》，https://www.gov.cn/lianbo/bumen/202410/P020241012307602653540.pdf。

陆杰华、林嘉琪：《重度老龄化社会的人口特征、风险识别与战略应对》，《中国特色社会主义研究》2023年第1期。

刘文、焦佩：《国际视野中的积极老龄化研究》，《中山大学学报》（社会科学版）2015年第1期。

《让老年人都有幸福美满的晚年》，新华网，http://www.news.cn/politics/leaders/2023-10/21/c_1129929954.htm。

王莉莉：《中国老年人社会参与的理论、实证与政策研究综述》，《人口与发展》2011年第3期。

WHO, Active Ageing: A Policy Framework, 2002, https://iris.who.int/bitstream/handle/10665/67215/WHO_NMH_NPH_02.8.pdf?sequence=1&isAllowed=y.

B.19
新时代城乡融合发展报告

李文慧　吴惠芳*

摘　要： 近年来，随着精准扶贫任务的完成、乡村振兴工作的持续推进，我国城乡融合发展取得了一定成效，在经济、基础设施、公共服务、要素等方面成绩明显，更加印证了城乡融合发展体制机制建设的重要性。但城乡之间依旧存在收入差距较大、基本公共服务均等化任务艰巨、城乡间要素流动存在制度性障碍、城乡融合存在显著区域差异等突出问题。针对这些问题，本报告提出相应的政策建议：以城乡统一规划为抓手，将城市群地区作为城乡融合发展的主战场；以产业融合创新为纽带，提高城市群外区域性中心城市对乡村地区辐射带动能力；以县域经济发展为重点，提升小城市周边整体发展能力；以农村土地制度改革为突破口，释放偏远农村地区发展活力。

关键词： 城乡融合　乡村振兴　新型城镇化

　　城乡融合发展是推进农业农村现代化、实现共同富裕、全面建设社会主义现代化国家的必然要求。党的二十届三中全会通过的《中共中央关于进一步全面深化改革　推进中国式现代化的决定》，强调完善城乡融合发展体制机制的重要性，通过统筹新型工业化、新型城镇化和乡村全面振兴，促进城乡

---

* 李文慧，淮阴工学院人文学院，讲师，主要研究方向为农业与农村社会学、劳工研究等；吴惠芳，中国农业大学人文与发展学院，教授、博士研究生导师，主要研究方向为城乡社会学、人口流动与乡村转型、乡村振兴与妇女发展等。

要素平等交换、双向流动，缩小城乡差别，促进城乡共同繁荣。[①]一方面，城乡融合表现为城乡经济关系的重塑，以打破城乡二元经济藩篱。由此涉及城乡间资金、人口、技术等要素的双向流动，以及一二三产业之间的融合与优化。另一方面，城乡融合表现为乡村振兴制度体系与政策保障的建立与完善，城乡与区域间发展协调性的不断增强，二者统一于实现中国式现代化的总目标。在新时代，政府推进城乡融合发展需要将新型城镇化建设与乡村振兴作为一个统一的整体进行全局谋划。

一 当前我国城乡融合发展状况

经过几年的发展，我国城乡融合在多个方面取得了显著成效。在经济融合方面，城乡经济差距逐步缩小，农村收入水平稳步提升，城市化进程加速。在基础设施融合方面，农村的交通、电力、通信等设施得到了显著改善，城乡连接更加紧密。公共服务融合方面，教育、医疗、社会保障等公共服务覆盖面不断扩展，农村居民的生活质量显著提高，城乡差距逐步缩小。与此同时，城乡要素融合方面，人口、资金和技术等生产要素流动更加畅通，推动了农业现代化和农村经济的转型升级，为实现更高质量的城乡一体化发展奠定了坚实基础。

（一）城乡经济融合

党的十八大以来，我国城乡经济融合取得了显著成效。首先，城乡居民收入差距持续缩小，农村居民收入增速高于城镇居民，带来的结果就是城乡居民收入比逐年下降。其次，城乡产业结构更加互补，一体化发展持续推进。最后，逐渐形成以县域为基本单位的产业、基本公共服务布局。

1. 城乡居民收入差距持续缩小

全国居民收入差距缩小可以从两方面衡量，一方面表现为农村居

[①]《中共中央关于进一步全面深化改革 推进中国式现代化的决定》，新华社，2024年7月18日，https://www.gov.cn/zhengce/202407/content_6963770.htm。

民收入增速高于城镇居民收入增速，另一方面表现为城乡居民收入比下降。

农民收入增速高于城镇居民。根据国家统计局数据（见图1），2023年全国居民人均可支配收入为39218元，扣除价格因素的实际增长速度为6.1%。其中，城镇居民人均可支配收入为51821元，实际增长4.8%；农村居民人均可支配收入21691元，实际增长7.6%。从数据对比可以看出，农村居民人均可支配收入增长速度超过城镇居民，意味着城乡发展差距的重要衡量指标——居民收入差距不断缩小。

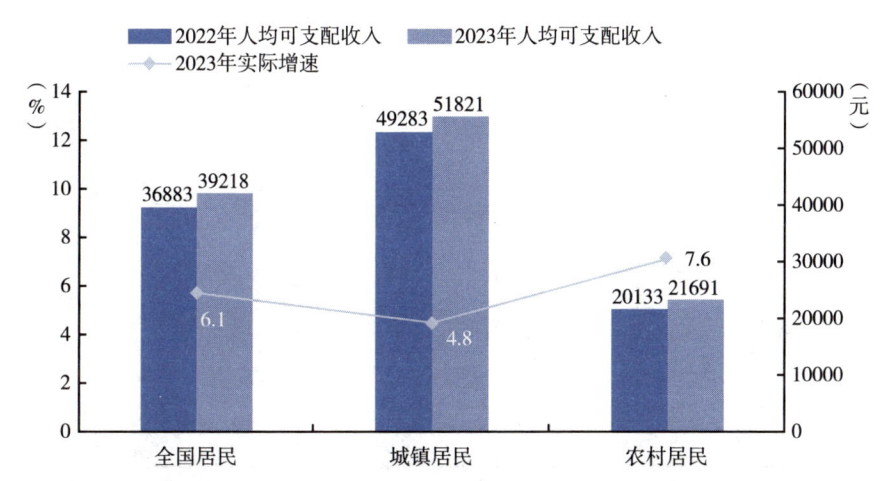

图1　2022年和2023年全国及分城乡居民人均可支配收入与增速

数据来源：国家统计局。

城乡居民收入比持续下降。城乡居民收入比是衡量城乡发展差距的另一重要指标。数据显示（见图2），我国城乡居民收入比从2018年的2.69倍缩小至2023年的2.39倍。体现城乡收入分配关系的另一指标是农民工群体的收入增长状况。全国农民工监测调查报告显示，2023年农民工收入增长速度为3.6%，月收入为4780元，收入水平持续提升（见图3）。

351

图2 2018~2023年城乡居民收入差距

数据来源：国家统计局；国务院发展研究中心，《中国发展报告2023》，中国发展出版社，2023。

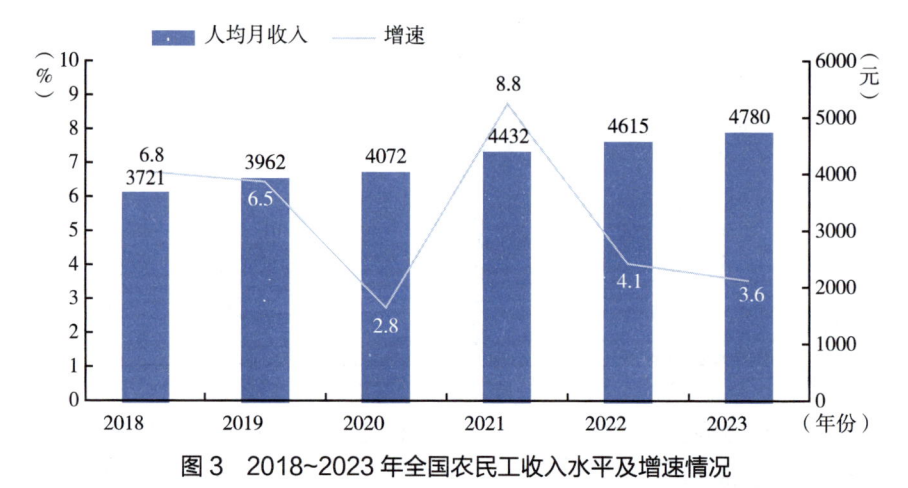

图3 2018~2023年全国农民工收入水平及增速情况

数据来源：国家统计局；国务院发展研究中心，《中国发展报告2023》，中国发展出版社，2023。

总结可知，不论是从农村居民总体收入水平还是城乡居民收入比进行分析，城乡居民收入差距都呈现不断缩小的趋势，收入分配关系不断改善，城乡融合取得显著进展。

2. 城乡经济关系重塑

城乡经济关系的重塑总体表现为城乡产业上的异构性融合。一方面是农村地区除粮食、蔬菜等农产品生产的基础性产业外，农产品加工、乡村休闲旅游等第二、第三产业也呈现蓬勃发展的良好局面。2023年，我国规模以上农产品加工业完成营业收入比2022年增长1.5%，规模以上农产品加工业实现利润总额比2022年增长14.7%，营业收入利润率为6.4%，加工品如肉类、乳制品、食用植物油、饮料、中成药、饲料产量均实现了稳步增长。休闲农业与乡村旅游产业的复苏势头强劲，重回高速增长态势，携程平台2023年前三季度国内乡村旅游订单量恢复至2019年同期的264%，其中乡村民宿供给量增长44%，创造5年来最大增幅，总量达到历史峰值33万家。与此同时，休闲农业与乡村旅游产品创新层出不穷、玩法多样，全国有近6万个行政村开展乡村旅游经营活动，涵盖观光、康养、避暑、冰雪、研学、耕读、体验、娱乐等诸多产品体系，带动了特色种植养殖、土特产品加工、民俗风情展演、农村电商、直播带货、旅游装备租赁等新业态的发展，形成了多种实践模式（见表1）。

表1 2023年休闲农业与乡村旅游六大表现优异的模式

模式	重点	核心关键	描述	业态创新
乡村自然生态观光	赏心悦目	美	美得独特 美得震撼	观光游 网红景观打卡 摄影展
乡村历史遗址遗迹	博古通今	韵	古往今来 跨越时空 历史与现代、科技、艺术交融	古村/古镇观光、沉浸式体验
乡村餐饮文化	山珍海味	吃	舌尖乡村 健康饮食	餐饮一条街 美食集市
乡村民宿集群	起居有度	睡	融入乡村 感悟乡村	乡村微度假
乡村休闲娱乐	上山下水	乐	泛户外运动休闲	泛户外体验、探险
乡村民俗文化	乡情乡韵	文	乡村民俗文化体验	夜游经济 演艺观赏

另一方面，城乡产业的异构性融合还表现为城乡之间从农村单方面向城市供应农业原材料、劳动力、居民储蓄资金以及城市单方面向农村投入资金的方式转向分工协作的关系。农村的绿色农产品、传统乡土文化资源、优质

生态环境的优势转化为全社会共享的价值源泉，农村巨大的潜在消费投资资源也成为城市工商资本投资、城市空间释压和市民体验消费的重要载体。城乡市场一体化程度不断提升。

3. 县域经济特色化发展

县域是推进城乡融合发展的重要切入点和突破口，是联结城与乡两个发展空间的重要载体，近年来，一些地区立足县域本身城乡区位条件，统筹优化县域内产业空间布局，培育农业产业强镇。以浙江海盐经济开发区为例，通过打造"望海街道生猪果蔬特色农业强镇"，以美食小镇产业为基础，促进农旅融合，围绕生猪、畜牧、蔬菜产业打造全产业链，推动农业与第二、第三产业融合，提升农业效益。还建成凤凰、湖山两个省级农业综合区和18个现代农业产业园，打造农业产业聚集区。引导龙头企业与县域内家庭农场、农业合作社合作，在生产、技术、劳务等方面形成利益联结机制，促进更多农业经营主体参与农业、工业、服务业产业链，分享产业链中的利益，目前县域内已经建成浙江最大的红地球葡萄生产基地、华东地区最大的设施芦荟生产基地等。观光旅游、餐饮服务、芦荟种植与加工等多种业态融合发展，年吸引游客达到10万人次以上。

（二）城乡基础设施融合

1. 城乡道路畅通

党的十八大以来，习近平总书记多次强调既要把农村公路建好，更要管好、护好、运营好，为广大农民致富奔小康，为加快推进农业农村现代化提供更好保障。在城乡融合发展的新时期、新阶段，习近平总书记指出要久久为功，进一步完善政策法规，提高治理能力，实施好新一轮农村公路提升行动，持续推动"四好农村路"高质量发展。[1]2014~2023年，全国新改建农村公路超过250万公里，累计解决821个乡镇、7.06万个建制村通硬化路难题。截至2023年底，全国农村公路总里程达到459.9万公里，其中县级公路69.7万公里、乡级公路124.3万

---

[1] 《习近平对"四好农村路"建设作出重要指示》，新华社，2017年12月25日，https://www.gov.cn/xinwen/2017-12/25/content_5250225.htm。

公里、村级道路265.9万公里，沥青、水泥路比例为91.8%。①

在公路养护管理方面，农村公路自动化检测率已达70.14%，农村地区公路已经基本实现"有路必养、养必到位"。例如浙江绍兴市开发"路长制"App，实现路网运行检测的动态可视化管理；山西中阳县设立专门用于公路定期养护的账户，公路管养的主体责任进一步落实。

2. 供水供电有保障

2023年，全国开工建设农村供水工程2.3万处，提升了1.1亿农村人口供水保障水平，农村规模化供水工程覆盖农村人口比例达到60%。1~11月，各地已落实农村供水工程建设投资1288.8亿元，完成建设投资1090.5亿元，比上年同期增长18%。完工农村供水工程17881处，提升8213万农村人口供水保障水平。②

2019年底，我国完成新一轮农网改造升级；2020年完成"三区三州"和抵边村寨电网升级改造攻坚计划。国家能源局相关数据显示，十年来我国农网改造投资超过4300亿元，先后实施无电地区电力建设工程和农网改造升级，大电网覆盖到所有县级行政区，农网供电可靠率达到99.8%。③

3. 互联网与广播电视全覆盖

在通信基础设施方面，我国全部行政村通宽带、通光纤、通4G比例均超过99%，基本实现农村城市"同网同速度"。截至2023年底，我国农村网民规模达2.36亿人，农村地区互联网普及率达到66.5%（见图4）。农村地区信息沟通及视频娱乐类应用普及率与城市基本持平，互联网医疗、在线教育等数字化服务供给持续加大，促进乡村地区数字化服务提质增效。截至2023年6月底，我国5G基站累计达到293.7万个，5G覆盖所有县城城区，96%以上的乡镇镇

---

① 《2023年交通运输行业发展统计公报》，中华人民共和国交通运输部综合规划司，2024年6月18日，https://xxgk.mot.gov.cn/2020/jigou/zhghs/202406/t20240614_4142419.html。
② 《2023年水利基础设施建设进展和成效发布会》，国务院新闻办，2023年12月12日，https://www.gov.cn/lianbo/fabu/202312/content_6919796.htm。
③ 《农村电网巩固升级再提速：到2035年基本建成安全可靠、智能开放的现代化农村电网》，《中国能源报》2023年7月24日，https://paper.people.com.cn/zgnyb/html/2023-07-24/content_26008668.htm。

区和80%的行政村已经实现通5G。在宽带接入方面，截至2023年底，全国农村宽带用户总数达1.92亿户，全年净增1557万户，比上年增长8.8%。在广播电视基础设施方面，截至2023年底，农村广播节目综合人口覆盖率99.7%，农村电视节目综合人口覆盖率99.8%，广播电视节目综合人口覆盖率持续提升。[①]

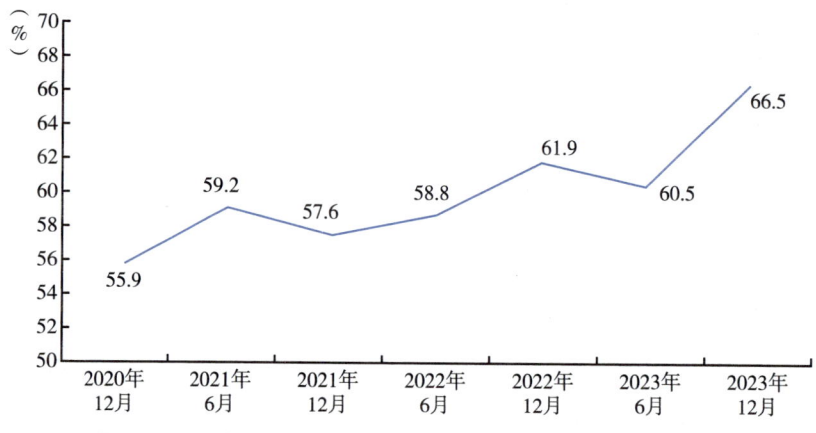

图4　2020年12月至2023年12月农村地区互联网普及率

数据来源：中国信息通信研究院整理。

与此同时，数字技术应用不断成熟，物联网、人工智能、卫星遥感、5G等推动"三农"数字化转型。2023年农业农村部数据显示，全国农业生产信息化率达27.6%。物联网是传统农业转型数据的重要来源，目前我国已经初步形成窄带物联网（NB-IoT）、4G、5G多网协同发展的格局，移动物联网终端连接数超过18.45亿户，成为全球主要经济体中首个实现"物超人"的国家。

4. 垃圾处理成效明显

农村生活垃圾治理取得明显成效，生活垃圾收运处置体系覆盖90%以上的行政村。多次出台针对农村地区的生活垃圾处理付费服务机制，例如湖南省湘潭市制定出台《湘潭市建立推广农村生活垃圾处理付费服务机制行动方案》，全面推广"居民付费、政府奖补""一付一补"等农村生活垃圾处理付

---

① 中国信通院：《数字乡村发展实践白皮书（2024年）》，2024年6月。

费机制。目前，湘潭市的763个行政村已经实现付费机制全覆盖，初步实现了"工作顺利运行、群众支持拥护、环境治理有效"的目标。广东省也在672个建制镇推行生活垃圾处理收费方案，按照村民自治和一事一议的原则，确定生活垃圾处理费用征收标准为每月每户3~10元不等，所征费用全部用于农村地区垃圾清理和收运。江西省南昌市建立了"政府主体、社会参与、农民自愿"的多元化资金筹集模式，市、县政府每年划拨一定资金用于农村地区垃圾运收、村庄清扫、基础设施配套、生活垃圾分类宣传等工作，村一级则向村民每人每年征收10~30元的垃圾清运费，此外还鼓励部分企业和乡贤自愿捐款，保证农村生活垃圾处理有足够的运营经费。内蒙古自治区赤峰市阿鲁科尔沁旗开展"财政补助、村集体补贴、农牧民适当付费"试点，向农村地区常住户每年征收36元用于聘请保洁员。云南普洱市思茅区向普通农户每年收取96元，向饭店每年收取360~600元，用于垃圾清运费用。

（三）城乡公共服务融合

1. 幼有善养

截至2023年底，全国共有27.4万所幼儿园，其中普惠性幼儿园23.6万所，在园幼儿3717万人，普惠性幼儿园覆盖率达到90.8%。中西部和农村地区幼儿教育发展速度最快，全国新增幼儿园的80%左右集中在中西部地区，其中60%集中在农村地区，农村地区普惠性幼儿园覆盖率达到90.6%，每个乡镇基本都拥有一所公办幼儿园，规模较大的村庄独立办园、小型村庄联合办园。全面开展城镇配套幼儿园治理，增加普惠性学位416万个。[①] 广大农村适龄幼儿比以往拥有更多、更公平接受学前教育的机会，学前教育的公益普惠性底色更加鲜明，学前教育治理体系不断完善，城乡教育资源平等性不断增强。

2. 学有优教

2023年6月，中共中央办公厅、国务院办公厅印发《关于构建优质均衡的基本公共教育服务体系的意见》，指出在全面保障义务教育优质均衡发

---

① 《全国幼儿园十年增12.8万所，中西部和农村发展最快，普及水平位列世界中上》，上观新闻，2022年4月26日。

展方面要推动城乡整体发展，以推进城乡教育一体化为重点，加快缩小县域内城乡教育差距。近年来，"撤点并校"优化了农村地区的学校布局，乡村办学力量得以集中，但是部分乡村小规模学校承担了偏远地区学生义务教育的重要责任。全国乡村小规模学校10.7万所，占农村小学和教学点总数的44.4%，占据了乡村教育的近半壁江山。在教育强国建设背景下，不断提高乡村小规模学校质量，激发农村小规模学校发展活力，促进乡村小规模学校协调、特色、持续、公平发展有着重要的现实意义。教育强国建设的不断深入，也给乡村小规模学校带来了发展机遇，部分地区小规模学校开始将课堂拓展到整个村庄的范围，村庄中的小学内嵌于乡土社会，与自然环境、社会文化、历史记忆、生活劳动紧密关联，乡土社会是天然的教学课堂。浙江省诸暨市东白湖镇斯民小学聘请乡村手艺人、能人共同参与教育工作；在课程设计上将乡村产业开发为学生课程，延伸教育空间，让学生走进社区、走进具体的生产劳动场域，将乡土元素融入学生教学内容，在乡村小规模学校与乡村之间建立了共生共存的联系。依托在地资源，利用在场体验，重视具身学习，激发乡村儿童学习主体性，拉近儿童学校学习与儿童生活经验之间的距离。[1]

3. 病有良医

2023年，全国共有2062家医院参与了县医院能力评估，覆盖全国98.6%的县域。经过评估，其中1894家县医院达到了二级及以上医院医疗服务能力，1163家医院达到了三级医院的医疗服务能力，县域医疗服务能力得到提升。此外，全国共有1173家三级医院对接帮扶940个县的1496家县级医院，在县医院临床专科建设、专业骨干培养、医疗技术提升、管理制度完善方面提供了切实帮助。目前，全国85%的对口帮扶县医院具备二级及以上医院的服务能力，其中44%具备三级医院服务能力。[2]

---

[1] 《小学校如何办出"大"教育——乡村小规模学校建设高质量观察》，《中国教育报》2024年6月18日，https://jyt.zj.gov.cn/art/2024/6/18/art_1532836_58942360.html。

[2] 《从多组数据看进一步解决城乡医疗资源不均衡"瓶颈"》，新华网，2024年6月18日，http://www.xinhuanet.com/20240618/c6ffa97807a24f7d811f9f6efceba29d/c.html。

依托信息技术的应用，远程医疗、人工智能辅助诊断等技术对于提升基层医疗服务效率和服务水平发挥了重要作用。全国已有70%以上的卫生院与上级医院建立了远程医疗协作关系，全国50%的乡镇卫生院拥有县域医学影像中心。复旦大学附属医院华山医院通过智慧门诊、移动查房等方式帮扶西藏日喀则仲巴县、新疆伊宁市，在神经系统疾病、感染性疾病、皮肤病等领域开展远程医疗支持。据全国卫健委数据统计，2023年全国乡镇卫生院向村级卫生室派驻医师超过20万人次，对于提升村级医疗卫生服务水平、解决城乡医疗资源不均衡问题起到了较好成效。

4. 老有颐养

2024年6月，民政部联合中央精神文明建设办公室、农业农村部等部门印发《关于加快发展农村养老服务的指导意见》。针对农村老年人经济收入较低、养老服务费用负担过重、空巢率较高、年龄结构偏大等养老现状，必须建立县域统筹、城乡协调、符合乡情的农村养老服务体系，发掘政府、社会、集体、家庭等多主体力量，增强农村养老服务的内生动力。"十四五"以来，我国农村养老服务取得了一定成效。首先表现为农村养老服务设施建设水平不断提升，硬件短板得以补齐。我国农村共有1.6万家敬老院，养老床位168.1万张，农村互助养老服务设施约14.5万个，[①] 逐步建立起布置科学、配置均衡、服务完善的农村养老服务设施网络。其次，县、乡、村协同建设三级养老服务网络，在县一级推广"1+N"特困人员供养服务联合体建设经验，增强县级养老服务机构针对失能人员的照护能力。乡镇一级敬老院逐渐转型成为具有全日托养、日间照料、上门服务等功能的区域性综合养老服务中心。村庄一级更加注重互助养老服务，利用养老设施服务农村老人。最后，推行"党建+农村养老"模式，提升农村养老服务的组织化水平。在党建力量的引领下，综合家庭、基层自治组织、社会公益组织等主体力量，聚焦老年人养老问题，健全服务机制。

---

① 《民政部养老服务司有关负责人就〈关于加快发展农村养老服务的指导意见〉相关问题答记者问》，民政部网站，2024年6月14日，https://www.gov.cn/zhengce/202406/content_6957141.htm。

（四）城乡要素融合

1. 人口流动

农业转移人口城市定居制度更加开放。2023年，我国户口迁移政策全面放宽，城区有300万以下常住人口的城市基本取消落户限制，常住人口在300万以上城市的落户条件正在有序放开。除极少数超特大城市、中西部地区的省会城市外，我国城市落户限制已经全面放开。与政策文本相匹配的是，公安机关联合有关部门持续推进户籍制度改革，畅通农业转移人口落户渠道，以"跨省通办"的方式推进户籍管理便利化。2023年，全国公安机关共办理户口迁移"跨省通办"业务173万余笔，其中开具户籍类证明74万余笔、新生儿入户3万余笔，首次申领居民身份证80余万张、临时居民身份证48万余张，总计为群众节省办证费用38亿元。[1]

国家基本公共服务对非户籍常住人口覆盖范围不断扩大。公共卫生、义务教育、文化体育等领域的基本公共服务向城市常住人口全覆盖。农业转移人口义务教育阶段的随迁子女在公办学校或政府购买学位就读比例达96.7%。我国在2016年建立了"人地钱挂钩"机制，城镇建设用地增加规模与农业转移人口落户数量相挂钩，中央财政还专门设立了农业转移人口市民化奖励资金，目前已累计拨款2800亿元，在城市落户农民的土地承包权、宅基地使用权、集体经济收益分配权得到法律保障。[2]

2. 土地流动

土地要素的流动主要体现为"三权"市场化改革以及农村闲置宅基地盘活。农村土地制度改革稳妥有序推进，农村承包地确权登记颁证基本完成，颁发承包经营权证书2亿多本。在土地"三权"市场化退出机制探索

---

[1] 《公安部：户口迁移政策全面放开放宽，高频户籍业务实现全国"跨省通办"》，中国发布，2024年1月26日，https://baijiahao.baidu.com/s?id=1789134073952696961&wfr=spider&for=pc。

[2] 《专家解读之一：深入实施新型城镇化战略 稳步提高城镇化水平和质量》，中华人民共和国国家发展和改革委员会，2024年8月5日，https://www.ndrc.gov.cn/xwdt/ztzl/xxczhjs/ghzc/202408/t20240805_1392240.html。

方面也取得了一定经验。农业农村部资料显示，截至 2020 年 7 月，各试点地区承包地退出改革工作取得初步成效，共有 3.8 万户 8 万多人参与退地改革，涉及土地面积超过 14 万亩，"人"的流动与"地"的优化配置程度提升。总体来看，各地经验总结具有以下共性，一是确权登记颁证，奠定退地基础；二是严格退出程序，引入专业机构；三是创新退出方式，满足多元需求；四是建设产权交易市场，规范土地流转；五是多目标协同推进，促进改革统筹。值得注意的是，土地"三权"市场化退出机制还存在补偿资金筹措难、补偿标准不规范、退出地块较分散、后续保障措施不健全的改革困境。

2020 年 6 月，中央全面深化改革委员会第十四次会议审议通过《深化农村宅基地制度改革试点方案》。9 月，全国 104 个县（市、区）和 3 个地级市启动了新一轮农村宅基地制度改革试点。其后，2021~2023 年的中央一号文件均强调，稳慎推进农村宅基地制度改革试点。2024 年中央一号文件对宅基地改革相关工作的部署依旧强调"稳慎"的基调。在此基础上，各地方围绕优化农村住宅和土地资源配置进行了探索。江苏省委一号文件提出，有序扩大闲置宅基地和闲置住宅盘活利用线上流转交易试点。山西省委一号文件明确，将清徐、平遥、泽州 3 个县的试点经验进行推广，探索农村宅基地依法有偿退出、有偿使用有效办法。陕西省委一号文件要求，支持有条件的地区利用闲置宅基地和住宅因地制宜发展休闲农业、乡村旅游等富民产业。青海省委一号文件提出，支持村集体经济组织及其成员采取自营、出租、入股、合作等多种方式盘活利用农牧区闲置宅基地，发展休闲农牧业、餐饮民宿等新业态，持续增加农牧民财产性收入。

3. 资金流动

近年来，乡村振兴战略成为推动乡村发展的主线任务，国家在政策、资金方面不断向乡村倾斜，有力地保障了乡村经济的转型升级与可持续发展。中央银行报告显示，2022 年预算报告为了巩固拓展脱贫攻坚成果，进一步加大中央财政对乡村振兴政策的补助资金规模，安排 1750 亿元（比往年增加 100 亿元）重点扶持乡村振兴发展基础较差的地区。在资金用途方面，优先支持联农带农富农的乡村产业发展，该项补助资金提高了60%以上。[1] 截至2024年一季度末，全国涉农贷款余额共60.19万亿元，同比增长13.5%。其中，农林牧渔业贷款余额6.33万亿元，同比增长14.7%；农田基本建设贷款余额5343亿元，同比增长29.8%；农业科技贷款1166亿元，同比增长16.7%；农户贷款余额17.72万亿元，同比增长11.6%。截至2024年一季度末，普惠型涉农贷款余额13.69万亿元，同比增长19.43%，超过各项贷款平均增速10.26个百分点。2024年一季度，新发放的普惠型涉农贷款平均利率降至5.0%，比上年同期下降0.56个百分点。[2]

近年来，新余市发挥本地民营企业商（协）会的桥梁作用，引导民营企业这支生力军共同参与"万企兴万村"行动，动员更多主体加入乡村振兴主战场。在水北商会等民营企商（协）会的示范带领下，新余市依托1062个新型经营主体，组织了365家企业结对帮扶323个村委会，带动327个村级帮扶产业，8890户家庭发展产业，3220名脱贫劳动力就业，实现人均产业年增收2350元、人均就业年增收10325元，走出了一条互惠互利、融合发展的村企共建新路子。[3]

4. 技术流动

一方面，农机化新技术推广不断取得新突破。"玉米籽粒低破碎机械化收获技术""水稻机插缓混一次施肥技术""棉花采摘及残膜回收机械化技术"入选"2022年农业农村部重大引领性技术"。"电驱气力式玉米大豆单粒精量播种机""油菜毯状苗联合移栽机""双通道全喂入式再生稻收获机""3ZSC-190W型无人驾驶水稻中耕除草机""蔬菜多功能复式移栽机"等9项成果入选"2022中国农业农村重大新技术新产品新装备"。全国大豆玉米带状复合种植示范基本实现了玉米不减产或少减产、增加100公斤左右大豆的目标，带状间作实收测产大豆最高亩产达到165公斤；"油菜毯状苗联合移栽技术"以2280万元转

---

[1] 《2024年一季度涉农信贷情况》，国家金融监督管理总局，2024年6月24日，https://www.cbirc.gov.cn/cn/view/pages/ItemDetail.html?docId=1166993&itemId=4235&generaltype=0。

[2] 《2024年第一季度金融机构贷款投向统计报告》，中国人民银行，2024年4月30日，http://www.pbc.gov.cn/goutongjiaoliu/113456/113469/5342263/index.html。

[3] 《资本下乡如何"投到点上"——江西新余市民营企业抱团助推乡村振兴调查》，《经济日报》2023年11月22日。

让给国机重工集团常林有限公司，创农机领域科技成果转让金额新高。

党的十八大以来，全国约有29万名科技特派员活跃在农业生产第一线，覆盖全国近10万个建档立卡贫困村，将先进的科技服务、科学的田间管理、进步的生产理念送到生产的田间地头，通过技术支持带动农民收入增加，还培养了一大批乡土技术人才，把技术真正留在了乡村。从2021年开始，贵州各级科技特派员就与所在县（市、区）签订工作协议，约定科技服务内容、预期目标、支持期限等。在服务期间，科技特派员需要帮助当地引进1个以上新品种（新技术）、至少培养5名以上本土实用技术人才、每年开展不少于50人次的专题培训等。数据显示，2022年1~10月，全省科技特派员累计开展技术培训10万余人次，为全省培养技术能手5354名。[1]

二 新时代城乡融合发展面临的挑战

（一）城乡收入差距依旧较大

城乡融合的体制机制尚不健全是导致收入差距的根本原因之一。目前，城乡之间在政策、资源配置、公共服务等方面仍存在较大差距。虽然国家推进了城镇化进程、出台了一系列政策，但在实际操作中，城乡发展仍受到体制机制不完善的制约。例如，农村土地使用、农村劳动力流动、城乡财政体制等方面仍存在壁垒，导致城市与农村资源配置效率低，经济发展存在不平衡现象。城乡一体化的机制尚未完全打破城乡二元结构，城乡发展仍未真正实现互联互通，直接影响了收入的平等分配。

乡土资源的挖掘不足也是产生收入差距的一个重要原因。乡村具有丰富的自然资源和文化资源，但由于长期缺乏有效的开发和利用，很多乡村的特色产业未能得到充分发展。乡村的传统农业、手工业、乡村旅游等虽然具有巨大潜力，但出于信息闭塞、技术落后等原因，这些资源未能有效转化为经济增长动力。同时，农村产业结构单一，农村经济发展对外部市场的依赖度

---

[1] 《为农户解惑，给企业"开方"，科技特派员活跃在农业生产第一线——送技到地头，增收有盼头》，《人民日报海外版》2023年1月10日。

较高，导致经济活力不足，收入水平难以提升。尽管一些地方已尝试通过发展特色产业促进经济发展，但整体上，乡土资源仍未充分发挥其应有的作用。

乡村空心化和老龄化问题导致的人才短缺，也是导致收入差距的一个关键原因。随着农村劳动力的大量外流，尤其是年轻劳动力的流失，乡村成为"空心村"。与此同时，人口老龄化问题愈加严重，许多农村地区的青壮年劳动力不足，导致乡村缺乏推动发展的主体力量。由于缺乏足够的人才支持，乡村振兴的推进力度减弱，现代农业和乡村产业的升级难度加大，无法有效提升当地的收入水平。

（二）城乡基本公共服务均等化任务艰巨

城乡基本公共服务均等化是实现城乡融合发展的重要任务，但这一任务依然艰巨，要完成它面临着诸多挑战。第一，乡村基本公共服务面临特殊群体的需求，尤其是"一老一小"群体的特殊需求，需要服务更加具有针对性。乡村人口老龄化加剧，老年群体对医疗、护理、养老等方面的需求与日俱增，同时，乡村的儿童教育资源相对匮乏，特别是在偏远地区，教育质量与城市相比存在较大差距。由于乡村人口结构特殊，政府在提供基本公共服务时，必须更多地关注如何满足这些特殊群体的需求，这对政府服务的精准性和个性化提出了更高的要求。然而，目前的公共服务体系多以传统的普适性服务为主，缺乏针对性，导致在满足乡村"一老一小"需求方面存在明显短板。

第二，乡村基本公共服务的软硬件设施不协调、基础设施供应不足和利用不充分是另一个突出问题。尽管近年来国家加大了对乡村基础设施的投资，但在历史积累的差距下，乡村地区的公共服务设施仍然不足，许多地区缺乏完善的医疗、教育、交通和文化设施，严重制约了服务的覆盖面和质量。同时，已经建设的基础设施存在利用不充分的问题，许多基础设施虽然已建成，但由于管理和运作不当，难以有效发挥作用。

第三，基层公共服务的社会力量参与不足也是城乡基本公共服务均等化面临的难题之一。现阶段，乡村基本公共服务主要依赖政府提供，而社会组织、市场力量的参与较少。由于政府资源有限，单一的政府提供模式难以覆盖到所有乡村，特别是在资源匮乏的地区，公共服务的供应无法得到有效保障。同时，社会力量的缺乏意味着公共服务的供给缺乏多样性和灵活性，导致乡村公共服务供给的质量和效率受到限制。

（三）城乡各要素自由流动依旧面临制度性障碍

城乡各要素自由流动是推动城乡融合发展的重要前提，然而在实际推进过程中，仍然存在显著的制度性障碍。首先，土地流转和使用权的制约。土地是农村最重要的生产要素之一，但由于现行土地管理制度中土地所有权、使用权、经营权分离，以及土地流转市场不完善，农村土地的流动受到极大限制。农村土地通常归集体所有，农民只能通过承包方式使用土地，这使得土地市场化流转困难。此外，农民将土地流转出去后，无法充分享受土地增值的收益，也缺乏对土地流转过程的有效保障。由于土地流动性差，农业经营方式难以实现现代化，乡村经济发展受到限制，无法实现土地要素的高效配置和使用。

其次，资本流动受限，城乡金融服务不对称。城乡金融服务的不均衡，导致资本在城乡之间的流动存在明显障碍。尽管近年来国家在支持乡村振兴和农业现代化方面加大了金融投入，但农村地区的金融市场相对薄弱，金融机构分布不均，农民和乡村企业获取金融资源的渠道有限。相比之下，城市地区的金融市场较为发达，资本流动更加顺畅。农村地区的中小企业和农民由于缺乏抵押物和信用记录，难以从银行获得贷款，这限制了他们的生产和发展。这种资本流动的制度性障碍使得城乡之间的资源配置效率低下，制约了乡村经济的多元化发展和城市与乡村的融合。

最后，人才流动的制度性障碍。尽管近年来有政策支持农村人才引进，但乡村依然面临人才流失和缺乏的困境。乡村地区的教育、科研和技术创新资源相对匮乏，乡村企业和农业生产缺乏高技能、高素质的人才支持。而在现行的社会保障和薪酬制度下，农村地区相较城市缺乏足够的吸引力，导致大批人才流向城市，这进一步加剧了农村的"人才荒"。即使一些乡村地区有较强的产业发展潜力，由于缺乏人才支撑，也无法实现产业升级和经济发展。

（四）城乡融合存在显著的区域差异

城乡融合的进程在中国的不同区域之间存在显著差异，这种差异主要体现为东西部之间的差距、经济发达和不发达地区之间的差异，以及一些特殊地区的城乡融合状况。

首先，东西部之间存在明显的差异。东部地区作为中国经济的"发达区"，在推动城乡融合方面具有较为有利的条件，拥有更好的基础设施、更高的教育和医疗水平，以及更多的社会资本和技术支持。西部地区受地理、资源、历史等因素的制约，经济基础较为薄弱，基础设施建设滞后，城乡差距依然较大。西部的农村地区普遍面临人口外流、产业单一、公共服务匮乏等问题，其城乡融合的速度和质量与东部地区相比存在明显差距。

其次，经济发达的东部地区内部，城乡融合的差异性同样存在。在东部地区，虽然整体经济水平较高，但城乡融合的程度仍存在区域差异。大城市与周边小城镇和乡村之间的资源丰度和发展速度明显不同。在一些二线或三线城市，城乡融合的进程相对缓慢，乡村地区的产业发展和公共服务体系建设明显滞后，这证明即便在经济发达的地区，城乡差距依然存在。

最后，城乡融合中的产业和人才支持不足。在一些特殊地区，尤其是部分内陆的边远山区，城乡融合的障碍并不仅仅表现在经济资源的配置上，更体现在产业链条的缺失和人才的匮乏上。许多偏远农村地区基础设施薄弱、农业生产方式依旧落后、人才外流严重，以致当地缺乏支撑城乡融合发展的关键力量。

三 推动新时代城乡融合发展的政策建议

（一）以城乡统一规划为抓手，将城市群地区作为城乡融合发展的主战场

首先，统一规划促进城乡资源整合，带动产业发展。通过城乡统一规划，可以实现城市和农村在产业、土地、资金等资源方面的有效对接。城市群的

先进产业、技术和资本可以辐射到周边乡村，推动乡村产业转型升级。农村地区可以依托城市群的产业链，发展农业现代化、乡村旅游、绿色能源等新兴产业，增加农民的就业机会和收入来源。其次，加大农村金融支持力度。政府应鼓励金融机构深入乡村，通过完善的金融体系和资本市场为农村提供更多的金融支持，推动农村经济的发展。金融机构可以针对农村的农业产业、乡村旅游、农民创业等领域，提供定制化的贷款、保险和投资产品，降低农村经济发展的资金门槛。政府可以通过财政补贴、担保基金等方式，降低金融机构的风险，鼓励银行为农村提供信贷服务，帮助农民获得必要的资金支持。最后，促进城乡劳动力流动，提升农村居民的就业能力。在城乡统一规划下，城市群的就业市场和劳动力资源将更为通畅，乡村居民可以更便捷地进入城市群地区就业。

（二）以产业融合创新为纽带，提高城市群外区域性中心城市对乡村地区辐射带动能力

首先，推动特色产业集群发展，促进产业链上下游衔接。区域性中心城市应结合自身资源禀赋和产业优势，推动与乡村地区的产业链协同发展。可以通过产业合作、技术支持、市场拓展等方式，将乡村纳入城市群的产业链条。同时，鼓励城乡企业形成产业联盟，共享市场资源和技术创新成果，实现产业链条的延伸和提升。其次，加强技术创新与知识共享，提升乡村产业发展水平。区域性中心城市可以通过技术输出、培训和合作研究等形式，将先进技术和创新成果带到乡村地区。开展农业科技创新合作项目，推动智能农业、数字化农业等新兴技术在乡村的应用，提高乡村产业的整体竞争力，从而带动乡村经济增长和农民收入增加。最后，构建城乡融合的产业协作平台，促进城乡要素流动和资源共享，实现区域间的协同发展。这些平台可以为乡村地区提供产业指导、资金支持和市场拓展机会，帮助乡村企业拓宽市场渠道，提升产品的市场竞争力。同时，中心城市可以通过促进乡村企业与城市企业的合作，推动乡村企业与城市市场、资金、技术的对接，提升乡村产业的整体发展水平。

（三）以县域经济发展为重点，提升小城市周边整体发展能力

以县域经济发展为重点，既可保持经济的协调发展，也可加强城乡之间的文化与生态融合。第一，政府应在县域层面进行宏观规划，明确城市和乡村的功能分工、产业布局及资源配置。通过规划引导小城市与周边乡村的互动与融合，确保基础设施、公共服务、产业发展等各方面的均衡发展。第二，县域内城乡产业互补与深度融合，延长产业链。通过县域内的产业互补，可以实现乡村资源优势与城市产业优势的有效结合，提升整体经济效益。乡村地区可以依托资源和劳动力优势发展农业生产和初级加工产业，同时加强与小城市的产业对接，延长产业链条。第三，城乡间在文化、生态、社会保障方面的统一。通过加强文化基础设施建设、鼓励城市与乡村之间的文化交流，提升城乡居民的文化认同感和归属感。生态统一强调乡村与城市在环境保护、绿色发展等方面的协调。社会保障的统一要求政府加强城乡之间在教育、医疗、养老等公共服务领域的协调发展，提升农村居民的生活质量。

（四）以农村土地制度改革为突破口，释放偏远农村地区发展活力

农村土地制度改革有助于优化资源配置，激发乡村经济潜力，推动土地资源的高效利用。土地流转和承包权的灵活化，能有效激活土地资源。通过简化土地流转程序、健全土地流转市场，允许土地承包权、使用权等更灵活地流动，可以使农村土地的使用更加高效。由于资源和基础设施相对滞后，偏远农村地区的土地资源往往未能得到充分开发。通过土地流转，农民可以将闲置土地交由有能力的企业或合作社经营，实现土地的规模化和集约化利用，提高土地生产效率。同时，农民可通过土地租赁获得稳定的收入，提升生活水平。通过农村土地制度的创新，推动现代农业技术的引进与应用，提升农产品的附加值。通过支持农业合作社和农村企业发展，可以将农业生产与加工业结合，带动农村就业和收入增加。土地流转与集约化经营有助于提高农业产出和农民收入，促进偏远农村地区经济结构的优化升级。

附 录
中国社会发展统计概览（2024）

李建栋*

一 经济发展

2023年全年国内生产总值（GDP）为126.1万亿元，较2022年的120.5万亿元，名义增长4.6%[①]；按不变价格计算，实际增长5.2%。中国继续保持世界第二大经济体的地位，2023年中国GDP在名义上是第一大经济体美国的65.4%。人均GDP达到8.9万元，较2022年的8.5万元增长4.7%；按不变价格计算，实际增长5.4%。2023年我国顶住外部压力、克服内部困难，国民经济回升向好，主要预期目标圆满实现。

对国内生产总值进行产业分解，第一产业增加值、第二产业增加值、第三产业增加值分别为9.0万亿元、48.3万亿元和68.8万亿元，占国内生产总值的比重分别为7.1%、38.3%和54.6%。按不变价格计算，三次产业的增长率分别为4.1%、4.7%和5.8%。对国内生产总值增速的贡献，第一产业、第二产业和第三产业分别为0.3%、1.6%和2.8%（见图1）。

对国内生产总值进行支出法分析，全年最终消费支出、资本形成总额、货物和服务净出口三项数值分别为70.1万亿元、53.0万亿元、2.7万亿元（合

---

* 李建栋，中央财经大学文化与传媒学院助理教授，主要研究方向为文化经济产业、金融经济学、社会研究方法。
① 按照我国国内生产总值（GDP）数据修订制度和国际通行做法，文中2022年GDP、人均GDP数据等皆为修订后的数字。

图 1　2000~2023年国内生产总值增长情况

计为125.8万亿元），比重分别为55.7%、42.1%和2.1%。其中，货物和服务净出口一项较2022年下降1.2万亿元。

社会消费品零售总额是指企业（单位）通过交易售给个人、社会集团非生产、非经营用的实物商品金额，以及提供餐饮服务所取得的收入金额。2023年社会消费品零售总额为47.1万亿元，较上年增长7.2%（见图2）。

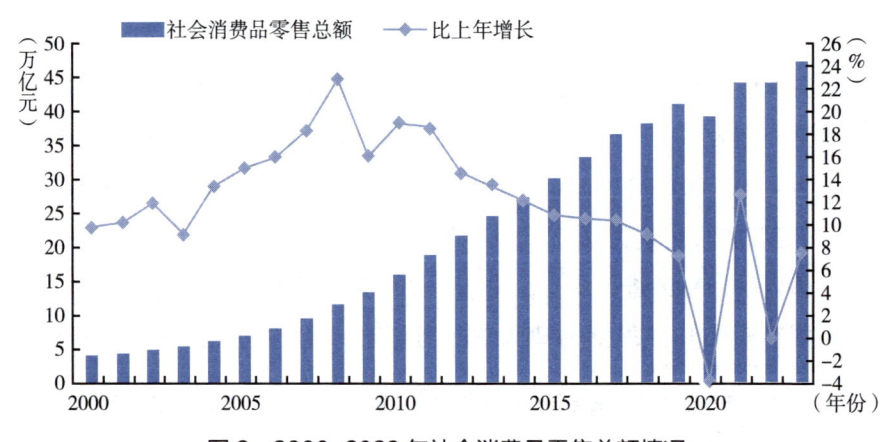

图 2　2000~2023年社会消费品零售总额情况

附　录　中国社会发展统计概览（2024）

网络经济发展优势持续巩固，以直播带货为代表的新业态新商业模式持续快速发展，助力高质量发展扎实推进。2023年全国网上零售额达到15.4万亿元，比上年增长11.0%。其中实物商品网上零售额为13.0万亿元，比上年增长8.4%。

2023年全社会固定资产投资50.9万亿元，比上年增长2.8%。其中房地产开发投资11.2万亿元，比上年下降9.5%（见图3）。[①]

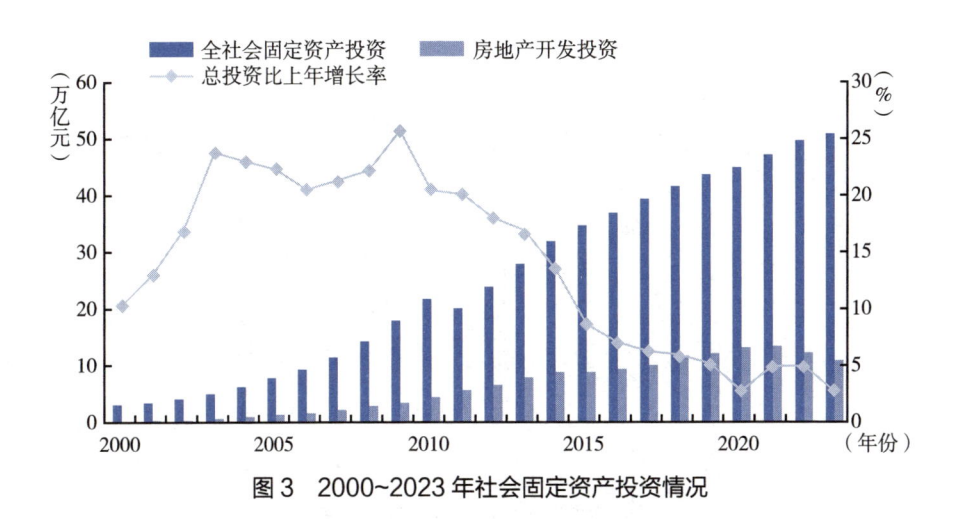

图3　2000~2023年社会固定资产投资情况

按照行业区分，固定资产投资较大的四个行业是制造业，房地产业，水利、环境和公共设施管理业，交通运输、仓储和邮政业（见图4）。与上年相比，固定资产投资增长速度较大的行业包括：电力、热力、燃气及水生产和供应业（23.0%），建筑业（22.5%），科学研究和技术服务业（18.1%），居民服务、修理和其他服务业（15.8%），信息传输、软件和信息技术服务业（13.8%），交通运输、仓储和邮政业（10.5%）。固定资产投资减少显著的行业包括：公共管理、社会保障和社会组织（-37.0%），金融业（-11.9%），房地产业（-8.1%）。

[①] 本文所用历年数据依照最新统计年鉴。根据国家统计局网站，固定资产投资增速按可比口径计算。报告期数据与上年已公布的同期数据之间存在不可比因素，不能直接相比计算增速。主要原因是：第一，加强在库投资项目管理，部分不符合投资统计制度规定的项目退出了调查范围。第二，加强统计执法，对统计执法检查中发现的问题数据，按照相关规定进行了改正。第三，加强数据质量管理，剔除跨地区、跨行业重复统计数据。

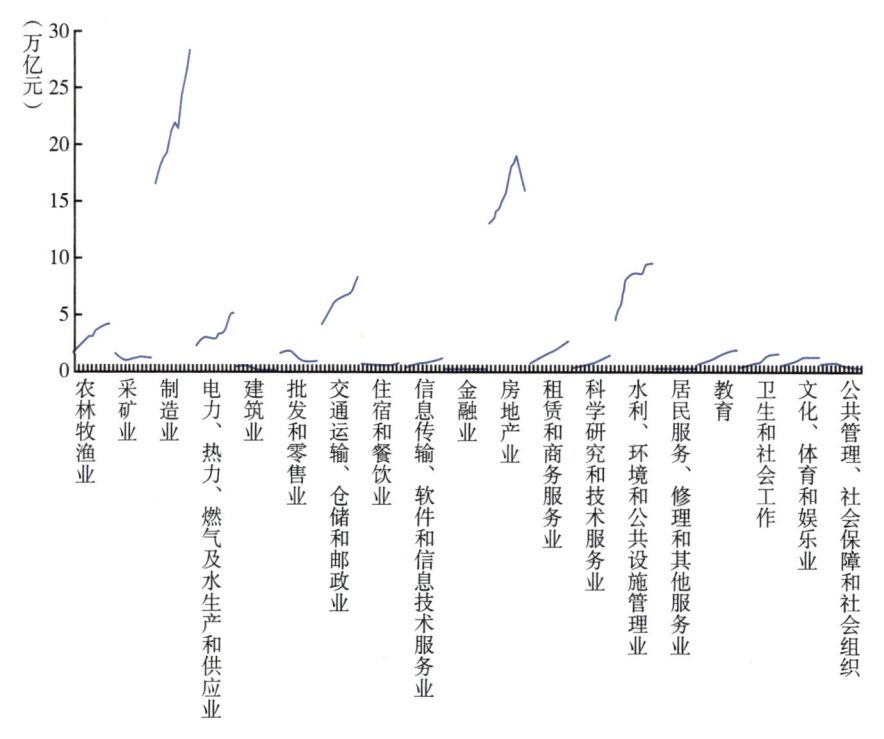

图 4　2014~2023 年分行业社会固定资产投资情况

2023年全年货物进出口总额41.8万亿元，比上年增长0.2%。其中，出口23.8万亿元，增长0.6%；进口18.0万亿元，下降0.3%（见图5）。货物贸易顺差5.8万亿元，比上年增加1857亿元。

在商品出口方面，初级产品1.2万亿元，占比4.9%，工业制品22.6万亿元，占比95.1%。工业制品中，机电产品13.92万亿元，增长2.9%，占出口总值的58.6%；劳动密集型产品出口4.11万亿元，占出口总值的17.3%。机电产品中，电动载人汽车、锂离子蓄电池和太阳能电池，被称作"新三样"，"新三样"产品合计出口1.06万亿元，首次突破万亿元大关，增长29.9%。

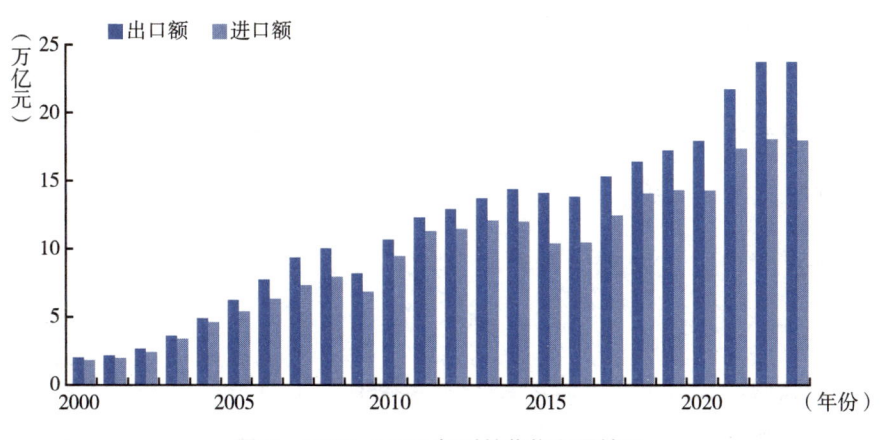

图 5 2000~2023 年对外货物贸易情况

服务进出口包括运输、旅行、建筑、保险服务、金融服务、电信、计算机和信息服务、知识产权使用费、个人文化和娱乐服务、维护和维修服务、加工服务、其他商业服务、政府服务等。2023 年服务进出口总额 9331 亿美元，比上年增长 4.9%。其中，服务出口 3811 亿美元，下降 10.1%；服务进口 5520 亿美元，增长 18.7%（见图 6）。服务进出口逆差 1709 亿美元。

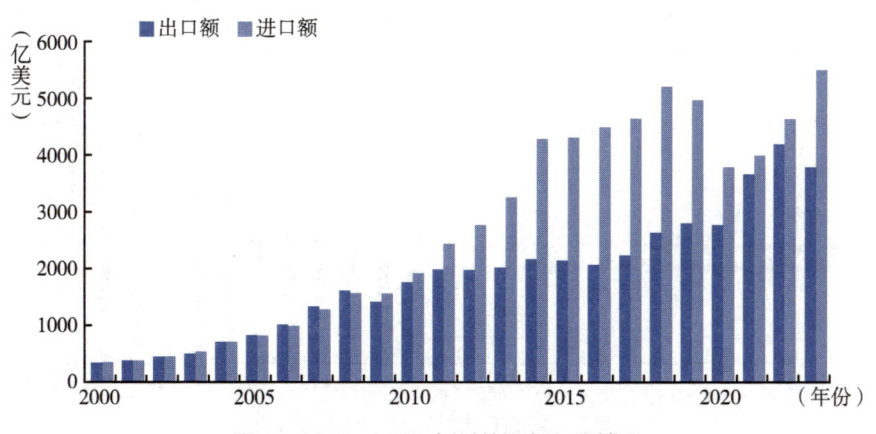

图 6 2000~2023 年对外服务贸易情况

2023年末国家外汇储备32380亿美元，比上年末增加1103亿美元。黄金储备为7187万盎司，有明显增加，为历史最高点（见图7）。2023年全年人民币平均汇率为1美元兑7.0467元人民币，人民币对美元与上年比有所贬值。

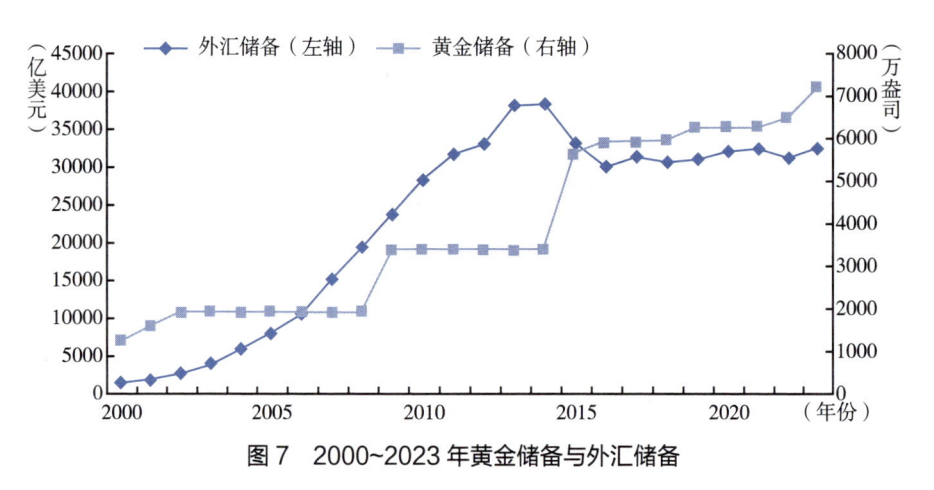

图7 2000~2023年黄金储备与外汇储备

2023年末广义货币供应量（M2）余额292.3万亿元，比上年末增长9.7%（见图8）；狭义货币供应量（M1）余额68.1万亿元，增长1.3%；流通中货币[①]（M0）余额11.3万亿元，增长8.3%。

图8 2000~2023年货币供给情况

---

① 自2022年12月起，"流通中货币M0"含流通中数字人民币。

附　录　中国社会发展统计概览（2024）

美联储自 2022 年 3 月启动加息，到 2023 年末美国的政策利率已经上调了 525 个基点。快速加息是为了应对美国自身的通货膨胀，但对我国也产生了显著影响。2023 年中国经济呈现低通胀态势，个别月份出现了 CPI 和 PPI 同时下降的情况，引发市场对通缩压力的担心。但中国仍旧采取稳健的货币政策，没有跟从美国的货币政策。利率水平在年内反而有所下降。贷款市场报价利率（LPR）1 年期从年初的 3.65% 降至年末的 3.45%，5 年期及以上从 4.30% 降至 4.20%。

社会融资规模增量指一定时期内实体经济从金融体系获得的资金总额。主要包括：人民币贷款、外币贷款（折合人民币）、委托贷款、信托贷款、未贴现的银行承兑汇票、企业债券、非金融企业境内股票融资等。2023 年全年社会融资规模增量为 35.6 万亿元，比上年多 3.6 万亿元；存量 378.1 万亿元，同比增速 9.5%。增量中，对实体经济发放的人民币贷款增加 22.2 万亿元，同比多增 1.3 万亿元[①]；企业债券净融资 1.6 万亿元，同比少 0.4 万亿元；非金融企业境内股票融资 0.8 万亿元，同比少 0.4 万亿元（见图 9）。股票市场自 2023 年 4 月实施全面注册制，整年 IPO 和再融资规模双降。

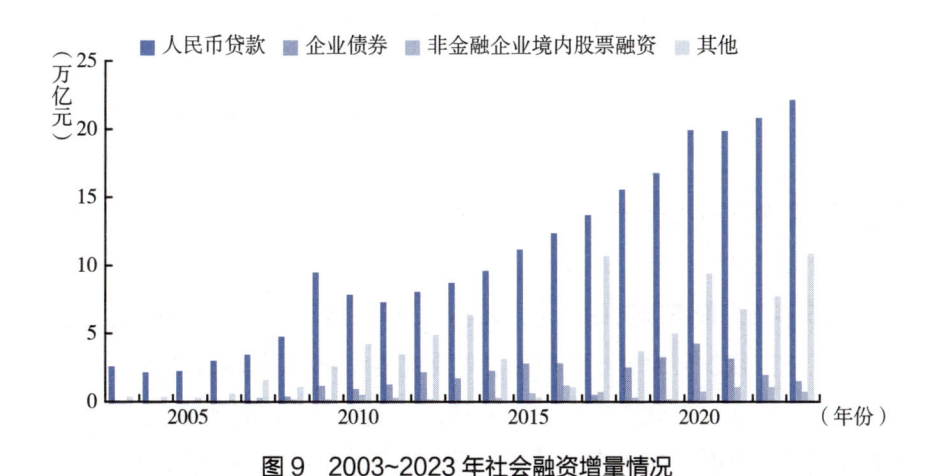

图 9　2003~2023 年社会融资增量情况

注："其他"包括外币贷款、委托贷款、信托贷款、未贴现的银行承兑汇票、政府债券。

① 自 2023 年 1 月起，人民银行将消费金融公司、理财公司和金融资产投资公司等三类银行业非存款类金融机构纳入金融统计范围。

在国家财政方面，2023年一般公共预算收入为21.7万亿元，比上年增长6.5%（见图10）。其中，中央财政收入10.0万亿元，占比为45.9%，地方财政收入11.7万亿元，占比为54.1%。2023年一般公共预算支出为27.5万亿元，比上年增长5.4%。其中，中央部分为3.8万亿元，占比13.9%，地方部分为23.6万亿元，占比86.1%。

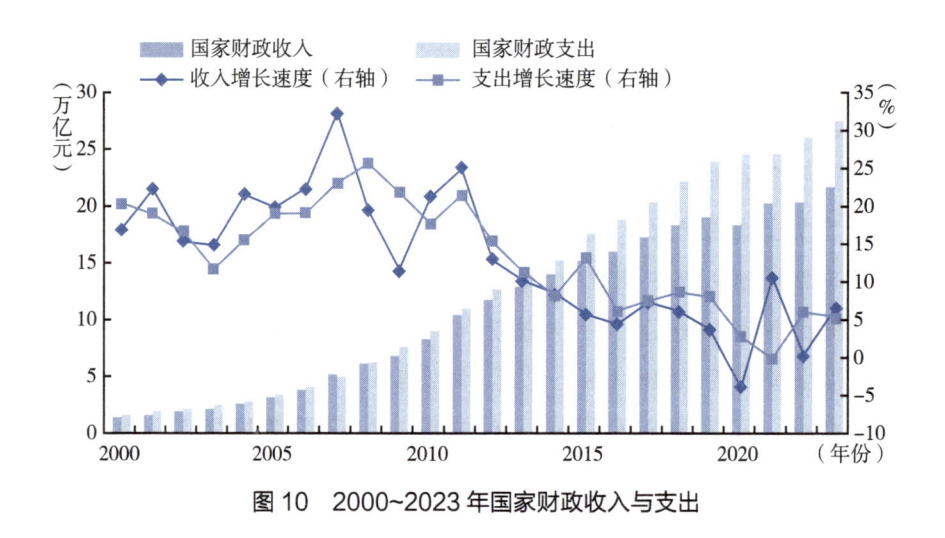

图10 2000~2023年国家财政收入与支出

国家财政其他情况是：全国政府性基金，收入7.07万亿元，支出10.13万亿元，赤字3.06万亿元；全国国有资本经营，收入0.67万亿元，支出0.33万亿元，盈余0.34万亿元；社会保险基金，收入11.32万亿元，支出9.93万亿元，盈余1.39万亿元。

2023年是全面贯彻党的二十大精神的开局之年，也是三年新冠疫情防控转段后经济恢复发展的一年，国家总体上实施积极的财政政策，财政运行总体平稳。2023年，财政赤字率达到3.8%。为支持灾后恢复重建和提升防灾减灾救灾能力，于第四季度增发1万亿元国债，全部通过转移支付安排给地方。中央财政债务年末余额为30.0万亿元。

二 人口与就业

2023年出生人口902万人，人口出生率为6.39‰，持续走低；死亡人口1110万人，死亡率为7.87‰；人口自然增长率为-1.48‰。全面二孩政策效果不及预期、三孩政策效果并未显现，未能扭转中国出生人口下降趋势，我国人口已经连续两年负增长。如果没有实质有效的鼓励生育政策出台，出生人口下降趋势恐较难扭转。人口因素变化影响重大深远，需引起高度重视。

人口的城乡结构变化沿袭过去态势，2023年底总人口数量为140967万人，其中城镇人口比重上升到66.2%，为93267万人；乡村人口比重降至33.8%，为47700万人。以性别区分，男性占51.10%，女性占48.90%。

除人口数量和城乡结构的变化外，人口年龄结构也处于变化之中。2023年人口数比2022年减少208万人。其中，少儿人口数量较上年减少845万人，15~64岁劳动年龄人口数量减少61万人，65岁及以上老年人口数量增加698万人。我国人口老龄化、少子化问题更加严重。人口抚养比相应地也发生改变，2023年总抚养比为46.5%，少儿抚养比降低为24.0%，老年抚养比提高到22.5%（见图11）。

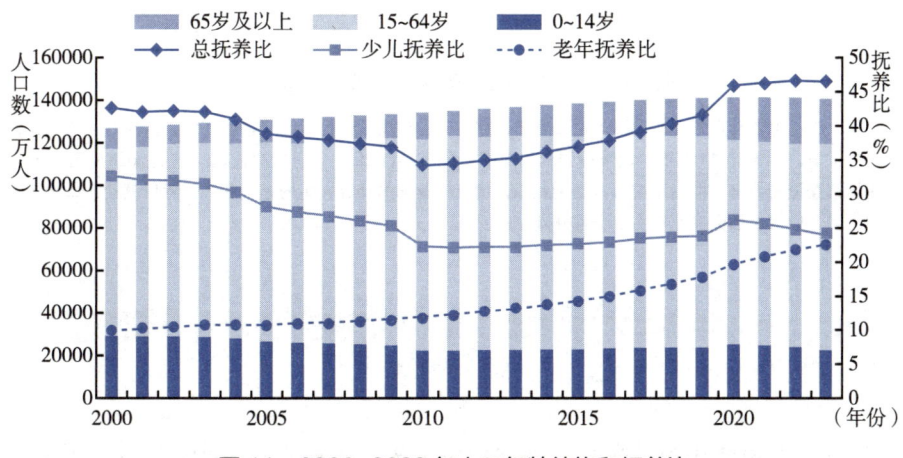

图11 2000~2023年人口年龄结构和抚养比

社会蓝皮书

2023年劳动力（包含就业人员和失业人员）77216万人，仍居世界各国和地区首位。年末全国就业人员74041万人，比2022年增加690万人。全国就业人员从产业结构来看，第一产业就业人员占22.8%，第二产业就业人员占29.1%，第三产业就业人员占48.1%。从城乡两分角度来看，城镇就业人员占63.5%，乡村就业人员占36.5%。从企业性质来看，国有单位就业人数为5400万人，占总就业人员的7.3%。

我国就业市场供求总体保持平衡，就业形势保持基本稳定。2023年城镇登记失业人数1074万人，比2022年下降129万人。全年全国城镇调查失业率平均值为5.2%（见图12）。年末城镇登记失业率为5.1%。

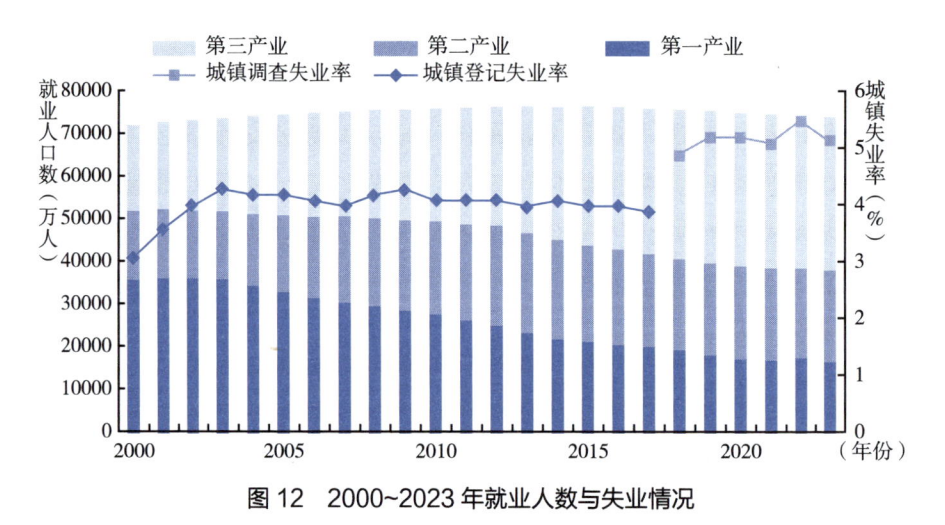

图12 2000~2023年就业人数与失业情况

注：由于很多真正失业的人不一定去登记，加上农村居民就业情况没有包括在内，因此登记失业率数字有些失真。国家自2011年开始采用调查失业率，公布了自2018年以后的数据。故从2018年起，不再使用城镇登记失业率，而使用城镇调查失业率。调查失业率的计算，用的是失业人口除以就业人口加失业人口之和，通常比登记失业率高1个百分点左右。

三 城乡居民生活

城乡居民收入保持增长，全国居民人均可支配收入39218元，比上年增长6.3%，扣除价格因素，实际增长6.1%。

按常住地分，城镇居民人均可支配收入51821元，增长5.1%，扣除价格因素，实际增长4.8%；农村居民人均可支配收入21691元，增长7.7%，扣除价格因素，实际增长7.6%（见图13）。城乡居民人均可支配收入比值为2.39，比上年降低0.06。

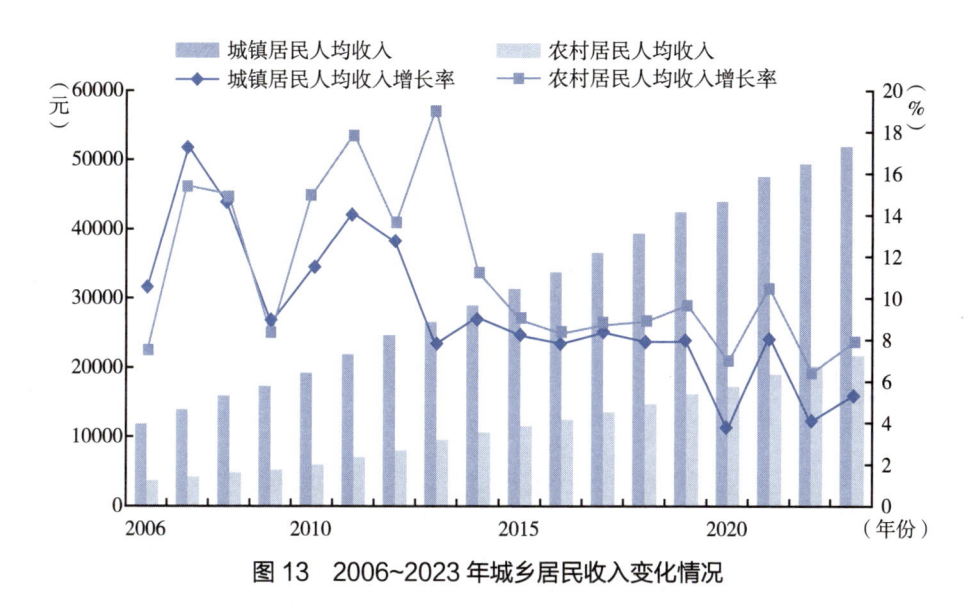

图13 2006~2023年城乡居民收入变化情况

如果不以城镇、农村为分类标准，而考察全国居民按收入五等份分组的人均可支配收入，则可发现低收入组人均可支配收入9215元，中间偏下收入组人均可支配收入20442元，中间收入组人均可支配收入32195元，中间偏上收入组人均可支配收入50220元，高收入组人均可支配收入95055元（见图14）。收入差距保持着原来的态势。

在2023年居民收入中，工资性收入、经营净收入、财产净收入、转移净收入四项所占比例分别为56.2%、16.7%、8.6%、18.5%（见图15）。

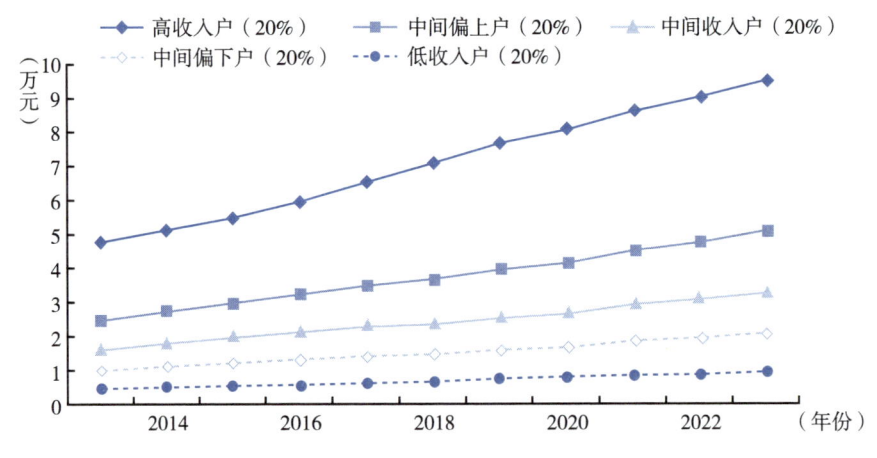

图 14　2013~2023 年全国五等份分组的人均可支配收入情况

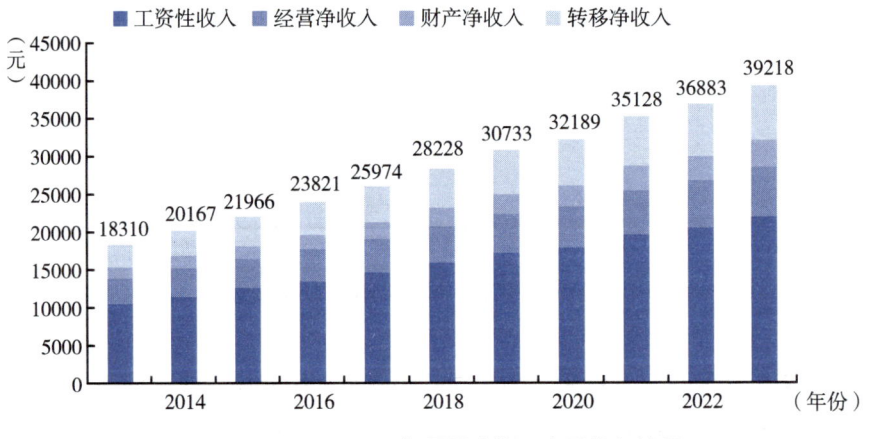

图 15　2013~2023 年居民人均可支配收入情况

居民消费支出也呈增长趋势，2023 年人均居民消费支出为 26796 元，比上年增长 9.2%，扣除价格因素，实际增长 9.0%。其中，食品烟酒类支出占比最高，占比为 29.8%，其次是居住类占 22.7%，再次为交通通信类，所占比例为 13.6%（见图 16）。

图 16　2013~2023 年居民人均消费支出

四　科技、教育、卫生、文化与社会保障

2023 年，全国共投入研究与试验发展（R&D）经费 33357 亿元，比上年增长 8.4%。其中全国基础研究经费为 2259 亿元。研究与试验发展（R&D）经费投入强度（与国内生产总值之比）为 2.65%（见图 17）。全年技术市场成交金额 61476 亿元，比上年增长 28.6%。

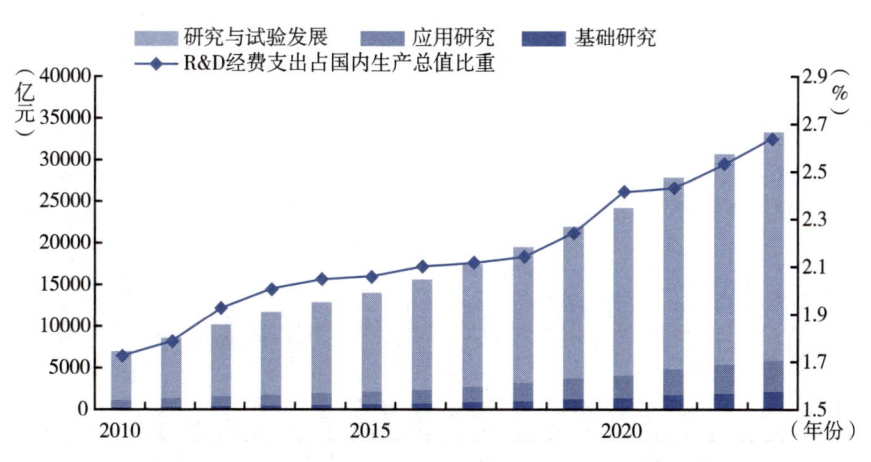

图 17　2010~2023 年研究与试验发展（R&D）投入情况

社会蓝皮书

2023年我国拥有普通高等学校专任教师206万人，中等职业教育专任教师74万人，普通高中专任教师222万人，初中专任教师408万人，普通小学专任教师666万人，学前教育专任教师307万人，特殊教育专任教师8万人。专任教师人数除了学前教育类别有所下降外，其余类别皆稳步增加（见图18）。

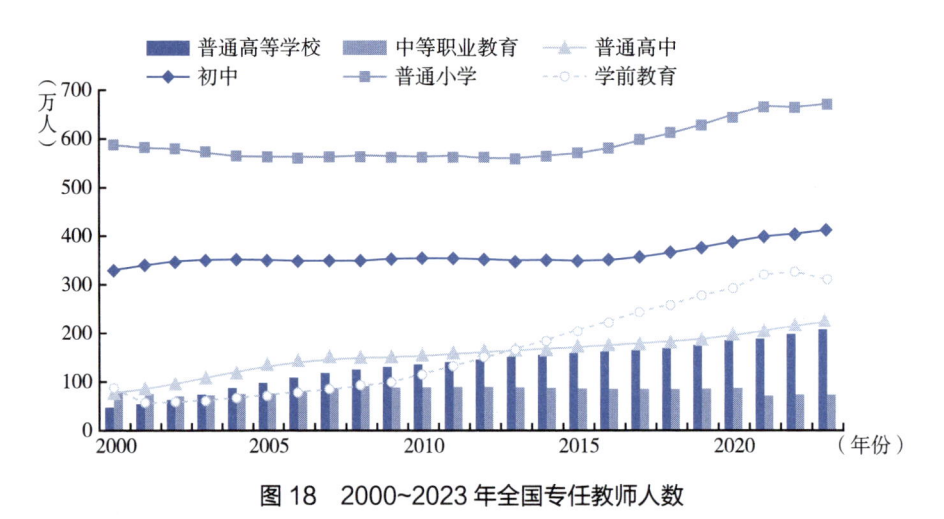

图18 2000~2023年全国专任教师人数

卫生总费用稳步增加。2023年全国卫生总费用约9.1万亿元。其中，政府卫生支出2.4万亿元（占26.4%），社会卫生支出4.2万亿元（占46.2%），个人现金卫生支出2.5万亿元（占27.5%）。卫生总费用占GDP的比重为7.2%（见图19）。

图19 2000~2023年卫生总费用支出情况

文化及相关产业增加值是指一个国家所有常驻单位一定时期内进行文化及相关产业生产活动而创造的新增价值。经国家统计局核算，2022年全国文化及相关产业增加值为53782亿元，比上年增长2.7%（未扣除价格因素），占国内生产总值（GDP）的比重为4.46%，比上年下降0.1个百分点（见图20）。

图20　2011~2023年我国文化产业增加值及其占GDP比重

其中，文化核心领域（包括新闻信息服务、内容创作生产、创意设计服务、文化传播渠道、文化投资运营、文化娱乐休闲服务）增加值为38290亿元，占比为71.2%；文化相关领域（包括文化辅助生产和中介服务、文化装备生产、文化消费终端生产）增加值为15492亿元，占比为28.8%。

统计显示，2023年全国规模以上文化及相关产业企业营业收入12.9万亿元，按可比口径计算，比上年增长8.2%；实现利润总额1.2亿元，比上年增长30.9%。据估算，2023年全国文化产业增加值约为5.7万亿元，占GDP的4.53%。过去历年文化产业增加值增速保持高于GDP增速若干个百分点，而我国消费结构转型仍处于从物质消费到精神消费的过渡之中，精神消费占比将进一步提升，文化产业成为国民经济支柱产业将成为现实。

随着社会保障体系建设的推进，劳动者的各项保险制度逐步建立和完善，覆盖人群不断扩大，保障能力不断增强。2023年，全国参加基本养老保险人数为106643万人，其中城镇参加养老保险人数为52121万人，城乡居民社会养老保险参保人数为54523万人；参加基本医疗保险人数为133389万人；参加失业保险人数为24373万人；参加工伤保险人数为30174万人；参加生育保险人数为24903万人（见图21）。

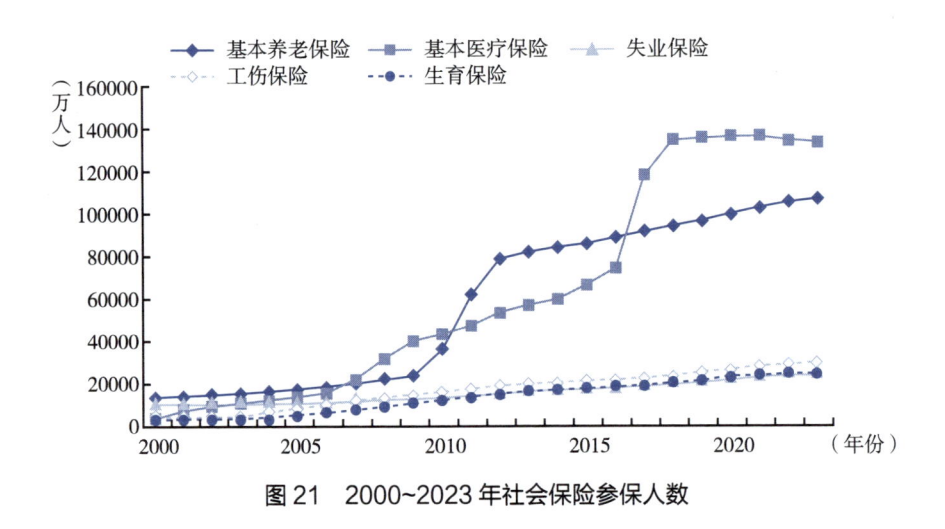

图21 2000~2023年社会保险参保人数

参考文献

中华人民共和国国家统计局编《中国统计年鉴2024》，中国统计出版社，2024。

中华人民共和国国家统计局编《中国统计摘要2024》，中国统计出版社，2024。

中华人民共和国国家统计局：《中华人民共和国2023年国民经济和社会发展统计公报》，2024年2月29日。

中华人民共和国国家统计局网站，http://www.stats.gov.cn。

中华人民共和国人力资源和社会保障部网站，http://www.mohrss.gov.cn/。

中华人民共和国财政部网站，http://www.mof.gov.cn/zyyjsgkpt/。

Abstract

This is the 2024 Annual Report (the Blue Book of China's Society) from the Research Group on "The Analysis and Forecast of China's Social Development", issued by Chinese Academy of Social Sciences (CASS). Researchers and scholars from various research institutions, universities and government departments report on statistical data released by the government or social surveys. This project is organized by the Institute of Sociology at Chinese Academy of Social Sciences.

This report points out that in 2024, under the strong leadership of the Central Committee of the Communist Party of China with General Secretary Xi Jinping, China effectively responded to various uncertain factors in the international political and economic situation, fully leveraged its own advantages, and promoted steady progress and improvement in China's economic and social development. The Third Plenary Session of the 20th Central Committee of the Communist Party of China, which reviewed the "Decision of the CPC Central Committee on Further Comprehensively Deepening Reform and Advancing Chinese Path to Modernization," provided strong reform impetus and political guarantee for economic and social development and the advancement of Chinese path to modernization.

This report points out that in 2024, through the joint efforts of the whole country, the economic and social development achieves steady progress, the overall employment situation remains stable, the income and consumption of urban and rural residents continue to grow, various social undertakings also continue to make advancement, the construction of ecological civilization enters new level, and water and air quality continues to improve. As an important part of Chinese path to modernization, China's social modernization has made new progress.

This report also emphasizes that in 2024, the international political and economic situation continues to present complex trend, with increased risks and uncertainties. Also there are several new changes in the domestic economic and social development. Under the influence of these factors, the foundation of national economic growth is still unstable, and the growth of private investment continues to be lower than the growth of overall fixed assets. The profound changes in population structure, negative population growth, and aging society are accelerating, and the pressure of youth employment cannot be ignored. The difficulty of narrowing the income gap among residents has increased, the growth of consumption has fallen, and the trend of upgrading expenditure structure has fluctuated. Social mobility is slowing down, and the expansion of the middle class is limited. The construction of harmonious labor relations still needs to be strengthened, the situation of public security governance remains severe, major public injury incidents occur frequently, and the complex online public opinion highlights the urgent need to further strengthen the construction of a positive and rational social mentality.

It should be noted that there have been many positive changes in the main indicators of China's economic and social development. In 2025, we must adhere to the guidance of Xi Jinping on Socialism with Chinese Characteristics for a New Era, fully implement the spirit of the 20th National Congress of the Communist Party of China and the 2nd and 3rd Plenary Sessions of the 20th Central Committee. We should actively respond to the acceleration of negative population growth and aging society, and accelerate the construction of a systematic strategy. We should take multiple measures to resolve employment pressure and youth employment difficulties. It is also important to accelerate the reform and improvement of the income distribution

Abstract

system and mechanism to ensure income growth for urban and rural residents, and effectively narrow the income distribution gap. Meanwhile, government should deepen the reform of social mobility related systems and mechanisms, accelerate the growth and expansion of the middle-income group. It is also crucial to reform, innovate, and improve social governance to promote sustained improvement in the public security situation.

Based on the topics above, this book, on the one side, builds the foundation of discussion on reliable survey data and statistics; and on the other side, offers insightful opinions on various topics. There are four parts of this book. The general report and 18 individual reports provide discussion on the comprehensive analysis of China's social and economic development in 2024 with forecast of future development. The general report analyzes the great achievements of social and economic development in 2024, discusses the major challenges and problems of China's economic and social development, and points out some significant problems and risks ahead. The second part (Reports on Social Development) includes 6 reports on various issues, which examine problems such as residents' income and consumption, the employment situation, social security, education reform, public security, and medical and health system. The third part (Reports on Social Survey) includes 7 survey reports, which provide data and comprehensive analysis on the quality of social development, residents' digital literacy, satisfaction with cultural development, and consumer rights protection in China. This part also examines the flexible employment and low-carbon consumption status of contemporary Chinese youth, as well as the mental health status of college students. The fourth part of this book (Reports on Special Subjects) has 5 reports on special topics, which include the internet-based public opinion, the status of workers' rights protection in new economic development, food and drug safety, progress in urban-rural integration development and active response to the aging population. In general, each chapter of this book gives both insightful research and detailed policy recommendation.

Contents

I General Report

B.1 Comprehensively Advancing Reforms in the Social Sphere and Promoting the Modernization of Chinese Society into A New Stage
—*Analysis and Forecast of China's Social Development, 2024-2025*
The Research Group on "the Analysis and Forecast of Social Development",
Institute of Sociology, CASS   Chen Guangjin / 001

Abstract: In 2024, under the strong leadership of the Central Committee of the Communist Party of China with General Secretary Xi Jinping, China effectively responded to various uncertain factors in the international political and economic situation, fully leveraged its own advantages, and promoted steady progress and improvement in China's economic and social development. China's economy is steadily progressing, and the industrial structure continues to be adjusted and upgraded. The overall employment situation is stable, and the workers' rights protection is improving. The level of residents' income and consumption continues to grow, and the income gap between urban and rural residents continues to narrow. The people's livelihood undertakings continue to develop, and the social security system is further improved. The construction of ecological civilization has further developed, and water and air quality continue to improve. Facing the complex international political and economic situation as well as new changes in the domestic economic and social situation, China's economic and social development still faces several major challenges and difficulties. It is necessary to comprehensively deepen reforms in the social field and promote the Chinese path to modernization into a new stage.

Keywords: Reform in the Social Field; People's Livelihood Undertakings; Social Mobility; Population Structure; Ecological Civilization Construction

Ⅱ Reports on Social Development

B.2 Report On Income and Consumption of Urban and Rural Residents in China: 2024

Cui Yan / 019

Abstract: In 2024, the income of urban and rural residents in China continues to grow, and the income structure of urban and rural residents continues to optimize. The median disposable income also maintains the trend of growth. However, the income gap between urban and rural residents is still significant, and there is still a significant income gap between different industries. In terms of consumption, the expenditure of urban and rural residents has steadily increased, and their consumption ability and willingness have improved, demonstrating vigorous vitality and enormous potential. Especially as the consumption structure of residents continues to optimize and upgrade, new types of consumption continue to grow, and new growth points for consumption continue to emerge. The policy of exchanging old for new is promoting the upgrading of the durable consumer goods market, and green consumption is becoming a new trend. In order to achieve sustainable release of domestic consumer demand, it is necessary to accelerate and deepen the reform of the income distribution system, improve the income level of low-income groups, and expand the size of the middle-income group. It is also important to promote coordinated development between urban and rural areas, accelerate the construction of rural consumer markets, further optimize the consumption environment, unleash the consumption potential of urban and rural residents, and provide strong support for the sustained and healthy development of the economy.

Keywords: Income of Urban and Rural Residents; Consumption of Urban and Rural Residents; Income Structure; New Consumption Growth

B.3 The 2024 Report On China's Employment Situation

Chen Yun / 041

Abstract: Facing the complex economic situation and external environment, the Central Committee of the Communist Party of China and the State Council have continued to deepen reform in all areas and promote opening up strategy, introduced a series of policies and measures to stabilize the economy, employment, and prices, solidly promoted the implementation of the employment priority strategy, improved the employment system and mechanism, strengthened the employment priority policy, and achieved overall stability in the employment situation under the background of increasing external uncertainty. The rate of employment growth is rising, the unemployment level has fallen, the employment of the main population has been stabilized, new employment forms have gradually strengthened, and the labor market has undergone positive changes. At the same time, the problems in employment structure have become more prominent, and there is significant employment pressure on the young population. Meanwhile, there is weak demand for employment from the enterprise side, and new difficulties and challenges still exist in achieving effective improvement in employment quality and reasonable growth in quantity. To promote the realization of high-quality and full employment, we must continuously improve our theoretical and practical consciousness, and apply the latest theoretical innovation of the Party to all aspects of employment policy implementation. Government also needs to effectively strengthen the organizational leadership, economic driving force, and policy coordination of employment policy implementation, stimulate the vitality of business entities, improve market matching and employment service efficiency, enhance the employment and entrepreneurship ability of workers, and strengthen the protection of workers' rights and interests.

Keywords: Employment Situation; High-quality and Full Employment; Employment Priority; Employment Friendly Development; Youth Employment

B.4 Report on the Development of China's Social Security System in 2024

Ding Wenwen, Li Jiahang / 054

Abstract: Since 2024, China's economy has made steady progress, and the achievement of people's livelihood has been solid and effective. The social security system continues to play a role in stabilizing the overall social situation. At present, the construction of China's social security system has entered the fast lane, with improved systems and expanding coverage. Meanwhile, there is significant advancement in improving the level of protection, enhancing the ability to provide protection, and improving service levels. At the same time, the development of social security system also faces five main challenges in terms of accessibility, sustainability, safety, convenience, and standardization. Major problems include areas in shortcomings in social insurance coverage, increased pressure on fund revenue and expenditure balance under the background of aging society, the need to improve fund supervision efficiency, the need to optimize service mechanisms, and the urgent need to improve the legal system. In the future, China needs to continue to expand the coverage of social insurance, enhance the sustainability of the system, improve fund safety supervision, optimize the service system, and strengthen the construction of the legal system, so as to promote the long-term stability and fair development of the social security system and promote the realization of Chinese path to modernization.

Keywords: Social Security; Old-age Pension Security; Unemployment Security; Occupational Injury Security; Medical Security

B.5 Report on China's Education Reform and Development in 2024
Li Chunling, Li Tao, Chen Hongyu and Tan Zhuo / 075

Abstract: 2024 is the first year of the implementation of the Outline of the Plan for Building a Strong Education Country. China's education system has made great achievements in multiple fields, especially in the promotion of building a strong education country, the implementation of the fundamental task of cultivating morality and talents, and the construction of a new pattern of high-quality education development. Currently, China has built the world's largest education system, and the overall level of modernization in education has entered the ranks of the world's top countries. However, at the same time, changes in the macroeconomic situation, intensified competition in the labor market, and increasingly complex social and cultural environments have brought multiple challenges to the development of China's education system, which need to be alleviated by relevant government departments. In summary, in order to achieve the strategic goal of building a powerful education system by 2035, China's education system has further strengthened its foundation, continuously deepened educational reforms, comprehensively enhanced its ability to provide high-quality educational services, and continuously enriched the people's sense of educational achievement. The construction of strong education country has taken solid steps forward.

Keywords: Construction of a Strong Education Country; Reform in Education; Educational Development; High Quality Development

Contents

B.6 Analysis and Report on China's Public Safety Situation in 2024

Liu Wei / 093

Abstract: 2024 is the 75th anniversary of the founding of the People's Republic of China and is a crucial year for achieving the goals of the 14th Five Year Plan and conducting preliminary research on the 15th Five Year Plan. On the road of comprehensively deepening reform and promoting Chinese path to modernization, China's public security situation and counter-terrorism situation are generally stable. Meanwhile, the public security condition continues to improve, all kinds of crimes are severely punished according to law. At the same time, public security risks are facing increasing uncertainty, the political security situation is not optimistic, social conflicts are becoming increasingly prominent, public security risks related to the internet are increasing, and foreign-related security risks are gradually increasing. In this regard, we must grasp the characteristics of overall, comprehensive, systematic, and interconnected social security governance, firmly establish the concept of great security, scientifically coordinate and maintain public security, strengthen micro governance of social conflicts, enhance intelligent grassroots governance, coordinate openness and security, shape social security in the new development pattern, and continuously enhance the happiness, sense of gain, and sense of security of the people.

Keywords: Public Security; Risk and Challenge; Great Security Concept; Sense of Security

B.7 Report on the Development of China's Medical and Health Service System in 2024

Yuan Beibei / 108

Abstract: From 2019 to 2023, the number of tertiary hospitals and hospitals with large bed sizes in various types of institutions has increased significantly. The supply of medical services and public health services has increased significantly year after year.The average annual growth rate of China's total health expenditure has reached 8.57%, with the largest increase and growth rate in social expenditure, followed by government expenditure and personal expenditure.It is suggested that the expansion speed and development mode of large-scale hospitals should be adjusted through planning and improving the governance mechanism of the health service system, so as to improve the performance of the overall health system and control the consumption of resources. It is important to deepen the reform of the system and mechanism in order to broaden the compensation channels and improve the level of compensation at the grassroots level. And it is crucial to comprehensively motivate the grassroots health personnel with the reform of performance-based payment and professional level evaluation. Government should also strengthen the construction of an integrated health service system in the form of a close medical community.

Keywords: Hospitals; Primary Health Service Institutions; Public Health Services; Medical Communities

Ⅲ Reports on Social Survey

B.8 Survey Report on Digital Literacy and Digital Activities of Chinese Residents　　　　　　　　　　　　　*Ren Liying, Wu Jinlin* / 131

Abstract: This report analyzes the digital access, digital literacy, and digital activities of Chinese residents based on the 2023 Chinese Social Survey (CSS) data. The results indicate that the digital access level of Chinese residents is relatively high, but there are significant differences in dimensions such as region, generation, education level, and income level; The overall level of digital literacy is relatively low, and there is a trend of differentiation based on intergenerational, regional, and socio-economic factors. Among all factors, the score for digital acquisition ability is the highest, while the score for digital production ability is the lowest; There are various types of digital activities among residents, covering daily life, social life, and political life, but the level of digital political participation is relatively low. The report believes that the digital divide has a constraining effect on the participation of different groups in digital activities, and proposes targeted suggestions to promote digital inclusiveness, enhance digital literacy, and strengthen digital governance capabilities in order to promote the inclusive development of China's digital society.

Keywords: Digital Access; Digital Literacy; Digital Activities; Digital Gap; Digital Governance

B.9 Survey Report on the Mental Health Status of Chinese College Students
Liu Baozhong, Chen Weixin and Zhao Wenhan / 157

Abstract: The mental health of college students is not only related to individual growth and academic development, but also related to social stability and national construction. And it is an important foundation for cultivating high-quality talents with comprehensive development. This report is based on the data analysis of the tracking survey of Chinese college students in 2022 and 2023. It is found that although college students have generally high level of self-rated mental health, the K10 scale assessment shows that their mental health status is not optimistic. Undergraduate and senior college students are at a higher risk of psychological distress. The phenomenon of 'involution' significantly affects the mental health of college students, and the high involution environment increases the risk of psychological distress. The social support status affects the mental health of college students, and good family and peer relationships can significantly improve their mental health level. There is a positive correlation between employment confidence and mental health. College students with low employment confidence are at higher risk of psychological distress. And the unemployed group, especially the "lying flat" group lacking employment willingness, face higher psychological health risks. In response to the current state of mental health among college students, schools, families, and society need to establish a coordinated support system. Through the integration of online and offline strategies, health education should be strengthened, positive lifestyles should be cultivated, and the mental health level of college students should be comprehensively improved.

Keywords: College Students; Psychological Health; Social Support; Employment Confidence

B.10 Survey Report of Chinese Residents' Satisfaction with Cultural Development
Gao Wenjun, Zhu Di, Gong Shun, Zhang Yan, Li Chuang,
Huang Yanhua and Yun Qing / 175

Abstract: Based on the current report, there are three goals to be fulfilled to develop a thriving socialist culture in China. The goals are meeting the people's cultural needs, enhancing cultural confidence and increasing the international influence of Chinese culture. From the perspective of residents' satisfaction, according to the sample survey of 35,668 residents across China, the realization of these three goals is analyzed. The results show that: (1) the most popular way of cultural participation among residents is watching movies and TV series or variety shows, and online cultural participation is becoming daily activities but lacking creative participation. (2) At present, China's cultural development basically meets the cultural needs of residents. In terms of cultural supply, such as public cultural services, cultural consumption market and mass self-organized cultural and sports activities, the overall satisfaction of residents is relatively high. However, there are still some improvements to be made and we should pay attention to balance cultural development. (3) Residents have high level cultural confidence, and there are demographic differences in cultural confidence. (4) In cultural communication channels, new media and traditional media coexist, and digital features are prominent.

Keywords: Cultural Needs; Public Cultural Services; Cultural Confidence; Cultural Communication

B.11 Survey Report on Green and Low Carbon Consumption of Urban Youth

Zhu Di, Gao Wenjun, Gong Shun, Ouyang Yueming,

Ma Molin and Zhang Yang / 202

Abstract: The third plenary session of the 20th Central Committee of the Communist Party of China was held, emphasizing the establishment of a sound mechanism for green and low-carbon development. Youth is an important force for green development. This report focuses on the attitudes and behavioral characteristics of urban youth towards green and low-carbon consumption. Based on the lifestyle of young people, the report focuses on analyzing their attitudes and behaviors in areas such as digitalization and green consumption, plastic product consumption and plastic reduction, and trade in transaction. The 2024 China Urban Low Carbon Consumption Survey found that young people generally hold a relatively positive attitude towards green and low-carbon living, and mostly support the use of digital technology to promote green and low-carbon living practices. Digital platforms are important channels for promoting green and low-carbon products and lifestyles, and E-commerce and short video platforms have the strongest promotion effects. Youth's awareness of plastic pollution is higher than their knowledge of plastic use, and they use disposable plastic products more frequently than middle-aged and elderly people. The updating and improvement of the supply side and the scientific use of plastic alternatives have a significant impact on reducing the use of plastic products by young people; The strongest willingness of young people to participate is the trade in transaction of old appliances for new ones, which is mainly constrained by the limited range of new product choices and the transparency of the trade in transaction process. The research findings have important implications for promoting the transformation of green and low-carbon lifestyles among young people.

Keywords: Green and Low-carbon Consumption; Plastic Reduction; Digitization; Trade in Transaction; Youth

B.12 Statistical Analysis of Chinese Consumer Complaints and Prospects for Consumer Rights Protection
—Based on the Complaints Received by China Consumers Association in the First Three Quarters of 2024

Tang Zhe / 224

Abstract: Consumer opinion and consumer complaint information are important indicators for understanding real-time consumption dynamics and changes in consumption structure. They are also important references for further optimizing consumption structure and improving social governance system. Entering a new era, the basic characteristics of China's consumption structure have expanded from meeting the needs of daily life to multi-level development, driving the comprehensive transformation and upgrading of consumption formats. This article is based on the analysis data of complaints received by China Consumers Association in the first three quarters of 2024. It combines the situation of consumer complaints and data changes in goods and services in the past five years to analyze the current consumption trends and consumer rights protection situation. It also proposes countermeasures and suggestions from the aspects of continuously strengthening the concept of overall planning, strengthening the orientation of people's livelihood, deepening the guidance of the rule of law and optimizing consumer experience, promoting consumer safety, and stimulating consumer vitality through comprehensive reform.

Keywords: Consumers; Complaints; Rights Protection; Social Governance

Contents

B.13 Report on the Quality of China's Social Development in 2023

Li Wei, Mi Lan, Lan Yu and Zhao Changjie / 241

Abstract: This report describes the current quality of social development in China based on data from the 2023 Chinese Social Survey (CSS). The report points out that in terms of economic and social security, the income of urban and rural residents has steadily increased, the income gap has continued to narrow, the home-ownership rate of urban and rural residents is high, the coverage of the social security system continues to expand, and the employment situation is stable. But the problem of youth employment is prominent. In terms of social cohesion, the public's trust in society remains high, and their trust in governments at all levels has increased, resulting in a positive overall evaluation of society. In terms of social inclusion, various institutional and non institutional forms of social discrimination and exclusion are gradually weakening, but the perception of unfair is increasing in some areas, and there are differences in social tolerance. In terms of social empowerment, the public has a high evaluation of local government, but the level of social participation is insufficient.

Keywords: Quality of Social Development; Socio-economic Security; Social Cohesion; Social Inclusiveness; Social Empowerment

B.14 Survey Report on the Development of Flexible Employment Youth in China

Zhang Bin, Yang Biaozhi / 266

Abstract: This report describes and compares the work status, protection and rights status, marriage and childbearing status, physical and mental health status, and social values status of flexible employment youth in China based on data from survey of youth development in China from 2022 to 2023. The research indicates that in terms of work, flexible employment youth have shorter working hours, lower overall job satisfaction, and a greater desire for employment within the system. In terms of protection and rights, the overall participation rate of flexible employment youth in social security has increased, the proportion of unpaid fees is relatively high, their legitimate rights and interests are relatively vulnerable to infringement, and they have a variety of ways to protect their rights. In terms of marriage and childbirth, the proportion of unmarried young people in flexible employment is relatively low, there are relatively few factors to consider when choosing a spouse, their willingness to have children is relatively strong, and they are easily influenced by external environments. In terms of physical and mental health, flexible employment youth have relatively low self-rated physical health scores, relatively high self-rated mental health scores, and relatively sufficient sleep and exercise time. In terms of social values, flexible employment youth as a whole have demonstrated the spirit of "having ideals, daring to take responsibility, enduring hardship, and willing to strive" as young people in the new era, and have a high evaluation of social trust and fairness. This article proposes to strengthen support and guidance for flexible employment youth, continuously optimize the development environment for flexible employment youth, and continuously improve institutional and social security for the legitimate rights and interests of flexible employment youth.

Keywords: Flexible Employment; Youth; Social Security; Institutional Security

Ⅳ Reports on Special Subjects

B.15 Analysis Report on China's Online Public Opinion Field in 2024
Zhu Huaxin, Liao Canliang and Ye Deheng / 286

Abstract: In 2024, the overall online public opinion remained stable, and the heat of economic and livelihood issues continued to rise. The public opinion focused on micro individual situations. Similar to the "deflation" situation in the market, netizens exhibit complex emotions towards some social hot issues. In response to some extreme violations of public order that occur in society, public opinion shows care for goodness and condemnation of falsehood. At the same time, the interaction efficiency between public opinion and social governance urgently needs to be improved, and the function of the social "safety valve" needs to be more effectively utilized. We need to further guide public opinion and enhance social vitality.

Keywords: Relaxation; Replacement; Economic Rationality; Deep Falsification

B.16 2024-2025: The Current Situation of Chinese Workers under the Background of Developing New Quality Productive Forces

Qiao Jian / 302

Abstract: In 2024, with the slowdown of economic growth rate and structural adjustment, China's employment and labor market have presented some major challenges. Specifically, workers in major industries, especially young workers, face the risk of unemployment. The issue of employment discrimination is becoming a prominent problem for workers. The scale of flexible employment is expanding in the labor market and has penetrated into various industries. Internal competition within enterprises causes workers-management conflicts. In addition, the application of artificial intelligence promotes job substitution and changes in employment structure. And enterprises must pay attention to sustainable development when they expand in the global market. We need to further promote high-quality employment, improve anti-discrimination laws and policies, enhance flexible employment standards, and strengthen the protection of workers' rights and interests.

Keywords: New Quality Productive Forces; Youth Employment; Labor Conditions; Artificial Intelligence; Protection of Workers' Rights and Interests

B.17　Analysis Report on Food and Drug Safety Situation in 2024

Du Rui, Tian Ming and Feng Jun / 316

Abstract: Food and drug safety condition is a continuously evolving process, and the focus of its governance is constantly adjusted with the development of the economy and society. Food and drug safety administration follows basic principles including risk management, full process control, and social governance. Among them, food safety administration also pays special attention to prevention as the main focus. Therefore, in-depth analysis of the food and drug safety situation has become particularly important. The safety of food from the fields to the dining table is crucial for the health and safety of Chinese people. Currently, China's food production and consumption have entered a new stage of development, and the food industry is facing new opportunities for growth. At the same time, food safety administration is also facing new challenges. In the field of pharmaceuticals, in recent years, China has continuously made efforts and achieved promising results in five aspects: safety improvement actions, quality and safety supervision, deepening regulatory reform, innovation in traditional Chinese medicine approval and supervision, and improvement of regulatory capabilities. Overall, adhering to the bottom line of food and drug safety and promoting high-quality development of the food and drug industry is a long-term task. Based on authoritative regulatory data released by the food and drug safety supervision department, this article conducts an overall analysis and detailed analysis of the current situation and existing problems of food and drug safety in China, and proposes targeted policy recommendations to further safeguard the health and safety of the people.

Keywords: Food Safety; Drug Safety; Regulatory Reform

B.18　Report on China's Active Response to the Development of

　　　 Aging Society in 2024

Huang Zhongbin, Wang Jing / 332

Abstract: "Responding actively to the aging population" is an important national strategic deployment to comprehensively deepen reform and promote Chinese path to modernization. This report is based on the analytical framework of the active aging society theory, using CSS2023 national survey data to examine the process and main problems of active aging society in China from four dimensions: work and employment, social security, social participation, and physical and mental health. Research has found that China's active aging process has made significant progress in four dimensions. Firstly, in terms of employment, 55.67% of elderly people participate in employment, and the employment participation rate remains at a high level. Secondly, in terms of social security, China has basically established a social security system that covers all elderly people, but the employment security for the elderly still needs to be improved, and there is a significant gap in retirement benefits between urban and rural areas. In terms of social participation, the elderly actively participate in election, social organizations, and volunteer activities. Finally, in terms of physical and mental health, the overall physical and mental health status of the elderly population in China is in good condition, and high medical expenses remain as the main problem for the elderly population. Based on the research, the report proposes policy recommendations such as deepening the implementation of employment promotion strategies for the elderly, improving the social security system, enhancing the social participation of the elderly group, and increasing health education and publicity efforts.

Keywords: Active Aging; Work and Employment; Social Security; Social Participation; Physical and Mental Health

B.19 Report on the Integration of Urban and Rural Development in the New Era

Li Wenhui, Wu Huifang / 349

Abstract: In recent years, with the completion of precision poverty alleviation tasks and the continuous promotion of rural revitalization, China's urban-rural integrated development has achieved significant achievements in economy, infrastructure, public services, etc., which confirms the importance of the construction of urban-rural integrated development system and mechanism. However, it should be noted that there are still prominent issues such as income gap between urban and rural areas, the unequal basic public services, institutional barriers between urban and rural areas, and significant regional differences in urban-rural integration. To address the above issues, this article proposes four policy recommendations. Firstly, it is important to take unified urban-rural planning as the starting point for urban-rural integrated development. The second is to use industrial integration and innovation as a link to enhance the ability of regional central cities. The third is to focus on the development of county-level economy and enhance the overall development capacity of the surrounding areas of small cities. The fourth is to use rural land system reform as a breakthrough point to unleash the development vitality of rural areas.

Keywords: Urban-rural Integration; Rural Revitalization; New Urbanization

Appendix

Social Development Statistics and Graphs of China (2024)

Li Jiandong / 369

权威报告·连续出版·独家资源

皮书数据库
ANNUAL REPORT(YEARBOOK) DATABASE

分析解读当下中国发展变迁的高端智库平台

所获荣誉

- 2022年，入选技术赋能"新闻+"推荐案例
- 2020年，入选全国新闻出版深度融合发展创新案例
- 2019年，入选国家新闻出版署数字出版精品遴选推荐计划
- 2016年，入选"十三五"国家重点电子出版物出版规划骨干工程
- 2013年，荣获"中国出版政府奖·网络出版物奖"提名奖

皮书数据库　　"社科数托邦"微信公众号

成为用户

登录网址www.pishu.com.cn访问皮书数据库网站或下载皮书数据库APP，通过手机号码验证或邮箱验证即可成为皮书数据库用户。

用户福利

- 已注册用户购书后可免费获赠100元皮书数据库充值卡。刮开充值卡涂层获取充值密码，登录并进入"会员中心"—"在线充值"—"充值卡充值"，充值成功即可购买和查看数据库内容。
- 用户福利最终解释权归社会科学文献出版社所有。

数据库服务热线：010-59367265
数据库服务QQ：2475522410
数据库服务邮箱：database@ssap.cn
图书销售热线：010-59367070/7028
图书服务QQ：1265056568
图书服务邮箱：duzhe@ssap.cn

卡号：258299959531
密码：

基本子库
SUB DATABASE

中国社会发展数据库（下设12个专题子库）

紧扣人口、政治、外交、法律、教育、医疗卫生、资源环境等12个社会发展领域的前沿和热点，全面整合专业著作、智库报告、学术资讯、调研数据等类型资源，帮助用户追踪中国社会发展动态、研究社会发展战略与政策、了解社会热点问题、分析社会发展趋势。

中国经济发展数据库（下设12专题子库）

内容涵盖宏观经济、产业经济、工业经济、农业经济、财政金融、房地产经济、城市经济、商业贸易等12个重点经济领域，为把握经济运行态势、洞察经济发展规律、研判经济发展趋势、进行经济调控决策提供参考和依据。

中国行业发展数据库（下设17个专题子库）

以中国国民经济行业分类为依据，覆盖金融业、旅游业、交通运输业、能源矿产业、制造业等100多个行业，跟踪分析国民经济相关行业市场运行状况和政策导向，汇集行业发展前沿资讯，为投资、从业及各种经济决策提供理论支撑和实践指导。

中国区域发展数据库（下设4个专题子库）

对中国特定区域内的经济、社会、文化等领域现状与发展情况进行深度分析和预测，涉及省级行政区、城市群、城市、农村等不同维度，研究层级至县及县以下行政区，为学者研究地方经济社会宏观态势、经验模式、发展案例提供支撑，为地方政府决策提供参考。

中国文化传媒数据库（下设18个专题子库）

内容覆盖文化产业、新闻传播、电影娱乐、文学艺术、群众文化、图书情报等18个重点研究领域，聚焦文化传媒领域发展前沿、热点话题、行业实践，服务用户的教学科研、文化投资、企业规划等需要。

世界经济与国际关系数据库（下设6个专题子库）

整合世界经济、国际政治、世界文化与科技、全球性问题、国际组织与国际法、区域研究6大领域研究成果，对世界经济形势、国际形势进行连续性深度分析，对年度热点问题进行专题解读，为研判全球发展趋势提供事实和数据支持。

法律声明

"皮书系列"(含蓝皮书、绿皮书、黄皮书)之品牌由社会科学文献出版社最早使用并持续至今,现已被中国图书行业所熟知。"皮书系列"的相关商标已在国家商标管理部门商标局注册,包括但不限于LOGO( )、皮书、Pishu、经济蓝皮书、社会蓝皮书等。"皮书系列"图书的注册商标专用权及封面设计、版式设计的著作权均为社会科学文献出版社所有。未经社会科学文献出版社书面授权许可,任何使用与"皮书系列"图书注册商标、封面设计、版式设计相同或者近似的文字、图形或其组合的行为均系侵权行为。

经作者授权,本书的专有出版权及信息网络传播权等为社会科学文献出版社享有。未经社会科学文献出版社书面授权许可,任何就本书内容的复制、发行或以数字形式进行网络传播的行为均系侵权行为。

社会科学文献出版社将通过法律途径追究上述侵权行为的法律责任,维护自身合法权益。

欢迎社会各界人士对侵犯社会科学文献出版社上述权利的侵权行为进行举报。电话:010-59367121,电子邮箱:fawubu@ssap.cn。

社会科学文献出版社